BIBLIOTHECA INDOLOGICA ET BUDDHOLOGICA 18

世親の阿含経解釈
—『釈軌論』第 2 章訳註—

Vasubandhu's Exegesis of the *Āgamas*:
An Annotated Japanese Translation of Chapter 2 of the *Vyākhyāyukti*

堀内俊郎
(Toshio HORIUCHI)

TOKYO : THE SANKIBO PRESS 2016

BIBLIOTHECA INDOLOGICA ET BUDDHOLOGICA
edited in chief by Kenryō MINOWA

18

Vasubandhu's Exegesis of the *Āgama*s: An Annotated Japanese Translation of Chapter 2 of the *Vyākhyāyukti*

Written by Toshio HORIUCHI

Published in May 2016 by the SANKIBO PRESS, Tokyo

Distributed by the SANKIBO PRESS
5-28-5 Hongo, Bunkyo-ku, Tokyo 113-0033 Japan

BIBLIOTHECA INDOLOGICA ET BUDDHOLOGICA 18

世親の阿含経解釈

—『釈軌論』第 2 章訳註—

Vasubandhu's Exegesis of the *Āgama*s:
An Annotated Japanese Translation of Chapter 2 of the *Vyākhyāyukti*

堀内俊郎
(Toshio HORIUCHI)

TOKYO : THE SANKIBO PRESS 2016

目次 頁

はじめに		iii
目次		v
略号		viii
先行研究概観		xiv
凡例		xx
『釈軌論』第2章訳註		
経節番号	**主題**	
	仏の讃嘆	
1	如来の十号	1
2	世尊は煩悩障と所知障から解脱している	6
3	世尊は調御されていない者たちを調御した	9
4	如来は道を知る者、道を理解する者（/世尊の自利利他円満）	12
	法の讃嘆	13
5	世尊の教法は正しく説かれた（/外教徒の教法と仏法の違い）	14
6	世尊によって正しく説かれた教法と調伏（法と律）の美徳	16
7	世尊の教法の美徳	19
	僧の讃嘆	20
8	世尊の声聞（弟子）の僧団は正しく行じている	21
	雑染品	24
9	破戒の比丘の6つの過失	24
10	煩悩を持ち、苦を持つ	26
11	邪悪な悪魔に支配される	28
12	苦しんで住する	30
13	親しみ、修し、没頭する	31
14	五蓋	33
15	貪欲・瞋恚・愚痴は業の起因と起源	35
16	不善、苦、非聖、無益	38
17	欲望の対象は不浄である	38
18	欲を原因として人々は争う	41
19	貪欲し、愛着し、むさぼり	42
20	欲望の対象を貪り、取着し	43
21	義行、法行、福行、善行、妙行	44
22	海とは	45
23	乱れた糸のごとく	46
24	苦しい感受	47
25	苦苦、行苦、壊苦	49
26	殺生者	50
27	睡眠は空しい	52
28	愚かで、愚昧で	53
29	愚かさを本性とし	54
30	身体は無常	54
31	常住、確固たる色はあるであろうか	56
	清浄品ほか	59
32	四証浄	59
33	諸の漏が尽きるための正しい三昧	59
34	善なる三昧	61
35	渇愛のあらゆる状態の断捨	66
36	論理家	67

目次

頁

『釈軌論』第2章訳註

経節番号　**主題**

37　後悔を持っている人にとって、死は善くない……70
38　阿羅漢は刺のない者……71
39　聞き、考え、熟考する……72
40　布施の功徳……74
41　神通……75
42　有身滅の涅槃に心を飛び込ませる……76
43　眼根を監守する……78
44　六根がよく調御された……79
45　慈無量心……80
46　努力に励んで弛緩せず……82
47　三転十二行相……84
48　利益のため、安楽のため……88
49　道標は根基が深い……90
50　起き上がることと努力によって獲得されたもの……91
51　来世に上位の生存領域へ赴かせる施物……92
52　七善士趣と無取涅槃……93
53　三三昧……96
54　正しく見、正しく知る……98
55　四正勤（四正断）……99
56　教団を持ち、集団を持つ……101
57　法無我を理解する……102
58　制戒の十利……104
59　阿羅漢にとっての苦は……108
60　勝義のバラモンとは……109
61　無常想はすべての対治……112
62　説法の20のあり方……115
63　聞法の16のあり方……120
64　6つの美徳を持った言葉で教法を説く……123
65　尊敬して教法を聞くことは6つの過失を離れている……125
66　3種類の問いに対して回答が8つの性質を持っている……126
67　聖者たちの語りとは……129
68　自己を洲とし、法を州とする（/自灯明・法灯明）……135
69　邪見を断じなさい……139
70　人を判断（評価）してはならない……141
71　私は悪をなし、福徳をなさなかった……142
72　争論、口論、諍争、論争……144
73　沙門の四法……145
74　念戒……146
75　諦を見た者にとっての苦は……148
76　貪欲・瞋恚・愚痴は内なる垢である……149
77　眼は人にとっての海である……151
78　舎利弗の十慧……152
79　念施……155
80　ナンダ（難陀）の於食知量（/食事の際の心得）……157
81　ナンダ（難陀）の正念正知……160
82　マハースダルシャナ（大善見）王の胃袋……163

目次　頁

『釈軌論』第2章訳註

経節番号　**主題**

83 四静慮を望んだとおりに得る比丘 ······ 164
84 衰え、しぼみ、枯れる ······ 165
85 欲尋・恚尋・害尋を受け入れない ······ 166
86 有情は業の相続者 ······ 168
87 欲と色を厭離、離貪、抑止する ······ 169
88 悪趣での苦を原因と共に尽きさせるために行じている ······ 170
89 心の平衡を学ぶ（/琴の弦は張り詰め過ぎても弛み過ぎても） ······ 172
90 大きな木の集まりが燃えている ······ 173
91 凡夫は五蘊を常住と見る ······ 174
92 比丘の五邪命 ······ 175
93 四天王は世間を見そなわす ······ 177
94 よく説く者とよく行ずる者は誰か ······ 179
95 輪廻での生まれの原因と補助原因 ······ 182
96 利得と尊敬に専らである新参比丘にある3種類の過患 ······ 184
97 正行 ······ 186
98 3種類の邪行 ······ 187
99 次第説法 ······ 189
100 （無常－苦－無我－）厭離－離貪－解脱 ······ 192
101 識を我と見ることは ······ 195
102 思い、求め、作意する ······ 196
103 十二分教 ······ 197

付録 205
参考文献 ······ 207
諸本対照表 218
図表 ······ 221
索引 ······ 222
補註 ······ 238

はじめに

『釈軌論（*Vyākhyāyukti*）』とは、世親（Vasubandhu ヴァスバンドゥ、インド、400 年頃）が、経典解釈（vyākhyā）の方法（yukti）を示した著作、より厳密には、経典解釈者に対して、いかに経典解釈（説法）をするかというマニュアルを提示した著作である。同論はもとはサンスクリットで書かれたのだが原典は散佚し、漢訳もなく、チベット語訳としてのみ残る。『釈軌論』は 5 章から成るが、そのうち第 2 章は、阿含・ニカーヤから抽出された 103 の経節（経典の一節）に出る語句の解釈を施す章である。その『釈軌論』第 2 章について、同じくチベット語訳にのみ残る徳慧（Guṇamati グナマティ）による註釈も適宜参照しつつ現代語訳註を提示するのが、本書である。

筆者は文科省の科学研究費（若手研究（B）「世親論書の訳注研究―『釈軌論』第二章を中心に―」）の助成を 2010 年度から 2013 年度まで受けた。本書は直接にはその研究成果である。期間中も適宜成果を公表してその責務は果たしたつもりである。しかし、このような訳註研究は散発的に発表するのも大事だが、そうする場合はいずれは一書にまとめるべきであるという問題意識から、浅学菲才を顧みずこのような形で公刊することとした。不明な部分がいくつか残ったが、また思わぬ誤りもあろうが、公的資金の助成を辱くした個人研究の成果の報告としては、研究期間にかかわらず、公表の義務があろうと考える。大方の識者の叱正を仰ぐことができれば幸甚である。

ところで、近年、仏教用語の現代語訳ということが一つの潮流となっている（バウッダコーシャ・プロジェクト。斎藤他［2011］［2014］、榎本他［2014］参照）。漢訳仏教用語への過度の依存から脱却し、仏教用語の新たな現代語訳を構築してゆくことは、仏教への関心の裾野を広げるうえでも、なにより個々の研究者自身の術語理解の自覚や吟味反省という観点からも、ますます重要となってくるであろう。その際、用語は体系の中で理解するということが必要である。いくら通りのよい日本語に訳しても、思想体系の中で理解しないと、術語の理解とはなるまい。その意味で、仏教語の現代語訳に関しては、ある程度の体系（世界観）が提示されている、まとまった分量を訳出することが有効となる。そういう点からは本書も同プロジェクトへの寄与となるのではないかと考えている。本書では漢訳語も多用しているが、筆者も同プロジェクトの研究協力者としてその問題意識を共有し、研究成果も反映させて本研究に臨んだことを記しておきたい。

本書の特徴（意義）と限界（今後の課題）を挙げれば以下の通り。

特徴は、筆者自身によるものを除いては全体の 8 割方について現代語訳が存しなかった『釈軌論』第 2 章全体の和訳註であること。そこで引かれている未比定の経典の出典を比定したこと。それにより、サンスクリット原語を想定した上での訳読ができたこと。同じ著者による『倶舎論』や『縁起経釈論』も参照し、世親の著作の中で本論を位置づけようとしたこと。徳慧の註釈についてもほぼ全面的に和訳したこと。最後に、重要術語は頻出するのでクロスレファレンスをし、巻末には図表や索引も付し、各経節には小見出しもつけて「目次」にそれを採録し、もって仏教用語の資料集や読本としても活用いただけるよう配慮したこと、である（索引等もすべて自分で作成したが、この上なく楽しい時間であった）。

限界（今後の課題）は、ごくわずかの経典やいくつかの語句について出典や意味の理解が不明のまま残ったこと。校訂テキストを提示しなかったこと（これについては、『釈軌論』自体のチベット語訳テキストに加え、出典比定に基づいて梵・漢・パの対応阿含や『釈軌論註』・『百経節』に引かれる経文もすべて提示できれば有用なものができるであろう）。さらにはパーリ註釈における解釈との比較も興味深いテーマであろうがそれは別の課題であろう。

さて、『釈軌論』第 2 章が註釈対象としている阿含に話を戻そう。北伝の 4 阿含、南伝の 5 ニカーヤは、初期仏典として釈尊の肉声を伺い知ることのできる至高の資料である。そのうちの『雑阿含』には比較的短い経典が収められているのだが、それについて、椎尾辨匡が、「再読三読五読十読常に如来の聖訓に親炙して無窮の活機を捉え、無尽の法泉に浴せらるべきである。必ずしも通読を要しない。一品も可、一経も可なりである」（『国訳一切経　阿含部一』「解題」（椎尾［1935］））と述べている。筆者は氏と感慨を同じくする。本『釈軌論』第 2 章も、103 にものぼる阿含の短い経節に対して、仏教の大学匠である世親が懇切丁寧に語句の解説を施したものである。しかもそのほとんどが、本書の頁数では 1 頁や 2 頁と短いものである。上を模して言えば、「1 頁も可、1 経節もまた可なり」である。大いにご活用いただければ幸甚である。

筆者の指導教員の斎藤明先生（国際仏教学大学院大学教授、東京大学名誉教授）、ならびに、本書をインド学仏教学叢書（BIB）の一冊に加えて下さった同叢書編集委員長の蓑輪顕量先生はじめ、編集委員の先生方に謝意を表します。また、一色大悟氏には訳註部分の原稿を通読いただき、貴重なコメントや誤植の指摘などを頂戴した。記して甚深の謝意を表したい。ただし、誤植等についてはすべて筆者自身の責任である。さらに、大谷大学専任講師の上野牧生氏には、出典に関する不明点を数件お伺いした。筆者は『釈軌論』第 4 章から第 2 章へと、氏は第 1 章から第 2 章へと、図らずも同じ方向に関心を移しており、氏は本章研究にも大きな進展をもたらされていたのである。氏は 2 件に関して明確なご教示を下さった。ただ、それでも出典の不明箇所が残ったのは仕方のないことであろう。さらには、とくに生活の安定の保証もないにも拘わらず、また寺の出身でもないのに、これまで自由闊達な（bhujiṣya!【経節（74）】参照）研究活動を物心両面で支えてくださった両親にも、この場を借りて謝意を表したい。

最後になったが、博士学位論文をもとにしたもの（2009 年）に続き、本書の出版を快く引き受けてくださった山喜房佛書林の浅地康平社長に心よりの謝意を表したい。

2016 年 4 月 27 日

略号 1

AAA: *Abhisamayālaṃkārālokā Prajñāpāramitāvyākhyā: The Work of Haribhadra.* Unrai Wogihara ed., Tokyo: Sankibo Buddhist Book Store, 1932, 1973.
AD: *Abhidharmadīpa. Abhidharmadīpa with Vibhāṣāprabhāvṛtti.* P.S. Jaini ed., Patna: Kashi Prasad Jayaswal Research Institute, 1977 (2nd ed.; 1st ed., 1959).
AKBh: Vasubandhu, *Abhidharmakośabhāṣya.* P. Pradhan ed., Patna: Kashi Prasad Jayaswal Research Institute, 1967.
AKBh(E): *Abhidharmakośabhāṣya of Vasubandhu: Chapter I: Dhātunirdeśa.* Yasunori Ejima ed., Tokyo: The Sankibo Press, 1989.
AKBh(t): Tibetan translation of AKBh. D No.4090 (Ku-Khu), P No.5591 (Gu-Ngu).
AKUp: Śamathadeva, *Abhidharmakoṣaṭīkopāyikā.* D No.4094 (Ju-Nyu), P No.5595 (Tu-Thu).
AKVy: Yaśomitra, *Abhidharmakośavyākhyā. Sphuṭārthā Abhidharmakośavyākhyā by Yaśomitra.* Unrai Wogihara ed., Tokyo: 1932-1936; repr. Tokyo: Sankibo Buddhist Book Store, 1971.
Amara: *Amarakośa with the unpublished South Indian commentaries, Amarapadavivṛti of Liṅgayasūrin and the Amarapadapārijāta of Mallinātha*, critically edited with introduction by A.A. Ramanathan. Madras: The Adyar Library and Research Centre, 1971-1983.
AN: *Aṅguttara-Nikāya.* PTS, I-VI.
AS: Asaṅga, *Abhidharmasamuccaya.* [See ASBh, Gokhale [1947]]
AS(t): Tibetan translation of AS. D No.4049 (Ri), P No.5550 (Li).
ASBh: *Abhidharmasamuccaya-Bhāṣyam.* N. Tatia ed., Patna: Kashi Prasad Jayaswal Research Institute, 1976.
ASBh(t): Tibetan translation of ASBh. D No.4053 (Li), P No.5554 (Zi).
AV: *Arthavistaro nāma dharmaparyāya.* D No.318 (Sa), P No.984 (Shu).
AVS: *Arthaviniścayasūtra.* See AVSN.
Avś: *Avadānaśataka.* J.S. Speyer ed., Bibliotheca Buddhica III, 2 vols., 1902-1909 (Delhi: Motilal Banarasidass, repr. 1992).
AVSN: *Arthaviniścayasūtranibandhana. The Arthaviniścaya Sūtra and its Commentary (Nibandhana).* N.H. Samtani ed., Patna: Kashi Prasad Jayaswal Research Institute, 1971.
AVT: *Arthaviniścayaṭīkā.* D No.4365 (Nyo), P No.5852 (Cho).
BBh: *Bodhisattvabhūmi.* Unrai Wogihara ed., Tokyo: Sankibo Buddhist Book Store, 1930-36.
BBh(T): [See 高橋［2005］]
BBhVṛ: Guṇaprabha, *Bodhisattvabhūmivṛtti.* D No.4044 ('i), P No.5545 (Yi).
BBhVy: Sāgaramegha, *Bodhisattvabhūmivyākhyā.* D No.4047 (Yi), P No.5548 (Ri).
Chos 'byung: *bDe bar gshegs pa'i bstan pa'i gsal byed chos kyi 'byung gnas gsung rab rin po che'i mdzod ces bya ba. The Collected Works of Bu-ston.* Part 24 (Ya), Lokesh Chandra ed., Śata-piṭaka Series, Vol.64, New Delhi: 1971.
CPS: *Catuṣpariṣatsūtra. Das Catuṣpariṣatsūtra.* 3 Vols, E. Waldschmidt ed., Berlin: Akademie-Verlag, 1952-1962.
DĀ: *Dīrghāgama.* [See Hartman [2004]; Melzer(略号 2)]
Daśo: *Daśottarasūtra. Fragmente des Daśottarasūtra aus Zentralasiatischen Sanskrit-Handschriften.* K. Mittal ed., Sanskrittexte aus den Turfanfunden 4, Berlin: Akademie-Verlag, 1957 (I-IIIX); Dieter Schlingloff ed., Sanskrittexte

aus den Turfanfunden 4a, ibid., 1962 (IX-X).
DbSū: *Daśabalasūtra.*
DbSū(1), DbSū(2): *Von Ceylon bis Turfan, Schriften zur Geschichte, Literatur, Religion und Kunst des indischen Kulturraumes*, E. Waldschmidt ed., Göttingen: Vandenhoeck & Ruprecht, 1967.
DbSū(3): [See Chung [2009]]
Dhp: *Dhammapada*. PTS.
Dhsk: *Dharmaskandha*. [See Dietz [1984]]
DhtP: *Dhātupāṭha. Aṣṭhādhyāyī of Pāṇini in Roman Transliteration by Sumitra M. Katre*, Austin: University of Texas Press, 1987.
Divy: *Divyāvadāna. The Divyāvadāna: a collection of early Buddhist legends*. E.B. Cowell and R.A. Neil eds., Cambridge: At the University Press, 1886.
DN: *Dīgha-Nikāya*. PTS, I-III.
EĀ: *Ekottarikāgama. Ekottarāgama-Fragmente der Gilgit-Handschrift.* Ch. Tripāṭhī ed., Reinbek: Studien zur Indologie und Iranistik, Monographie 2, 1995.
GAS: *Gāthārthasaṃgraha*. D No.4103 (Thu), P No. 5603 (Chi).
Iti: *Itivuttaka*. PTS.
KP: *Kāśyapaparivarta.*
KP(D): T*he Kāśyapaparivarta. Romanized Text and Facsimiles in collaboration with Seishi Karashima and Noriyuki Kudo*. Vorobyova-Desyatovskaya M.I., ed., Tokyo: The International Research Institute for Advanced Buddhology. Soka University, 2002.
KP(H): *The Kāçyapaparivarta: a Mahāyānasūtra of the Ratnakūta Class.* Baron A. von Staël-Holstein ed. [Shanghai: Commercial Press, 1926; repr., Tokyo: Meicho Fukyūkai, 1977]
KS: Vasubandhu, *Karmasiddhiprakaraṇa.* [See 室寺［1985］]
Lakṣaṇānusāriṇī: Pūrṇavardhana, D No.4093 (Cu-Chu), P No.5594 (Ju-Nyu).
Lv: *Lalitavistara. Lalita Vistara.* 2 vols, S. Lefmann ed., Halle: Verlag der Buchhandlung des Waisenhauses, 1902-1908.
MAV: *Madhyāntavibhāga*. see MAVBh.
MAVBh: *Madhyāntavibhāgabhāṣya*. Gadjin M. Nagao ed., Tokyo: Suzuki Research Foundation, 1964.
MAV(F): *Mahāvadānasūtra. The Mahāvadānasūtra: a New Edition Based on Manuscripts Discovered in Northern Turkestan.* Sanskrit-Wörterbuch der buddhistischen Texte aus den Turfan-Funden. Beiheft. 10, Takamichi Fukita ed., Göttingen: Vandenhoeck & Ruprecht, 2003.
MAVT: Sthiramati, *Madhyāntavibhāgaṭīkā*. Susumu Yamaguchi ed., Nagoya: Librairie Hajinkaku, 1934.
MAVT(t): Tibetan translation of MAVT. D No.4032 (Bi), P No.5534 (Tshi).
MN: *Majjhima-Nikāya*. PTS, I-IV.
MPS: *Mahāparinirvāṇasūtra.* E. Waldschmidt ed., Berlin: Akademie-Verlag, 1950-51.
MS: Asaṅga, *Mahāyānasaṃgraha.* [See 長尾［1982］［1987］]
MSA: see MSABh.
MSABh: *Mahāyānasūtrālaṃkārabhāṣya. Mahāyānasūtrālaṃkāra - Exposé de la Doctrine du Grand Vehicle selon le Systéme Yogācāra-*, Sylvain Lévi ed., Tome 1; Texte, Paris, 1907. [Cf. 長尾［2007a］［2007b］]
Mv: *Mahāvastu. Le Mahâvastu*. 3 Vols. É. Senart ed., Tokyo: Meicho Fukyūkai, 1977 [orig. pub. in Paris, 1882-97].

NidSa: *Nidānasaṃyukta. Fünfundzwanzig Sūtras des Nidānasaṃyukta*, C. Tripāthī ed., Berlin: Akademie-Verlag, 1962.

ParSg: *Paryāyasaṃgrahaṇī* (*rNam grangs bsdu ba*). D No.4041 ('i), P No.5542 (Yi).

PrMoS: *Prātimokṣasūtra. Prātimokṣasūtra der Sarvāstivādins nach Vorarbeiten von Else Lüders und Herbert Härtel.* Herausgegeben von Georg von Simson. Teil II. Göttingen: Vandenhoeck & Ruprecht, 2000.

PS: Vasubandhu, *Pañcaskandhaka. Vasubandhu's Pañcaskandhaka*, Sanskrit texts from the Tibetan Autonomous Region 4, Xuezhu Li and Ernst Steinkellner eds., Beijing and Vienna: China Tibetology Publishing House and Austrian Academy of Sciences Press, 2008.

PSVy: Vasubandhu, *Pratītyasamutpādavyākhyā.* D No.3995 (Chi), P No.5496 (Chi). [Cf. Tucci [1930], Muroji [1993]]

PSVyT: Guṇamati, *Pratītyasamutpādavyākhyāṭīkā.* D No.3996 (Chi), P No.5497 (Chi).

RGV: *Ratnagotravibhāga. Ratnagotravibhāga Mahāyānottaratantraśāstra.* E.H. Johnston ed., Patna: Bihar Research Society, 1950.

SamBh: *Samāhitā Bhūmiḥ: das Kapitel über die meditative Versenkung im Grundteil der Yogācārabhūmi.* 2 Vols, Martin Delhey ed., Wien: Arbeitskreis für Tibetische und Buddhistische Studien, Universität Wien, 2009.

Saṅg: *Saṅgītisūtra. Dogmatische Begriffsreihen im älteren Buddhismus. Das Saṅgītisūtra und sein Kommentar Saṅgītiparyāya.* V. Stache-Rosen ed., Sanskrittexte aus den Turfanfunden 9, Berlin: Akademie-Verlag, 1968.

Sāratamā: *Sāratamā: A Pañjikā on the Aṣṭasāhasrikā Prajñāpāramitā Sūtra.* P.S. Jaini ed., Patna: Kashi Prasad Jayaswal Research Institute, 1979.

SBhV: *Saṅghabhedavastu. The Gilgit Manuscript of the Saṅghabhedavastu.* 2 Vols, R. Gnoli ed., Roma: Serie Orientale Roma, 1977, 1978.

Śikṣ: *Śikṣāsamuccaya.* C. Bendall ed. [repr. Tokyo: Meicho Fukyūkai, 1977]

Sn: *Suttanipāta.* PTS.

SN: *Saṃyutta-Nikāya.* PTS, I-VI.

SNS: *Saṃdhinirmocanasūtra.* É Lamotte ed., Paris: Adrien Maisonneuve, 1935.

ŚrBh: *Śrāvakabhūmi.*

ŚrBh(S): *Śrāvakabhūmi of Ācārya Asaṅga*, K. Shukla ed. Patna: Kashi Prasad Jayaswal Research Institute, 1973.

ŚrBh I: 『瑜伽論　声聞地　第一瑜伽処－サンスクリット語テキストと和訳－』大正大学綜合仏教研究所　声聞地研究会，東京：山喜房佛書林，1998.

ŚrBh II: 『瑜伽論　声聞地　第二瑜伽処　付　非三摩呬多地・聞所成地・思所成地－サンスクリット語テキストと和訳－』大正大学綜合仏教研究所　声聞地研究会，東京：山喜房仏書林，2007.

ŚrBh(t): Tibetan translation of ŚrBh. D No.4036 (Dzi), P No.5537 (Wi).

Sūśa*: Sūtrakhaṇḍaśata. Vyākhyāyukti-sūtrakhaṇḍaśata* (*rNam par bshad pa'i rigs pa'i mdo sde'i dum bu brgya*). D No.4060 (Zi), P No.5561(Si).

TheraG: *Theragāthā.* PTS.

Upasaṃ(Ch): *Das Upasaṃpadāvastu, Vorschriften für die buddhistische Mönchsordination im Vinaya der Sarvāstivāda-Tradition Sanskrit-Version und chinesische Version von Jin-il Chung*, Göttingen: Vandenhoeck & Ruprecht, 2004.

UV: *Udānavarga.* F. Bernhard ed., *Sanskrittexte aus den Turfanfunden* X, Band I, Göttingen: Vandenhoeck & Ruprecht, 1965.

UV(t): Tibetan translation of UV. (*Der tibetische Text unter Mitarbeit von Siglinde*

Dietz herausgegeben von Champa Thupten Zongtse, Sanskrittexte aus den Turfanfunden X, Band III, Göttingen: Vandenhoeck & Ruprecht, 1990)

VasSg: *Vastusaṃgrahaṇī* (*gZhi bsdu ba*). D No.4039 (Zi), P No.5540 ('i).

Vinayavibhaṅga: *Der Vinayavibhaṅga zum Bhikṣuprātimokṣa der Sarvāstivādins*. V. S. Rosen ed., Sanskrittexte aus den Turfanfunden 2, Berlin: Akademie-Verlag, 1959.

VinSg: *Viniścayasaṃgrahaṇī* (*rNam par gtan la dbab pa bsdu ba*). D No.4039 (Zhi-Zi), P No.5540 ('i).

VisM: *Visuddhimagga*. PTS.

VySg: **Vyākhyāsaṃgrahaṇī* (*rNam par bshad pa bsdu ba*). D No.4042 ('i), P No.5543 (Yi).

VyY: Vasubandhu, *Vyākhyāyukti*. D No.4061 (Zi), P No.5562 (Si). [Cf. Lee(略号 2)]

VyYT: Guṇamati, *Vyākhyāyuktiṭīkā*. D No.4069 (Si), P No.5570 (I).

YBh: *Yogācārabhūmi*. *The Yogācārabhūmi of Ācārya Asaṅga*. Part I. V. Bhattacarya ed., Calcutta: University of Calcutta, 1957.

YBh(t): Tibetan translation of YBh. D No.4035 (Tshi), P No.5536 (Dzi).

YL: *Yogalehrbuch. Ein buddhistisches Yogalehrbuch unveränderter Nachdruck der Ausgabe von 1964 unter Beigabe aller seither bekannt gewordenen Fragmente,* Dieter Schlingloff; herausgegeben von Jens-Uwe Hartmann und Hermann-Josef Röllicke. Buddhismus-Studien, 5, Düsseldorf: Haus der Japanischen Kultur (EKO), 2006.

略号 2

Apte: Vaman Shivaram Apte, *The Practical Sanskrit-English Dictionary*. Revised & Enlarged Edition. Kyoto: Rinsen Book Company [Second Reprinting 1986]

ACIP: The Asian Classics Input Project.

BHSD: F. Edgerton. *Buddhist Hybrid Sanskrit Grammar and Dictionary.* New Haren: 1953; repr. Delhi: 1970.

CBETA: 電子佛典集成. 台湾.

CPD: *Critical Pāli Dictionary.* Copenhagen: The Royal Danish Academy of Sciences and Letters, 1948-.

D: *The Tibetan Tripiṭaka, sDe dge edition.* ［No.は『西蔵大蔵経総目録』仙台：1934 に依る］

GRETIL: Göttingen Register of Electronic Texts in Indian Languages and related Indological materials from Central and Southeast Asia: http://gretil.sub.uni-goettingen.de/

LC: Lokesh Chandra, *Tibetan Sanskrit Dictionary.* Kyoto: Rinsen Book Company, 1998.

Lee: Jong Choel Lee, *The Tibetan Text of the Vyākhyāyukti of Vasubandhu,* Bibliotheca Indologica et Buddhologica 8, Tokyo: The Sankibo Press, 2001.

Melzer: Gudrun Melzer, *Ein Abschnitt aus dem Dīrghāgama.* 2 Vols. (Inaugural-Dissertation zur Erlangung des Doktorgrades der Philosophie an der LMU München, Mit eningen Ergänzungen, 2010)

Mvy: *Mahāvyutpatti.* R. Sakaki ed., Kyoto: Rinsen Book Company, 1931.

Mvy(N): *A New Critical Edition of The Mahāvyuttpatti: Sanskrit-Tibetan-Mongolian Dictionary of Buddhist Terminology* 新訂翻訳名義大集（石濱裕美子 福田洋一著），東京：東洋文庫，1989.

Mvy(W): 『梵漢対訳　仏教辞典』荻原雲来，東京：山喜房仏書林，1959.

MW: Sir Monier Williams. *A Sanskrit-English Dictionary.* [repr. Tokyo: Meicho

Fukyūkai, 1986 [orig. pub. in 1899].
Negi: J.S. Negi. *Tibetan-Sanskrit Dictionary*. 16 Vols, Sarnath, Varanasi: Dictionary Unit Cnetral Institute of Higher Tibetan Studies, 1993-2005.
Obermiller: See Obermiller [1931][1932]
P: *The Tibetan Tripiṭaka, Peking edition.* ［No.は大谷大学監修『影印北京版　西蔵大蔵経総目録・索引』京都：臨川書店（縮刷復刻版），1985 に依る］
PTS: Pali Text Society.
PTSD: *The Pali Text Society's Pāli-English Dictionary*.
SAT: 大正新脩大藏經テキストデータベース. http://21dzk.l.u-tokyo.ac.jp/SAT/
SHT: Sanskrithandschriften aus den Turfanfunden unter Mitarbeit von Walter Clawiter und Lore Holzmann; herausgegeben und mit einer Einleitung versehen von Ernst Waldschmidt, I-X, 1965-2008.
Skilling: See Skilling [2000]
SWTF: *Sanskrit-Wörterbuch der buddhistischen Texte aus den Turfan-Funden und der kanonischen Literatur der Sarvāstivāda-Schule, Begonnen von Ernst Waldschmidt, Im Auftrage der Akademie der Wissenschaften in Göttingen herausgegeben von Heinz Bechert*. 26 Vols, Göttingen: Vandenhoeck & Ruprecht, 1973-2014.

称友：Yaśomitra. AKVy を見よ.
世親：Vasubandhu.
徳慧：Guṇamati. VyYT, PSVyT, 『随相論』を見よ.
『赤沼辞典』: 赤沼智善『印度仏教固有名詞辞典』京都：法蔵館，1967［複刊］.
『赤沼目録』: 赤沼智善『漢巴四部四阿含互照録』東京：破塵閣書房，1958.
『印仏研』:『印度学仏教学研究』日本印度学仏教学会.
『縁起経釈論』: 世親，PSVy を見よ.
『縁起経釈論註』: 徳慧，PSVyT を見よ.
『荻原梵和』:『漢訳対照　梵和辞典　新訂版』鈴木学術財団編，東京：山喜房佛書林，2012［新訂版］.
『倶舎論』: 世親，AKBh を見よ.
『倶舎論記』: 普光，大正 41. No.1821.
『倶舎論索引』:『倶舎論索引』（第一部～第三部）平川彰・平井俊榮・高橋壯・袴谷憲昭・吉津宜英　共著　*Index to the Abhidharmakośabhāṣya.* Tokyo: The Daizo Shuppan. 1973-1978.
『解深密経』: 玄奘訳：大正 16. No.676. Cf. SNS
『決定義経註』: AVSN を見よ.
（蔵訳）『決定義経註』: AVT を見よ.
『現観荘厳論』: AAA を見よ.
『現観荘厳論索引』: *Sanskrit word-index to the Abhisamayālaṃkārālokā Prajñāpāramitāvyākhyā (U. Wogihara edition)* by Ryusei Keira & Noboru Ueda（荻原雲来校訂版『現観荘厳論光明般若波羅蜜多釈』梵語総索引　計良龍成，上田昇）， Tokyo: The Sankibo Press, 1998.
『釈軌論』: 世親，VyY を見よ.
『釈軌論註』: 徳慧，VyYT を見よ.
『集異門足論』:『阿毘達磨集異門足論』（大正 26. No.1536）

『集論』:『大乗阿毘達磨集論』(大正 31. No.1605), AS を見よ.
『頌義集』: GAS を見よ.
『順正理論』: 衆賢 (Saṅghabhadra),『阿毘達磨順正理論』(大正 29. No.1562)
『長阿含』:『長阿含経』(大正 1. No.1)
「摂異門分」:『瑜伽論』, ParSg を見よ.
『成業論』: 世親,『大乗成業論』(大正 31. No.1609). KS を見よ.
「摂事分」:『瑜伽論』, VasSg を見よ.
「摂釈分」:『瑜伽論』, VySg を見よ.
『摂大乗論』: MS を見よ.
「声聞地」:『瑜伽論』, ŚrBh を見よ.
『随相論』: 徳慧, 大正 32. No.1641.
『雑阿含』:『雑阿含経』(大正 2. No.99)
『増一』:『増一阿含経』(大正 2. No.125)
『雑集論』:『大乗阿毘達磨雑集論』(大正 31. No. 1606). ASBh を見よ.
大正 :『大正新脩大蔵経』
『大乗荘厳経論』安慧釈 : 安慧, SAVBh を見よ.
『大乗荘厳経論〔釈〕』: MSABh を見よ.
『大乗荘厳経論〔頌〕』: MSABh を見よ.
『大般涅槃経』: MPS を見よ.
『中阿含』: 大正 1. No.26.
『中辺分別論』安慧釈 : MAVT を見よ.
『中辺分別論〔釈〕』: MAVBh を見よ.
『中辺分別論〔頌〕』: MAV を見よ.
『南伝』:『南伝大蔵経』東京 : 大蔵出版.
『二巻本』(Ishikawa [1990]を見よ. Cf. 石川［1993］)
『婆沙論』:『阿毘達磨大毘婆沙論』(大正 27. No.1545)
『百経節』: Sūśa を見よ.
『仏教語辞典』:『瑜伽師地論に基づく　梵蔵漢対照・蔵漢梵対照　仏教語辞典』
横山紘一, 廣澤隆之　共著　東京 : 山喜房佛書林, 1997.
『仏教史』: プトン, *Chos 'byung* を見よ.
『仏地経論』: 西尾［1982ab］を見よ.
『別訳』:『別訳雑阿含経』(大正 2. No.100)
「菩薩地」:『瑜伽論』, BBh を見よ.
『菩薩地解説』: Sāgaramegha (海雲), BBhVy を見よ.
『菩薩地註』: Guṇaprabha (徳光) , BBhVṛ を見よ.
『訳一』:『国訳一切経』東京 : 大東出版.
『瑜伽師地論総索引』:『漢梵蔵対照　瑜伽師地論総索引』　横山紘一, 廣澤隆之
共著, 東京 : 山喜房佛書林, 1996.
『瑜伽論』:『瑜伽師地論』(大正 30. No.1579)
『楞伽経』: 高崎・堀内［2015］を見よ.
『倫記』:『瑜伽論記』: 遁倫集撰, 大正 42. No.1828.

先行研究概観

a) テキスト：

『釈軌論（VyY）』の全体にわたる校訂テキストとしては、Lee［2001］（略号 2）のみが存する。これは北京・デルゲ・ナルタン・チョネの 4 版を校訂したものである。本論に対する校訂テキストとしては世界初であり、加えて、自身の内容理解に基づいて適宜、段落分け、番号付けなどをしている労作である。今回の訳読に際しても大いに参考にさせていただいた。ただ、初の試みとして仕方のないことであるが、現在から見れば種々問題なしとしない（本訳註ではその誤読・誤植については一々注記をしない[1]）。

b) 研究：

まず初めに本論の全体のシノプシスを提示しておく。

『釈軌論』シノプシス[2]

『釈軌論』第 1 章

1 序（D29a2-）

 1.1 帰敬偈

 1.2〔教〕法を聞き、保持し、集めること

2 経典解釈法（D30b2-）

 2.1 5 種類の解釈法

  ＝（1）目的（2）要義（3）句義（4）関連（5）論難と回答

 2.2（1）目的（*prayojana）（D31a5-）

 2.3（2）要義（*piṇḍārtha）（D33a2-）

 2.4（3）句義（*padārtha）（D33a6-）

  2.4.1 句義の解釈（1）：一語に多義（多義語）

  2.4.2 句義の解釈（2）：多語に一義（同義語）

『釈軌論』第 2 章

  2.4.3 句義の解釈（3）（=「100 の経節」の解釈）（D40a7-）

   （【経節（103）】解釈：方広（*vaipulya）は大乗（*mahāyāna）である）

『釈軌論』第 3 章

  2.4.4 句義の解釈（4）（D83b4-）

   1 同義語

---

[1] その先駆的業績に感謝しつつ、後学で新たなテキストを作っていくことが必要であろう。第 4 章に関しては堀内［2009］が徳慧註と共に提示した。第 1 章についてはこれも徳慧註とともに上野牧生氏の博士論文（大谷大学提出）所収のテキストがある。公刊されたものとしては上野［2013a］が後半部（といっても同章ほぼ全体となる）を扱っている。

[2] 堀内［2009: xvi］に基づくが、上野［2013a: n.1］の指摘により 2.4.2 の箇所を訂正した。また、2.4.3 については、後述の d)『百経節』についてを参照。

2 定義
3 語源
4 分類
2.5（4）関連（D83b4-）
2.5.1 前後の意味の関係の関連
2.5.2 前後自身による順序の関連
2.5.3「関連する」の解釈
2.6（5）論難と回答（*codya-parihāra）（D85b4-）
2.6.1 語に対する論難
2.6.2 意味に対する論難
1 前後で矛盾するという論難
2 道理と矛盾するという論難
（直接知覚、推論、伝承（聖教）矛盾するという論難
a. 「飲酒は遮罪である」という説に対する論難
b. 〔【経節（103）】解釈のなかの「方広は大乗である」に対する論難
2.6.3 回答（*parihāra）（D88b6-）
『釈軌論』第 4 章（「方広は大乗である」への論難に対する回答）（D96b7-）
『釈軌論』第 5 章
3「(1) 目的」の前に、「尊敬して仏語を聞くこと」が説かれねばならない（D114a7-）
3.1 なぜそれを説く必要があるのか（D114b1-）
3.2 それをどのように説くのか（D114b4-）
3.2.1 導き入れ
3.2.2 目的の開示
3.2.3 不思議、歓喜、厭離の話の提示
4 **Sūtrālaṃkāra* に説かれる別の経典解釈法（D134a2-）
5 結びの頌（D133a7-134b1）

そのなか、『釈軌論』第 2 章[3]は、阿含・ニカーヤからごく一部の節（場合によっては一句）を引き、「～とは、経典の一節である（*iti sūtrakhaṇḍaḥ）」として、それらの経節の語句の解釈をする章であることを指摘しておきたい。そのような解釈が 103 の経節についてなされている。分量としては『釈軌論』全体の半分弱を占める章である。その際、世親は冒頭にはごく一部しか経節を引かず、その前後の経節を周知のものとして解釈を施してゆく。前後の経文は、世親が直接に解釈しない部分も含めて、『百経節』『釈軌論註』に引かれている。

それを踏まえた上で『釈軌論』第 2 章に関する先行研究を概観しておきたい[4]。こういう場合は定石としては 103 の経節に対する解釈の一々について先行研究

[3] シノプシスから明らかなように『釈軌論』は 5 章から構成されているというよりは冒頭で提示された「5 種類の解釈法」に基づいて構成されているといった方が適切である。ただ、慣例に従い便宜的に『釈軌論』第 2 章としておく。
[4] 『釈軌論』第 1 章については上野氏の一連の研究を参照。

の所在を示すこととなろうが、本章についてはさほど研究がない。そこで、研究論文の年代順に、どのような内容の研究かを示すこととする。その際、【経節（～）】として、『釈軌論』第2章の経節番号を示すこととする。
・現代の研究者のなかで『釈軌論』に初めて着目したのが、山口益［1959］である。全体の内容概観と、第2章の一部についても和訳や紹介がある。
・AVSN という論書がある。Samtani 氏による詳細な註を伴った梵文校訂テキストがある。『倶舎論』やそれに対する称友の註（AKVy）を解釈の源泉としていることが同氏によって指摘されていた。他方、本庄［1989］はその AVSN に対する和訳註であるが、同論における解釈の「源泉資料」として、さらに『釈軌論』と『縁起経釈論』とその徳慧註があることを指摘した（本庄［1989: 6, 173］（付録（2）『決定義経註』『釈軌論』『縁起経釈論』（北京版）対応表））。AVSN はそれらにもかなり依っており、ゆえに、チベット語訳でしか残らない『釈軌論』や『縁起経釈論』の梵本がいくつか回収しうるのである。その指摘により、『釈軌論』第2章の経節でいえば、【経節（1）（5）（8）（35）（45）（55）（74）】に対する世親の解釈（すべてではないし異同もあるが）に対する梵本資料と和訳に相当するものが提示されたこととなり、研究に大きな進展がもたらされたといえる。
・Skilling［2000］は、第2章のみならず『釈軌論』全体に登場する固有名詞や経典名について比定を行っている。本第2章に関してもいくつかの経節の出典比定がある。
・仏・法・僧の三宝をそれぞれ讃嘆する『仏随念』・『法随念』・『僧随念』という経典がある。それに対して、無着作と伝えられる『仏随念註』・『法随念註』・『僧随念註』という著作がある。『仏随念註』に対しては、世親作とされる『仏随念広註』という著作がある。そのうち、『仏随念広註』での「如来の十号」の解釈は、【経節（1）】での詳細な解釈と、ほぼ一致する。その箇所について中御門［2008］・藤仲［2008］による和訳がある。前者が、『釈軌論』と対応する解釈を含む前半部の和訳、後者が、対応を含まない後半部の和訳である。註記が詳しい。
・無着作と伝えられる『法随念註』の和訳に際し、中御門［2010: 84-87］が、世親にとっての法随念に当たる【経節（5）（6）（7）】の和訳も提示している（オンラインでも閲覧が可能である）。ちなみに、ごく基本的なことであるが、第1に、テキストの翻訳にはテキストの校訂・確定が必要である。第2に、翻訳チベット語の読解は、梵本原語を想定しつつ正確に行う必要がある。
・上野［2012b］が、『釈軌論』第2章に引かれる『雑阿含』の出典調査を行った。いくつかの比定については筆者は下記の通り意見を異にすることもあるが、些細なことであろう。
・筆者自身もいくつか訳註などを行ってきた。堀内［2005］では三三昧に関する経典である【経節（53）】を取り上げた。十二分教に関する経典である経節【（103）】についても数回にわたって取り上げた（堀内［2009］でまとめた）。堀内［2013］では【経節（62）（63）】の訳註を、堀内［2015］では、【経節（9, 14, 17-22, 30）】の訳注を行った。後2者に対しては Rolf Giebel 氏に英訳していただいている（Horiuchi［2013］［2015b］）。

c) 先行する翻訳一覧

＊（）は、『釈軌論』自体に対する訳ではないが、ほぼ全面的に対応する他の文

献が訳されているので、実質的な『釈軌論』当該箇所に対する訳註ともなっているということを示す。

経節番号
(1):(AVSN, 241.4-247.5, 本庄[1989: 125-128], Samtani[2002: 174-178], 中御門[2008])
(5):(AVSN, 248.4-249.6, 本庄[1989: 129-130], Samtani[2002: 178-179])
(5) ~ (7):中御門[2010]
(8):(AVSN, 250.3-252.1, 本庄[1989: 130-131], Samtani[2002: 180-181])
(9) (14) (17-22) (30):堀内[2015]
(35):(AVSN, 166.9-168.3, 本庄[1989: 93-94], Samtani[2002: 112-113])
(45):(AVSN, 193.4-195.1, 本庄[1989: 103-105], Samtani[2002: 130-131])
(47):(AKVy, 580.30-581.6, 櫻部・小谷[1999: 338-339])
(53):堀内[2005]
(55):(AVSN,215.4-216.2, 本庄[1989: 114], Samtani[2002: 149])
(61):上野[2012a](経節部分の訳註)
(62) (63):堀内[2013]
(74):(AVSN, 256.6-258.6, 本庄[1989: 133-135], Samtani[2002: 185-186])
(103):堀内[2009: 33ff.]

なお、本訳註に当たっては VyY, VyYT ともに、デルゲ版と北京版を対照してテキストの読解を行った。また、対応梵本が得られるものについてはその梵本を重視して翻訳を行った。

d) 『百経節』について

b)節に述べたような性質のものが『百経節』(Sūśa) である。同論は 109 の「経典の一節」を収めたものであり、そのうちの 1 番目の経節は『釈軌論』第 1 章冒頭で解釈される。残りの 108 が、『釈軌論』第 2 章で引用される経典である(実際は 109 なのに「100」の経節というのは、山口[1959]の指摘するように「満数」をとってのことである)。さて、本論について上野[2012a: (9)ff.]が興味深いことを指摘した。上野氏によれば、『釈軌論』第 2 章で「~とは経典の一節である」と出ているのは 103 であるが、『百経節』では 108 であり、数が合わないのは、残りの 5 経節は、世親が経節を解釈する際に引き合いに出した阿含だからである。そして、その際、

> 「『百経片』(=『百経節』) 所引経文の引用範囲は、多くの用例では『釈軌論註』と一致するものの、しかし相違する例もまた少なくない。さらに『百経片』『釈軌論』『釈軌論註』に引用される経文間には異読も多い。したがって『百経片』は、『釈軌論』あるいは『釈軌論註』から所引経文のみを抽出して作成された文献ではない。『百経片』はいづれかの阿含に基づいている。かかる点から、『百経片』は『釈軌論』(特に第二章) 学習用の阿含引用集であったと推測される」

と指摘している。また、上野[2012b: (39)n.1]では、これが世親作であるというのは北京版の奥付にしか出ていないことも指摘している。

氏によれば、『百経節』は世親作でななく、後代の人の手になるものだということであろう。

これについて、内容的に重要な異読がそれほどあるか、また、『釈軌論註』について言えば、「『釈軌論註』所引経典群が『釈軌論』所引用経典群と同じ有部阿含である確証はない」（上野［2012b: (10)］）ということまでが言えるかは、具体例が示されていないこともあり疑問である[5]が、『百経節』が世親作だとされているのは北京版の奥付だけであるという指摘は重要であろう。

e) 引用阿含について

上記に加え、まとまった指摘がなされているものを挙げておく。

上野［2012b］が、『釈軌論』第 2 章に引用された『雑阿含』に絞って出典を比定した。すなわち、【経節】8, 9, 11-14, 17, 20, 23, 24, 26, 27, 30, 37, 42, 44, 46, 47, 49, 53-54, 57, 61, 65, 68-70, 72, 75, 77-81, 87, 91, 93-95, 100-102 について出典を比定し、さらに、世親が経節を解釈する中で引かれるいくつかの経典（徳慧によって前後が知られる場合が多い）のうち、17, 37, 42（2 か所）, 55, 57, 60, 60, 78（3 か所）についても比定した。関連文献についても適宜指摘している（53, 100 についてはわざわざ上記拙稿を指示していただいている）。重要な指摘であろう。そのなか、23, 61, 68, 70, 80, 81, 101, 102 については「本庄良文教授による御教示」だという。

ただ、『雑阿含』からの引用ということでいえば、些末なことであるが、さらに、【経節】1, 5, 8, 10, 22, 28, 31, 32, 33, 43, 50, 51, 59, 60, 66, 74, 83, 89 も加えられるべきであろう。また、【経節】46, 49, 75, 78（3 番目の経典）, 79, 87, 95 については、氏の比定したのとは別の経典が対応すると考えられる。いずれにせよ、それを除いた箇所が上野［2012b］による比定であることをここで明示しておき、本書の訳註部分においては、阿含以外の関連文献（AKVy など）について記載がある場合、「上野［2012b］では～」という形で、そこでの指摘を引くこととする。

ところで、チベット語翻訳文献を読解するために貴重な書籍が Mvy である。ただ、各エントリーの出典が不明確なことが一つのネックであり、諸家による比定もなされてきた。他方、『釈軌論』第 2 章で引かれる経節を読んでいると Mvy との対応が多いことに気付く。そういう経緯から、筆者はトルコ（アンカラ）で行われた ICANAS 38（2007 年）で、“The Influence of the *Vyākhyāyukti* Chapter 2 on the Later Buddhist Treatises”と題し、『釈軌論』第 2 章が後世の論書に与えた影響

---

5 世親が引く経文は短いのであるし阿含には定型句も多いので、徳慧が別の経典を比定したという可能性もある（Cf. 【経節（70）（75）】）。
また、世親は『釈軌論』第 2 章末尾で、

> 「以上のように「100 の経節」の諸の語句の意味を解説した（de ltar mdo sde'i dum bu brgya'i tshig rnams kyi don bshad pa）」

と言っている。この mdo sde'i dum bu brgya が固有名詞を指すとすれば（チベット語訳では単数形であるのでその可能性は高いと考える）、世親が現行のものではなくとも（現行の『百経節』は世親の『釈軌論』を予想していることは確かなので）何等かの *Sūtrakhaṇḍaśata*（『百経節』）を註釈したということで問題はないわけである。

を発表した。その proceedings の発刊が難航していたようで、それなら同じ素材で増補して別稿をとも考えていたが、2015 に公開された。当日の発表原稿そのままで（校正の機会もなく）、しかもフォントが文字化けしてしまっているが、そこでは、『百経節』が Mvy の源泉の一つとなったのではないかと指摘した。要するに、Mvy には前後の脈絡が関連のない語が並んでいることがある。他方、『百経節』を見れば、Mvy と同じ順序で経文が並んでいることがあり、他にはそのような例が見られない。このような点から、『釈軌論』・『百経節』も Mvy の語彙収集の一つの源泉となったのではないかと指摘したのである。対応は、本書付録の諸本対照表（pp.218-220）を見ていただきたい。

その同発表では【経節】19, 20, 23, (24), 41, 45, 57, 66, 67, 69, 70, 73, 74, 77, 78, 79, 82, (83), 97, 98 について Mvy の対応と関連阿含を指摘しておいた（なお、() 内の 2 か所については、多少訂正の要があったとその後気づいた。ただ、チベット語訳しかない本論を梵本を想定しながら読解するという方針はその段階で示したつもりであり、本書もその問題意識からのものである）。さらには、【経節 (47)】での世親の解釈が称友の AKVy にそのまま引用されていること、徳光の『菩薩地註』が【経節（36）（66）】での世親の解釈を引用していること、世親作とされる『仏随念広註』が『釈軌論』第 2 章【経節（1）】に対応することも、そこで報告しておいた。ただ、公開ということでは 2015 年ということになる（Horiuchi ［2015a］）。

凡例

a) 訳註（pp.1-204）凡例

・＜＞は、徳慧註（VyYT）による補い。主に、世親（VyY）が簡略に引用している経節の前後の部分を補ったものである。
・{} は、世親が引く経節を補う形で Sūśa（『百経節』）が引く経文であることを示す。徳慧が引くものと重なることが多い。
・**ボールド体**は、世親が引く経節であることを示している。以上により、各経節について、Sūśa, VyY, VyYT が引く範囲が明示される。
・〔〕は、訳者による補い。
・“”は、発言内容や思い（思念）の内容の範囲を示す。
・*は、筆者による想定形（主にサンスクリット）であることを示す。
・＊は、経節について前後の文脈を提示する際に用いた。
・°は、直前に出ている単語の省略を示す。

・経節の経句や世親による解釈については、以下の方針により、適宜番号付けや分節を施した。
・世親は経文に関し、解釈を提示し、続いて、「さらにまた」、「別の観点では」、「聖教（伝承）では」などと、別の解釈を施すことが多い。そのような解釈の大枠を、［解釈 I］［解釈 II］…として示した。
・世親は経節を引用し、それを単語ごとに区切り、各単語の解釈を施すことが多い。その場合、経文の句（和訳・対応梵本についても同様）に（1）（2）…と番号を振った。ほぼ対応する場合は（1'）（2'）などとした。
・経句の一々に対してさらなる解釈がある場合、(i)（ii）…と番号を振った。
・他方、経句以外の項目の列挙がある場合、［1］［2］…と番号を振った。
・経文の語句を、逐語的ではなくてより大きな枠組みで解釈する場合、(I)（II）…と番号を振った。
・【対応阿含】: 各経節に対応する阿含・ニカーヤについて、【対応阿含】として言及した。短いフレーズや定型句の場合、複数の阿含に見られることもあるが、一々挙げなかった。
・梵本の引用に際し、表記はそれぞれの校訂本固有の表記を踏襲する。たとえば、写本が欠けている等により他の箇所や文献等から再構成している箇所は、校訂本によっては、()もしくはイタリクスで示されていたりするが、それらは統一せず、各校訂本に出ている()やイタリクスそのままを表記することとする。
・ただ、世親が単語ごとに区切って解釈している場合は、テキストに（1）（2）等の番号を挿入する。
・【関連文献】: 主に、Mvy などサンスクリット対応が得られる資料を挙げた。さらに、『倶舎論』『縁起経釈論』『瑜伽論』「摂事分」など、世親の解釈に関連する（あるいはしない）資料も挙げた。関連資料は向井［1985］、Chung［2008］、Chung・Fukita［2011］によりたどられたい。また、『倶舎論』における経典引用ということでは本庄［2014］がその金字塔であり、先行研究も丁寧に指示されているので、それを挙げておくこととする。なお、そのなか、たとえば本庄［2014:［2011］］とある［2011］は、『倶舎論』第 2 章の 11 番目の経典ということ、つまり、同書の付した AKUp の経典番号であり、頁番号ではない。

・本書で「世親」と表記しているのは Vasubandhu を指す。「ヴァスバンドゥ」でも「Vasubandhu」でもよいのだが、「世親」でも日本語として熟しているので、単にスペースを省略するためである。徳慧（Guṇamati）や称友（Yaśomitra）についても同様。
・なお、VyY や VyYT として提示するのは、基本的にはテキスト上の問題を提示するばあいである。

b) 索引（pp.222-237）凡例

1）経句索引（和梵・梵和）
・103 の経節の経句のうち、世親が解釈を施しているものを中心に採録した。
・*は想定梵語であることを示す。『釈軌論』の梵本原典がない以上、すべてに*をつけるべきであろうが、関連経論から信頼しうる対応梵本が得られる場合は*をつけなかった。
・世親によって解釈されている経句を忠実に拾うようにしているので、経文に出る通りをそのまま採録するようにした。ゆえに、適宜、連用形（ger.や BV や過去分詞など）も残している。ただ、想定梵本（*）については基本的に語根で以て示す。また、名詞については基本的に語幹の形で示すこととする。また、検索の便から、たとえば na śānta は śānta, na とし、n ではなく ś の見出し下に収めた。sa-についても同様。さらに、本文の翻訳に際しては現代語訳も用いるようにしたが、索引では伝統的な漢訳語を前面に出すようにした。

2）事項索引
・経節に対する世親の解釈に見られる術語を中心に採録した。
・法数、人名等、経論名等、事項の 4 つに分かれる。
・ページ番号に()を入れたのは、それが訳註部分に出る語であることを示す。
・項目に（）を入れたのは、伝統的な術語であるが、本文にはそのままの言葉では出てきていないものであることを示す。

c) 図表（p.221）について

『釈軌論』第 2 章の理解に最低限必要と思われる図表を提示した。作製に際して河村［2004］を参考にさせていただいた[1]。

---

[1] 櫻部他［2004: xviii］が、「八等至の中、四静慮を色界と、四無色定を無色界と、緊密に結びつけているのも、煩悩のあり方を、従って断惑の過程をも、常に三界説というコスモロジーとの関連の上に見ようとするのも、この派の実践論のもつ独特な性格を示している」というように、「三界九地説」等は避けて通れない。これに関連し、森［1995: 271.n.2］により、宇井［1939］が「三界分別」を取り払って有部の修道論を簡潔に提示していることを知り得た。宇井論文は前半に有部の修道論を手際よくまとめ、後半では三界という枠組みを取り払って断惑論を提示している。1 つの試みであろう。筆者も堀内［2016a］で、初期仏教思想を共生の哲学として素描した。ただ、『釈軌論』第 2 章が三界九地説を前提としている以上、理解の参考までに最低限の図を提示することは必要である。

『釈軌論』第 2 章訳註

『釈軌論』第 2 章

これ以下は、他の人々に語句の意味（*padārtha）を説明することに巧みさ（*kauśalya）を生じさせるために[1]、いくつかの経節（経典の一節、*sūtrakhaṇḍa）の語句の意味を説明するための多くの立場[2]を説こう。

【仏の讃嘆】

仏の讃嘆に関して、

【経節（1）】「というわけでも、かの（1）世尊は」

と詳細に出ているものと、

【経節（2）】「その時、天（神）を含んだ〔世間〕と」

と詳細に出ているものと、

【経節（3）】「（1）調御されていない者たちを調御した」

と詳細に出ているものと、

【経節（4）】「如来は（1）道を知る者、（2）道を理解する者」

と詳細に出ている 4 つの経節がある。

【経節（1）】　如来の十号

「＜｛**というわけでも、かの（1）世尊は**、（2）如来、（3）阿羅漢、（4）正等覚、（5）明行足、（6）善逝、（7）世間解、（8）無上調御丈夫、（9）天人師、（10）仏・世尊である[3]｝＞」

---

1 徳慧は、「増大させるため」（'phel bar bya ba'i phyir）という。

2 phyogs phal cher: 『釈軌論』第 2 章は、1 つの阿含の経節に対して「さらにまた（gzhan yang）」という導入句でもって複数の解釈を提示している場合が多い。phyogs phal cher とはそれを意味するのであろう。本章末尾にも phyogs の語が出る。

3 【対応阿含】

念仏・念法・念僧・念戒・念施・念天の「六〔随〕念」を説く経典である『雑阿含』931 経（大正 2.237c22-23）、981 経、DN, II.93f., III.5; AN, I.208, III, 286（後述の水野［1938］による）等（『中阿含』128 経も）。【経節（5）（8）（74）（79）】の対応阿含もこれと同様。それらの経節は、順に、念法、念僧、念戒、念施を説く。

仏（如来）の十号。諸経に出る。梵本としては本庄［1989］の指摘する AVS, 45.9-11: ity api sa (1) bhagavāṃs (2) tathāgato (3) 'rhan (4) samyaksaṃbuddho (5) vidyācaraṇa-sam(/ṃ)pannaḥ (6) sugato (7) lokavid (8) anuttaraḥ puruṣadamyasārathiḥ (9) śāstā devānāṃ ca manuṣyāṇām ca (10) buddho bhagavān を挙げておく。

【関連文献】

Mvy, 2-11, Chung［2008: 193］, Harrison［2007］

PSVy の最終章では三帰依が説かれる。松田［1984a］によれば、「経典註釈者が註釈を始めるに際して表明すべき三帰依」である。そこでの解釈はここと は直接

〔とは、経典の一節である。〕
［解釈 I］
第 1 の経節に出ている諸の語句の要約された意味は、［1］障礙（vibandha）を破壊して、［2］どんな教主性の円満（教主であることの完成、śāstṛtvasampad）において、［3］何によって〔行き〕、［4］どのように行った（*gata）のか、［5］教主の働きは何であるか、［6］誰によって摂受（parigraha）[4]されるか[5]、という〔以上のこと〕が示された[6]のである。

［1］「障礙」とは、邪悪な悪魔[7]である。それを破壊することを具えているので、「（1）世尊[8]」といわれる。

［2-1］（＝（2）-（4））教主性の円満とは、(i) ありのままに説くことと、(ii)(iii)〔ありのままに〕行ずることである[9]。なぜなら、順に、(i') 錯誤なく（*abhrānta[10]）説くので[11]、そして、(ii') 断（prahāṇa）円満と（iii') 智（jñāna）

関連しないが、内容は仏・法・僧への讃嘆である（PSVy, D 53a5ff., P 66b2ff.）。「摂異門分」（ParSg, D32b6-33b1, 大正 30.765a15-765b10）,『二巻本』（石川［1993: 9ff.］）

如来（仏）の十号について関連論文は多いが、藤田［1977］に詳しく、鈴木［2009］に、『釈軌論』への言及がある。また、『仏随念広註』でも『釈軌論』と対応する解釈がなされており、中御門［2008］が和訳している。

なおまた、AVSN では四証浄（【経節（32）】参照）の解釈がなされているが、そこでは、先行研究概観で言及した本庄［1989］が指摘するように、【経節（1）（5）（8）（74）】に対する世親の解釈との類似が見られる（それぞれ、仏・法・僧・戒に関しての経文である）。以下では、重要なものに関しては、*を付けずに、そこから得られる想定原語を記す。

六随念については『清浄道論』（VisM, 197ff.）でも詳細に解説されており、水野［1938: 393ff.］が『南伝』で註を伴った詳細な訳読をしている。なお、「随念」ということでは、松田（慎）［1981］を参照。

[4] 教えが把握される、ということ。

[5] ここでは頌の形になってない。他方、AVSN の対応箇所（AVSN, 247.6-7）では、如来の十号を解釈する最後の箇所（『釈軌論』では最初部であるが）で、頌の形で完全に一致する語句が見られる。VyY でも頌であった可能性が高い。『釈軌論』翻訳者は頌を正確に（頌として）訳さない例は【経節（36）】や第 4 章でも見られる。

[6] 「示された」という内容は、徳慧によれば、「障碍を破壊して」からの、すべての項目である。

[7] 邪悪な（*pāpīyas）:「波旬」とも訳される。徳慧は、「語源解釈の方法によれば、悪（pāpa）をなすことを我がもの（*svīya）と主張している（/望んでいる？【経節（96）】の徳慧註を参照）者（sdig byed pa bdag gir 'dod pa）」という。『赤沼辞典』412aff. s.v., Māra; 中村［1992a: 319］を参照。

[8] bhagavān を、bhagna（破壊）を具えた者（-vat/ -vān）と語源解釈する。

[9] 徳慧と AVSN, 241.5 によれば、説者性（vaktṛtva）円満と、実践者性（pratipattṛtva）円満。

[10] ma nor bar: AAA では aviparīta（183.12）。

円満であるので[12]。なぜなら[13]、(ii") 煩悩を残りなく断じているので[14]。そして、(iii") 一切智者であることによってありのままに覚っている (*sam√budh) ので。

[2-2] さらにまた[15]、(i) 錯誤なく〔説示し〕、(ii) 汚れなく〔説示し〕、(iii) 説かれるべき限りのことを説示することが、教主性の円満である。つまり、それ (＝教主性の円満) が、「(2) 如来」など[16]によって、2 つとものあり方でもあることが説かれた。

[3]「何によって行ったか」とは、「(5) 明行足 (明知と実行を具えている者)」によって〔説かれた〕。

---

[11] 「(2) 如来」に対応する。徳慧はこれについて経文を引いて説明する。すなわち、「その通りに (*tathā)、つまり、錯誤なく説く (*√gad) から、如来 (tathāgata) である」と語源解釈を施し、『長阿含』17 経 (大正 1.75c7-10)、DN, 29 経 (DN, III.185.11-16) に相当する経文を引く。徳慧の引く経文は以下の通り。

> 「比丘たちよ、菩薩がある夜に無上正等覚を悟り、如来がある夜に無余涅槃界に般涅槃する、その間に、如来によって示され、説かれ、解説され、解釈されたことはなんであれ、そのすべては、その通りであり、錯誤なく、他ではなく、正しく、真理で、真実で、倒錯なく如実で、顛倒がない。それゆえ、如来と言われる」

なお、『楞伽経』では、この阿含の説を換骨奪胎する形で、「如来一字不説」を説く (『楞伽経』55 段。高崎・堀内 [2015]。なお、同書の「はじめに」では言及したにもかかわらず先行研究の箇所では言及し損ねたのだが、『楞伽経』関連の高崎博士による英文論文や第 6 章のテキスト校訂は Takasaki [2014] に再録されているので、ご注意いただきたい)。

AVSN は <u>tatha</u>ivāviparītadharmaṃ <u>gada</u>ti (まったくその通りに、不顛倒な教法を説く) という (241.5-6)。AAA も類同 (183.11)。『清浄道論』も、正しく語るから「sugata (善逝)」であるという解釈も提示している (VisM, 203: sammāpadattā が、『南伝』水野訳 (水野 [1938: 402.n.27]) により sammāgadattā と訂正されている)。Divy も「如来」という語に対して同様の解釈を施す (平岡 [2007: 142ff.])。

[12] 中御門 [2008: 116.n.28] は「仏果を断の円満と智の円満から捉えた記述は、唯識瑜伽行派の典籍に見られる」とし、『瑜伽論』「菩薩地」菩提分品 (大正 30. 498c)、『摂大乗論』第九・十章 (長尾 [1987: 298ff.])、『宝性論』(高崎 [1989: 142]) を指示する。

[13] なぜなら：以下、断円満と智円満の理由を説く。

[14] 「(3) 阿羅漢 (arhat)」に対応。AAA, 183.13 のいうように、煩悩という敵 (ari) を害した (han)、という語源解釈。「諸の敵を害したから阿羅漢であるので、これによって、断円満が説かれた。そして、諸の敵とは、貪欲などの諸煩悩である。一切の善法を害するという意味によって (arīn hatavān arahann ity anena prahāṇa-sampad uktā. arayaś ca rāgādayaḥ kleśāḥ sarvakuśaladharmopaghātārthena.)」

[15] 第 1 の解釈では、教主性の円満を、説者性 (vaktṛtva) の円満と、実践者性 (pratipattṛtva) の円満 (さらにそれは断円満と智円満に分かれるが) に分けていた。他方、この第 2 の解釈では、教主性の円満を説者性の円満で解釈する。

[16] ＝ (2) (3) (4)。

［3-1］「明」とは、正見[17]である。なぜなら、ありのままに（如実に）見るので。「行」とは、〔八支聖〕道の残りの支分である。そのようであれば、八支聖道によって行ったのであると説かれた。〔眼が〕見えない者、もしくは足がない者は、行くことができないので。

［3-2］さらにまた、「明」とは、如実慧[18]であり、その「行」は、戒（習慣）と定（精神集中、samādhi（三昧））である。そのようであれば、三学によって行ったのであると説かれた。「慧」が先に述べられたのは[19]、主要なものであるので。なぜなら、そ（＝慧）の力によって戒などに努める[20]ことが清浄なのであるから。つまり、眼と似ている「明」によって見て、足と似ている「行」によって行くので。

［3-3］さらにまた、無学の三明[21]が「明」といわれ、「行」は、戒、乃至、三通（証通、通慧、*abhijñā）である[22]。そのようであるなら、資糧（saṃbhāra、悟りへの糧）を伴った三明によって教主性の円満が得られることが説かれた。

［4］「どのように行ったのか[23]」とは、(i)〔どこにおける〕不退転〔に行ったのか〕と、(ii) 行くべき限りのところへ〔行ったのか〕ということである[24]。それゆえ、「(6) 善逝（善く行った者）」と言われた。(i') 外教徒で貪欲（*rāga）を離れた者[25]と、(ii') 彼（＝世尊）以外の阿羅漢たちから〔世尊を〕区別するた

[17] 八支聖道の第 1 の支分としての。

[18] yang dag pa ji lta ba bzhin gyi shes rab: 戒定慧の三学のうちの慧。

[19] 本庄［1989: 126］の言うように、通常は「戒・定・慧」の順序であるのに、ということが含意されている。

[20] rtsom pa, *ā√rabh.

[21] 徳慧の言うように、宿住随念智作証明と死生智作証明と漏尽智作証明のことで、宿命通・天眼通・漏尽通のこと。

[22] 「戒、乃至、三通」とは、徳慧によれば、戒、守根門（感官器官という門を監守すること）、正知住、独住遠離（gnas mal dben par gnas pa: 『中阿含』146 経による。SBhV II, 241.11: prāntāni śayanāsanāni adhyāvasati）、四禅、三通であり、阿含・ニカーヤに類似の項目が散見される（古川［2008］）。これが後で「資糧」と言われる。なお、「三通」とは、徳慧によれば、神境智証通（神足通）、天耳証通（天耳通）、他心智証通（他心通）の 3 つ。先の三明と合わせて「六神通」と言われることもある。

[23] 徳慧によれば、教主性の円満に、どのようなあり方で行ったのか、ということ。

[24] 行く（得る・理解する）べき極限まで行った（得た・理解した）ということ。徳慧によれば、声聞にとっては独覚性（独覚たること）という〔さらに〕行く（*√gam）べき、すなわち、得る（*pra√āp）べきものがあり、独覚には仏性（仏たること）という得られるべきものがあるが、仏たるものとなったならば、得られるべきものと、理解されるべきものは〔もはやそれ以上〕少しもないということ。徳慧はさらに、「あるいはまた」として別の解釈を出し、「理解されるべき限り」と「得られるべき限り」ということであるという。

[25] 離貪（離染）。徳慧によれば、彼らは退転を持っている、つまり、その状態から退くこと（退転）がある。

めである[26]。

［5］（＝（7）（8））「教主性の働き」は、2 種類である。つまり、能力を持つ（bhavya、教えに堪えうる）・能力を持たない世間[27]を見そなわした（vyava√lok）ことであり、それゆえ、「（7）世間解（世間を理解した者）」といわれる。調御すべき者を調御した者でもある。それゆえ、「（8）無上調御丈夫（調御されるべき人を調御する者のうちの最上者）」と言われる。調御されるべき人であるナディーカーシュヤパ[28]とナンダ[29]とアングリマーラなどという調御しがたい人々をも、容易で、非難されるべきではない方法によって調御したので。そして、究極的に最上の目的である涅槃へと調御したので。

［6］「誰によって摂受されるのか」とは、神々や人々によって説示が摂受されることを説いている。「（9）天人師（神と人の教主）」と説かれているので。

［7］「彼は」と〔経節に〕説かれている「彼」とは誰であるのかというと、「（10）仏・世尊」と説かれている。つまり、"仏である"とそのように称賛されている者である[30]。なぜなら、称賛（*kīrti）と称讃（*bhaga）は同義語であるので。

これについて〔頌が〕説かれる。

> 「（1）自在、（2）〔よい〕色（いろかたち）、（3）称賛、（4）吉祥、（5）智、（6）努力という 6 つの意味で、bhaga と説かれる[31]」

と。

［解釈 II］

さらにまた、要約された意味は、それ[32]は、詳細と簡略な、功徳の賛嘆であ

---

26 徳慧によれば、阿羅漢たちは不退転であっても、仏の威徳を持っておらず、行くべき限りのところに行っていない。

27 AAA, 184.13: bhavyābhavyaloka. この文脈では梵天勧請も想起されるが、AAA は、如来は夜に 3 回、昼に 3 回、世間を観察するという話を例示する。MS, 10.23（長尾［1987: 375ff.］）

28 Chu klung 'od srungs: *Nadīkāśyapa, Mvy, 1050, Mvy(N), 1052. カッサパ三兄弟の一人。Cf. 『赤沼辞典』434a. s.v., Nadīkassapa.
他方、AVSN ではこれに対応するものは Uruvilva(*sic.*)kāśyapa（Cf. Mvy, 1049, Mvy(N), 1051: lTeng rgyas 'od srung, Uruvilvākāśyapa）で、しかも、スンダラ（端麗なる）ナンダ、アングリマーラの後に来ており、「貪欲・怒り・愚昧さが激しく（tīvrarāgadveṣamoha）教化しがたい者（durdamana）たち」であるという（AAA も類同）。この 3 名については、中御門［2008: 123.n.70］に、いくつかの関連文献が紹介されている。それによればナンダが貪欲が激しい者、アングリマーラが愚痴が激しい者だという。

29 難陀。釈尊の従兄弟。AVSN では Sundarananda（原文の Sundarānanda を本庄［1989］が訂正している）。Cf. 『赤沼辞典』443bff.

30 「仏・世尊」を、buddha という称讃（bhaga）を持つ者（-vat）と解釈する。

31 AVSN、『仏地経論』（西尾［1982a: 29］［1982b: 184-185］）、『二巻本』（石川［1993: 9］）等に出る。AVSN, 77.2-3:
aiśvaryasya samagrasya rūpasya yaśasaḥ śriyaḥ/
jñānasyātha prayatnasya ṣaṇṇāṃ bhaga iti śrutiḥ//

32 徳慧によれば、「それ」とは、「というわけでも、かの世尊は」という句。

る。詳細〔な讃嘆〕[33]は、9 句[34]によって説かれているように。簡略な〔讃嘆〕は、「(10) (i) 仏・(ii) 世尊」である。なぜなら、(i') 一切の知られるべき事柄 (*jñeya) を覚っている (*√budh) ので。そして、(ii') 一切の悪魔と異論者を破壊 (*√bhaj) しているので[35]。

【経節 (2)】　世尊は煩悩障と所知障から解脱している

「<**その時、**私は、**天（神）を含んだ**世間**と、**魔を含み、梵〔天〕を含み、沙門とバラモンを含んだ人々と、天と人を含んだ集まりから (1) 解脱し、(2) 出離し、(3) 度脱し、(4) 離脱し、(5) 不顛倒心に多く住し、(6) その時、私は無上正等覚を覚ったと知った[36]>」

〔とは、経典の一節である。〕

第 2 の経節では、要略すれば、概略と解説[37]の 2 つにより、〔世尊〕自身が、

---

33 rgyas pa: 中御門［2008: 129; n83］は徳慧の註釈に引用されたこの箇所について「広がった者」と訳し、註記を施すが、不可。

34 9 句とは、世尊・如来・阿羅漢・正等覚・明行足・善逝・世間解・無上調御丈夫・天人師のこと。

35 徳慧は「というわけでも (ity api)」(本経節冒頭句) とはどういう意味かと問いを設け、『如来随念』(出典不明) の如くであるといい、そこでは、「というわけでも、すなわち、このように考えて (*iti kṛtvā)」と説かれているという (なお、中御門［2010: 73］は無着の『仏随念註』を訳するにあたってこれを『聖仏随念経』の経句として訳していないが、あり得ないことである)。ところで、パーリ註釈におけるこの句 (iti pi) の解釈は、片山［2003: 396-397.n.6］によれば、「この根拠 (kāraṇa) によっても」ということ。

36 【対応阿含】

CPS, 12.12-13. この箇所は欠落が多く、編者によってパーリの律蔵などから () でもって想定された語が多いのだが、SWTF, s.v., visaṃyukta, vi-hṛ (aor.: 1.sg)の修正に基づいておく。後半部は次に引く SBhV を参照。前半部のみ挙げておく。

CPS, 12.13: (tato 'haṃ bhikṣavaḥ sadevakāl lo)kāt samārakā(t sabrahmakāt saśramaṇa-brāhmaṇikāyāḥ prajāyāḥ sadevamanuṣyakāyā* ...)

*: AKVy (下記) では sadevamānuṣāyā と sadevamānuṣāsurāyā。

【関連文献】

Skilling が指摘するように、後半部は、SBhV I, 136.9-13: (1) mukto (2) nisṛto* (3) visaṃyukto (4) vipramukto* (5) viparyāsāpagatena cetasā bahulaṃ vyahārṣaṃ; (bhikṣavaḥ) (6) anuttarāṃ samyaksaṃbodhim abhisaṃbuddho 'smīty adhyajñāsiṣam が対応する。

*: AKVy: niḥsṛto; **: AKVy: viprayukto

AKVy, 104.9-11, 580.5-9 により、ほぼ全文が得られる。なお、後者の直前には、【経節 (47)】に出る語が見える。

37 uddeśa・nirdeśa。大竹［2005: 356-357］が指摘したように『解深密経』など、広く瑜伽行派の文献に見られる解釈方式。上野［2013: (8).n.17］に『縁起経釈論』や AVSN への言及がある。現代語としては、標と釈 (高田［1958］)、標挙と解釈 (山口［1959］)、標挙と詳説 (本庄・上野)、略標と広釈 (袴谷［2001: 661］) な

煩悩障と所知障から解脱しているという特殊性（殊勝性）が示された。

「天（神）を含んだ世間」〔という句〕は概略（uddeśa）である。解脱の特殊性が、天（神）と人のうちで最勝の者と、最勝でない者から解脱していることなどによって説かれている[38]。すなわち、「天（神）のうちで最勝の者たち」とは、欲の自在者（*kāmeśvara）である魔（*māra）と、ヨーガの自在者（*yogeśvara）[39]である諸の梵〔天〕である。「人のうちで最勝な者たち」とは、沙門とバラモンたちである。なぜなら、〔彼らは〕王によっても尊敬・供養されるから。「天（神）と人のうちで最勝でない者たち」とは、それ[40]以外の、天（神）と人を含んだ生き物（*prajā）である。つまり、それ以外の天（神）を含んだ世間である。

［解釈 I］

(a) 離貪（離染）していない（*avītarāga）凡夫たちは「(1) 解脱」していない。(b) 世間道によって離貪しており現法から（この世の段階で）退失（退転）する性質を持っている者たちは「(1) 解脱」してはいるが、「(2) 出離」してはいない。(c) 退失しない性質を持っている者たちは、「(1) 解脱」し「(2) 出離」してはいるが、「(3) 度脱」してはいない。なぜなら、網に捉えられた亀の子[41]のように、随眠（*anuśaya）が付き従っているから[42]。〔彼らは〕「(4) 離脱した」者たちでもない。なぜなら再び〔輪廻の世界に〕やって来るからであり、〔他方、〕再び〔輪廻の世界に〕やって来ることと離れたところに行くのが、「(4) 離脱した」者たちであるから。彼らと性質が違うので[43]、世尊によって、自身の「(1) 解脱」などが示された。

［解釈 II］

別の観点では、これ（＝世尊）以外の者たちは、梵〔天〕を含んだ世間、そ〔れら〕の地（段階）[44]にある煩悩の纏（*paryavasthāna≒現行）という束縛を断じたことにより、「(1) 解脱」してもおり、その地という牢獄[45]から「(2) 出離」し

ど。袴谷採用訳が漢訳にもあり（『荻原梵和』）、略・広、標・釈という両方の要素を持っているのでよいように思われるが、現代語としてなじむかどうか。また外国語訳するとしたらどうするか？筆者は「説示」と「解説」としたこともあったが、前者は他の語の訳語でもあるので、本書では「概略」に変えたい。いずれにせよ、概略（overview）と、それに対する解説（explanation）ということでセットである。本章では**【経節】**2,5,12,17,27,28,35,36,41,54,65,69,80,84 に出る。

38 徳慧は、「(1) 解脱」それ自身もまた、「(2) 出離し、(3) 度脱し、(4) 離脱し」によって〔説かれている〕という。

39 この 2 つは『瑜伽論』に出る。YBh, 158.5: kāmeśvaro bhavati yogeśvaraḥ/（『瑜伽論』「有尋有伺等三地」（大正 30.312b18）: 欲自在観行自在（十六異論（不如理作意）を列挙する中（宇井［1958: 275］）においてである。

40 それ：先述の魔と梵と沙門とバラモンを指す。

41 rus sbal gyi phru gu rnyis zin pa. ［解釈 IV］に出る蓮華の譬えも参照。

42 徳慧は、「煩悩の種子を断じていないのでという意味である」という。

43 徳慧は、「阿羅漢と性質が異なるからではない」と、ただし書きをする。裏を返せば、仏と阿羅漢は解脱が共通であるということ。

44 sa, *bhūmi. 三界九地の「地」。

45 btson ra : LC によれば、*kāraka (*Bodhicaryāvatāra*), *cāraka (*Daśabhūmikasūtra*)。

ているのでもあったとしても、後から従いゆく人[46]のような三結[47]を「(3) 度脱」してはいない。それゆえ、上地(上の段階)にある煩悩の纏という束縛と生まれ[48]という牢獄から「(4) 離脱」してもいない。なぜなら、また再び〔その地に〕やって来るから。〔そういう〕彼らと区別するために、世尊によって、自身の4種類の解脱[49]が示された。

［解釈 III］

別の観点では、これ(世尊)以外の者たちは、上地(上の段階)にある煩悩という束縛から「(1) 解脱」してもおり、苦という牢獄から「(2) 出離」してもいたとしても、他の地(段階)にある煩悩を「(3) 度脱」してもおらず、苦からも「(4) 離脱」していない[50]。彼らとも区別するために、前と同様である[51]。

［解釈 IV[52]］

以下のようでもある。これ(世尊)以外の者たちは、そのように煩悩という束縛から「(1) 解脱」しており、生まれという牢獄から「(2) 出離」しているが、それ〔ら〕から「(3) 度脱」してはいない。なぜなら、根が壊れた蓮が筋によって[53]関連しているように、随眠(*anuśaya)と関連しているから[54]。「(4) 離脱」してもいない。なぜなら、再びその地にやって来るから。彼らとも区別するために、前と同様である。

［(5) 句の解釈］

彼ら[55]はそれらの状態(*avasthā)にいたなら、自身をありのままに知らずに、"〔これが〕解脱など[56]である"という増上慢(*abhimāna)の顛倒した心を持っているので、何度も〔その状態に〕住する。〔他方、〕世尊にはそれ(＝顛倒〔した心〕)がないので、「(5) 不顛倒心」であるから。

［(6) 句の解釈］

後者には traidhātukacāraka(三界という牢獄)、bhavacāraka(生存という牢獄)とある。

46 phyi bzhin 'brang ba'i mi: Cf. Mvy, 8740: phyi bzhin 'brang ('brel) ba'i dge sbyong, paścācchramaṇa. 『荻原梵和』によれば、行乞の際長老に随行する下位の沙門。

47 結は*saṃyojana で、束縛するもの、煩悩のこと。「三結」とは有身見と戒禁取見と疑のこと。

48 skye ba, *jāti. 輪廻における生まれ。

49 (1) ～ (4) 句によって特徴づけられる解脱ということ。

50 徳慧は、「再び欲界に生じるから」だという。

51 前と同様とは、世尊の解脱が、(1) ～ (4) の句によって特徴・区別づけられているということ。

52 徳慧によれば、以下では、「〔世親自身によって〕認められた同義語(観点)が説かれたのである(shin tu bzhed pa'i rnam grangs gsungs pa yin no)」という。

53 padma'i rtsa ba bcag pa rtsa rgyus kyis: 蓮華が壊れても筋によってつながっていることを、煩悩の現行が破壊されても随眠が残っていることに例えたものであろう。

54 徳慧は、「その地にある煩悩の種子(*bīja)と関連しているから」という。

55 徳慧によれば「凡夫など」。

56 ＝ (1) ～ (4)。

以上のように煩悩障[57]から解脱している[58]特殊性を説いて、所知障[59]から解脱している特殊性が、「(6) その時、私は無上正等覚を覚った」と説かれている。なぜなら、理解することによって知るので[60]。

【経節 (3)】 世尊は調御されていない者たちを調御した

「<{大徳世尊は、

(1) **調御されていない（*adānta）者たちを調御した。**

(2) 寂静でない（*aśānta）者たちを寂静にした。

(3) 安息していない[61]者たちを安息にした。

(4) 般涅槃していない者たちを般涅槃させた[62]} >」

〔とは、経典の一節である。〕

第 3 の経節で、「(1) 調御した」とは、煩悩を断じることに確立したので。「(2) 寂静にした」とは、寂静な定（精神集中）の楽住[63]に確立したので。その 2 つを具えているので、別の経典に、

「最上な、心の調御（*dama）と寂静を具え[64]」

---

57 煩悩障：徳慧は、「煩悩が障碍であるので煩悩障である（Kdh）」という。

58 徳慧は、「解脱とは、真実（*tattva）を知ることにより貪欲などを取り除くことによって、心が無垢な（＝煩悩という垢を離れている）ことである」という。

59 徳慧は、「知られるべきこと（所知）に対する障碍であるので所知障である（Tp）。それはまた、正知が生じる障碍（*āvaraṇa）である。すなわち、粗悪さ（麁重、*dauṣṭhulya）と準備適応できていないこと（不堪能性、*akarmaṇyatā）というのが同義語である」という。

60 徳慧は、「自己自身で知ることによって知るということである。論理（*tarka）の知によってでもなく、他者から聞くことによってでもない」という。

61 dbugs ma 'phyin pa: *anāśvasta が相当するか。Negi は、Avś より、anāśvastānām āśvāsayitā という句を引く。Cf. Mvy, 6995, Mvy(N), 6961.

62 【対応阿含】

『雑阿含』1212 経（大正 2.330a21-24）（Chung〔2008: 230〕），『中阿含』121 経「請請経」（大正 1.610a.25-28）（Chung・Fukita〔2011: 114〕）両経では、この直後に、次の【経節 (4)】に相当する経節も出る。また、「舎利弗の十慧」（【経節 (78)】）も、これらの経に出る。

なお、Skilling は MN, 86 経（II. 102.20-21）: (1) adantānaṃ dametā (2) asantānaṃ sametā (4) aparinibbutānaṃ parinibbāpetā を指摘する。これはプラセーナジット王が、釈尊がアングリマーラを教化したことに関連して述べた言葉。

【関連文献】

「摂釈分」（VySg, D60b4-5, 大正 30.756b1-2）

63 徳慧は、「寂静でもあり、定の楽住（精神統一という安楽な住まい、*samāpatti-sukhavihāra）でもあるから、寂静な定の楽住である。諸の定とは、静慮と無色である」という。「定」とは四静慮（四禅）と四無色定、つまり、八等至のことであるという解釈。

64 Cf. SWTF, s.v., cittadamavyupaśama: CPS, 22.3G: paramena cittadamavyupaśamena samanvāgataṃ.

と説かれている。

「(3) 安息にした」とは、悪趣（悪しき生存領域、*durgati）を超越することに確立したので。「(4) 般涅槃させた」とは、再生（輪廻における生まれ変わり、*punarbhava）を超越することに確立したので。

要略するなら、〔釈尊が〕調御〔に確立し〕、調御の利点[65]に確立した者であることが説かれた。すなわち、「調御」とは、［1］煩悩を断ずることである。「調御の利点」とは、［2］現法（この世）における寂静の楽住と、［3］後世（かの世）において悪道[66]と［4］〔輪廻における〕再生が生じないことである。

［解釈 II］

さらにまた、順に、

「［1］煩悩[67]と［2］苦から、［3］究極的に[68]、［4］残りなく解脱させる（解放する）ので。

外教徒は究極的にでもなく、残りなく解脱させるのでもない」

と〔頌がある〕。

［解釈 III］

さらにまた、

「［1］身と語と根（感官）を調御〔することに確立し〕[69]、［2］静慮（禅定、dhyāna）と［3］諦を見ること[70]と［4］〔煩悩の〕尽[71]とに

確立したので、「(1) 調御した」などは、『ニャグローダ経』[72]のように知

65 phan yon, *anuśaṃsā(/anuśaṃsa).

66 徳慧は「悪道（≒悪趣）の苦」という。

67 煩悩から解放するということで、経句 (1) に対応。

68 煩悩と苦から究極的に解放するということで、経句 (3) に対応。

69 徳慧によれば、以上は、戒蘊に確立するということ。

70 徳慧によれば、〔四〕聖諦を見ることに確立するということ。

71 徳慧によれば、涅槃のこと。

72 徳慧は、「戒を具えて住し…」から始まり「これより別の生存を知らない」に至るまでの経文を断続的に引用する。『中阿含』80 経（大正 1.552b19ff.）、146 経、187 経等に対応句がある（古川［2008］に漢・パでの伝承の相違が検討されている）。『中阿含』187 に対する Chung・Fukita［2011: 159］によれば、「声聞地」や SBhV にも対応句がある（以下、SBhV II, 232.7-250.31 から適宜梵本を引く）。出家してから悟りに至るまでの道のりを説いたもの。

さて、徳慧の対応づけによれば、その経文の「戒を具えて住し、別解脱律儀に護られ、正しい振る舞いと活動領域を円満し（śīlavān viharati, prātimokṣasaṃvara-samvṛtaḥ ācāragocarasaṃpannaḥ」、乃至、「彼はこの聖戒蘊を具え、この根門（感覚器官という門）を監守し（so 'nena āryeṇa śīlaskandhena samanvāgataḥ anayā ca indriyaguptadvāratayā）」が、［1］身・語・根を調御することに確立したことで、経句 (1) に対応。

「往来する際に正知して（はっきり気をつけて）住し、見、観察する〔際に〕((so) 'tikramapratikrame saṃprajānavihārī bhavati, ālokitavyavalokite)」、乃至、「第四禅を完成して住し（caturthaṃ dhyānam upasaṃpadya viharati）」が、［2］静慮に確立したことで、(2) に対応。

られるべきである」
と〔頌がある〕。
その〔頌の〕なか、「［2］静慮」とは、正知住、乃至、四静慮であると知られるべきである。なぜなら、準備行（加行、*prayoga）と共であると捉えられているので。
［解釈 IV］
『聖教（伝承）[73]』では、
「『(1) 調御した』とは、根（感官）を調御したことによって戒清浄に確立したので。『(2) 寂静にした』とは、定清浄に確立したので。『(3) 安息にした』とは、慧清浄によって安穏と極安穏という 2 つ[74]に確立したので。『(4) 般涅槃させた』とは、その同じもの[75]によって清涼と極清涼という 2 つ[76]に

「そのように心が精神統一され、清らかとなり、純白となったならば (evaṃ samāhite citte pariśuddhe paryavadāte)」、乃至、「これが苦という聖諦（苦聖諦）であると如実に知り、これが苦の原因（集〔聖〕諦)、これが苦の滅（苦滅〔聖〕諦)、これが苦の滅に至る道という聖諦（苦滅道〔聖〕諦）であると如実に知る（idaṃ duḥkham āryasatyam iti yathābhūtaṃ prajānāti; ayaṃ duḥkhasamudayo 'yaṃ duḥkhanirodhaḥ; iyaṃ duḥkhanirodhagāminī pratipad āryasatyam iti yathābhūtaṃ prajānāti)」が、［3］見〔諦〕に確立したことで、(3) に対応。
「彼はそのように知り、そのように見るなら、欲漏と有漏と無明漏から心が解脱する（tasyaivaṃ jānata evaṃ paśyataḥ kāmāsravāc cittaṃ vimucyate; bhavāsravād avidyāsravāc cittaṃ vimucyate)」、乃至、「解脱した者には解脱知見が生ずる。“我が生は尽きた、梵行（清浄行）はなされた、なされるべきことはなされた、これより別の生存を知らない” (vimuktasya vimuktam eva jñānadarśanaṃ bhavati; kṣīṇā me jātiḥ uṣitaṃ brahmacaryaṃ kṛtaṃ karaṇīyaṃ nāparam asmād bhavaṃ prajānāmīti)」が、［4］断（spangs pa. VyY では zad pa（尽））に確立したことで、(4) に対応する。

[73] lung, āgama. 本章では【経節】5,8,14,17,22,25,33,36,44,53,62-64,66-69 に出る。

[74] 徳慧によれば、それぞれ、三結を断じた預流果と、一来果のこと。

[75] 慧清浄のこと。

[76] 徳慧によれば、それぞれ、不還果と、阿羅漢果のこと。
さて、安穏（dbugs 'byin pa)、極安穏（dbugs mchog tu phyin pa)、清涼（bsil bar gyur pa)、極清涼（mchog tu bsil bar gyur pa）の 4 語は、『瑜伽論』「摂決択分」にも出る。
大正 30.629a18-19: 又証安穏第一安穏。又証清涼第一清涼。VinSg（Ahn［2003: 150.2-4]）では 4 語は、dbugs phyin pa, mchog tu dbugs phyin pa, bsil ba'i dngos po, mchog tu bsil ba'i dngos po とある。Ahn［2003: 361］は 4 語を āśvāsa, paramāśvāsa, śītībhāva, paramaśītībhāva と想定し、最後句について「声聞地」から用例を回収している。ŚrBh I, 50.10-11: kṛtakṛtyo bhavati paramaśītībhāvaprāptaḥ/ ayam ucyate niṣṭhāgataḥ pudgalaḥ（なされるべきことがなされた。最高の清涼な状態を得た。これが究竟に至ったプドガラと言われる)。この用例からも、「極清涼」は阿羅漢を指すのは確かである。【経節（59)】、ならびに、【経節（103)】解釈に際して徳慧が引く『善生経』も参照。ただ、『釈軌論』では後 2 者の後半部が gyur pa なので、*śītībhūta, *paramaśītībhūta であろうか。

確立したので」
と出ている。
こ〔の経節〕によって、要略すれば、〔世尊は〕原因[77]を伴った三学[78]の完成に確立した者であることが説かれた。

【経節（4）】　如来は道を知る者、道を理解する者（/世尊の自利利他円満）

「＜**如来は（1）道を知る者、（2）道を理解する者**、（3）道を示す者、（4）道を説明する者、（5）道の指導者である[79]＞」

〔とは、経典の一節である。〕

［解釈 I］

第4の経節では、要略すれば、最初の2句（＝（1）（2））と〔次の〕3句によって、世尊の自利円満と利他行円満が説かれた。

「（1）道を知る者、（2）道を理解する者」とは、道と非道（*amārga）の2つを知っているので。「（3）道を示す者、（4）道を説明する者」とは、道と非道の2つを説き示すので[80]。

［解釈 II］

さらにまた、順に、有身（*satkāya）[81]の集起[82]と〔有身〕の滅[83]の2つにとっての2つの行（≒道）[84]を完全に知っており（＝（1））、理解しており（＝（2））、

---

[77] 徳慧は、「原因とは根（感官）の調御である」という。

[78] 三学：増上戒学・増上心学・増上慧学。

[79] 【対応阿含】

【経節（3）】と同じ。『雑阿含』1212経（大正2.330a24. ただし、（4）相当句を欠く。），『中阿含』「請請経」（大正1.610a29-b1），DbSū (3) 9.

【関連文献】

Skillingは *Vinayavibhaṅgaṭīkā*（P dzu 347a4, D tsu 301b1）を指示し、Cf. MN, 107経（III.6.8）とする。後者には maggakkhāyī とのみある。

Mvy, 439-443: (5) mārgapariṇāyakaḥ, (1) mārgajñaḥ, (2) mārgavit, (3) mārgadeśikaḥ, (4) mārgākhyāyī.

「摂釈分」（VySg, D60a2-3, 大正30.756a）が「広く仏を称賛する」というなかの、「証道者」、「示道者」、「説道者」、「引道者」が対応する。

[80] 『雑阿含』75経（大正2.19c7-8）にも類似句が出ている（知道、分別道、説道、通道）。それに対する「摂事分」（大正30.791b、Cf. 向井［1985］）では如来と阿羅漢の区別が説かれている。如来は5種類のあり方によって阿羅漢とは共通ではない。そのうちの2つが、如来は如実に了知して一切種の道を道となし、一切種の非道を非道となすこと。知りおわって如実に、これは道である、非道であると宣説すること、である。

[81] 徳慧は、五取蘊の特徴である苦のことという。

[82] 集起（kun 'byung ba, *samudaya）。徳慧は生起（skye ba）のことという。

[83] 【経節（42）】を参照。

[84] sgrub pa, *pratipatti: 徳慧によれば、これによって行く（*prati√pad）から、行は道であるという（Cf. AKVy, 626.25-26: pratipadyate nirvāṇam anayeti pratipat）。また、「これは有身集でもあり行でもあるから、有身集たる行である」ともいう。

説き示すので（＝（3）（4））[85]。「（5）道の指導者」とは、道を見た者たちを、道の上へ上へと勝れた状態（*viśeṣa）に行〔かせる〕ことによって道の究極に導くので[86]。

［解釈 III］

さらにまた、道を知っているので、「（1）道を知る者」である。道であると[87]理解しているので、「（2）道を理解する者」である。意向（意楽）[88]が成熟している者たちに道を示すので、「（3）道を示す者」である。道であると教えることを習慣としているので、「（4）道を説く者」である。「（5）道の指導者」とは、意向（意楽）が成熟していない者たちに対して、解脱を成熟させるところの智慧を成熟させるので[89]。

［解釈 IV］

さらにまた、「（1）道を知る者」とは、それを知っているので。「（2）道を理解する者」とは、それを得ているので。なぜなら、理解する（*√vid）とは得る（*√labh）という意味であるので[90]。「（3）道を示す者」とは、その時に行く者たちに対して。「（4）道を説く者」とは、別の時に行く[91]者たちに対して。「（5）道の指導者」とは、それ（道）によって行くことへの妨げを取り除くからである[92]。

【法の讃嘆】

法の讃嘆に関するのは、

【経節（5）】「世尊の教法は、（1）正しく説かれ、（2）現に見られ」

と詳細に出ているものと、

【経節（6）】「（1）世尊によって正しく説かれた法と律は、（2）正しく解説

有身滅についても同様である。要するに、苦しみの生起と消滅の道（これは八聖道）を知っているということ。

85 この対応は、徳慧によれば、有身集の道を知っているので（1）であり、有身滅の行を知っているので（2）であり、有身集の道を示すので（3）であり、有身滅の行を示すので（4）である、となる。

86 徳慧は、「順決択分（*nirvedhabhāgīya＝四善根）の状態の準備行、乃至、無学（*aśaikṣa）道である」という。図表 1（p.221）参照。

87 lam nyid du: 徳慧は、「“道である”と思うことが、“道であると（lam nyid du）”（lam mo snyam pa ni lam nyid du ste）」だという。また、（1）との違いについて、（2）は、“道はこれのみである”と理解するのだという。つまり、（1）句は道を知るだけであり、道〔はこれのみ〕であると知るのではないのだということ。

88 bsam pa: 徳慧は、善根（*kuśalamūla）のことという。

89 成熟させるので、とは、徳慧によれば、「それが生ずることへの資助に確立するから」という意味だという。

90 DhtP, VI.138: vidḶ lābhe.

91 教えが説かれたその場では道を行けないが、別の時、別の機会に行く、ということであろう。

92 de nas 'gro ba'i bar du gcod pa sel ba'i phyir ro: 徳慧は、「道によって行くことへの妨げ、つまり、雑染品（汚れの側のことがら）を取り除くからである」という。

されている」
と詳細に出ているものと、
【経節（7）】「比丘たちよ、私の教法は、（1）正しく説かれ、（2）明瞭で、（3）顕了で」
と詳細に出ている3つの経節である。

【経節（5）】　世尊の教法は正しく説かれた（/外教徒の教法と仏法の違い）

「＜｛**世尊の教法は、（1）正しく説かれ、（2）現に見られ、**（3）熱悩がなく、（4）非時間的なもので、（5）近づけるもの、（6）来たれ見よというもの、（7）智者によって自内証されるべきものである**[93]**｝＞」
〔とは、経典の一節である。〕
［解釈［I］］
〔法の讃嘆に関する〕第1の経節（＝【経節（5）】）に出ている〔経文〕の要約された意味は、外教徒たちの教法と仏法[94]には区別があることが示された。
不顛倒（*aviparīta）に正しく説かれたので、「（1）正しく説かれた」。意味（義）が見られる（dṛṣṭārtha）ので、「（2）現に見られる」。つまり、信のみ[95]〔によって〕理解されるべきものではないのであって、すなわち、『*Svāti* 経』に、
「比丘たちよ、何であれ、汝によって、ありのまま（如実）に、正しい智慧によって見られたものは[96]」
と詳細に出ているように。

---

[93] 【対応阿含】
【経節（1）】と同じく『雑阿含』931経（大正2.238a1-2）等。Chung［2008: 193］
【関連文献】
Mvy, 1291-1297: (1) svākhyāto bhagavato dharmaḥ (2) sāṃdṛṣṭikaḥ (3) nirjvaraḥ (4) ākālikaḥ (5) aupanāyikaḥ (6) aihipaśyikaḥ (7) pratyātmavedanīyo vijñaiḥ.
AVS, 45.12-46.1.
「摂釈分」（大正30.766c17ff.）に一部対応する。Mvy(W)により、『集異門足論』、『法蘊足論』にも出ることが指摘されている。後者（大正26.462b20ff.）では語句の解釈もあり、教法とは八支聖道であるとも解釈されている。

[94] sangs rgyas pa'i chos.

[95] dad pa tsam, śraddhāmātra.

[96] 経名はD Sa ri, P Sa ra。パーリでは、yathābhūtaṃ samma(/ā)ppaññāya（skt. yathābhūtaṃ samyakprajñayā）disvā/ passati/ daṭṭhabbaṃ という句は、多くの経典に見られる（森［1995: 106ff.］）。漢訳では『雑阿含』833経（SN, 55.30. *Licchavi*）に、四証浄（【経節（32）】）を成就した者は「他信」（他人への信仰）によらず、他欲などによらず、「有如実正慧知見」と説かれている（大正2.214a）のが内容的に関連しようか。［以下は上野牧生氏によるご教示］Mvy, 3199: svātī=sa ri に基づけば、デルゲ版の読み（sa ri）を採用した場合には*Svātīsūtra となり、これにかなり近い名称をもつ Svātisūtra という経典がある。漢訳対応経は『中阿含経』第201経「嗏帝経」、パーリでは MN, 38経（*Mahātaṇhāsaṅkhayasuttanta*）［以上］。たしかに同経（I.260.16-17）に bhikkhave yathābhūtaṃ sammappaññāya passato とあるので、それを対応と見ておく。漢訳では大正1.767b24, 25-26。

煩悩の随眠（anuśaya）の対治（治療、*pratipakṣa）となっているから、「（3）熱悩がない」。衰滅がないから、「（4）非時間的なもの」である。なぜなら、定まった時がないから。残りなき苦からの出離に近づけるから、「（5）近づけるもの」である。〔外教徒と〕共通ではないから、「（6）来たれ見よというもの」である。なぜなら、来て見る者[97]たちにおいてあるから。推し量れない[98]から、「(7) 智者によって自内証されるべきもの」である。

外教徒たちの教法はそれと反対[99]であるから。

［解釈 II］

さらにまた、あらゆる時に行い易いので、「（4）非時間的なもの」である。すなわち、

> 「＜**仏語（buddhavacana）は、行く時**と立つ時と座る時と寝ている（行住坐臥）時**にも行い易い（sukara）。**それはまた、智慧を具えている者[100]にとってである[101]＞」

と詳細に説かれているように。

師の握りこぶし[102]を離れているので、「（5）来たれ見よというもの[103]」でもある。「来たれ見よ」という呼びかけ[104]を具えているから。すなわち、

> 「＜**私の声聞（弟子）の比丘**たちで、不正直（諂）なく欺瞞（誑、*māyā）なく、直く（ṛju）、直さを本性とする者たち**は、来たれ。さすれば、**私は汝に、教誡しよう。私は汝に説こう。私は汝に説法しよう[105]＞」

---

97 徳慧によれば、chos 'di pa rnams, ihadhārmikā（AVSN に依る）。此法者、つまり、仏教徒たちのこと。

98 brtag mi nus pa: Cf. Mvy, 2919: brtag par mi nus pa, atarkyaḥ. Cf. 【経節（57）】

99 反対：徳慧によれば、「反対」の範囲は、「不顛倒」以下すべてである。

100 shes rab dang ldan pa: なお、下記の Allon［2001］では bāla と対比され、paṇḍita が対応する。

101 中御門［2010: 72.n.6］は著者不明の（蔵訳）『決定義経註』が法の讃嘆を説明する箇所を訳している。そこにこの文への言及があるが、そこでは給孤独長者の語として出ている（D nyo 175a7）。ところで、ぴったりとは対応しないし給孤独長者の所説でもないが、Ekottarikāgama-type sūtra として Allon［2001: 224ff.］の校訂する *Budhabayaṇasutra*（*Buddhavacanasūtra*）が関連するか。括弧内の梵本はそこから得た対応。なお、「摂釈分」（大正 30.755b13）も、仏法は修学し易い。行住坐臥に皆修することを得るから、という。

102 *ācāryamuṣṭi. 教えを秘匿するということ。如来には教法に関してそれがないことが、『涅槃経』に説かれる（MPS, 14.14）。中村［1984: 282ff］に諸本の和訳がある。

103 上記対応阿含の梵本では aihipaśyikaḥ で、ehipaśyika の形もある。他方、Harrison［2007］が紹介するスコイエンコレクション所収の EĀ 六法品（もしくは『雑阿含』550 経）対応の経典では aihidarśika とある（同 206.n.28）。

104 skabs dbye ba, *āmukha.

105 【経節（53）】と同じ『雑阿含』703 経に相当（大正 2.189a22-24）。後半部のおよその対応梵本は以下の通り。DĀ 36.76 (Melzer 286): etu bhikṣur mama śrāvakaḥ aśaṭho amāyāvī ṛju-ṛjukajātīyaḥ/ aham enam evaṃ vadāmy aham anuśāsmy

と詳細に説かれているように。

残りは、前と同じである[106]。

これついて〔頌が〕説かれる[107]。

「[解釈 I] 八支聖道は、[1] 正しい意味であり、[2] 意味が見られ、[3] 対治であり[108]、[4] 永続的なものであり、[5] 残りなく[109]、[6] 共通でなく、[7] 推し量ること(論理、*tarka)の対象領域でない[110]。

[解釈 II] さらにまた、それは非時間的なものである(＝(4))から行い易く、『(6) 来たれ見よ』と

師の握りこぶしを離れていると言われるのであり、残りは前のごとしと知られるべきである」

と。

〔解釈 III〕

『聖教』には、

「『(1) 正しく説かれた』は概略であり、残りは解説である。他の縁に依存しているものではない[111]ので、『(2) 現に見られる』[112]。無漏であるから、『(3) 熱悩がない』。時の断絶がないので、『(4) 非時間的なもの』である。なぜなら、衰滅がありえないから。涅槃に近づけるので、『(5) 近づけるもの』である。共通でないので、『(6) 来たれ見よ』である。〔言葉によって〕述べられえないので、『(7) 智者により自証されるべきもの』である」

と出ている。

【経節 (6)】 世尊によって正しく説かれた教法と調伏(法と律)の美徳

「< {**(1) 世尊によって正しく説かれた法と律(教法と調伏、*dharmavinaya＝仏教)は、(2) 正しく説明されている。**(3) 出離をもたらすもので、(4) 正等菩提(正しい覚り)に赴くものである。(5) 統一がとれており、(6) 団結している。(7) 依拠すべきものがあり、(8) これの教主は如来、阿羅漢、正等覚である[113]} >」

---

aham asmai dharmaṃ deśayāmi.

106 (1) ～ (3) 句の意味が、前と同じということ。

107 [解釈 I、II] をまとめて偈頌にしたもの。

108 徳慧によれば、煩悩の随眠の対治であるから。

109 ＝ (5)。残りなき随眠の対治である。

110 推し量れないもの(*atarkya)であるから。

111 gzhan gyi rkyen gyis kha na ma lus pa. kha na ma lus pa は「奪われない」の意か。

112 徳慧は、「まのあたりとなった(mngon sum du gyur pa)」という意味だという。

113 【対応阿含】

Saṅg, Einleitung, y.

パーリでも近い形の語句が見られる(MN, 11 経 *Cūḷasīhanāda*(I.67.12-14))。

【関連文献】

Mvy, 1298-1302, Mvy(N), 1302-1306: (1) svākhyāto bhagavato dharmavinayaḥ (2) supraveditaḥ (3) nairyāṇikaḥ* (4) saṃbodhigāmī** (5) abhinnaḥ (6) saṃstūpaḥ (7) sapratiśaraṇaḥ (8) śāstā cāsya tathāgato 'rhan samyaksaṃbuddhaḥ.

〔とは、経典の一節である。〕

［解釈 I］

〔法の讃嘆に関する〕第2の経節では、外教徒と性質が同じでないことにより、この法と律（＝仏教）の美徳が示された。つまり、［1］外教徒たちの法と律は、間違って説かれたものであるから、誤って解説されている。［2］正等菩提[114]に行くことにならないものであるから、非出離である。［3］団結を具えていないので、ばらばらなもの[115]である。なぜなら、団結[116]を具えたものが、集結[117]であるので[118]。［4］教主（説き手）が如来など[119]ではないことによって、準拠すべきものがない（*apratiś(/s)araṇa）（＝（7）（8））。

要略すれば、〔外教徒たちの法と律の〕以下の4種類の過失が説かれた。

［1'］説示の法（＝教え）においては意味が顛倒しているという過失[120]と、［2'］

---

*: Saṅg では niryāṇikaḥ。 **: Saṅg では saṃbodha°。

SWTF が指示するように、DN, 3 経でも、ジャイナの教団がこれと逆のものとして記述されている。

「摂釈分」（VySg, D26a3-7, 大正 30.761c12-23）、「摂決択分中声聞地」（大正 30.687b-c）

114 徳慧は、3つの菩提（*bodhi）に言及する。声聞・独覚・仏の菩提のこと。

115 mi mthun pa, *bhinna.

116 dus pa, *stūpa.

117 tshogs pa, *sāmagrī: Cf. BHSD, 591b.

118 ここで sa(/saṃ)stūpa という語を考えてみたい。BHSD は saṃstūpa とし、collection, conglomeration, Mvy 1300, a close knit mass と指示する。他方、SWTF, s.v., sastūpa は、「意味は不明瞭」とする。なお、『集異門足論』巻第一では「有趣」と訳されている（大正 26.367b22）。
さて、世親はここで、8つの経句を4つに分け、後の1句が前の1句を理由づけているものと見ている。たとえば、［2］を逆にすれば、仏教は「(4) 正しい悟りに赴くもの」であるから「(3) 出離をもたらすもの」ということになる。とすれば、仏教は（6）sastūpa だから（5）abhinna だとなる。さて、bhinna は mi mthun pa（一致しない）と訳されている。また、次の「要略すれば」で始まる箇所では、「聞き手において知が多くあるという過失」という語が、これに関連する説明として登場する。とすれば、bhinna とは、一致しない、具体的には聞き手の思いがばらばら、ぐらいの意であろう。とすれば、sastūpa は、集まっている、団結・結束している、思いが一致している、あたりの意と思われる。なお、上述の「摂釈分」はこの語について「一切の外教徒、悪魔、世間の者によって揺るがされないから（mu stegs can dang bdud dang 'jig rten pa thams cad kyis rnam par mi bskyod pa）」という。

119 経節や徳慧のいうように、如来・阿羅漢・正等覚を指す。

120 徳慧は、例として、「彼らの法の論書であるサーンキヤ（数論）の『ヨーガ知（*Yogajñāna）』などである（de dag gi chos kyi (P kyis) bstan chos grangs can gyi *rNal 'byor shes pa* la sogs pa）」という。*Yogajñāna* なら MW に書名として挙げられているが、ヨーガ派の著作である。本書巻末の補註1（p.238）も参照。

実行の法（＝道）[121]においては涅槃に行かないという過失と、［3'］聞き手たちにおいては知（思惑・意識）が多くあるという過失[122]と、［4'］教主（説き手）に対してはあらゆる疑いを断つことができないという過失である。

［解釈 II］

別の観点では、

「［1］字句が善くなく、［2］意味が善くなく、［3］解脱と［4］明知の方法でなく[123]、

［5］前後矛盾しており、同様に、［6］四摂〔事〕[124]〔を捨て〕、

［7］四依[125]を捨てており、［8］説き手（教主）もしくは説き手の特徴がな

---

121 説示の法・実行の法：「法」という語はむろん多義であるが、『縁起経釈論』最終章では「三帰依」に関連して結果の法、実践の法、説示の法という 3 つが説かれることが松田［1984a: (3)］によって指摘されている。3 項目は AKVy（652.14ff., ad.,『倶舎論』「智品」、櫻部他［2004: 156ff.］）にも見られ、それによって deśanā-dharma, pratipattidharma, phaladharma が得られる。Cf. 小谷［2000: 46ff.］
ちなみに、実行の法とは「道」である。徳慧は、「彼らによる世間道（laukika-mārga）」であるという。

122 blo du ma dang ldan pa'i skyon: 経句の（6）の逆。徳慧は、「彼らのなかのある者たちは、解脱の方法については『六句義遍知』などの論書があると説いているから（de dag las kha cig ni thar ba'i thabs la *Tshig gi don drug yongs su shes pa* la sogs pa'i bstan bcos yin no zhes ston par byed pas so）」という。ヴァイシェーシカ（勝論）の六句義を指すのであろうが詳細は不明。
徳慧の他の著作として『随相論』が知られる。同論ではサーンキヤ（註 120）と共に本学派の学説への言及があるが、VyYT で出る両書名への言及はない。

123 解脱と知の方法でない：仏教の特徴である「(3) 出離をもたらすもので、(4) 正等菩提に赴くもの」の反対である、外教徒の教えの特徴。徳慧によれば、「出離」とは無為の解脱のこと。「正等菩提」とは尽智（kṣayajñāna）と無生智（an-utpādajñāna）のことであり、それこそが知（rig pa）なのだという（なお、これらについては『倶舎論』「賢聖品」を参照。すなわち、解脱（vimukti）に有為と無為がある。無為の解脱は煩悩の断である（同 76a 偈: asaṃskṛtā kleśahānam）。また、菩提（覚り）とは尽智と無生智であり（67ab 偈: anutpādakṣayajñāne bodhiḥ）、それはまた「知」とも言われる（76d 偈: jñānaṃ bodhir yathoditā））。

124 bsdu ba bzhi: 徳慧によれば、布施・愛語・利行・同事の四摂事（saṃgrahavastu）のこと。

125 四依：VyY は bstan pa bzhi。他方、VyYT は brtan pa bzhi。ただ VyYT にも揺れがあり、brtan par bya ba nas bstan pa ste/ rton pa zhes bya ba'i tha tshig go//という。いずれにしてもその説明で徳慧は以下の「四依」を列挙しているので、ここは brtan pa bzhi で、4 つの依（準拠〔すべきもの〕、pratis(/ś)araṇa）のこと。VyYT を和訳すれば、「法は準拠であって、人は〔準拠では〕ない。意味は準拠であって、字句は〔準拠では〕ない。了義の経典は準拠であって、未了義の〔経典は準拠では〕ない。智は準拠であって、識は〔準拠では〕ない」。AKVy 等によって梵本が得られる。174. 8-11: (catvārīmāni bhikṣavaḥ pratisaraṇāni. katamāni catvāri.) dharmaḥ pratisaraṇaṃ na pudgalaḥ. arthaḥ pratisaraṇaṃ na vyaṃjanaṃ. nītārtha-sūtraṃ

い。

そのように〔して〕、他者（外教徒）の（i）論書と（ii）弟子と（iii）教主は、過失を持つものである」

と〔頌がある〕。

［解釈 I, II のまとめ］

この法と律（＝仏教）はそれと反対[126]であるので、過失がない。意味が顛倒していない（*aviparīta）ことによって道理[127]であるので「法（教法）」である。煩悩を調伏するので「律（調伏）」である[128]。そのようであるなら、仏の説示は正知（*samyagjñāna）と断[129]へ導くものであると説かれた。

【経節（7）】　世尊の教法の美徳

「＜｛**比丘たちよ、私の教法は、（1）正しく説かれ、（2）明瞭で、（3）顕了で**、（4）糸が断たれ、（5）天（神）と人に至るまでに、正しく・よく示された[130]｝＞」

〔とは、経典の一節である。〕

〔法の讃嘆に関する〕第 3 の経節に出ている〔諸句〕は、6 つのあり方により、教法の美徳を示したのである。

すなわち、［1］意味が顛倒していないものであり、［2］容易に入らせる（理解させる）ものであり、［3］無上のものであり、［4］天（神）と人により摂受されるものであり、［5］ふさわしい[131]教化対象〔たち〕に説かれるものであり[132]、［6］

---

pratisaraṇaṃ na neyārthaṃ. jñānaṃ pratisaraṇaṃ na vijñānam.

126 徳慧は、この法と律すなわち仏教が、いかに外教徒の教説と反対であるかを、第 1 の観点、第 2 の観点（＝［解釈 I］と［II］）ともについて、詳しく説明している。

127 道理：P rig pa, D rigs pa だが、ここは rigs pa を採るべき。

128 Cf. 『大乗荘厳経論』（MSABh, 5.6, 能仁他［2009: 60］）: svasya ca kleśasya vinaye saṃdṛśyate.

129 順に、法と律に対応する。

130 【対応阿含】

『釈軌論』第 1 章に引かれる類同文に関してであるが、山口［1959］は SN, 12.22. *Dasabalā* (2) (II.28.20-21)を指摘する（梵本では DbSū (2) 4）。また、それについて上野［2012a: (33)］は、Avś, II.106.12-13 も指摘する。なお、CPD, s.v., uttāna によれば、他に、MN, 22 経（I.141.20）＝『中阿含』200 経（大正 1.766b6-7）: 我法（1）善説。（2）発露（3）広布（4）無有空缺。（5）流布宣伝乃至天人。また、『雑阿含』348 経（大正 2.98a18-19）: 此是真実教法顕現。断生死流。乃至其（← 天）人悉善顕現。Cf. Chung［2008: 115］

なお、SWTF, chinnaplotika も参照。

【関連文献】

Mvy, 1303-1307, Mvy(N), 1307-1311: (1) svākhyāto me bhikṣavo dharmaḥ (2) uttānaḥ (3) vivṛtaḥ (4) chinnaplotikaḥ (5) yāvad devamanuṣyebhyaḥ samyak suprakāśitaḥ.

131 ji ltar 'os pa.

132 徳慧によれば、欲〔邪〕行の者には不浄のみを説き、慈しみ（byams pa, maitrī）

師の握りこぶしなく、継続的に説かれるものである〔というあり方〕によってである。

そのなか、[2] 容易に入らせる（理解させる）ものであることは、「(2) 明瞭」によって。なぜなら、語句（*pada）と文字（*vyañjana）が明瞭であるから。〔[2] は〕「(3) 顕了」によってでもある。なぜなら、意味が極めて顕了であるから。[3] 無上であることは、「(4) 糸が断たれた」によって。極最上へ赴くことが「糸」である[133]。それがここ（仏法）において完全に断たれたので、「(4) 糸が断たれた」である。残りの 3 つ（[4] ～ [6]）は、順に、「(5) 天（神）と人に至るまでに、正しく・よく示された」に基づいて知られるべきである[134]。

まとめの頌（*saṃgrahaśloka）は、

「それ（仏教）こそは、意味が善く説かれたので（＝ (1)）、容易に入らせるので（＝ (2) (3)）、無上のものであるので（＝ (4)）、

〔天・人に〕摂受されるので、ふさわしい〔人に〕、残りなく[135]示されるので（＝ (5)）」

と。

外教徒の教法はこれと反対であるので。つまり、世尊によって、自身の教法の美徳が〔外教徒と〕共通ではないことが説かれた。

【僧の讃嘆】

などは説かないということ。敷衍すれば、瞋恚行の者には慈悲を説き、愚痴行の者には縁起（因縁観）を説くということ。それはなぜかといえば、たとえば貪欲の多い人に慈悲を説けばその貪欲がかえって増してしまうから、ということ。中村［1975: 129ff.］（「慈悲を実行してはならない場合」として『中村元選集［決定版］第 21 巻　大乗仏教の思想』東京：春秋社 1995: 147ff.に再録）を参照。

[133] ches shin tu mchog tu 'gro ba ni rgyu ba'o: rgyu ba, *ploti(ka)は「極最上（ches shin tu mchog）」と説明されているが、仏法はそれを断っている（chinna）というので、ここではネガティヴな意味のものであることは確かである。とすれば、輪廻における最上のもので、天界であろうか。あるいは、輪廻そのものか。chinnaploti(ka)は上記の『中阿含』対応経では「無有空缺」だが、『雑阿含』対応経では「断生死流」と訳されている。ゆえに、ここで ploti(ka)を「糸」と訳したが、輪廻の糸、輪廻の連鎖ぐらいの含意のものとして訳した。なお、『釈軌論』第 4 章では karma-ploti（業の糸）という語が出る（堀内［2009: 338.n.235］）。

ちなみに、パーリとその註釈に目を向けると、chinnapilotika を、片山［1997: 372］（MN, 22 経の訳註）は、「襤褸が断たれている」と訳し、パーリ註釈書によれば、「「襤褸」とは、破れ、それぞれの箇所で縫い合わされている古着のこと」で、それがないのが chinna。仏法には「欺瞞などによって縫い合わされている状態がない」ということだという。

[134] 徳慧によれば、「天と人に至るまでに」（＝ [4]）、「正しく（samyak）〔説かれ〕」（＝ ([5])）、「よく（su-）説かれた（＝ [5]）」ということ。

[135] ma lus par: 本経節の su-に対応づけられている。su が「残りなく（niḥśeṣa）」を意味することについては【経節（94）】の解釈の後半部を参照。

【経節（8)】　世尊の声聞（弟子）の僧団は正しく行じている

僧（僧団、サンガ）の讃嘆に関しては、

「<｛**世尊の声聞の僧団（サンガ）は、(1) 正しく行じ、**(2) 正理を行じ、(3) 直く行じ、(4) 和敬して行じ、(5) 法に適って行じている[136]｝>」

という〔1つの〕経節である。

これ（経節）によって、「声聞の僧（僧団、サンガ）」は、[1] 沙門性（沙門たること、śrāmaṇya）の目的と、[2] 沙門性[137]と、[3] 沙門〔たちにおける正しい状態〕[138]と、[4] 沙門性の教示（śrāmaṇyopadeśa）に関して[139]、「(1) 正しく行じている」ことが説かれた。

[1] 沙門性の目的は、涅槃である。それを行ずるのが、「(2) 正理を行じ」である。なぜなら、

「実に、彼は、無上で正理の法の成就者となる[140]」

と説かれているので。

語源的には、到達すること（ayana）[141]が、到達（āya）である。常なるものに（<u>n</u>ityam）到達する（<u>āya</u>）ので、「正理（nyāya）」である[142]。

[2]「沙門性」とは八支聖道であり、それを行ずるのが、「(3) 直く行じ」である。なぜなら、

---

136 【対応阿含】
【経節（1)】等と同じく『雑阿含』931経（大正 2.238a4-5）等。Chung [2008: 193]
【関連文献】
Mvy, 1119-1123, Mvy(N), 1122-1126: (1) supratipanno bhagavataḥ śrāvakasaṃghaḥ (2) nyāyapratipannaḥ (3) ṛjupratipannaḥ (4) sāmīcīpratipannaḥ (5) anudharmapraticārī. Dhsk, 13r6; AVS, 46.3-4,「摂異門分」(ParSg, D37b2-5, 大正 30.767b)、AVSN, 251.3（本庄 [1989: 130-131]）、SWTF も参照。Skilling が言うように僧団に関するストックフレーズである。

137 『倶舎論』では、沙門たること（沙門性）とは無垢（＝無漏）の道であるとされる。【経節（9)】を参照。

138 dge sbyong: VyY はこれのみだが、AVSN 対応箇所には śramaṇeṣu samyagbhāvam とあり、これが『釈軌論』の後での解釈にも対応するので、〔〕で補った。

139 brtsams nas: 徳慧はこの語について、「主題として」(dbang du byas nas) と、「ために」(ched du)、という2つの意味であると解釈する。

140 Cf. AVSN, 250.7: sa vai ārādhako bhavati nyāyaṃ dharmam anuttaram.
対応阿含は DbSū(3) 10: ārādh(akā) bhavanty ārādhayanti nyāyaṃ dharmaṃ kuśalam（Cf. AN, 2.4.9. *Paṭipatti*（I.69.20-21））か。ただ、『釈軌論』の*anuttara の部分がそこでは kuśala とあるが。なお、MN, 99経（II.197.6-7）では gahaṭṭho（在家者）が主語となっているが、同じ語がある。その漢訳対応では、(『中阿含』152 経（大正 1.667a19))、「在家者便得善解。則知如法」とあり、善（*kuśala）とある。なお、徳慧は、「涅槃という法が無上である」という意味だという。

141 徳慧は、rten（拠り処）という意味だという。

142 語源解釈。AVSN, 251.1: nityam āyo nyāya. なお、『釈軌論』第1章は nyāya に6つの意味を認めるが、その4番目が、「涅槃」である（上野 [2012a: (4)]）。

「不死（甘露）の門が開かれた。直き道が説き示された[143]」
と説かれているので。

同様に、

「直さとは何かというと、聖道である。
曲がったものとは何かというと、悪見である[144]」
と〔頌が〕出ているように。

［3］沙門たちにおける正しい状態[145]を行ずるのが、「（4）和敬して行じ」である。正しい状態とはまた、慈しみ（maitrī）のある身体などの業[146]に関して同じであることと、享受[147]と戒（習慣）と見解が同じである[148]ことによって。

［4］沙門性の教示とは、「教法」である。それを、説かれた通りに行ずるので、「(5) 法に適って行じている」である。

［解釈 II］

別の観点では、［1］最上の目的（artha≒涅槃）を成就することと、［2］不顛倒に行ずることと、［3］一致して[149]行ずることと、［4］教示された通りに行ずることに関して、「（1）正しく行じ」と説かれた[150]。

---

143 『雑阿含』1248 経（大正 2.342c8）; AVSN, 251.3: vivṛtaṃ hy amṛtadvāram ṛjumārgaḥ prakāśita.（上野［2012b］）
なお、前半句は、釈尊が「梵天勧請」に際して述べた言葉に関連する。中村［1992a: 449］。

144 本庄［1989: 130］が指摘するように、『倶舎論』・AKUp（本庄［2014:［5033］］）にも引かれる（『雑阿含』1356 経（大正 2.372b15-16））。
AKBh, 314.2: kiṃ kuṭilaṃ pāpikā dṛṣṭir iti gāthāvacanād yujyate(/) śāṭhyaṃ dṛṣṭiniḥṣyandaḥ/（「曲とは何かというと、悪見である」という頌によって、諂が見の等流であることが妥当である。）なお、『倶舎論』当該箇所（「随眠品」49c 偈～（小谷・本庄［2007: 213］））では、六煩悩垢（ṣaṭkleśamalāḥ）として悩、害、恨、諂、誑、憍が挙げられ、その中の「諂」が見の等流であることを述べるために、本経が引用される（AKBh, 313.14-314.2）。

145 rang bzhin: AVSN では bhāva が対応。

146 徳慧は、「善なる身体と語と意の業」という。

147 享受：徳慧は食事のことという。AVSN も āmiṣa という。

148 mthun pa: AVSN には samāna（同じ）とある。sāmīcī の意味（Cf. BHSD, s.v., sāmīcī）もこれに従って理解されるべき。なお、Samtani は VisM, 218-219 を Cf. として挙げるが、関連する記述を阿含に求めれば、AN, 6.11 に説かれる「六可念法」であろうか（「摂異門分」上掲では「六堅法」とあり、『訳一』の註では「六敬法」のことだというが、この六可念法のことであろう）。そこでは、比丘は同梵行者（同じ修行者）において、慈ある身・語・意業を現し、利養を共に受用し、戒が等しく、見が等しいことが述べられている。荻原［1937: 15ff.］による『南伝』増支部和訳は、DN, 33 経、『集異門足論』（大正 26.431b）も指示する。sāmīcī に対する「和敬」という訳は、漢訳語の 1 つであるが、それらに基づく。

149 tha mi dad pa, *abhinna.

150 徳慧は、「最上の目的を行ずることに関して『(1) 正しく行じている』ことを説くのが、「（2）正理を行じ」という句によってである」等という。［1］～［4］

［解釈 III］

『聖教』には、

「外教徒の諸の集団には、4 種類の邪行がある。すなわち、(i) 間違って説かれた教法と調伏（法と律）を実践すること、(ii) 詐取（偽善）[151]であること、(iii) 自己の見解を最上と捉えていること、(iv) 利得と尊敬（*lābhasatkāra）に執着していることである。それ〔ら〕がないので、世尊の声聞（弟子）の僧団（サンガ）は、『(2) 正理を行じている』から『(5) 法に適って行じている』に至るまで、出ている」

〔と出ている〕[152]。

は、順に、経句の (2) ～ (5) に対応する。それらが経句 (1) を特徴づけるものとみているのである。

[151] tshul 'chos pa: 【経節 (92)】では*kuhanā の訳。ここでは (3) 句の逆なので、偽善ぐらいの意か。

[152] nas … zhes bya ba'i bar du 'byung ngo: 「出ている」とは『聖教』に出ているということか、あるいは (2) から (5) 句に至るまでが出ているということか。ひとまず後者と見たが、『聖教』の引用範囲の明示も必要であろうから、〔〕内で補った。

【雑染品】

【経節（9）】　破戒の比丘の6つの過失

雑染品（汚れの側のことがら）に関して、

「＜｛**比丘であり、（1）破戒者で、（2）悪の性質を持ち、**（3）内側は腐り、（4）漏れ、（5）汚染されており、（6）螺を吹き、（7）沙門ではないのに沙門であると自称し、（8）梵行者（清らかさへの行いをする者[153]）ではないのに梵行者であると自称する彼は[154]｝＞」

とは、経典の一節である。

［解釈I］

「（1）破戒〔者〕」とは、根本罪（*maulī āpatti≒四波羅夷）を犯す[155]ので。「（2）悪の性質を持つ」とは、慚と愧（謙虚さと慎み深さ、*hrī-apatrāpya）を損なっている[156]ので[157]。「（3）内部は腐り」とは、その罪[158]を隠蔽するので。「（4）漏れ」とは、現起（現行、*samudācāra）を断じないので。「（5）汚染され[159]」とは、正法を生じないので。「（6）螺を吹き[160]」とは、驢馬のような振る舞いをする[161]

---

[153] 「梵行」については、**【経節（58）、（80）、（96）】**。

[154] 【対応阿含】

『中阿含』65経「烏鳥喩経」（大正1.507b19）（パーリ対応なし）Cf. 『雑阿含』1174経（大正2.315a5-7）, SN, 35.200. *Dārukkhanda* 1 (IV.180f.)

【関連文献】

Mvy, 9136-9144, Mvy(N), 9073-9079: (1) duḥśīlaḥ (2) pāpadharmaḥ (3) antaḥ(/r)pūtir (4) avasrutaḥ (5) kaśaṃbakajātaḥ (6) śaṅkhasvarasamācāraḥ (7) aśramaṇaḥ śramaṇapratijñaḥ (8) abrahmacārī brahmacārīpratijñaḥ.

Negi, s.v., lung bong ltar spyod paは*Vinayavastu*を引くが、そこにはこの一連の句が出ている。また、Śikṣ, 40にいくつかの対応語句が見られることも指摘されている（Mvy(W)も指摘している）。「摂事分」（大正30.819a20-23）、「摂異門分」（大正30.770b10ff., ParSg, D43b5-44a6）では詳細に説明されている。「声聞地」にも似た記述がある（ŚrBh I, 28-29, 82-83）。特に後者の文脈はsamādānaparibhraṣṭa（〔戒の〕受持を壊すこと）。また、『倶舎論』「業品」40偈。『中阿含』122経（大正1.611c）にも同趣旨の記述がある。

[155] lhag par spyod pa, *ā√pad.

[156] chud gson pa, *√naś≒欠いている。

[157] 徳慧は「無慚は悪であるから」という。無慚・無愧（不遜・厚顔無恥）の2つは、五位七十五法では「大不善地法」（Cf. 斎藤他［2013］）である。

[158] *avadya. 非難されるべきこと。

[159] shing rul lta bu: *kaṣ(/ś)aṃbakajāta. Cf. BHSD, s.v., kaśaṃbakajāta. ParSg: shing rul gyis brnyogs pa'i chu lta bur gyur pa, 「水生蝸螺」。「蝸螺（にな）」とは巻き貝の一種。「摂異門分」の説明によれば、汚染された水のこと。蝸螺（≒破戒）によって汚染された水を飲んでも（≒聞法しても）渇きを癒すことが出来ない。

[160] bong bu ltar kun tu spyod pa, *śaṅkhasvarasamācāra: この前半部は、パーリでsankassara（疑わしい）であり、全体では「疑わしい行いをする者」。他方、sankhaだと貝の意。『雑阿含』は「吹貝之声」、「摂異門分」は「螺音」。

[161] lung bong ltar kun tu spyod pa.

ので。すなわち、『驢馬（**Gardabha*）経[162]』に説かれているように。

「＜比丘たちよ、たとえば驢馬が牛の群れの背後からついてゆき、“私も牛である、私も牛である”と考えても、彼には牛のような容貌はなく、牛のような優れた肌の色（*varṇa）はなく、牛のような声もない。
比丘たちよ、同様に、ここである愚かな人が比丘の大きなサンガ（僧団）の後からついてゆき、“私も比丘である、私も比丘である”と考えても、彼は適時に広大なる勝解（是認、決意）もなく、適時に増上戒学（戒に関する学び）、増上心学（心に関する学び[163]）、増上慧学（智慧に関する学び）を学ばない。
比丘たちよ、さらにまた、彼の愚かな人は、比丘の大きなサンガの後からついていっても、しかし、彼は比丘のサンガからは遠く（≒かけ離れており）、比丘のサンガもまた彼からは遠い。＞

{ひづめは同一〔だが〕角がなく、足が四つで、**声を出す口を持ち、声を出すもので**、常に牛たちの中に入ってゆく〔が、〕こ〔の動物＝驢馬〕は、牛の声を出すことができない。
同様に、ここである者が、念（気をつけていること、*smṛti）を確立（*upa√sthā）せず、善逝（＝仏陀）の最上の教えに住せず、怠慢（懈怠）にして尊敬がなければ、かの無為（形成されたものではないもの）という足場（*pada≒涅槃[164]）に、この者は触れない。
さらにまた、かの驢馬は牛の中に行っても、それは牛たちからは遠い。さらにまた、そのような者はサンガの中にいても、聖者たちの諸の集まりからは遠い、と言われる}」

という頌のように。

それ（＝（6））はまた、2 種類の原因によってである。すなわち、(i) 悪を欲することによって第一義的な（勝義の）沙門性[165]を自称するので（＝（7））。あるいは、(ii) 性交[166]を断じていることを自称するので（＝（8））[167]。

---

[162] 『雑阿含』828 経（大正 2.212b19-c6）。世親はここで頌の一節を引くが、徳慧は経の散文部分（前半部）を引く。上野［2012b］の指摘するように、Sūśa（【経節（9')】）の偈（{} 内）と徳慧の引用する経文（＜＞内）を合わせれば、『雑阿含』828 経のほぼ全体に相当する。

[163] 正確には静慮のこと。【経節（83)】参照。

[164] 『釈軌論』第 1 章では、*pada に 9 つの意味があると指摘されているが、その 1 番目に挙げられるのが、涅槃である。上野［2010: (77)］参照。

[165] don dam pa'i dge sbyong gi tshul, *paramārtha-śrāmaṇya: AKBh, 369.6ff. (ad.「賢聖品」51a 偈)は、「『無垢の道が沙門性である」。つまり、無漏の道が沙門性である。実に、それ〔を具えること〕によって沙門となるのである（śrāmaṇyam amalo mārgaḥ (51a) anāsravo mārgaḥ śrāmaṇyam/ tena hi śramaṇo bhavati）」といい、また、「凡夫は完全に〔煩悩が〕静まっていないので勝義の沙門ではない（anatyantaśamanān na pṛthagjanaḥ paramārthaśramaṇaḥ）」という。徳慧は八〔支〕聖道のことという。

[166] 'khrig pa, *maithuna.

[167] 徳慧は、「（8）非梵行者でありながら梵行者と自称する」という経句に関連づける。

要略すれば、戒を邪に行ずる比丘における、6 つの過失が示された[168]。

すなわち、(I) 実践が邪であるという過失、(II) 思いが邪であるという過失、(III) その罪から離れないという過失、(IV) 付随・帰結という過失、(V) 通達能力[169]がないという過失、(VI) 生活手段が邪である (邪命) という過失である。

[解釈 II]

さらにまた、「(3) 内側は腐り」とは、虫の卵〔のような〕耐え難い思いめぐらし (尋) [170]に住しているからである。「(4) 漏れ」とは、六根 (6 つの感覚器官) という傷を隠さないからである。

この同義語 (観点) [171]によっては、6 種類の邪さが説かれた。すなわち、(I) 実践が邪であるという過失、(II) 思いが邪であるという過失、(III) とどまり (住) が邪・(IV) 動きが邪・(V) 能力が邪・(VI) 生活手段が邪〔という過失〕である。

【経節 (10)】 煩悩を持ち、苦を持つ

「<"尊者 (＝釈尊) よ、我々は、ある時には八支を具足した斎戒 (近住、*upavāsa) を守り (*upa√vas) [172]。ある時には守らない (近住しない)。ある時には神足月[173]に横たわらずに努力し、ある時には横たわらずに努力しません。"

---

[168] 経句の (1) ～ (5) は (I) ～ (V) に対応し、(6) ～ (8) が (VI) に対応する。

[169] rtogs pa'i skal ba: Cf. rtogs pa'i skal ba can: prativedhanābhavyaḥ (Negi). AKBh, 372.2, 274.1, 5, 378.14. prativedhanā は阿羅漢の区別の 1 つ。理解力のある。

[170] rtog pa mi bzad pa sbrang rkyang: 徳慧は、『雑阿含』1249 経 (大正 2.342c) (Chung [2008: 205]) , AN, 11.18. (V.348.17ff.) (Cf. MN, 33 経, 片山 [1998]) に相当する経文を引く。徳慧の引く経文は以下の通り。「どのようにして、〔比丘は〕虫の卵を取り除いていないのかというと、生じた欲望の思いめぐらし (欲尋、*kāmavitarka) を受け入れ、断たず、除去せず、除滅しない。生じた害意の思いめぐらし (害尋、*vihiṃsāvitarka) を受け入れ、乃至、除滅しない、そのようなものが、虫の卵を取り除かないということである」。(なお、ここでは恚尋 (vyāpādavitarka) が省略されている。【経節 (85)】参照。)
徳慧の引く経文の sbrang rkyag mi sel ba が、パーリでは na āsāṭikaṃ sāṭetā、漢訳では「不去蟲」に対応。これからすれば、sbrang rkyag は āśāṭikā と推定される (BHSD, s.v., āśāṭikā)。

[171] (III) と (IV) の解釈も異なることになる。

[172] 八斎戒を守るということ。『倶舎論』「業品」28 偈以降に議論がある (舟橋 [1987: 164ff.])。本庄 [2014: [4029]] に経文の和訳がある。殺し、盗み、性行為、妄語 (嘘)、飲酒、高い寝具で寝ること等、舞踏や歌謡等、時ならざる食事 (非時食、午前以外の時の食事) の 8 つを離れること。

[173] cho 'phrul gyi phyogs, *prātihārakapakṣa: 一月、五月、九月の三ヶ月 (三斎月) ともいうが、諸説ある模様。「神変月」とも。パーリでは pāṭihāryapakkha。Sn, 402 偈 (村上・及川 [1986: 688-689])、平川 [1964: 419]、佐々木 [1999: 252.n.11]。

{“ガウタマの種族の者たちよ、汝らは（1）煩悩（*kleśa）を持ち、(2) 苦（*duḥkha）を持ち、(3) 悲嘆（*śoka）を持ち、(4) 憂悩を持っている生き物（*prajā）である時に（/にも関わらず）、汝らに（5）どんな獲得（*√labh）があるのか、(6) どんな善い（*su-）獲得があろうか。} **[174]**＜〔にも関わらず、どうして、〕ある時には八斎戒を守り、ある時には守らないのか[175]”＞」とは、経典の一節である。

［解釈 I］

「(5) どんな獲得があるのか」とは、善法を具えていないことを示している。「(6) どんな善い獲得があるのか」とは、それ（善法）を具えていないので、過去〔世〕の善果であるところの人〔に生まれる〕などという獲得[176]が善く獲得されていないことを示している。「（1）煩悩」などを持っていること（＝（1）～(4)）により、苦の原因に[177]、そして、多くの種類の苦に[178]、生き物が住していることを示している。

煩悩（*kleśa）が多いので、「（1）煩悩を持ち」である[179]。例えば、「たいていすべては盗まれた[180]」というように。生、老、病、死、怨憎会苦が大部分である[181]ので、「（2）苦を持ち」である。愛しいものと離れる（愛別離）ことによって悲嘆が多いので、「（3）悲嘆を持ち」である。求める時に欲するものが得られない（求不得）ことが多いので、「（4）憂悩[182]を持っている」である。

---

[174] Sūśa と世親の引く経文の範囲が完全に一致する。VyYT は前後も引く。

[175] 【対応阿含】

『雑阿含』1121 経（大正 2.297b23-28）, AN, 10.46. *Sakka* (V. 83.18-23)

[176] 徳慧は、「『人などという獲得』の『など』という語は、内地（インド）に生まれることや、根（感覚器官）を欠くことがないことといったようなそのようなことなどである」という。「声聞地」にも ātmasaṃpad（自分に関する完成、自円満）として出る項目。ŚrBh I, 10ff., 上野［2013: (9)］

[177] 徳慧は、「（1）煩悩を持ち」のことであるという。

[178] 徳慧は、(2) ～（4）のことであるという。

[179] nyon mongs pa mang ba nyid kyi phyir (1) non mongs pa can te/

[180] phal cher thams cad chom rkun tu gyur to: 不明。Cf. Mvy, 883: te ca bodhisattvā mahāsattvā bhūyastvena sarve kumārabhūtāḥ, byang chub sems dpa' sems dpa' chen po de dag thams cad kyang phal cher gzhon nur gyur pa. ここから、*bhūyastvena, *sarve, *caurībhūta と想定して訳した。これは、(1) nyon mongs pa can の can に対応する梵語が、「多い」ということを意味しているということの例示である。nyon mongs pa can は*kliṣṭa の訳であることが多いが、can には-in や sa-も想定しうるので、*kleśin, *sa-kleśa の可能性もある。ただ、sa-は【経節（12)】では dang bcas pa の訳と考えられるので、*kleśin を想定する。【経節（96)】での解釈中で徳慧が引く経文でも、can には-in が対応する。taddhita affix の ini について言ったものであろう。徳慧は chom rkun phal che ba nyid kyi phyir ro という。

[181] phal che ba.

[182] 'khrugs pa: 徳慧は憂い（yid mi bde ba, *daurmanasya）のことだというので、upāyāsa を想定しておく。

彼は、3 つの時[183]において、「（2）苦」などを持っている。すなわち、(i) 愛しくない事物と会うこと（怨憎会）と、(ii) 愛しい事物と離れること（愛別離）と、(iii) 愛しい事物を具えていないことによって求める時に（求不得）である。「(1) 煩悩を持っている」彼らは、〔その〕3 つとも〔の時〕において、怒ること[184]と、愛しい事物と会うことを貪ることによって、である。

［解釈 II］

さらにまた、(i) 貧乏と (ii) 富貴と (iii) 中間層[185]が、順に、「苦などを持っている」（＝ (2) ～ (4)）と知られるべきである。すなわち、順に、(i') 生活に窮乏しているのと、(ii') 没落[186]とそれ（没落）による不安と、(iii') 艱難によって糧を得る[187]ことによってである。

【経節（11）】　邪悪な悪魔に支配される

「＜｛比丘たちよ、**沙門あるいはバラモンで、およそ誰であれ眼に味著する者は、**(1) 邪悪な悪魔（*māra）の支配下に少しく置かれ（*āvaśagata）、(2) 支配され（*vaśagata）、(3) 手中に入り（*hastagata）、邪悪な悪魔の[188] (4) 意のままに行い（*yathākāmakaraṇīya）、(5) 悪魔の束縛（*mārabandhana）によって束縛され、(6) 悪魔の縄（*mārapāśa）から解き放たれていない（*aparimukta）沙門あるいはバラモンと言われる。＞

耳と鼻と舌と体と意についても、同様である[189]｝」

とは、経典の一節である。

煩悩が現起（現行、*samudā√car）しているので、「(1) 邪悪な悪魔の支配下に少しく置かれ[190]」であると知られるべきである。「少（shas）」とは、少し（cung

---

183 3 つの時（dus gsum）：〔この世での〕現在、過去、未来であろう。怨憎会苦と愛別離苦と求不得苦が、それぞれ、現在、過去、未来に対応する。

184 khrong khro ba, *pratigha.

185 'bring, Mvy, 2658: madhyam.

186 rgud pa, Mvy, 7389: vipattiḥ.

187 tshegs chen pos 'tsho ba 'byor ba: tshegs chen pos は、kṛcchreṇa/-āt が対応しよう。

188 VyY で世親が経句を解釈する際にはこの句はない。

189 【対応阿含】

『雑阿含』243 経（大正 2.58b28-c2） Cf. SN, 35.114. *Mārapāsa* 1, 2 (IV. 91f.) 他に、『雑阿含』244 経、『雑阿含』131 経（大正 2.41b26-29）など。

【関連文献】

上野［2012b］は、本経節は Chung［2008: 77］の指摘する Dhsk 10r7-8 に一致すると指摘する。加えて、ŚrBh II, 262.19ff.。

190 dbang du shas kyis song ba: まず、次の項目である (2) は dbang du song ba で、*vaśagata が対応する。他方、こちらの語であるが、shas kyis を ā-と想定し、*ā-vaśa-gata と想定したい。論拠は以下の通り。まず、SWTF は(āvāsagata)とカッコ付きで項目をたて、SHT (IV) 30 d R2 にある āva[ś](agatā)を修正するように提案しているが、実は、不要である。ともかくここでは āvaśagata の用例があることを指摘しておきたい（対応阿含は『雑阿含』131 経であるという)。次に、上記の ŚrBh II, 262.19 には tatrāvaśagato mārasya とあり、同和訳は「この内で魔が支配し

zad）という意味であるので。「少し黄褐色である（黄褐色がかった）[191]」というように。それ（煩悩）に貪着[192]するので「(2) 支配され」である。その（煩悩の）力によって業を引き起こすので、「(3) 手中に入り」である。それ（その業）を恥じないので、「(4) 意のままに行い」である。「(5) 悪魔の束縛によって束縛され」とは、その一切の状態において束縛される[193]のである。「(6) 悪魔の縄から解き放たれていない」とは、〔それらの状態が〕現前していなくとも、〔根こそぎ〕断じられてはいないので、解放されてはいない。

あらゆる者にあらゆる仕方で生じるのではなく、「味著する」者たちにそれが生ずるので、「およそ誰であれ[194]」と説かれた。「沙門あるいはバラモン」と述べたのは、解脱（*mokṣa）が彼らの主題（目的）であるので、束縛されていることによって、〔輪廻を〕厭離するべきであるので[195]。

要略するなら、ここ（経典）では、(I) 煩悩の拠り処、(II) 認識対象、(III) 本性、(IV) 状態の区別によって、過患[196]が説かれたのである。

すなわち、(I)「沙門あるいはバラモン」とは、拠り処である。(II) 認識の対象などが、認識対象である。(III)「味著する」とは、本性である。それはまた、

ていない者は」と訳している。これは tatra-avaśagata と読んだのであろう。その註記（同 n.18）には、漢訳では「又魔於彼或有暫時不得自在」とあることが記されているので、それに基づいたものと見られる。ところで、同書の註記（265.n.1）では、それが上記の SN を受けたものであることも、関連諸句に下線が引かれ、適切に指摘されている。ただ、そこでは mārassa vasaṃgato という箇所（＝ (2)）以降に下線が引かれているが、その直前には āvāsagato mārassa とある。これが一連の項目の (1) に相当すると見るべきである。SWTF はおそらくそれを踏まえて SHT 上掲箇所の梵語を āvāsagata と修正したのであろう。しかし、「声聞地」のそのチベット語訳（ŚrBh(t), D126a7-126b1）では de la cung zad bdud kyi dbang du song ba とあり、否定辞（a-）はなく代わりに cung zad とある。この cung zad が ā-の翻訳と見られるのである。かくして、上記のパーリの対応梵語や VyY の語句の原語は āvaśagata と見られる。次註も参照。

[191] shas kyis ser skya: 各種辞書には載っていないが、この shas kyis は接頭辞 ā-の訳語と見たい。この ā-には「少し」という意味がある（Apte, ā の 4 項目目、Amara, II.570: āṅ īṣadarthe）。AKVy, 39.29（「界品」）にも、ārūpya とは色が全く無いのかあるいは少しの色があるのかという議論の中で出る。īṣadarthe āṅ āpiṃgalavad iti（荻原［1933: 65］)）。かくして、shas kyis ser skya の原語は*ā-piṅgala であろう。また、前註での想定*ā-vaśagata も強化されよう。

[192] dang du len: *adhi√vas.

[193] 徳慧は、「悪魔によって束縛された彼等は、煩悩の現起の状態と、それに味著している状態と、その力によって業を引き起こす状態において束縛されているのである」という。

[194] gang la la: およそ誰であれ～な者は、すなわち、味著する者は、ということ。

[195] bcings pa nyid kyis skyo bar bya ba: 徳慧は、bcings pa nyid kyi rgyus 'khor ba las skyo bar bya ba'i phyir ro（束縛という理由によって、輪廻を厭うべきであるから）と註釈する。

[196] nyes dmigs, *ādīnava.

渇望（渇愛、*tṛṣṇā）であると知られるべきである。(IV) 状態の区別は 6 種類である[197]。すなわち、(i) 現行する（現に生起する）、(ii) 受け入れる[198]、(iii) 圧倒される、(iv) 美徳であると見る、(v) 現前する、(vi) 断じない、という状態の区別によって。

【経節（12)】　苦しんで住する

「＜｛**悪しき諸法[199]を受持するという原因によって、この世で（1）苦しんで住し、**(2) 苦を伴い、(3) 妨害（*vighāta）を伴い、(4) 災厄（*upadrava[200]）を伴い、(5) 熱悩（*paridāha）を伴い、(6) 身体が滅して後、悪しき生存領域（悪趣）に赴くと知られるべきである[201]｝＞」

とは、経典の一節である。

「(1) 苦」〔という句〕は概略であり、残り〔の諸句〕は解説である。

「(2) 苦を伴い」とは、求める時に[202]。

「寒い時には風によって凍え[203]」

と詳細に出ているので。「(3) 妨害を伴い」とは、願望が妨げられること[204]を持っているので。財がない時にである[205]。「(4) 災厄を伴い」とは、王や盗賊などという災厄[206]を伴っているので。防護[207]の時に。刀杖[208]〔による〕災厄などによ

---

197 徳慧はこの 6 項目を、経句の（1）～（6）に順に配当する。

198 dang du len pa: *adhi√vas. 【経節（85)】を参照。

199 徳慧は、「殺生など」であるという。十不善業道を指すのであろう。

200 (3) phongs pa dang bcas pa, (4) gnod pa dang bcas pa, *sa-vighāta, *sa-upadrava: パーリ対応では sa-vighāta, sa-upāyāsa（, sa-pariḷāha）だが、ŚrBh(S), 374.16-17: saduḥkhaḥ savighātaḥ sopadravaḥ saparidāhaḥ の用例に基づいた。【経節（96)】でも gnod pa には upadrava を想定しておいた。

201 【対応阿含】

『雑阿含』108 経（大正 2.34a11-12）, SN, 22.2. *Devadaha* (III.8.27-30)

【関連文献】

「摂事分」(大正 30.799a)

202 yongs su tshor ba'i tshe: Cf. yongs su tshor ba, Mvy, 7276: paryeṣaṇā.

203 徳慧は、「寒い時には風によって凍え、暑い時には熱によって暑がり、空腹によって煩わされ、虻蚊、風、太陽、蛇に触れることによって痛めつけられる（*rūpyate)」と説く経文を引用する。色（rūpa、いろかたち、物質）の定義に関連して AKUp にも引用されており、それにより『雑阿含』46 経、SN, 22.79 が対応阿含と知られる。本庄［2014:［1014］］にはこの記述に関する関連文献も示されている。

204 'dod pas phongs pa, *icchāvighāta. これにより phongs pa に*vighāta を想定した。

205 財（'byor ba）がない時に欲しいものがあれば、それを満たせずに苦しむ。

206 財が盗まれてしまうから。

207 kun tu bsrung ba'i tshe: kun tu bsrung ba, *ā√rakṣ.

208 dbyug pa dang mtshon cha: dbyug pa, *daṇḍa; mtshon cha, *śasrta. daṇḍa は śasrta (Pāli. sattha)と対で使われる例がある。PTSD, 312a, 674a.

って。「（5）熱悩を伴い」とは、悲嘆、不満足、後悔[209]という熱悩を具えているので。つまり、順に、没落[210]、享受、死の時に、である。

【経節（13）】　親しみ、修し、没頭する

「＜｛**殺生に（1）親しみ、（2）修し、（3）没頭することによって、**諸地獄に生まれるであろう[211]｝＞」

とは、経典の一節である。

［解釈 I］

「（1）親しみ」とは、（I）なされた（*kṛta）ことを説いており、「（2）修し、（3）没頭することによって」とは、（II）集積された（*upacita）[212]ことを〔説いた〕。なぜなら、（i）従事[213]と、（ii）繰り返しなすという 2 つによって、すなわち、（i'）思うこと[214]と（ii'）実行することによって、それ（業）を増大するので。

（a）これ[215]に対して思惟が行われる[216]、あるいは、（b）〔これに対して〕修習（思惟）が起きるので[217]、あるいは、語源解釈によって、（c）修習（思惟）に至るので、「（2）修し（*bhāvita）」である[218]。すなわち、（i'）思う者であることに

---

209 悲嘆、不満足、後悔 : mya ngan, *śoka; mi tshim pa (Cf. tshim=*√tṛp); yid la gcags pa, Mvy, 2115: vipratisāra. 没落した時には悲嘆し、享受した時には満足せず、死ぬ時には後悔する。後悔して死ぬことについては【経節（37）】参照。

210 rgud pa: この語は【経節（10）】の解説中にも出ていた。

211 【対応阿含】
『雑阿含』1048 経（大正 2.274a27）, AN, 10.206. *Maṇi* (V.292.15-16)
【関連文献】
AKBh, 253.24（ad.,「業品」85ab 偈、舟橋［1987: 402］）: (akuśalais tāvat sarvair ev)āsevitabhāvitabahulīkṛtaiḥ narakeṣūpapadyate.
AKVy, 159.6（「根品」）: prāṇātipāten' āsevitena bhāvitena bahulīkṛtena narakeṣūpapadyate.
定型句。SWTF, s.v., āsevita; AVSN, 201; Mvy, 2320-2322.

212 行った・集積した : byas pa・bsags pa. 原語は kṛta, upacita であろう。業にこの 2 種類がある。『倶舎論』「業品」120 偈に、AKBh, 271.17: kṛtaṃ copacitaṃ ca karmocyate/という経文の解釈が提示されている。玄奘訳では「造作」業と「増長」業。AKUp については本庄［2014:［4111］］。AD にも解釈がある（三友［2007: 536］）。

213 brtson pa.

214 bsam pas: 徳慧は'dun pas（意欲によって）と言い換える。

215 徳慧のいうようにここでは殺生という業。

216 'di la bsgom pa byas pa: bhāvanā という行為の対象であることを意味するのであろう。徳慧は bsgom pa を bsam pa（意思、*cetanā）と註釈する。

217 bsgom pa 'byung bas na: 徳慧は byung について nam mkha' de la skar ma byung（その虚空に月が出る）と言われるように、と譬えを出し、byung=shar ba（昇る）ということだという。そして、以上の 2 つの解釈は文法学派（brDa sprod pa pa, Vaiyākaraṇa）のやり方で語句の意味を解説したのだという。

218 bsgom par gyur pas na: 徳慧は gyur pa=son pa だという。bhāvita＝bhāvanā, gata/ita あたりか。

よってである。つまり、

「悪をなしたとしても、それを何度もなしてはならない。
悪の集積は苦であるので、これを欲してはならない[219]」

と説かれているように。

この〔偈頌の〕なか、「欲する」によって、従事[220]が説かれた。「何度もなす」と「欲する」によって、(II) 集積が〔説かれた〕。すなわち、集積の同義語[221]によって、である。集積された業であるもの、それは結果の異熟（成熟）が確定となる。〔ただ、〕ある場合は、〔単に〕なされた〔だけの業〕も〔異熟が確定と〕なる。能力（*bhavya）が少ないので[222]。そして、土壌[223]と心の特殊性によって。

【論難】もし、「(1) 親しむ」などによって、(I)〔業が〕なされたことと、(II) 集積されたことが説かれたなら、

「不浄〔観〕(*aśubhā) に (1) 親しみ、(2) 修し、(3) 没頭することによって、大きな結果となる[224]」

と〔別の経典に〕説かれているのは、どうして適切であるのか。

【回答】〔どうして適切ではないのか。〕そこにおいても、(i) 従事と、(ii) 没頭することがなされることが必要である[225]。

［解釈 II[226]］

以下のようにでもある。すなわち、そこ（経節）では、[I] 生じ、[II] 住し、[III] 増大を具えていることも、説かれている。

［解釈 III］

---

219 UV, 28.21:
kuryāc cet puruṣaḥ pāpaṃ nainaṃ kuryāt punaḥ punaḥ/
na tatra cchandaṃ kurvīta duḥkhaṃ pāpasya saṃcayaḥ//

220 brtson pa: これは(i)と同じ語句だが、(I) に相当する。

221 ＝「悪の集積」という経句。

222 徳慧は、その心相続が諸の福徳によって熏習されていない者にとって、その業は確定した異熟を確立するから（sems kyi rgyud de bsod nams dag gis yongs su ma bsgos (P bsgoms) pa'i las de ni (P de'i) rnam par smin pa nges pa dang mthun par gnas pas so//）という。Cf. AKBh, 271.13（「業品」）: vipākanaiyamyāvasthānāt（舟橋［1987: 507.n.2］により訂正した語を提示している）

223 zhing, *kṣetra: 田、土地であるが、この文脈では行為の対象で、個体相続、心相続のこと。AKBh, 271.10: kṣetraṃ nāma yatra kārāpakārāḥ kriyante.（田とは、それ（その対象）に対して利益と損害がなされるところの対象である）これは業をなす相手の特殊性（種別）を言ったもので、次の「心の特殊性」とは、業をなす主体の心持ちの違いによって、ということを言ったものであろう。

224 『雑阿含』741 経（大正 2.197b1-2）, SN, 46.67. *Asubha*. Cf. Chung［2008: 173］

225 徳慧は、業ではない本性を持っている法（las ma yin pa'i rang bzhin gyi chos）である不浄などが、「なされた」、「集積された」という語によって説かれたのである、という。ちなみに、「など」とは、『雑阿含』のそれ以下の数経でも、不浄観以外の項目について類似の経文が出ることをいったもの。

226 徳慧は不浄観についての経文についての解釈と理解するが、いずれにせよ (1) 〜 (3) 句の解釈である。

さらにまた、[I] 準備行（加行、*prayoga）、[II] 獲得（*lābha）、[III] 成就の状態である[227]。

［解釈 IV］

さらにまた、[I] 力んで〔もたらされ〕・[II] 過失を伴って〔もたらされ〕・[III] 過失なくもたらされる作意（傾注、manas(i)kāra）[228]の状態である。すなわち、〔順に、〕三昧（心統一、samādhi）を得ていない〔時〕、〔三昧を〕得た〔時〕、修習した時に、である。

［解釈 V］

さらにまた、3 種類のヨーガ行者（瑜伽行者、*yogācāra）の状態である。3 種類のヨーガ行者[229]とは、[I] 初心者、[II] 熟練した者、[III] 作意を超越した者である。

［解釈 VI］

別の観点では[230]、[I] 面前にするので、[II] 心にその種子を養うので、[III] その養われたものをしばしば面前にするので、〔順に、〕「（1）親しむ」などの 3〔句〕である。

〔このようにして、〕「表現されるものは多種であるが、表現は 1 つである[231]」という、そのことが証明された。

【経節（14）】　五蓋

「＜｛心を汚す**五蓋**[232]は、（1）貪欲（rāga）蓋、（2）瞋恚（pratigha）蓋、（3）惛沈睡眠[233]蓋、（4）掉挙悪作[234]蓋、（5）疑（vicikitsā）蓋である[235]｝＞」

---

[227] 業には加行、根本、後起の 3 種類がある（『倶舎論』「業品」（AKBh, 239.11ff.））が、第 1 項目以外はそれとは関係がなさそうである。ただ、称友は別の箇所に対する註釈で、それと関連づける。

AKVy, 418.24（「業品」上記）: āsevita-bhāvita-bahulīkṛtair iti prayoga-maula-pṛṣṭhāva-sthāsu.

[228] stobs dang skabs dang bcas pa dang skabs med pa 'byung ba'i yid la byed pa:

徳慧は作意には 4 種類あるとし、（IV）「人為的努力なく（任運に、*anābhoga）もたらされる作意」も挙げる。この 4 つは以下の通り「声聞地」に出ており、文脈も同じく三昧に関することである。

ŚrBh II, 158.3-4: bala-vāhana, sacchidra°, niśchidra°, anābhoga°.

[229] 3 種類のヨーガ行者（瑜伽行者）: 高崎［1962（2009）.n.18］によると、これは『大毘婆沙論』、『倶舎論』、「声聞地」（ŚrBh II, 168）に出る。『倶舎論』では、五停心のなかの不浄観で、骨鎖観を代表させて論じる個所にある。『倶舎論』「賢聖品」11ab 偈。3 つの原語は、ādikarmika, kṛtaparijaya（「声聞地」では-paricaya）, atikrāntamanaskāra。

[230] 徳慧はこの解釈を殺生と不浄〔観〕の両方に関連づける。

[231] 『釈軌論』第 1 章に説かれる、「1 語の中に多義がある」ということ。徳慧は同章で世親が提示する、「色（rūpa）とは、色蘊、いろ、静慮、あり方の意味で引かれる」という頌を引く。上野［2010: (72)］がここの対応も指摘している。

[232] pañca nivaraṇāni. 心にとっての 5 つの覆い。

[233] styāna-middha. 沈鬱と眠気。阪本（後藤）［2006］、榎本他［2014］。

とは、経典の一節である。
［解釈 I］[236]
〔蓋が〕5 つのみという目的は[237]、［1］三昧（心統一）を行うことに関する蓋（障壁）は 2 つの蓋（＝（1）（2））である。［2］三昧に入る（入定の）蓋は 3 つである。なぜなら、［2-1］心が内に縮こまるので（＝（3））。［2-2］外界に対して動揺する（≒心動かされる）ので（＝（4））。［2-3］〔三昧への〕安立[238]における確定が獲得できないので（＝（5））。
［解釈 II］[239]
さらにまた、止と観（止念と観察）[240]を実行することへの蓋は 2 つの蓋（＝（1）（2））であり、止に入る〔蓋〕は、萎縮するという過失があるので、止の蓋は 1 つである（＝（3））。観に入る〔蓋〕は、(i) 静まらない〔という過失があるので〕、そして、(ii) 不確定であるという過失があるので、観の蓋は 2 つ（＝（4）

---

234 auddhatya-kaukṛtya. 浮つきと後悔。
235 【対応阿含】
『雑阿含』707 経（大正 2.189c15-18）, SN, 46.38. *Āvaraṇanīvaraṇa* (V.94.17-95.4)
五蓋は多くの経典に説かれているが、その中、『雑阿含』704-710（711）経は五蓋を中心的な主題としている。その際、それらの経典では一貫して、五蓋を断じて七覚支（七菩提分）を修すべきことが説かれている。特に『雑阿含』707 経（SN, V.94ff.）では、「煩悩於心（cetaso upakkilesā）」と、VyYT と Sūśa の「sems nyon mongs par byed pa」に関連する句がある（ただ、その直後には両書にない句が続いている）。
【関連文献】
上野［2012b］の指摘するように『釈軌論』第 1 章でも言及され（上野［2013: (16)ff.］）、AKUp でも引かれる（本庄［2014:［2022］］）。『倶舎論』「随眠品」59 偈に議論がある。AKBh, 318.7ff., 小谷・本庄［2007: 228ff.］
「摂事分」（大正 30.803c-804a, VasSg, D196b3ff.）でも五蓋の解釈がなされているが、［解釈 IV］の『聖教』には対応しない。ただ、その中の、(2) の「呵諫・驅擯・教誡等に堪えざるが故に（gleng ba dang/ sma dbab pa dang/ rjes su bstan pa la sogs pa）」とあるもののみが特徴的な対応点である。他は、止に違背するのが (3)、観に違背するのが（4）などとしている。
236 ＝三昧（心統一、定、*samādhi）の行と三昧に入ることに関して。
237 徳慧によれば、すべての煩悩も蓋（障壁、妨げ）であるが、5 つのみをここで説く目的は、その 5 つは善法が生じる妨げになるからである、ということ。ちなみに、『倶舎論』上掲箇所での同じ問いに対する回答は、「〔戒定慧〕蘊を害し、〔四諦を〕疑わせるから（「随眠品」59cd 偈）」というもの。［解釈 III］を参照。
238 yang dag par sbyor ba, saṃniyojana: AKBh, 340.9, 212.20. 徳慧は、「安立」とは、縮こまった（*saṃkṣipta）、散乱した（*vikṣipta）、沈んだ（*līna）〔心〕などを平等に行ずるのである。その安立における確定を得ることができないので「(5) 疑蓋」である、という。
239 ＝止観に関して。
240 徳慧は、「止」とは特殊な三昧に他ならなず、「観」とは特殊な智慧（*prajñā-viśeṣa）であるという。同様な解釈は【経節（68)】にも見られる。

(5)）である[241]。
［解釈 III］[242]
さらにまた、戒の蓋は 2 つ（＝（1）（2））である。なぜなら、貪欲と瞋恚（怒り）の 2 つによって破戒を引き起こすので。定の蓋もまた、2 つ（＝（3）（4））である。なぜなら、(i) 心が内に縮こまるので。そして、(ii) 外界に動揺するので。慧の蓋は 1 つ（＝（5））である。なぜなら、確定〔知〕を得ることができないので。
［解釈 IV］
『聖教』には、
「戒の蓋は 1 つ（＝（1））である。なぜなら、梵行（清らかさへの行い）から退くので。教授（*avavāda）の蓋もまた 1 つ（＝（2））である。なぜなら、それにより言葉を受けないので。止[243]〔の時〕と挙（*pragraha）[244]〔の時〕と捨（*upekṣā）の時において、それ〔ら＝止・挙・捨〕を成就する蓋は 3 つ（＝（3）（4）（5））である」
と出ている。

【経節（15）】　貪著・瞋恚・愚痴は業の起因と起源

「＜｛**カーラーマの者たちよ、これら 3 つは、有情たちの（1）業の起因（*nidāna）であり（2）起源（*samudaya）である**と知られるべきである。カーラーマの者たちよ、3 つとは何かというと、貪著[245]は、諸の有情にとって業の起因であり起源であると知られるべきである。カーラーマの者たちよ、瞋恚（怒り）と愚痴（愚昧さ）は、諸の有情にとって業の起因であり起源であると知られるべきである。｝[246]
カーラーマの者たちよ、貪著を持ち、貪著によって圧倒される（*abhibhūta）

241　なお、『瑜伽論』「摂決択分中菩薩地」（大正 30.727b）では、止の障害が（4）掉挙悪作蓋。観の障害が（3）惛沈睡眠蓋と（5）疑蓋。両方の障害が（1）貪欲蓋と（2）瞋恚蓋とする。
242　＝戒定慧に関して。『倶舎論』「随眠品」上掲箇所では、(1)（2）が戒蘊を害し、(3) が慧蘊を害し、(4) が定蘊を害し、それらによって四諦を疑うのが（5）という解釈が提示される。続いて、そうではなくて（3）は定蘊を、(4) は慧蘊を害するのだという解釈が提示される。
243　徳慧は、止・挙・捨について「*Śrāvakabhūmi*（声聞地）」の名を挙げて言及する（大正 30.456a, ŚrBh(S), 391.10, 声聞地研究会［2009: 60ff］)。「挙」については少なくとも『倶舎論』では出ないようである。他方、この 3 セットは他には「菩薩地」（BBh, 205.15-17）や『大乗荘厳経論』（MSABh, 142）で出る。SWTF, s.v., pragraha-kauśalya によれば、AV にも出る。
244　挙：徳慧は、落ち込んだ感官（indriya）をしっかり保つ（励ます）ことという。
245　chags pa, *lobha ≒ rāga.
246　Sūśa による引用はここまでで、VyYT が引く以下の文は下記阿含に対応がない。1 行目後半は一種の定型句であり珍しいものではないが、徳慧が別の経典から拾ってきたか要約的に付加したか。

者たちは、身による悪行と口・意による悪行を行い、それによって、身によって悪行を行い、口・意による悪行を行うならば、その因と縁とによって、身体が壊れて死んだ後に、悪しき生存領域（悪趣、*durgati）、悪しき境涯（*apāya）、悪道（*vinipāta）、諸地獄（*naraka）に生まれるであろう[247]。瞋恚を持ち、瞋恚によって圧倒されることと、愚痴を持ち、愚痴によって圧倒されることも、同様である[248]＞」

とは、経典の一節である。

［解釈 I］

「(1) 業の起因」と「(2) 起源」とは、(I) 転〔因〕と (II) 随転因[249]が説かれた。すなわち、(I') 貪著などを受け入れる時には悪行（*duścarita）を引き起こすことがあり、(II') そのことによって恥じない時には、悪行から退かない（*avyāvṛtti）。そのようであるなら、それ（悪行）は、なされ、集積された[250]。

［解釈 II］

さらにまた、貪著などが (I) 現起（*samudācāra）している状態と、(II)〔それによって〕圧倒された状態でもあると説かれた。まさにそれゆえ、「貪著を持ち、貪著によって圧倒された」と〔同経中に〕説かれている。圧倒されなければ、それは、それから生じた業を引かない。

［解釈 III］

さらにまた、(I) 準備行（加行）の状態と、(II) 完成[251]の状態でもある[252]。

---

247 4 句については Mvy, 4746-4749. また、DbSū (1) 9: taddhetos tatpratyayaṃ kāyasya bhedāt paraṃ maraṇād apāyadurgativinipātaṃ narakeṣūpapadyante.

248 【対応阿含】

『中阿含』16 経「伽藍経」（大正 1.438c15-18）, AN, 3.65. *Kesaputtiyā* (I.189)

【関連文献】

『縁起経釈論』「行の分別章」（Muroji［1993: 58.6-8］）: dge ba'i rtsa ba yang gsum mo// mi dge ba'i rtsa ba yang gsum ste/ gsum ni las kyi gzhi dang kun 'byung ba yin no//）ただ、同 59（n.52）は，AN, I.236.7-10 を参照せよとするが、これは 263.7-10 であろう。tīṇ' imāni bhikkhave nidānāni kammānaṃ samudayāya ...（比丘たちよ、これらの 3 つは、諸の業を起こさせる（起源）ための起因である）

249 転〔因〕(rab tu 'jug par byed pa, *pravṛtti(hetu))・随転因（rjes su 'jug par byed pa'i rgyu, *anuvṛttihetu）:

これについては、AKBh, 199.18-19: pravṛttyanuvṛttikāraṇatvād yathākramam/ cakrasyeva bhūmau *saṃparivartamānasya pāṇyāvedhabhūmipradeśau//（順に、(1) 転因と (2) 随転因であるから。例えば大地を回転している輪にとっての、(1) 手の力と、(2) 大地という場所のように。）

*: *sic.*, sa-を、舟橋［1987: 73.n.4］により訂正。

要するに、(1) 輪が回るには手の力が最初に加わることが必要。(2) 回り続けるには、引き続いて (anu-) 大地という回転の場所が必要ということ。Cf. AKVy, 359.

250 *kṛta, upacita. 【経節 (13)】を参照。

251 sbyor ba, *prayoga; mthar thug pa, *niṣṭhā.

252 徳慧は、「現起だけではないのである。なぜならば、それらによって圧倒され、その業を実行して、後に、その業を完成するからである」という。

【問い】意による悪行の準備行の状態とは、どのようなものか[253]。
【答え】貪著などによって、他人の物を自分のものとなすことなどにおいて、後に確定を得ること[254]である。
［解釈 IV］
さらにまた、貪著など[255]は、身体（身）と言葉（語）と意〔の業〕を、なし・語り・考える起因であるところの、心の起源である[256]。
【論難】そのよう〔な解釈〕であれば、白品（善の側のことがら）[257]においても、「起源」〔という語〕が述べられることになる。
【回答】第 1 の諸の同義語（観点）[258]においては、「起因が尽きた」と出ているだけのことによって起源が尽きたこともまた成立するであろうから、〔そのようであれば、「白品においても、「起源」〔という語〕が述べられることになる」と述べられたようには〕ならない。〔なぜならば、そこでは「起因」も原因であり「起源」も原因であるからである。それから集起するので〕。しかし、大徳飲光部[259]の〔仏〕語で、

「3 つの起因は、業を起こさせる（起源）ためである（*samudayāya）」

と誦している、彼らの〔経文の〕ようであるなら、〔語の〕繰り返しの過失[260]もまた、まさにない。
【問い】〔白品に関して、〕貪らないこと（無貪、*alobha）もまた善の根本（善根）であるのに、「業の起因と起源[261]」と、なぜ〔経典で〕述べられないのか。

---

253 徳慧によれば、身悪行と口悪行とは異なり、意による悪行は、貪愛（abhidhyā）などが現前したことのみから生ずるので、準備行と完成の状態と 2 つに分けることの必要性がないのでは、という論難。
なお、類似の分類法として、加行、根本、後起というものが、『倶舎論』「業品」に説かれる（AKBh, 239, ad., 68 偈）。その際、貪愛（abhidhyā）には加行や後起がないとされる。現前するだけで（saṃmukhībhāvamātrāt）〔根本〕業道となるからである。

254 ＝実行することであろう。

255 ＝貪欲・瞋恚・愚痴。

256 徳慧は、身体の業をなすことの起因である心と、語の業を語ることの起因である心と、意の業を考えることの起因である心である、という。

257 dkar po'i phyogs, *śuklapakṣa: 白品。白い（≒善の）側のことがら。徳慧によれば、「カーラーマの者たちよ、これら 3 つは有情たちの〔業の〕起因と起源の〔滅〕尽（*kṣaya）であると知られるべきである」というように、ということ。

258 rnam grangs. 徳慧によれば、「業の起因と起源」は転因と随転因を指すという［解釈 I］のこと。

259 btsun pa 'Od srungs pa, *bhadanta-Kāśyapīya.

260 zlos pa'i skyon, *punaruktadoṣa. 起因＝起源ということにはならないということ。ちなみに、この経文は、本経節の関連文献として挙げた AN が類似するであろう。

261 徳慧は本経節を詳細に白品の側から言い換えているが、要するに、「カーラーマの者たちよ、これら 3 つ（無貪・無瞋・無痴）は業の起因と起源である」というように、ということ。

【答え】貪著などの対治（治療、*pratipakṣa）であることを説き示すためである。つまり、さもなくば[262]、それらの対治が説かれていないことになる。

【経節（16）】　不善、苦、非聖、無益

「＜｛**そのようであれば、これらの選択肢（*vikalpa）[263]は、（1）不善であり、（2）苦であり、（3）聖ではなく、（4）害をもたらす[264]**｝＞」

とは、経典の一節である。

「(1) 不善」とは、結果が好ましくないから。「（2）苦」とは、この世（現法）における苦の原因であるから。「（3）聖ではない」とは、善法を衰滅させるものであることによって、清浄（*vyavadāna）[265]と矛盾[266]するものであるから。「（4）害をもたらす（有害である）」とは、雑染（けがれ）に資益する（*anukūla）[267]から。

【経節（17）】　欲望の対象は不浄である

「＜｛**人々にとっての諸の欲望の対象（欲、*kāma）は、（1）不浄（aśuci）で、（2）悪臭があり（durgandha）、（3）臭気があり（āmagandha）、（4）意に反する（pratikūla[268]）。**一方、神々にとっての諸の欲望の対象は、はるかにすぐれ、はるかに卓越している[269]｝＞[270]」

---

[262] この 1 文は難解だが、この箇所（「さもなくば」）に対する徳慧註は、「『尽きた』と述べなければ」に相当しよう。

[263] 対応阿含では、苦行主義と快楽主義という 2 つの極端（二辺）が説かれる（【経節（48）（68）】、『釈軌論』第 4 章（堀内［2009: 337-338］）を参照）。ゆえに、経中の rnam par rtog pa, *vikalpa も、二辺のうちどちらかの「選択肢」という意味であろう。

[264] 【対応阿含】

『中阿含』169 経「拘楼瘦無諍経」（大正 1.701c1）, MN, 139 経 *Araṇavibhaṅgasutta* (III.232.3); CPS, 11.14: ātmaklamathānuyogo (2) duḥkho (3) 'nāryo (4) 'narthopasaṃhitaḥ.

【関連文献】

これらは定型句であり、たとえば、SN, V.421.6 では、attakilamathānuyoga（自己を苦しめることに耽ること）に関して、「(2) dukkho (3) anariyo (4) anatthasaṃhito」とある。

[265] rnam bar byang ba: 徳慧は、三十七菩提分法のことである。それらによって浄化され、浄らか（*viśuddha）となるからである、という。

[266] 徳慧によれば、生起を妨げること。

[267] 本庄［1995］の指摘する anukūla（順、随順）の訳に従う。

[268] mi mthun pa.

[269] パーリ対応からすれば、*abhikrāntatara, *praṇītatara が想定されようか。前者は abhikrānta の形で SWTF に採録されており、後者はそのままの形で採録されている。

[270] 【対応阿含】

『中阿含』153 経「鬚閑提経」（大正 1.671b13-14）パーリ対応の MN, 75 経

とは、経典の一節である。

［解釈 I］

性交[271]の基盤[272]である諸の欲望の対象は「(1) 不浄」である。なぜなら身体が汚くなることによって、洗わなければならないからである。「(2) 悪臭」とは、〔身体は〕小便と大便[273]が滴るからである。「(3) 臭気」とは、本性的に肉と血などを本性としているから。「(4) 意に反する」とは、それぞれの事物も、吐き気を催す基盤[274]であるから、また、性交を行う直後に意に反する〔感情〕(*pratikūla) が生じるから。

そのようであるなら、〔2 つの〕1 句と 2〔句〕によって、諸の欲望の対象の〔臭いとの〕結合〔という過失 (＝ (1))〕と、滴り〔という過失 (＝ (2))〕と、本性的な過失 (＝ (3) (4)) が説かれた。

これについてさらに、

「欲望の対象は (I) 不浄なものであり、汚れてしまって洗うべきものであり、
(II) 小便、大便の悪臭がし、(III) 臭いが悪いのは本性的にであり、
(IV) それぞれの事物も意に反する。それゆえ、それらは非難されるべきものである。
性交を行った直後にも、意に反すること (不快感) が生じるからである」

と〔まとめの頌が〕説かれる。

［解釈 II］

さらにまた、「(1) 不浄」は 2 種類である。すなわち (i) 膿[275]が不浄であることと、(ii) 煩悩が不浄であることである。すなわち、(i') 〔膿が不浄であるこ

Māgandiyasutta では神々にとっての欲望の対象についての記述 (I.505.24: dibbā kāmā abhikkantatarā ca paṇītatarā) のみが対応する。

ほか、『中阿含』71 経「蜱肆経」、『雑阿含』1122 経 (大正 2.298aff.) では「欲」ではなく「五欲」として一連の句が出る (DN, 23 経; SN, 55.54. *Gilāyanam*)。

なお、【経節 (99)】の解釈中でも、同じ経句が見える。

【関連文献】

「摂事分」の解釈は対応せず。「摂異門分」(大正 30.766c, ParySg, D35b6-7) に同じ経文の解釈があり、『釈軌論』の解釈に近い。

又「(1) 不浄」者是其総句。言「(2) 臭穢」者受用飲食変壊成故。屎尿不浄変壊所成故名「(2') 臭処」。諸肉血等変壊所成故名「(3') 生臭」。「(4) 可厭逆」者受用婬欲変壊所成可悪逆故。

YBh, 88.17: (1) aśuci (2) durgandham (3) āmagandhaṃ (4) pratikūlaṃ (餓鬼の飲食するものへの形容句); Cf. SWTF, s.v., durgandha; Mvy, 5384: durgandhāḥ kāmāḥ.

271 'khrig pa, *maithuna. 徳慧は性交 (gnyis kyis gnyis sprod pa, *dvayadvayasamāpatti (Mvy)) のことという。

272 基盤：徳慧によれば、いろかたち (色) などの対象であり、有情の数に入る (有情という分類に属する) もの。つまり、身体のこと。

273 Mvy, 4043-4044: gcing, mūtram; phyi sa, gūtham.

274 skyug bro ba'i gzhi.

275 rnag: Mvy, 4041: pūyam.

とは、〕

　　「まさにこの身体は種々の不浄によって満たされていると観察せよ[276]」

と説かれているように。

（ii'）煩悩が不浄であること（不浄＝煩悩）は、すなわち、

　　「チュンダよ、不浄にするもの[277]」

と出ているように。

　それゆえ、(i) 膿が不浄であることを示すために、「（2）悪臭」と説かれた。悪臭の特殊なありかたを説くために、「（3）臭気」と説かれている。「（4）意に反する」は、前〔の解釈〕に同じ。「（1）不浄」と述べなければ、膿が不浄であることによる「(2) 悪臭」という特徴が説かれなくなってしまうからである。「(2) 悪臭」と述べなければ、「（3）臭気」が非難されるものであることが説かれなくなってしまうからである。

［解釈 III］

　『聖教』では[278]、

---

[276] 対応は『雑阿含』1165 経（大正 2.311a27-28）：此身（従足至頂。骨幹肉塗覆以薄皮。）種種不浄充満其中。SN, 35.127. *Bhāradvāja* (IV.111.15ff.): imam eva kāyam ... pūraṃ nānappakārassa asucino paccavekkhatha.

Cf. 大正 1.556a：復次比丘修習念身。比丘者此身随住随其好悪。従頭至足観見種種不浄充満。

[277] Mig chung mi gtsang bar byed pa: 上野［2012b］の指摘するように対応経典は『雑阿含』1039 経である。ただしパーリ（AN, 10.176. (V.263-268)）は、それほど一致はしない。十不善業を「不浄」というと説く経。登場人物はチュンダ（Cunda、淳陀）であるので、Mig chung は、Cunda の訳と見ておく。徳慧の引く経文は以下の通り（大正 2.271b14ff., c18ff.）。

　　「チュンダよ、それを具えたなら、ここ（この世）で、ある者が、身体が壊れて死んで後、悪しき生存領域（悪趣、*durgati）、悪しき境涯（*apāya）、悪道（*vinipāta）、諸地獄（*naraka）に生まれる*ような、黒法・黒異熟・不浄をなすもの・重い下位の立場に赴くであろう諸のものが存する。

　　チュンダよ、それを具えたなら、ここで、ある者が、身体が壊れて死んで後、天界・諸の神々のもとに生まれるような、白法・白異熟・浄らかになすもの・軽い上位の世界に赴くであろう諸のものも存する。

　　チュンダよ、それを具えたなら、ここ（この世）で、ある者が、身体が壊れて死んで後、悪しき生存領域（悪趣）、悪しき境涯、悪道、諸地獄に生まれるような、黒法・黒異熟・不浄をなすもの・重い下位の立場に赴くであろう諸のものとは何かというと」

　　*: この一文について【経節（15）】を参照。

さて、徳慧によれば、「一切の煩悩と随煩悩が『(1) 不浄』なものに他ならない。心の垢である十不善業道のうち、いろかたちを持つ（有色の）7 つ（身体・言葉による業が 7 つ）は煩悩という不浄によって引き起こされたものであるので『不浄』である。瞋恚など 3 つは本性的に〔『不浄』である〕」という。

[278] チベット語訳によると、最後の「と出ている」までが、『聖教』からの引用である。ただ、1 行目だけを『聖教』からの引用とみなした場合、先の「摂異門分」

「『(1) 不浄』〔という句〕は概略であり、残りは解説である。
そのなか、要略すると、欲望の対象は2種類である。すなわち、(i) 食物という諸の欲望の対象と (ii) 性交という諸の欲望の対象であり、すなわち、『ビンビサーラ (*Bimbisāra*) 経』[279]に、

「{**諸の食物と飲料と、さらには同様に、味と女性は、諸の欲望の対象であると、ここにおいてある者たちは言う**[280]。
この〔五〕取〔蘊〕(集積≒人間存在) は垢であると正しく見て、それゆえ、私は、〔祭式の〕供犠や供物 (*huta) を喜ばない}」

と説かれているように。そのなか、(i') 食物という諸の欲望の対象は変化してしまうので、「(2) 悪臭があり、(3) 臭気がある」。なぜならば、大便と小便の本体 (事物) と〔体の〕肉などの本体へと変化するので。(ii') 性交という諸の欲望の対象は、変化してしまうので、「(4) 意に反する」。なぜならば、燃え盛る欲望[281]と離れたなら意に反すること (不快感) が生じるので」
と出ている。

【経節 (18)】　欲を原因として人々は争う

「< {**(1) 欲望を原因として、(2) 欲望を起因として、**(3) 欲望の対象を主題[282]として、(4) 諸の欲望の対象こそを原因として、母も子と、} 子も母と、父も子と、子も父と、兄弟も姉妹と、姉妹も兄弟と、友人も友人と {争うの

に一致する。

279 【経節 (17')】にあたる。*Ral pa can gyi mdo sde* は、Skilling によると、*Bimbisāra-pratyudgamanasūtra* P No.955.Vol.38。『倶舎論』でも、この偈頌は引用されないものの、同じ経名は引かれる (AKBh, 465.20)。本庄［2014:［9013］］に資料が挙げられている。この偈頌については、宮坂［1983: (48)-(49)］に諸資料 (『中阿含』62経 (大正1.497c8-9) 等) が挙げられている。
CPS, 27c.20 (III.344) (Chung・Fukita［2011: 285］所収のテキストに依る):
(annāni) pānāni tathā rasāṃś ca kāmāṃ ca striyaś caiva vadant' ihaike/
etāṃ malān up(a)dhau saṃprapaśyaṃ tasmān na yaṣṭe* na hu(te rato 'haṃ)//
*: SBhV では iṣṭe。

280 Sūśa では'di na kha cig 'chi だが、CPS, vadant' ihaike, 'di na ... smra から、このように訳した (なお、上記対応経の漢訳は「事火」、パーリは abhivadanti yaññā)。対応経の前後の文脈は、Uruvela-Kassapa (カッサパ三兄弟の一人。元バラモン教徒、火に仕えていた者。中村［1992a: 602ff.］に詳しい) が、釈尊に、今では火に仕えない理由を問われ、それに答えるというもの。

281 yongs su gdung ba, *paridāha: Cf.BHSD, 325a. paridāha: feverish longing, ardent desire, substantially=tṛṣṇā. ここでは性的欲望と見てよいであろう。「意に反する」とは、それが満たされた後の感情である。徳慧は、直前の1文に対する註釈で、性交を行った直後に、ということだという。

282 原因・起因・主題 : *hetu・*nidāna・*adhikaraṇa. Cf. パーリ対応経 : (1) kāmahetu (2) kāmanidānaṃ (3) kāmādhikaraṇaṃ.

であれば、} 人と人においては言うまでもない[283]>」

とは、経典の一節である。

煩悩欲（煩悩としての欲＝欲望）[284]は2種類であると知られるべきである。すなわち、欲求と貪欲[285]とである。事欲（事物としての欲＝欲望の対象）[286]もまた2種類である。すなわち、得られたものと得られていないものとである[287]。

「(1) 欲望を原因として、(2) 欲望を起因として」とは、2種類の煩悩欲によってである[288]。他方、「(3) 欲望の対象を主題として、(4) 諸の欲望の対象こそを原因として」とは、2種類の事欲のためにである[289]。そのようであれば、どんな原因によって、そして、なんのために争うのかというその〔2つの〕ことが、〔この経文によって〕説かれた。

【経節 (19)】　貪欲し、愛着し、むさぼり

「<比丘たちよ、私は、女性の色（容色、*rūpa）に対し、愛着し、溺れ、欲し、愛し、喜び、貪欲し、昏絶し、縛せられ、結ばれるような色を、1つも見ない。他方、人は、女性の色に {**(1) 貪欲し、(2) 愛着し、(3) 欲張り、(4) 結ばれ、(5) 昏絶し、(6) 固著し、(7) 固著してしまっている**[290]} >」

---

283 【対応阿含】

『中阿含』99経「因品苦陰経」（大正1.585a19-20), MN, 13経 *Mahādukkhakkhandha-sutta* (I.86.17-23)

284 徳慧は、「『煩悩欲』とは、欲させるので『欲』である（*kāmayatīti kāmaḥ)。煩悩こそが欲であるので、『煩悩欲』である（＝Kdh)。すなわち、意欲と貪欲である)」という。

285 'dun pa, *chanda; 'dod chags, *rāga: 徳慧は、「意欲」とは得られていない対象に対して。「貪欲」とは得られた〔対象〕に対して、という。

286 徳慧は、「事物こそが欲であるので、事物欲である（＝Kdh)。欲されるものであるので」という。

287 煩悩欲・事欲：*kleśakāma・*vastukāma. PTSD, 598a によれば、kilesakāma と vatthukāma は対である。梵語文献においても対概念として頻出する（「声聞地」（大正30.467b))。煩悩欲の「欲」とは欲望そのもののこと。事欲（事物欲）の「欲」とは欲望の対象のこと。

288 徳慧によれば、順に、得られていない対象に対する意欲を原因〔として〕(yul ma thob pa la 'dun pa'i rgyu'o)。そして、得られた対象に対する貪欲を起因〔として〕(yul thob pa la 'dod chags kyi gzhi)。

289 徳慧によれば、順に、得られていない事物欲を主題として（gzhi'i 'dod pa ma thob pa'i dbang du byas nas)、そして、得られた諸の事物欲のために（gzhi'i 'dod pa thob pa rnams kyi don du）ということ。

290 【対応阿含】

AN, 5.55. *Mātuputtā* (III.68.7-14)（漢訳対応なし）

【関連文献】

Mvy, 2191-2197: (1) raktaḥ (2) saktaḥ (3) gṛddhaḥ (4) granthitaḥ (5) mūrcchitaḥ (6) adhyavasitaḥ (7) adhyavasānam āpannaḥ. Cf. BHSD, s.v., granthita.

SWTF, s.v., gṛddha: SHT (V) 1152 V2: raktā saktā gṛddhā grathitā mūrcchitā a+

とは、経典の一節である。

(I) 貪欲（*rāga）によって纏[291]が生じるので、(II) 生じた〔纏〕を受け入れる[292]ので、(III) 獲得と享受を欲するので、(IV) その方法[293]を何度も考えるので、(V) 過患[294]を見ないので、(VI) 捉えることへの執拗さ[295]が生じるので、(VII) 満足しないという原因によってそれに親しむ[296]ことに対して心が傾くことにより何度もとどまるので〔と〕、順に〔経句が〕知られるべきである。

【経節（20）】　欲望の対象を貪り、取着し

「＜おお、カーティヤーヤニープトラよ、それによって王たちと王たちが争い、バラモンたちとバラモンたちが争い、家長たちと家長たちが争うところの原因は何か、間接原因（縁）は何か。

バラモン[297]よ、{**欲望の対象（欲）を（1）貪り、（2）固著し、（3）固着し、（4）欲張り、（5）染著するという原因[298]によって、**} ＜王たちと王たちが争い、バラモンたちとバラモンたちが争い、{家長たちと家長たちが争うのである。}

おお、カーティヤーヤニープトラよ、それによって出家者たちと出家者たちが争うところの原因は何か、間接原因（縁）は何か。

バラモンよ、{見解（*dṛṣṭi）を（1）貪り、（2）取着し、（3）固着し、（4）欲張り、（5）愛着するという原因によって、出家者たちと出家者たちが争うのである[299]} ＞」

とは、経典の一節である。

［解釈 I］

291　纏：kun nas dkris pa, *paryavasthāna. 煩悩の異名、または、生じている煩悩。無慚・無愧（不遜・厚顔無恥）等で、「八纏」とも「十纏」ともされる。Cf.『倶舎論』「随眠品」47 偈。

292　dang du len pa, adhi√vas.

293　de'i thabs: 徳慧は獲得するための方法（thob pa'i thabs）という。

294　nyes dmigs, *ādīnava.

295　yongs su gzung ba la kun tu 'dzin pa: 徳慧は、女性の色（いろかたち）を、ということであるという。経句は 7 つともこれに関すること。

296　bsten, *√sev.

297　バラモン：漢・パの対応経によれば、「執澡潅杖（Ārāmadaṇḍa）バラモン」のこと。この経は、彼が「摩訶迦旃延（(Mahā)Kaccāna)」に質問をするというもの。

298　徳慧によれば、この「原因によって」という語は、（1）～（5）の句にかかるもの。

299　【対応阿含】

『雑阿含』546 経（大正 2.141b26-c2）, AN, 2.4.6. *Ārāmadaṇḍo* (I.66.6(10)-15)

【関連文献】

Mvy, 2198-2201: (2) adhyavasānam (3) vinibandhaḥ (4) parigredhaḥ (5) saṃrāgaḥ.

上野［2012b］の指摘するように Chung［2008: 143］の指示する AKUp でも引かれる。そこでは「王」の後に「農夫」についても挙げられている（本庄［2014:［1022］］）。

順に、(I) 現起（現行）[300]すること、(II) 受け入れること、(III) 圧倒される[301]こと、(IV) それに恥じないこと、(V) それを喜ぶ[302]こととである。

［解釈 II］

さらにまた、(I) 自己の欲望の対象を愛楽[303]し、(II) 捉まえ[304]、(III) 離れないことを欲すること、(IV) 他人の欲望の対象を喜び、(V) 染著することという 2 つ[305]である。

諸の見解[306]についてもまた、見解を（1）貪り、(2) 固著し、(3) 固着することは、同様である。諸の見解は、対立するものであるならば、自己の見解を喜ばせることによって[307]（4）欲張る。諸の見解は、同じものであるならば、その見解を愛おしむ[308]ことによって（5）染著すると知られるべきである。

以上のような諸の語句は同義語として説かれたものであっても、過失はない。なぜなら、目的[309]を持っているので。以前に説明したように[310]。

【経節（21)】　義行、法行、福行、善行、妙行

「＜｛**比丘たちよ、それらの有情においては、(1) 義行がない。(2) 法行がない。(3) 福行がない。(4) 善行がない。(5) 妙行がない**[311]｝＞」

とは、経典の一節である。

［解釈 I］

経典の意味（*artha）を追求し、聞き、考え、説くことが、「（1）義行（意味

---

300 現起：kun tu spyod pa, *samudācāra.

301 zil gyis gnon pa, *abhibhūta.

302 kun tu dga' ba, *ā√nand.

303 mngon par dga' ba.

304 yongs su bzung ba, *pari√grah.

305 2 つとは、(1) ～（3）と、(4)（5）の 2 つであり、自分に関することと他人に関することという分類。

306 徳慧は、有身見（≒我見）などの「五見」であるという。

307 徳慧は、“これらの者たちはどうしたら自分〔と同じ〕見解を持つ者となろうか”と考えることという。

308 rjes su chags pa, *anunaya.

309 dgos pa, *prayojana.

310 「以前に」について、徳慧は、「目的は 8 つである。同義語（*paryāya）を説くことは、教化対象（*vineya）が異なるからである。その時と、後の時に、ある者に、ある〔同義語〕に基づいて理解させるために」と、『釈軌論』第 1 章（D31b, P35a, 上野［2009］）を引く。

311 【対応阿含】

『中阿含』160 経「阿蘭那経」（大正 1.682b16-17）：法行、義行、善行、妙行。パーリ対応は AN, 7.69,70 であるが、この経句に一致するものは見あたらない。

Cf.『中阿含』199 経：仁義、礼法、妙善；MN, 129 経（III.169）：dhammacariyā, samacariyā, kusalakiriyā, puññakiriyā.

【関連文献】

SWTF, s.v., kalyāṇacaryā: SHT (VI) 1324 V3; MAV(F), 8g.6,13: sādhv (1) arthacaryā sādhu (2) dharmacaryā sādhu (4) kuśalacaryā sādhu (5) kalyāṇacaryeti.

に関する実行)」である。〔教〕法を求め、聞き、誦し、読誦し、説示する[312]ことが、「(2) 法行(教法に関する実行)」である。その2つ(義行と法行)に依って、繁栄(*abhyudaya)に関して[313]福業をなすことが、「(3) 福行(福徳に関する実行)」である。不動業[314]をなすことが、「(4) 善行(善に関する実行)」である。至善(*niḥśreyasa)[315]に関して〔三十七〕菩提分〔法〕を修することが、「(5) 妙行(妙善に関する実行)」である。なぜなら、垢がない[316]から、そして衰滅[317]がないものであることによって変化がないから。

［解釈 II］

さらにまた、布施が「(3) 福行」である。戒が「(4) 善行」である。なぜなら、安楽の意味によって他人を害さないので[318]。修習[319]が「(5) 妙行」である[320]。

【経節(22)】 海とは

「<比丘たちよ、〔教えの〕聴聞を具えていない(*aśrutavat)愚かな凡夫たちは、海、海と言語表現する。一方、聖者の法律(教法と調伏)においては、それは海〔ではない〕[321]。{**比丘たちよ、それは (1) 大きな水の蔵、**(2) 大

---

312 chos 'tshol ba dang nyan pa dang klog pa dang 'don pa dang ston pa: Cf. Mvy, 902: daśa-dharmacaryāḥ. 906: nyan pa, śravaṇam; 907: klog pa, vācanam; 909: rab tu ston pa, prakāśanā.

313 〜を目的として、〜のために、との意。

314 不動業 : mi g-yo ba'i las, *āne(/i)ñjya-karma. 「不動」について、徳慧は、「色〔界繋〕と無色界繋の業が不動である(gzugs dang gzugs med pa na spyod pa'i las ni mi g-yo ba'o)」という。『倶舎論』「業品」46ab 偈でも、欲界における善浄(śubha≒善)業が福〔業〕であり、それより上〔界(色界・無色界)における善浄業が〕不動である」とされるのに対応する。[解釈 I] は、(3) → (4) → (5) と段階が上がるという解釈である。

315 繁栄・至善 : mngon par mtho ba, Mvy, 5377: *abhyudaya; nges par legs pa, Mvy, 1729: *niḥśreyasa. この2つは対で用いられる。それぞれ、世間、出世間の幸福の境地と見てよいであろう。AKBh, 185.16 でも出ており、『倶舎論記』は人天増上の生、決定無漏の勝道という(大正 41.196a)。YBh, 149.8-9: abhyudayamārgo, niḥśreyasamārga(漢訳ではそれぞれ、最勝生道、決定勝道(大正 31.310b))。『釈軌論』第1章でも経中の語として見られる(上野[2013a: (5)])。

316 徳慧は、黄金のように垢がないことであり、無漏(*anāsrava)ということだという。

317 yongs su nyams pa.

318 徳慧は、「殺生などを断つことを受持(yang dag par blang ba, *samā√dā)している(≒誓う)ので」という。

319 施・戒・修(dāna, śīla, bhāvanā)の3つの「福業事」を「三福業事」という(『倶舎論』「業品」112 偈以下)が、それに配当している。

320 なお、徳慧は、(1) 義行と (2) 法行については前に同じであるという。

321 徳慧の引く経文には de rgya mtsho dang(それは海と)とあるが、『雑阿含』の「非聖所説」と SN の neso bhikkhave ariyassa vinaye samuddo と文脈により、このように訳しておく。(4) chu'i chu chen po <u>ma</u> yin gyi(大きな水流ではないのであっ

きな河水、(3) 大きな水の集積、(4) 大きな水流〔に過ぎない〕のであって、}
比丘たちよ、人の眼〔こそ〕が海なのである[322]>」
とは、経典の一節である。
［解釈 I］
器が大きいので、「(1) 大きな水の蔵」である。最初から[323]水が大きいので、「(2) 大きな河水」である。種々な河 (*nadī) から突然に合流する[324]ので「(3) 大きな水の集積」である。乾かないので「(4) 大きな水流」である。なぜなら常に水がとどまっている[325]ので。
［解釈 II］
『聖教』には、
「(I) 大きな水を収めているという意味と、(II) 生じないという意味と、(III) 1 つになっている[326]という意味と、(IV) 尽きないという意味によって、「(1) 大きな水の蔵」〔から〕「(4) 大きな水流」に至るまでである」
と出ている。

【経節 (23)】 乱れた糸のごとく

「<比丘たちよ、汝らに、それによってこの有情が蓋われ、遮られ、覆われ、遍く覆われ、封鎖され、遮蔽され、纏わりつかれ、{**(1) 乱れた糸のように、**(2)〔乱れた〕毛糸玉のように、(3) ムンジャ草とバルバジャ草のように、来ては行き、この世界から他の世界へ、他の世界からこの世界へ赴かせ、輪廻させ、輪廻から出させないところの} 渇望 (渇愛、*tṛṣṇā) を、説こう[327]>」

て) にある否定辞 ma はここに来るべきであるのが間違って訳されたのであろう。

322 【対応阿含】
『雑阿含』216 経 (大正 2.54b23-24), 『雑阿含』217 経 (大正 2.54c6-7)
なお、『雑阿含』217 経は【経節 (77)】で引用されている経典に相当し、パーリではこの経節の後の句が、【経節 (77)】に相当する。SN, 35.187.2, 188.2. *Samuddo* 1, 2 (IV.157)
*経の要点は、六根 (6 つの感覚器官) によって六境 (6 つの対象領域) を識り、それに愛念、染着し、貪楽する身・口・意の業が、真の「海」なのであるということ。身体ではなく心がそれに溺れてしまうという意味によってであろう。
【関連文献】
Cf. Mvy, 4163-4164: chu chen, mahārṇava; chu gter, jalanidhi.「摂事分」(大正 30. 811a)

323 ye nas: 源流から、の意か。

324 glo bur du 'bab pa.

325 徳慧は、常に水があるので、という。

326 徳慧は、「雨水が 1 つとなることによってとどまるから (kun nas 'bab pa'i chu gcig tu 'gyur bas gnas pa'i phyir ro)」という。

327 【対応阿含】
『雑阿含』984 経 (大正 2.256a19-22), AN, 4.199.1. *Taṅhā* (II.211ff.), Chung［2008: 204］. 他に、フレーズだけ類似するものとして、『雑阿含』966 経 (大正 2.248b)、AN, X.83 など。

とは、経典の一節である。
［解釈 I］
財と家と子と妻などを渇望することにより、相互に心が拡散する[328]ので、「(1) 乱れた糸（糸の網）のよう」である。それ〔ら〕に関連した思い計らい（分別）を多くなすから〔輪廻から〕解放されることが困難であるので、「(2)〔乱れた〕毛糸玉のよう[329]」である。それ〔ら〕を把握することに執拗[330]であることにより多くの苦によって苦悩する拠り処となっているので、「(3) ムンジャ草とバルバジャ草[331]のようとなった[332]」である。「のよう（lta bu）」と「となった（gyur ba）」という 2 語は、あり方（*ākāra）の意味、もしくは譬喩という 2 つの意味として知られるべきである。そのようであるなら、(i) 欲求（*chanda）と (ii) 思い計らい（分別）と (iii) 取着[333]を持っているので、順に、「(1) 乱れた糸のよう」など〔3 句〕であると知られるべきである。
［解釈 II］
さらにまた、(i)〔財などと〕出会うことと、(ii) 離れないことを渇望（渇愛）することと、(iii) 過患による害を具えているので、また、順に、〔「(1) 乱れた糸のよう」など 3 句であると知られるべきである〕。

【経節（24）】　苦しい感受

「<比丘たちよ、〔教えの〕聴聞を具えていない（*aśrutavat）愚かな凡夫は、{**(1) 苦しい、(2) 鋭い**、(3) 刺激のある、(4) 粗い、(5) 好ましくない、(6) 致命的な、身体における接触の感受（受、*vedanā）によって、} 憂い[334]、

【関連文献】
上野［2012b］の指摘するように Chung［2008: 204］の指示する AKUp（本庄［2014: ［2076］］）がほぼ一致。そこでも指摘されているが Mvy, 5390-5393: (1) tantrajālajātaḥ (2) guḍāguñjikabhūtāḥ (3) muñjabalbajajātāḥ ājavaṃjavasamāpannaḥ が対応する。ほか、細田［1989: 193］: (1') śvāṃtrakulajātā* (2) guḍaguṃji[j](ā)tā (3) (muṃjabalbajajātā ājavaṃjavasamāpannā asmāl lokāt paraṃ lokaṃ parāl lokād imaṃ lo)kaṃ sa[n]-(dh)āvaṃ[t]i saṃsaraṃti sa[ṃ]sā(rān na v)yativartaṃte.*
*: この語について細田上記の註 22 が検討しており、tantra-（糸）と śvāntra-（狗腸、狗肚臓＝『雑阿含』）とする 2 系統があったのだろうという。チベット訳からする限りは VyY は前者である。

[328] phan tshun du sems 'phrog (P 'phros).

[329] dru bu 'dzins pa lta bu: *guḍaguṃjijāta/ guḍāguñjikabhūta. (1) 同様に難解な語（AKUp 上記も同じ。D96a2）。徳慧は、dru bu 'dzins pa ni drub 'gul (P mdul) 'khrugs (P 'krug) pa'o// という。'khrugs pa は (1) の訳語（thags 'khrugs pa）でも見られた。

[330] kun tu 'dzin pa, Mvy, 2111: āgraha.

[331] この 2 つの草については満久［2013: 166, 165］を参照。徳慧は、危険の起因（gdug pa'i gzhi）であることの譬えとする。

[332] lta bur gyur pa. 対応梵本では jāta のみ。

[333] lhag par zhen pa, *adhyavasāna.

[334] 憂い～：定型句。パーリでは socati kilamati paridevati urattāḷīṃ kandati sammohaṃ āpajjati。梵本では śocati, klāmyati, paridevati, uras todayati, krandati, saṃ-

疲れ、悲泣し、胸をたたき（≒悲しみ）、狼狽する[335]＞」
とは、経典の一節である。

「(1) 苦しい」とは、本性的に意に反する[336]ことによって。「(2) 鋭い」とは、〔苦しみが〕大きいものであるので。「(3) 刺激のある」とは、常に刺激を取り除けない[337]相続であるので。「(4) 粗い」とは、〔苦しみに〕出会った時に堪えられない[338]ので。「(5) 好ましくない」とは、〔苦の感受を認識したことを〕思い出す時には、忘れたくなる[339]ので。「(6) 致命的な」とは、命根（生命機能、*jīvitendriya）と矛盾するものであるので。

要略するなら、(i) 本性、(ii) 形相（あり方）、(iii) とどまり、(iv) 働きの形容詞[340]によって、感受の形容詞を説いたのである。そのなか、(iv') 働きの形容詞は、身体と心と命[341]を害するものであることによって、知られるべきである。

〔ところで、〕ある〔経典〕で、

「＜尊者具楽[342]よ、汝にとって、尽きたものは存在するであろうか。{汝にとって、**(x) 激しさ[343]、つまり、(1) 苦しい**、(2) 鋭い、(3) 刺激のある、

---

moham āpadyate。

335 【対応阿含】

『雑阿含』469経（大正2.119c12-14）, SN, 36.4.3. *Pātāla* (IV.206.13-15); 『雑阿含』470経（大正2.120a9-11）, SN, 36.6. *Sallattena* (IV.208.7-9)

Cf. SN, 1.4.8. *Sakalikam* (I.27-28)（7回出る）.

＊前註に指摘したように激しい痛みに関する定型句で、釈尊の足の小指が傷ついた時もこの表現が用いられる。

【関連文献】

Mvy, 6964, Mvy(N), 6930: (1) duḥkhāṃ (2) tīvrāṃ (3) kharāṃ (4) kaṭukām, sdug bsngal mi bzad pa rtsub pa tsha ba.

Dhsk 16.v4-5: spṛṣṭasya śārīrikābhir vvedanābhir (1) duḥkhābhis (*sic*. -bis) (2) tīvrābhiḥ (3) kharābhiḥ (4) kaṭukābhir (5) amanāpābhiḥ (6) prāṇahāriṇībhir (... ayam ucyate śokaḥ).

「摂事分」（大正30.851a）の解釈は対応せず。ŚrBh I, 216.11.

336 mi mthun pa,*pratikūla. 不快、忌まわしい、の意。

337 rtse mi 'jil ba: 徳慧は rtsub pa gang yin pa のことだというが、rtsub pa とは (3) 句の「刺激のある」に他ならず、よく分からない。

338 mi bzod pa, cf. Mvy, 5089: mi bzod, na kṣamate.

339 『釈軌論』では brjod du mi *btub pa* (*~*: D stong ba)（言葉にするに耐えない）。徳慧では brjed du mi *sto ba* (*~*: P lto ba)。

340 徳慧によれば、この形容詞（khyad par）という語は、「本性の形容詞」というように、すべてにかかる。また、(i) ～ (iii) は順に (1) ～ (3) 句に対応するが、(iv) は (4) ～ (6) 句に対応する。

341 順に、(4) ～ (6) 句に対応する。

342 bDe ldan: Negi によれば sukhavat, sukhārthin, sukhita などだが、出典とともに不明。

343 drag pa: Sūśa（【経節 (24')】）では tshor ba だが、VyY, VyYT に drag pa とあり、世親もその語句を解釈しているので、そちらを採る。

(4) 粗い、(5) 好ましくない、(6) 致命的な〔激しさ〕が生じ、身体から離れ、生じないのに、それは離れ、生じないということが明らかであろうか}>」

と説かれているその〔経典〕では、(i) 本性などの形容詞によって、「(x) 激しさ」を形容している[344]。「離れ、生じないのに」とは、離れること、もしくは具えていないことを問うている。「それは離れ、生じないということが明らかであろうか」とは、場合場合に[345]それがある〔かどうか〕を問うている。あるいはまた、残りなく離れる〔場合〕と、具えていない場合を問うている。

【経節 (25)】　苦苦、行苦、壊苦

「<{**苦性（苦であること、*duḥkhatā）は 3 つである。**つまり (1) 苦苦性と (2) 行苦性と (3) 壊苦性である[346]} >」

とは、経典の一節である。

［解釈 I］

諸行の自相（個別相）は意に反するもの（*pratikūla）であるので、「(1) 苦苦」である。〔諸行の〕共相（共通の特質）である生と滅は意に反するものであるので、「(2) 行苦」である。〔諸行の〕別様になってしまうという[347]特徴は意に反するものであるので、「(3) 壊苦」である[348]。{**すなわち、**

「行〔苦性〕と苦〔苦〕性と、変化（壊）性を知って、

智者・正等覚者によって、『感受は苦である』と説かれた[349]}」

---

[344] 先の経文では「感受」を形容していたのと対比されている。

[345] skabs skabs su.

[346] 【対応阿含】

SN, 38.14. *Dukkhaṃ* (IV.259.11-12). 対応するとされる『雑阿含』490 経は苦について「四苦八苦」を説き、三苦はみられない。

【関連文献】

Mvy, 2229-2231. 「摂事分」(大正 30.851b) でも、不苦不楽受は無常であるから苦、楽受は変化する性質のもの（変易法）であるから苦とされる。

AKBh, 329.1: tisro hi duḥkhatā duḥkhaduḥkhatā saṃskāraduḥkhatā vipariṇāmaduḥkhatā ca/

『縁起経釈論』「受の分別章」(本庄［1990］)、『釈軌論』第 4 章 (堀内［2009: 287, 291］)

[347] 生・滅・別様になる、については、「有為の三相」(【経節 (30)】) を参照。

[348] 苦苦・行苦・壊苦：徳慧を援用すれば、苦苦は本性的に苦ということで、苦という苦 (Kdh)。行苦は行の苦 (Tp)。壊苦の「壊」は変壊、変化してしまうということで、徳慧が「好ましい諸行が変化することである」というように、壊という苦 (Kdh)。

[349] Sūśa の【経節 (25')】である。『雑阿含』473 経（大正 2.121a12-13）

Cf. AKBh, 331.18-19（「賢聖品」櫻部・小谷［1999: 37］）：

saṃskārānityatāṃ* jñātvā atho vipariṇāmatām/

vedanā duḥkhataḥ proktā saṃbuddhena prajānateti//

*: VyY では'du byed sdug bsngal nyid dang ni なので、saṃskārānityatāṃ は*saṃskā-

とは、意図（密意）を持っている（*ābhiprāyika）ところの苦性、その意図が説かれたのである[350]。

［解釈 II］

『聖教』には、

「自相と共相（共通相）の2つに関して本性的に苦であることに関して、(1)苦〔苦〕と（2）行苦の2つが説かれ、変化するという苦に関して、(3)壊苦が説かれた」

と出ている。

【経節（26)】　殺生者

「＜｛**(1) 殺生者であり、(2) 凶暴で、(3) 手が血まみれで、**(4) 殺し・(5) 一々殺すことに固守し、生き物に対して (6) 恥がなく、(7) 哀れみがなく、虫・蛾・昆虫[351]に至るまでの殺生を (8) 捨てない[352]｝＞」

---

raduḥkhatāṃ か。ただ、AKUp は AKBh と同じ（本庄［2014:［6010］］）。
『釈軌論』第4章でも類似の偈が引かれる。堀内［2009: 291］参照。

[350] 苦が「意図を持っている」というのは、感受には3種類あるという教説と感受は苦受のみであるという対立する教説があるが、苦受のみという教説は意図を持っており（未了義、言葉通りの意味ではない）、感受には3種類あるということ。
徳慧はこの解釈をまとめるにあたり、以下のように、三受と三苦を対応づけている。「このようにして、苦の感受と、それ（苦）と感じられる（*vedanīya）諸行は、苦苦性によって苦である。不苦不楽の感受と、それと感じられる諸行は、行苦性によって苦である。楽受と、それと感じられる諸行は、壊苦性によって苦である。このようにして、『有漏の一切の行は苦である』と説かれたのである」。
なお、これに関連して、たとえば、『雑阿含』473経（SN, 36.11. *Rahogataka*）では、世尊は苦受・楽受・不苦不楽受の3つを説いているが、他方で「受はすべて苦である」とも説いている。それはどういうことか、という問答がなされている。それに対しては、一切の行は無常・変易の法であるから、感受はすべて苦であると説かれたのだという説明がなされている。ここで、三受と三苦の対応は明確ではないが、楽受が無常苦、不苦不楽受が変易苦に対応するのであろう。『雑阿含』474経も参照。

[351] srog chags (i) srin bu dang/ (ii) phre'u dang/ (iii) grog sbur:『瑜伽論』では、「湿生」の例として以下が挙げられている。
YBh, 46.2: (i)kṛmi-(iii)kīṭa-(ii)pataṅga-(x)tilamāraka; YBh(t), D22b6: (i) srin bu dang/ (iii) grog sbur dang/ (ii) phye ma leb dang/ (x) shing srin rnams so//

[352] 【対応阿含】
『中阿含』170経「鸚鵡経」（大正 1.705a4-6）, MN, 135経 *Cūḷa-Kammavibhaṅga* (III.203. 16-18): (1) pāṇātipātī hoti, (2) luddo (3) lohitapāṇī (4, 5) hata-pahate niviṭṭho (7) adayāpanno pāṇabhūtesu.
他に『中阿含』15経（大正 1.437c2-3）, MN, 114経等に対応句が見られるが、この『中阿含』170経は【経節（86)】としても、経中の別の経文が引かれる。
上野［2012b］は『雑阿含』469経、『法蘊足論』(Dhsk 3.17)、AKUp（本庄［2014:

とは、経典の一節である。
［解釈 I］
［1］殺す意思（*cetanā）（＝（2））、［2］殺す実行（*prayoga、加行）（＝（3））、［3］その 2 つとも[353]を喜ぶこと（＝（4）（5））、［4］その起因（＝（6）（7））、［5］それと関連している（＝（8））ことによって、「（1）殺生者」が説かれた。
「［4］その起因」とはまた、その罪（*avadya）を「（6）恥じないこと」と、「（7）哀れみがないこと」でもある。つまり、苦を感じない微細な生物たちに対してもである。「［5］それと関連していること」は、その限りを捨てないことである[354]。「（4）殺す」とは殺すことであり、死なせること、と言われる。「（5）一々殺す」とは、種類ごとに殺すことである。すなわち種類別に死なせることである。
［解釈 II］
別の観点では、「（2）凶暴」とは、屠殺などの殺生を区別している。「（2）凶暴」もまた、(i) 身体が凶暴なことと（＝（3））、(ii) 心が凶暴なこと（＝（4）（5））と、(iii) そこにおいて一定している[355]ことと、(iv) そこにおいて継続的である[356]ことによって示されている。「（6）恥がない」と、「（7）哀れみがない」によっては、(iii) そこにおいて一定していること〔が示されており〕、「（8）捨てない」によっては、(iv) そこにおいて継続的であること〔が示されている〕と知られるべきである。

［4081］］）、Saṃcetaniyasūtra（青原［2012］）を指摘する。
【関連文献】
・YBh, 171.6-11: yathā prāṇātipātikaḥ khalu bhavati vistareṇa yathāsūtraṃ tatra (1) prāṇātipātikaḥ khalu bhavatīty uddeśapadam idaṃ/ (2) raudro vadhahiṃsācittapratyupasthānāt/ (3) rudhirapāṇis tadvadhasampādanāt kāyavikārāpatteḥ/ (4, 5) hataprahataniviṣṭo jīvitād vyavaropyāṅgaśo vibhajyājīvakalpanāt/ (6) alajjātmano 'vadhyotpādanāt/ (7) akṛpāpannaḥ (*read.* adayāpannaḥ)* pareṣām aniṣṭopasaṃhāram upādāya/ (『瑜伽論』「本地分中有尋有伺等三地之五」（大正 30.315a27-b17）。ここでの解釈は『釈軌論』との関連は薄いが、逆に言えば、『瑜伽論』当該箇所は上記の阿含を踏まえていることは確かである。
*: n.10 によれば、校訂者の Bhattacharya は「MS atrapāpanna for akṛpāpanna」として、恣意的に MS（写本）の atrapāpanna を訂正しているようであるが、パーリ対応からして*adayāpanna が、写本（筆者未見）を活かした読み（あるいは Bhattacharya の読み違え）であると思われるので、そのように訂正する（チベット語訳は snying rje med par zhugs pa）。SWTF にはこの語はないが、否定辞を欠いた dayāpanna が、UV, 31.40 から採録されている。上記『法蘊足論』にも adayāvat とある。別の箇所ではあるが「声聞地」（ŚrBh I, 214.17）でも、dayāpannaḥ という語があり、そのチベット訳は snying brdze bar zhugs pa であることも、この想定に肯定的であろう。
[353] 思いと実行の 2 つ。
[354] ji srid du mi spong ba: その限り、その範囲、すなわち、「虫・蛾・昆虫に至るまで」に対する殺生を捨てないこと。
[355] gcig tu nges pa, Mvy, 7587: aikāntika.
[356] gtan du ba, Mvy, 7586: ātyantika.

【経節（27)】　睡眠は空しい

「＜｛**比丘たちよ、命ある者（*jīvita）たちにとって**[357]**睡眠は（1）空しく、**
＜（2）空虚[358]で、（3）結果がなく（*aphala）、（4）不利益（無益、*anartha）で、（5）利点がない[359]｝＞」

とは、経典の一節である。

［解釈 I］

「命ある者たちにとって睡眠は（1）空しく」〔という句〕は概略であり、残り〔の諸句〕は解説である。

睡眠が生じない（＝目覚めている）者たちにおける、命ある者の諸の作用は、4種類である。つまり、

「命ある者たちは、(i) 努力に励む。それ（努力）に基づいて、後に、(ii) 結果（異熟）と、
(iii) 沙門たること[360]の目的と、さらにまた、(iv) それの〔結果である〕安楽の享受が生じる。
それらが存在しないので、『眠っている命ある者は、(i') 空虚で、(ii') 結果がなく、
(iii') 不利益で、同様に、(iv') 利点がない』
と主張される」

と〔頌がある〕。

［解釈 II］

さらにまた、人間の努力がないので、「（2）空虚」である。たいていは異熟とならないので[361]、「（3）結果がない」。正しいことが対象となっていないので、「(4) 不利益」である。適切でない時（非時）に寝ることは、身体と心の不適応性（*akarmaṇyatā）を形成するので、「（5）利点がない」。

---

357 VyY: gson pa las, ParySg（次次註）: gson po rnams kyi nang na.

358 （1）stong pa（2）gsog: それぞれ*rikta と*tuccha と想定した。

359 【対応阿含】

『雑阿含』241 経（大正 2.58a25-26）, SN, 35.194. *Ādittena* (IV.169.28-30)

＊この前後の文脈は、睡眠は無意味であるが、いろかたち（色）に対して覚想を起こす（≒執着する）よりはましであるということ。

【関連文献】

上野［2012b］の指摘するように【経節（72)】も関連する。「摂事分」（大正 30.814b）、「摂異門分」（大正 30.772a, ParySg, D47b1-2）

360 徳慧は、「沙門たることとは無垢の道（＝無漏道）である。その結果である涅槃の〔安楽〕とこの世での安楽…」という。沙門たること（沙門性）については【経節（8)】も参照。『倶舎論』「賢聖品」51a 偈: śrāmaṇyam amalo mārgaḥ.

361 徳慧によれば、「睡眠時に殺生などを行った時には、他世の業とその縁によって、地獄などを成ずることとなる。それゆえ、『たいてい』などと述べられた」。ちなみに、木村［1969: 484ff.］によれば、睡眠時の行為も、有部によれば善・悪・無記に分かれ、業を増長させるのだという。

〔解釈 III〕
別の観点では[362]、無心の睡眠の状態が「(1) 空しい」であり、有心の睡眠の状態が残り〔の諸句〕である。〔意味は〕前に同じ。

【経節 (28)】　愚かで、愚昧で
「<｛**(1) 愚かで、(2) 愚昧で、(3) 明らかでなく、(4) 熟練せず**[363]｝>」とは、経典の一節である。
〔解釈 I〕
「(1) 愚か」〔という句〕は概略であり、残り〔の 3 句〕は解説である。
〔順に、〕(I) 無知、(II) 疑い、(III) 邪な知を持っているので。(IV) 不当なこと（非如理、*ayoniśa）に熟練している[364]のが、「(4) 熟練せず」である。
別の観点は、〔以下の〕2 つである。
〔解釈 II〕
「(1) 愚か」とは、間違った考えを考えることなどによって[365]。「(2) 愚昧で、(3) 明らかでなく、(4) 熟練せず」とは、順に、聴聞・思考・修習からなる（/～から生じた）智慧（聞思修所成慧）を具えていないので[366]。

362　徳慧のいうように、「(1) 空しい」の語を別な意味で解釈するもの。順に、現代でいうノンレム睡眠、レム睡眠であろう。
363　【対応阿含】
『雑阿含』616 経（大正 2.172b25-26, 27）, SN, 47.8. *Sūdo* (V.150.28)
【関連文献】
・SWTF によれば、(1) bālā (2) mūḍhāḥ (3) avyakt(āḥ?)の用例があるという。(4) akuśala（上記漢訳では「不善」、「不善巧便」）まである例としては、Divy 等が挙げられる（Cf. BHSD, s.v., avyakta）。
・この一連の句（定型句）は、AKUp にも出る（D nyu 8b（本庄［2014:［6016］］））: (1) byis pa (2) rmongs pa (3) mi gsal ba (4) mi mkhas pa ('di skad du sems can rnams kyi kun nas nyon mongs pa ni rgyu med rkyen med de)ただ、AKUp のその箇所の対応経とされる SN, 22.60 にはこれらに対応する句はない。『雑阿含』81 経（大正 2.21a）でも、「愚痴」とあるもののみが対応しそうである。
・『解深密経』の以下のフレーズは、この一連の経句を踏まえているのであろう。SNS, III.1: (1) byis pa (2) rmongs pa (3) mi gsal ba/ (4) mi mkhas pa/ (tshul bzhin ma yin par zhugs pa)なお、(3) について Lamotte は apaṭu と想定しているが、訂正の要がある。
364　徳慧によれば、逆しまなこと（*viparīta, viparyāsa）に熟練していること（巧みであること）(phyin ci log la mkhas pa)。
365　徳慧は、「比丘たちよ、愚者は間違った思いを思い、間違った語を語り、間違った業（行い）を行ずる」と経典に出ているから、という。対応阿含は、『中阿含』199 経「癡慧地経」（大正 1.759a21-22）、MN, 129 経 *Bālapaṇḍita* (III.163.9-10, 13-14, 10-11): idha bhikkhave, bālo duccintitacintī ca hoti dubbhāsitabhāsī dukkatakammakārī.
366　この解釈では、修習からなる智慧（修所成慧）を持っていないのが「(4) 熟練せず」となる。このことについて徳慧は問答を設け、不善の対治は修習からな

［解釈 III］
（I）生まれつき（倶生）〔の智慧を具えておらず〕、（II-IV）聴聞・思考・修習からなる智慧を具えていないので、〔順に、〕「（1）愚か」から「（4）熟練せず」に至るまでである。

【経節（29）】 愚かさを本性とし

「＜｛**（1）愚か（*bāla）であることを本性とし、（2）愚昧（*mūḍha）であることを本性とし、（3）悪しき智慧（*duṣprajña）を本性とし**[367]｝＞」

とは、経典の一節である。
［解釈 I］
それは、順に、（I）無知、（II）疑い、（III）邪な知を具えていることに基づいて、知られるべきである。
［解釈 II］
さらにまた、順に、（I）智慧が未熟で[368]、（II）劣っており、（III）邪な〔ことに基づいて、知られるべきである〕。
［解釈 III］
さらにまた、正しく説かれた・間違って説かれた諸の教法の意味を自分で知ることができないことにより、「（1）愚かであることを本性とし」である。聞いても〔正しく説かれた・間違って説かれた諸の教法の意味を知ることが〕できないことにより、「（2）愚痴であることを本性とし」である。〔それらに〕逆しまに取著するので「（3）悪しき智慧を本性とし」である。

【経節（30）】 身体は無常

「＜｛**ジャーティシュローナ（Jātiśroṇa）よ、およそ沙門あるいはバラモンの誰であれ、色（いろかたち）は（1）無常であり、**（2）確固としていなく、（3）安定せず、（4）変化する性質を持っている〔のに、それを〕もって、優れていると考える、同等である[369]と考える、劣っている[370]と考える〔のは、〕

る智慧（修所成慧）であり、聴聞と思考からなる智慧（聞・思所成慧）はそうではないから、という。「熟練せず」とは単なる無知ではなく誤った知を持っていることであるのでたちが悪く、不善だからというのが、この解釈の前提にあろう。

367 【対応阿含】
不明。
【関連文献】
SWTF によれば、PrMosu, Pat 75: bālānāṃ mūḍhānāṃ duṣprajñānāṃ の例がある。
Cf. SNS, I.4: de la sems can gang dag (1) byis pa'i rang bzhin can/ (2) rmongs pa'i rang bzhin can/ (3) shes rab 'chal ba'i rang bzhin can/

368 ma byang ba: Negi によれば vaiguṇya（欠いている）が対応。この語は『倶舎論』では AKBh, 356.23 に出ているが、そのチベット訳は mi mthun pa bya ba。ここでは byang ba の意から訳しておく。愚かに加え、幼いの意味もある bāla に対する語註であることもこの解釈に好意的であろう。

369 VyYT: mi 'dra'o, Sūśa: khyad par du 'phags so（同等ではない・すぐれている）ただ、文脈的には、パーリの sadiso、漢訳の「等」が、つまり、否定辞がないの

ジャーティシュローナよ、その一切の沙門あるいはバラモンは、如実に見ないからである。｝[371]

ジャーティシュローナよ、沙門あるいはバラモンの〔誰であれ、〕受（感受）は無常であり、想（想念）は無常であり、諸行（意志）は無常であり、識（認識）は無常であり、恒常ではないと、前に同じ[372]＞」

とは、経典の一節である。

［解釈 I］

「色は（1）無常である」から、「識は無常である」に至るまでによっては、身体[373]は生じ滅するものであることを説いており、「（2）確固としていない」によって、〔身体が〕短期間に滅するものであることを〔説く〕。また、「（3）安定しない」によって、不確定な時に[374]滅するものであることを〔説く〕。「（4）変化する性質を持っている」によって、同じでない状態で（＝変化して）滅するものであることを〔説く〕。なぜなら、望まない状態に行くので[375]。

〔第〕1〔句〕（＝（1））によって、〔身体は〕有為の 2 つの相（特徴）[376]を具えていることを説き、2〔句〕（＝（2）（3））によって、とどまり（住）の特殊性を〔説く〕。なぜなら、〔個体〕相続は短期間のもので、時が不確定なものであるから。第 4〔句〕（＝（4））によって、その同じ住が別様になること（住異）を〔説く〕。

［解釈 II］

がよい。次註も参照。

370 VyYT, Sūśa では dman pa ma yin no（劣ってはいない）であるが、パーリの hīno、漢訳の「劣」のように、否定辞がないのがよい。

371 Sūśa では、次の 1 行は VyYT と異なり、「色と同様に、識に至るまでも同様である」とのみある。経文の要旨を簡略にしたものであろう。

372 【対応阿含】

『雑阿含』30 経（大正 2.6a27-b2）, SN, 22.49. *Soṇa* (III.48.12ff.), Chung［2008: 47］

【関連文献】

MPS, 19.6 etc.: (1) anityā bhikṣavaḥ sarvasaṃskārā (2) adhruvā (3) anāśvāsikā (4) vipariṇāmadharmāṇaḥ.

諸項目について、パーリでは anicca, dukkha, vipariṇāmadhamma と 3 項目であり、また、「苦」が入る。漢訳では「無常・変易・不安穏色」。MPS が『釈軌論』に一番よく対応する。

373 徳慧は「五取蘊を特徴とする身体は」（lus nye bar len pa'i phung po lnga'i mtshan nyid ni）ともいい、個体相続（rgyun, *saṃtati/saṃtāna）ともいう。

374 dus ma nges par: いつ死ぬか分からないということ。

375 徳慧によれば、老いることなど。

376 徳慧のいうように、生・住・異・滅の「有為の四相」のうち、生と滅のこと。（2）（3）が住、（4）が異を指す。有為の四（三）相については、説一切有部が一刹那にこの四相があるとするのに対し、経量部は一期（一生涯）について四相を説明するということが言われる（平川［1966（1991）］、早島［1988］）。また、有為の三相と四相については『倶舎論』「根品」46a 偈、櫻部［1979: 334ff.］。【経節（91）】では四相ではなく三相が説かれる。

さらにまた、〔第〕1〔句〕によって、身体が滅しないことを否定し、第2〔句〕によって、長期間を経て滅することを〔否定する〕。第3〔句〕によって、決まった時に滅することを〔否定する〕。第4〔句〕によって、変化せずに滅することを〔否定する〕。

［解釈 III］

さらにまた[377]、〔第〕1〔句〕によって、[I] 刹那に滅するという無常性を説き、2〔句〕によって、[II] 個体相続が滅するという無常性を〔説く〕。〔順に、〕〔有情の〕集団の同類性（衆同分）[378]に長期間はとどまらないものであるので。そして、時ならざる時に死ぬ[379]可能性があるから。第4〔句〕によって、[III] 変化するという無常性を〔説く〕。最初のもの（＝（1））は、そのままの語でもって[380]説かれた。なぜなら勝義のものであるから[381]。

これについて〔頌が〕説かれる[382]。

「[解釈 II]（I）滅しないこと、（II）長期間をへて滅すること、（III）〔確定的な〕時に、そして、（IV）変化せずに〔滅することを〕を、否定する。

［解釈 III］（I）刹那と、（II）寿命と、（III）変化という、3種の尽きること（≒無常性）も説かれた」

と。

【経節（31）】　常住、確固たる色はあるであろうか

「＜それから、ある比丘は、独り静かな所に退くと、以下のように、心中に、心的考察が生じた[383]。“｛**およそ色（いろかたち）であって、（1）常住、（2）確固、（3）永久、**＜（4）変わらない性質のもの[384]、（5）まったく同じよう

377　ここで3つの無常性が説かれる。瑜伽行派における無常については早島［1998］に詳しい。それによれば、「声聞地」（ŚrBh(S), 485.6-7）には vipariṇāmānityatā として「変化するという無常性（変異無常性）」という語が見られるが、刹那無常〔性〕・相続無常〔性〕の語は見あたらない。『顕揚論』では刹那無常と相続無常が「一切処に遍す」（大正 30.548a）とされ、特に「刹那無常」が、「一切に遍行す」（大正 30.548c）と、唯心説との関連で重んじられる。ただ、そこでは六種無常、八種無常とまとめており、このような3種類の無常としてはまとめられていない。

378　ris mthun pa, *nikāyasabhāga: 種（species）。斎藤他［2014］。

379　dus ma yin par 'chi: 夭折（*akālacyuti/maraṇa）のこと。『縁起経釈論』での死の解釈は堀内［2016b］、『瑜伽論』関連での「横死」については Yamabe［2013: 609］。

380　*svaśabdena:「刹那に滅するという無常性」が、「（1）無常」という語（経句）によって説かれた、ということ。

381　徳慧は、刹那〔無常〕を除いては、個体相続〔無常〕と変化〔無常〕はないので、という。

382　［解釈 II、III］のまとめ。

383　gcig pu dben par song ste nang du yang dag bzhag pa dang/ 'di lta bur sems la ... sems kyis yongs su rtogs pa 'byung ngo: Cf. SWTF, s.v., cetaḥparivitarka: NidSa, 5.2: ekākino rahasigatasya pratisaṃl(ī)nasyaivaṃ cetasi cetaḥparivitarka udapādi.

384　Mvy, 7284-7287: (1) nityaḥ (2) dhruvaḥ (3) śāśvataḥ (4) avipariṇāmadharmā.

にとどまるであろう[385]どんなものがあるであろうか。}そのようなどんな受・想・行があろうか。およそ識であって、常住、確固、永久、変わらない性質のもの、まったく同じようにとどまるであろうそのような識があるであろうか"、と[386]>」

とは、経典の一節である。

［解釈 I］

「(1) 常住」とは、無常性がないので。「(2) 確固」とは、刹那に滅することがないからである。つまり、他の時に〔わたって〕とどまるものであるので。「(3) 永久」とは、個体相続が滅することがないので。「(4) 変化しない性質を持っている」とは、変化がないので。「(5) まったく同じようにとどまるであろう」とは、望みどおりということである。つまり、前のあり方が不可能である場合、後のものが〔可能かどうか〕問われた[387]。

［解釈 II］

別の観点では、「刹那に滅する」などがないので、さらに、「(2) 確固」などとしての「(1) 常」性を問うた[388]。

［解釈 III］

別の観点では、「(1) 常住」とは、「(2) 確固」の意味によってであり、「(3)

---

385 yang dag par de bzhin du gnas par 'gyur ba: パーリ対応では sassatisamaṃ tatheva ṭhassati、漢訳では「正住」。

386 【対応阿含】
『雑阿含』264 経（大正 2.67c5-7）; Cf. 『中阿含』61 経「牛糞喩経」（大正 1.496a 18-21）, SN, 22.96. *Gomayam* (III.143.16-18)
Cf. AN, IV.88-91, Chung［2008: 50］
【関連文献】
いくつかの項目の梵本対応は上記 Mvy を参照。なお、「摂事分」（大正 30.778b, VasSg D 140b1-4）ではこの 5 つを「諸行において無常想を修習する形相」といい註釈を施すが、『釈軌論』とは関連しない。

387 rnam pa snga ma mi srid na phyi ma 'dri ba yin no: 徳慧は、「(1) 常」などの前のあり方が不可能であるならば「(2) 確固」などの後のものが〔可能か〕が問われた。どのようにかというと、もし「(1) 常」であるいかなる色も存在しないならば、刹那に滅することがないので、別の時にとどまることがないので、〔にもかかわらず〕「(2) 確固」なものがあろうか...」といい、さらに、(2) と (3)、(3) と (4) についても同様な解釈を施す。

388 徳慧は、「刹那に滅することがないので、「(2) 確固」というこの句によって、どんな「(1) 常」なる色があるであろうかと、「(2) 確固」さによって常であること（常性）を問うのである」（skad cig mar 'jig pa med pa'i phyir brtan pa zhes bya ba'i tshig 'dis gzugs rtag pa 'ga' yod dam zhes brtan (D bstan) pas rtag pa nyid 'dri bar byed pa yin no//）という。(2) によって、あるいは (2) という点での (1) を問うという解釈。また徳慧は、先の【経節 (31)】に出ていた三種無常に言及する。(2) ～ (4) の反対のことが、順に、刹那に滅する無常性、個体相続が滅する無常性、変化するという無常性にあたるということ。これは［解釈 I］とも適合する。

永久」とは、「(4) 変化しない」という意味である。すなわち、2 句が 2 句によって解説されることはまた、後に説くであろう[389]。

[389] 徳慧のいうように、【経節 (34)】に対する解釈中([解釈 I])で出る。

【清浄品ほか】

【経節（32）】[390]　**四証浄**

「＜{**四証浄**[391]**を具えた聖者・声聞は、（1）生活に関して貧乏ではなく、**（2）貧困でなく、（3）窮乏せずに生活し、}（4）富み、多くの財があり、大いに享受する者である**[392]**＞」

とは、経典の一節である。

七聖財[393]を持っているので、「（1）生活に関して貧乏ではない」。生活できないという怖れ[394]を断じているので、「（2）貧困でない」。邪な生活手段（邪命）[395]を断じているので、「（3）窮乏せずに生活する」。

悪しき財・心・生活〔手段〕（≒生計）を持っているので、〔順に、〕（1'）貧乏・（2'）貧困・（3'）窮乏であると知られるべきである。

【経節（33）】　**諸の漏が尽きるための正しい三昧**

「＜{**もし三昧（心統一、*samādhi）が、（1）意志（行、*saṃskāra）によって持せられ、**（2）水のように持せられ、（3）法性によって持せられ、（4）寂静ではなく、（5）勝妙ではなく、（6）静まりが得られた道ではなく、}（7）心が1つとなることを証得していない三昧、それはすなわち、諸の漏が尽きるための正しい専心ではない。

もし、三昧が意志（行）によって持せられず、水のように持せられず、法性によって持せられ〔ず〕、寂静で、勝妙で、静まりが得られた道であり、心が1つとなることを証得した、そのような三昧は、すなわち、諸の漏が尽きるための正しい専心である[396]＞」

390　山口［1959］が指摘するように、『釈軌論』それ自体は、【経節（9）】が「雑染品に関する」ものであると明示したのを最後に、それ以降は主題について指示をしていない。しかし、内容上、ここからは清浄品に相当するのであろう。

391　四証浄：仏法僧と戒という4つに対する、四諦を現観することに基づく、信。証浄（*avetyaprasāda）は「澄浄」ともいい、確信に基づく浄い心（信仰）。

392　【対応阿含】
『雑阿含』834経（大正2.214a16），SN, 55.44-45. *Mahaddhana* 1, 2 (V.402)
【関連文献】
SWTF, s.v., āḍhya: (4) āḍhyāni mahādhanāni mahābhogāni; Mvy, 7370-7371.
『倶舎論』「賢聖品」73cd, 74ab偈。

393　七聖財（sapta-dhanāni）：Mvy, 1566-1572: śraddhā-dhanam, śīla-d., hrī-d., apatrāpya-d., śruta-d., tyāga-d., prajñā-d.（信、戒、慚（謙虚さ）、愧（慎み深さ）、聴法、捨施（布施）、智慧という財）。阿含では『中阿含』86経に出る。

394　徳慧は、いわゆる「五怖畏」（不活畏、悪名畏、死畏、悪道畏、大衆威徳畏）を列挙し、これはそのうちの「不活畏」のことであるという。『雑阿含』670経では「五恐怖」と訳されている。なお、AKVy, 397.12-13等により5項目の梵本が得られる。

395　log pa'i 'tsho ba, *mithyājīva. 邪な生活手段によって生活すること。Cf.『倶舎論』「業品」86偈。「比丘の五邪命」については【経節（92）】を参照。

396　【対応阿含】

とは、経典の一節である。
［解釈Ⅰ］

「(1) 意志（行）によって持せられ[397]」とは、〔三昧が〕長い時をかけて現前（*saṃmukha）するので。「(2) 水のように持せられ[398]」とは、速かに離れるので。「(3)法性によって持せられ」とは、常に、怠らないこと（不放逸、*apramāda[399]）によって守られているので。「(4) 寂静ではない」とは、その異品（反対の立場のもの、*vipakṣa）である、上位の段階領域にある（上地の、*adharabhūmika）煩悩が調御されていないので[400]。「(5) 勝妙でない」とは、自らの段階領域（自地）にある（*svabhūmika[401]）煩悩が混入しているので[402]。「(6) 静まり[403]が得られた道ではなく」とは、よく修習されていないという理由によって、自然にも

『雑阿含』1246経（大正 2.341c16-18, 21-22）, AN, 3.100. *Suvaṇṇakāra* (I.254.29ff.). Daśo V.8(3): (ayaṃ samādh)i(ḥ śāntaḥ pra)ṇītaḥ pratipras(rabdhilabdha) ... ity. SWTF, s.v., ekotībhāvādhigata.

【関連文献】

Chung［2008: 205］の指示するように以下により梵本が得られる。SamBh, 4.2.3.5.1（『瑜伽論』「三摩呬多地」大正 30.341aff.）: saced asya samādhiḥ (1) saṃskārābhinigṛhīto bhavati (2) vārivad dhṛto (3) na(?)* dharmatābhinigṛhīto (4) na śānto (5) na praṇīto (6) na *pratiprasrabdhalabdhamārgo* (7) na cetasa ekotībhāvādhigataḥ, nāsya samādhiḥ kalyo bhavati yathāsukhavihārāya. viparyayāt kalyo bhavati.
... 4.2.10.2d4.2.10.0; 経名は Pāṃsudhāvaka-sūtra。
*この na の有無について同註 565 や Deleanu［2006b: 507.n.111］に議論がある。『釈軌論』のように「法性」を「不放逸」と解釈すれば、na は不要。

397 徳慧は、「努力をもって（'bad ba dang bcas pas）持せられ」と註釈する。とすればここでの「行（saṃskāra）」とは意志、人為的努力の意。

398 『雑阿含』は、「猶如池水周匝岸持」という。池の水が回りを囲む岸によって持せられるように、行（意志）によって三昧が持せられるということ。ゆえに、気をゆるめると、「速やかに離れる」。

399 徳慧によればこれは「法性」を解釈したもの。

400 徳慧は、「煩悩を遠ざけるという治療（dūrī(bhāva)pratipakṣa, Cf. AKBh, 320.15）によって遠ざけていないから」という。

401 上地・自地：三界・九地の世界観の中で、自分の現在の修定の段階よりも上の段階と、自分の修定の段階のこと。

402 徳慧は、「ときどきに、味著（*āsvāda）と相応することによって清浄なものに味著するから」という。「味等至」のことをいうのであろう。等至（samāpatti）に味等至、浄等至、無漏等至の3種類がある。浄等至とは世間的な善と相応する等至。無漏等至は出世間的な等至。味等至は、浄等至から出定した人が、その浄等至に味著すること（AKBh, 437.10（ad.,『倶舎論』「定品」6c偈、小谷・本庄［2004: 239］）：その清浄な、直前に過ぎ去った等至の実体が、彼によって味著される（tac chuddhakaṃ samāpattidravyaṃ tenāsvādyate samanantarātītam）。

403 徳慧は、*pratiprasrabdha（bag yangs su gyur pa）を、「人為的努力なしに（lhun gyis grub pa, *anābhoga、心を傾けることなしに）」と註釈する。なお、これが名詞であれば*pratiprasrabdhi で、「静まりによって」。

たらされたものでない（*asvarasavāhita）ので。「（7）心が専一となることを証得していない」とは、動きを有するので[404]。その（(3）の解釈の）なか、「常に怠らないことによって守られるべき」とは、「（4）寂静でない」など[405]という理由によって知られるべきである。

白品（浄い≒善の側のことがら）は、それと反対であると知られるべきである。

これ（＝白品）について〔頌が〕述べられる。

「(I）速かに現前し、(II）速かに離れず、

(III）常に怠らないことによって守られておらず、(IV）その異品を破壊しており、

(V）自〔地にある〕煩悩が混入しておらず、(VI）よく修習され、努力なしに生じるので、

『(1）行（意志）〔によって〕保持されている』などではない。(VII）専一となっている。不動であるので」

と。

〔解釈 II〕

『聖教[406]』には、

「(I）速かに現前するので、(II）衰滅しないので、(III）常に守るので、

(IV）煩悩でないので、(V）善であるので、(VI）おのずから生じるので、

(VII）完成しているので[407]、

順に[408]、「（1）行によって持せられ」から「(7）専一となることを証得した」に至るまでである」

と出ている。

【経節（34)】　善なる三昧

「＜｛彼がそのように、心が精神統一された（samāhita)、すなわち、(1)

---

404 徳慧は、「過失（*doṣa）を有するので」といい、さらに、「『動き』とは、初禅においては尋と伺であり、第二〔禅〕においては喜であり、第三〔禅〕においては楽である。そのようであれば、尋などという過失がないので、第四〔禅〕は「専一となったことを証得した」と言われる。不動という意味である」という。『倶舎論』(AKBh, 441.16, ad.,「定品」11 偈、小谷・本庄［2004: 266]）は、「第四〔静慮〕は、尋・伺・喜・楽によって動かされることがないから不動（āneñjya）である」という。この解釈は、本経節の「samādhi」を、第四禅のことと解するものである。

405 徳慧によれば、(4)、乃至、(7）のこと。

406 徳慧は、「さらに、頌にして聖教を述べた」のが、以下であるとする。

407 徳慧は、初禅から第四禅のことという。

408 この「順に」以降は頌の形になっていないが、少なくともチベット語訳（VyYT も）の示す引用範囲からすれば、これ以降、「～と出ている（zhes 'byung ngo)」までは、一連である。なお、徳慧はこれを導入するにあたり、「さらに、根本（*maula）と浄（*śuddhaka）〔等至〕である。そのようであれば、『聖教』に（gzhan yang dngos gzhi dang dag pa pa yin no// de ltar na lung las)」と前置きを述べる。『倶舎論』「定品」を参照。

清浄で、(2) 浄らかで、(3) 穢（≒煩悩）なく、(4) 随煩悩を離れ、(5) 直く（ṛjubhūta)、(6) 適し、(7) 確立し、(8) 不動〔な状態〕に到達した時に[409]｝ >」

とは、経典の一節である。

［解釈 I］

(I)「(1) 清浄な心」とは、「(2) 浄らか」の意味によってである。なぜなら、その異品（反対の立場のもの）である、上位の段階領域にある（上地の）垢（≒煩悩）を断じているので。(II)「(3) 穢なく」とは、「(4) 随煩悩を離れ」の意味によってである。なぜなら、自らの段階領域にある（自地の）穢/煩悩に関して、穢/煩悩を持っていないので。(III)「(5) 直く」とは、「(6) 適し」の意味によってである。なぜなら、人為的努力なしに生ずることによって。(IV)「(7) 確立し」とは、「(8) 不動に到達した」の意味によってである。なぜなら、第四静慮においては動き[410]がないので。

そのようであれば、その三昧（*samādhi）が (I) 善であることと、(II) どのようにそれが善であるか、(III)〔どのようにそれが〕主題であるか、(IV)〔どのようにそれが〕完成しているのかが、同義語の特徴とともに示された[411]。

ある時には、2句は他の2句の解説である[412]。たとえば、

「(i) 歓喜（hṛṣṭa）心、(ii) 健全（kalya）心とは、(iii) 喜悦（mudita）心と (iv) 無蓋（覆いのない、vinivaraṇa）心という、これによってである[413]」

と出ているように。

---

409 【対応阿含】

『中阿含』146「象跡喩経」（大正 1.658a10-12）, MN, 27経 *Cūḷahatthipadopama* (I.182.19-21)；『中阿含』187経「説智経」, MN, 112経 *Chabbisodhanasutta* (III.36. 13-15)などで、主に『中阿含』の諸経に出る。パーリと漢訳に語句の異同もほとんどない。

＊それらの経では、出家してからの修行の階梯が述べられている。諸経で多少の異同はあるが、聖戒蘊、聖守根門、聖念・正知、断五蓋、四禅、三明と続く。本経節は、四禅の説明の後に出る句である。なお、**【経節 (3)】**［解釈 III］に出る『ニャグローダ経』を参照。

【関連文献】

Chung・Fukita［2011: 129ff.］の指示するように以下により梵本が得られる。SBhV II, 246.13-14 etc.: sa evaṃ samāhite citte (1) pariśuddhe (2) paryavadāte (3) anaṅgaṇe (4) vigatopakleśe (5) rijubhūte (6) karmaṇye (7) sthite (8) āniñjyaprāpte.

410 詳細は［解釈 II］を参照。

411 徳慧によれば、たとえば、(1) が「(I) 善であること」で、(2) がその「同義語の特徴」である。すなわち、後ろの1句が前の1句の同義語だということ。

412 **【経節 (31)】**を参照。

413 この定型句は**【経節 (99)】**にも出る。次の引用句も出ている。『中阿含』161経「梵摩経」（大正 1.689b19-20）が対応するが、梵本が得られる点で、以下のみ引いておく。SBhV I, 140: adrākṣīd (i) dhṛṣṭacittaṃ (ii) kalyacittaṃ (iii) muditacittaṃ (iv) vinivaraṇacittaṃ (i') bhavyaṃ (ii') pratibalaṃ sāmutkarṣikīṃ dharmadeśanām ājñā-tuṃ, ... Cf. SWTF, s.v.v., kalyacitta, vinīvaraṇacitta.

ある時には、1 句が他の 1 句によって〔解説される〕。たとえば、

「卓越した（*sāmutkarṣika）話を知ることに、(i) 能力（*bhavya）があり (ii) 力（*pratibala）がある[414]」

と出ているように。これは例示に過ぎない。

これについてさらに〔頌が〕説かれる[415]。

「(I) 異品の垢を離れているので、(II) 穢がない〔ので〕、(III) 蓋（覆い）なく生じるので、

(IV) 不動であるので、〔順に〕2〔句〕ずつによって、「(1) 清浄」など〔の 8 句〕であると知られるべきである。

2〔句〕と 2〔句〕によって、三昧が (I) 善であることと、(II) それがいかにして〔善であるか〕、(III) 主題であるか、(IV) 完成しているかが、〔同義語の〕特徴とともに、示された」

と。

〔解釈 II〕

別の観点では、「(1) 清浄」とは、「(3) 穢なく」「(4) 随煩悩を離れている」によってである。なぜなら、順に、(i) 利得と尊敬と名声[416]を具えた願望の領域[417]〔を離れ〕、(ii) 渇愛、見解、慢、疑という諸の隨煩悩を離れているから[418]。「(2) 浄らか」とは、「(5) 直く」など（＝ (5) 〜 (8) 句）によって。そのなか、「(5) 直く」とは、人為的努力なく生じるものであることによって、よく調御されたものであるので。「(6) 適し」とは、神通を成就するのに適しているので。「(7) 確立し」とは、退堕がないことによって。「(8) 不動〔な状態〕に到達した」とは、第四静慮は一切の動きを離れているので[419]。

---

414 前註を参照。

415 徳慧によれば、以下は、その同じ意味を頌にしたもの。

416 *lābha-satkāra-śloka.

417 これが「穢」に対応するという解釈。徳慧は、「具寿 dGa' (P 'Ga') byed（*Nandaka）よ、穢というそれは、多くの種類の悪・願望の領域（*icchāvacara）の同義語である」という経文を引く。対応は『中阿含』87 経「穢品経」（大正 1.567a8-9）、MN, 5 経 *Anaṅganasutta* (I.30.16-17)。これにより、「願望の領域」と訳した'dod pa rgyu ba を*icchāvacara と想定する。なお、本経の説者は舎利弗。漢パの比較研究は Anālayo［2011: 42ff.］。

418 徳慧を援用すれば、随煩悩はその 4 つに限らないが、渇愛・見・慢・疑が盛んな三昧があるから、それらを離れることが「(1) 清浄」と言われるのだという。Cf. 『倶舎論』「随眠品」ad., 21d. 小谷・本庄［2007: 93］。関連する「4 種類の静慮者」については、【経節 (89)】末尾の解釈を参照。

419 徳慧は、「『一切の動きを離れているので』とは、「八災患（はちさいげん）」(skyon brgyad po, *aṣṭāpakṣāla) を離れているので、という意味である。さらに、それら八災患とは、尋、伺の 2 つと、出息、入息の 2 つと、楽などの 4 つ〔＝楽・苦・喜・憂〕である」という。それは、『倶舎論』「定品」11ab 偈（AKBh, 441.12-16, 櫻部・小谷・本庄［2004: 266-267］）を承けたものである。そこでは、四静慮に関して、第三静慮（禅）までは〔有〕動（señjita）であるが、第四静慮は「不動（āniñja/āneñjya）」

これについてさらに〔頌が〕説かれる。

「2〔句〕によって『(1) 清浄』であり（＝（1）（2））、他の諸句によって『(2) 浄らか』である。

〔つまり、〕(I) 利得を願望するなど〔を離れているので〕、(II) 渇愛などを離れているので、(III) よく調御されているので、

(IV) 神通の美徳に適しているので、(V) 退堕がないので、(VI) 動きが尽きているので。

〔以上の〕6つの意味によって、順に、『(3) 穢なく』など[420]であると知られるべきである[421]」

と。

［解釈 III］

別の観点では、「(1) 清浄」とは、その異品である上地〔の穢〕[422]を断じているので。「(2) 清らか」とは、それ[423]を遠ざけている[424]ので。「(3) 穢なく」とは、自地の煩悩が混入していないので。「(4) 随煩悩を離れ」とは、それ[425]の現起を遠ざけているので。「(5) 直く」とは、人為的努力なく、欲した通りに生じるので。「(6) 適し」とは、神通に適するので。「(7) 確立し」とは、退堕に向かわない部類[426]であるので。「(8) 不動〔な状態〕に到達した」は、前に同じ。

「＜｛**(I) 三昧、(II) 住 (sthiti)、(III)〔三昧からの〕出立 (vyutthāna)、**

(IV) 適 (kalyatā)、(V) 活動領域 (gocara)、

(VI) 生産 (abhinirhāra)、(VII) 適 (sāṃpreya)、(VIII) 不適 (asāṃpreya)、同様に、(IX) 両方[427]と、

(X) 来 (āya)、(XI) 去 (apāya)、同様に、(XII) 方法 (upāya)、(XIII) 止

と呼ばれる理由が説明されている。

要するに、初静慮は尋・伺〔を有し、それらに〕よって動かされ、第二静慮は喜によって、第三静慮は楽によって動かされるが、第四静慮はそれらの「動き」を離れているということ。

なお、apakṣāla の語義については BHSD, 42.l.ff.。

420 (3) が (I) に、乃至、(8) が (VI) に対応するという解釈。

421 (I) ～ (VI) が、順に (3) ～ (8) に対応するということ。

422 垢は、解釈［I］の冒頭の解釈に基づいた補い。

423 徳慧によれば、その地の煩悩と随煩悩を指す。

424 thag ring du byas, *dūrī-√kṛ.

425 徳慧によれば、自地の煩悩と随煩悩のこと。

426 mi nyams pa'i cha, *a-hānabhāgīya. 否定辞のない形では『倶舎論』「定品」17ab 偈 (AKBh, 445.4) などに出る。そこでは浄等至（四静慮・四無色定の八等至にはそれぞれ味等至、浄等至、無漏等至がある）には4種類があるとされる。それは順退分 (hānabhāgīya)、順住分 (sthitibhāgīya)、順勝進分、順決択分であり、順に、退堕の方向へ向かう部類、同じ境地にとどまる部類、向上してゆく部類、涅槃に向かう部類、というほどの意味だという（櫻部［1981: 310］）。経文には「(7) 住 (sthita)」とあるのでこれを順住分に対応させ、順退分ではないということをいったものか。

427 gnyis ka: Cf. SamBh（後述）: sāṃpreyāsāṃpreya、『瑜伽論』: 等愛亦不等愛。

（śamatha）、（XIV）挙（pragraha）、（XV）捨（upekṣā）[428]である｝[429]＞」とは、ウッダーナ頌[430]である[431]。

そのなか、「(II) 住」とは、望んだ限りに〔三昧が〕付き従うことである。「(III) 出立」とは、非定心（精神統一されていない心、*asamāhitacitta）が現前しているか、あるいは、他の地の〔心が現前していること〕である。「（IV）適」とは、適していることと、随煩悩を離れていることである。「（V）活動領域」とは、認識対象（*ālambana）である。「（VI）生産」とは、生起である。「（VII）適」

---

[428] 止・挙・捨：この 3 つについては、【経節（14)】の［解釈 IV］を参照。

[429] 【経節 34'】

[430] sdom gyi tshigs su bcad pa, *uddānagāthā.
VyY では *pāda* a のみが引かれているが、Sūśa, VyYT では、{} と＜＞で示したように、全文が引かれる。パーリ対応経のウッダーナ頌は以下の通り。
samādhisamāpatti ṭhiti ca vuṭṭhānaṃ//
kallitārammaṇena ca gocaro abhinīhāro//
sakkacca sātaccakārī atho pi sappāyanti//
SamBh, 4.2.3.0 は sūtroddānagāthā に言及しており、校訂者 Delhy が SN, 34.55 (III. 278.19-21)を指示している。漢訳対応なし。次註も参照。

[431] 徳慧は、これらの〔ウッダーナ頌の〕語句によってまとめられたものは経典に出ているといい、

> 「静慮者は 4〔種類〕である。静慮者で、入定（三昧（*samādhi）に入ること）に巧みであるが、等至（*samāpatti）にはそうではない者もいる」

という経文を引き、さらに、

> 「(i) 静慮者で、等至に住することに巧みだが三昧へはそうではない者、(ii) 三昧に住することに巧みだが等至へはそうではない者、(iii) 三昧に住することへも等至に〔住することに〕も巧みな者、(iv) 三昧に住することにも等至に住することにも巧みではない静慮者もいる」

という四句分別 (4 つの選択肢) を、経典から引用している。この対応阿含は『雑阿含』883 経 (大正 2.222cff.) であり、Chung［2008: 153］により、SamBh, 4.2.3.0ff.（『瑜伽論』(大正 30.341b24ff.)）に対応があることが知られる（パーリ対応は SN, 34.1-55 (III.268-278))。実際、この 15 項目は SamBh に出ており、それにより原語が回収しうる。同経ではそれぞれの項目について上記 (徳慧が引用したのは「(II) 住」に関する部分（大正 2.222c14-15, 17-20）である）のような四句分別を述べている。
ところで、『雑阿含』では、「三昧、住、起、時（これは kalya を kāla と解したものであろう)、処、迎、念、念不念、来、悪（apāya は āya との対で、去ること、離れることの意だが、『雑阿含』の漢訳者（グナバドラ（宝雲)）は悪趣の意味で「悪」と訳したものか。例の翻訳のぎこちなさである)、方便、止、挙、捨」の 14 項目となっている (他方、パーリ対応では少し異なる項目立てとなっており、11 項目（前註のウッダーナを参照）しかない)。だが、VyY, SamBh でも 15 項目であることから判断すれば、『雑阿含』では「念」の後に、本来は「*不念」（SamBh: asāṃpreya, 不等愛、phan pa ma yin pa；VyY: mi sprod）に関する四句分別があったものが欠落した可能性がある。

とは、獲得に役立つことである。「(VIII) 不適」とは、それに役立たないことである。「(IX) 両方」とは、その両方を具えていることである。「(X) 生」とは、増大 (vṛddhi) である。「(XI) 減」とは、減少である。「(XIII) 方法」とは、その両方の起因である。

【経節 (35)】 渇愛のあらゆる状態の断捨

「<{**渇愛—すなわち、〔輪廻での〕再生をもたらし、喜貪と倶であるもので**、あれやこれやを喜ぶもの—それの (1) 残りなき断捨、(2) 放棄、(3) 除去、(4) 尽、(5) 離貪、(6) 抑止 (滅)、(7) 寂滅、(8) 滅没[432]} >」

とは、経典の一節である。

「(1) 残りなき断捨」〔という句〕は概略であり、残り〔の7句〕は解説である。なぜなら、あらゆる状態の断捨 (prahāṇa) が示されているから。

「あらゆる状態の断捨」とは、(I) 除却する (vinoda) 状態・(II) 制圧の[433]状態・(III) 見道の状態・(IV) 修道の状態・(V) 無学道の状態・(VI) 纏 (*paryavasthāna) から離れた状態・(VII) 随眠と離れた状態〔の断捨〕である。

生起した渇愛 (渇望) が「纏」であって、それによって心が静かにならないのである。それゆえ、それを離れたのが「(7) 寂滅」である。眠っている渇愛は種子の状態 (bījabhāva) であり、「随眠」である[434]。それはまた、常に〔個体〕相続においてとどまっている。それゆえ、それを離れたのが、「(8) 滅没」である。

1つのあり方[435]でも述べなかったなら、あらゆる状態の渇愛の断捨の分類が説

---

432 【対応阿含】
『中阿含』210経「法楽比丘尼経」(大正1.788b13), MN, 44経 (AKUpにも引用され、それの出典として本庄 [2014: [1005]] が指示している) ほか、一連の句だけについてみると、いくつかの経典にも見られる。『中阿含』31経 (大正1.468c22), MN, 141経 (III.251); NidSa, 23.9d; CPS, 14.9など。
【関連文献】
本庄 [1989: 93-94] はAVSNの和訳に際し、同論166.7ff.の解釈と『釈軌論』、さらにはその徳慧註の関連も指摘する。そこでは「滅諦」を説明する中でこの一連の語句が出る。
AKVy, 706.7-9: asyā eva tṛṣṇāyāḥ paunarbhavikyā nandī-rāga-sahagatāyāḥ tatra-tatrābhinandinyāḥ (1) aśeṣa-prahāṇaṃ* (2) pratiniḥsargo (3) vyantī-bhāvaḥ (4) kṣayo (5) virāgo (6) nirodho (7) vyupaśamo** (8) 'staṃgamaḥ.
*: CPS: aśeṣaṃ pra° , AVSN: aśeṣataḥ pra° ; **: CPS: upaśamo
「摂異門分」(ParSg, D35a6-b1, 大正30.766b5-9) にも引かれている。ただ、解釈は異なる。たとえば、(7) を見道に、(8) を無学道に対応づけている、など。

433 rnam par gnon pa, viṣkambhaṇa. 本庄 [1989] の指摘するように、AKBh, 338.2に出る。prahāṇaよりも低い段階とされる。na kleśaprahāṇaṃ viṣkambhaṇaṃ tu (煩悩の断捨があるのではなく、〔単なる〕制圧である)

434 『倶舎論』「随眠品」では経量部説とされている。AKBh, 278.17ff., Kritzer [2005: 272ff.] 参照。小谷・本庄 [2007: 15, n.12] は、『釈軌論』のこの箇所やbījabhāvaに関する兵藤 [1980] に言及している。

435 =いずれかの1句。

かれないことになるので。以上のような諸句は同義語として説かれていても過失がないことは、前に説いたように[436]。

【経節（36）】 論理家

「＜｛**(1) 論理家であり、**(2) 考察する者であり、(3) 論理に属する〔段階（主題、*bhūmi）にとどまっており〕、(4) 自分の弁舌を持っている〔段階にとどまっており〕、(5) 凡夫に属する〔段階にとどまっており〕、(6) 考察に従う段階にとどまっている者である｝＞[437]」

---

436 徳慧は、「もし諸仏による同義語の説示が目的（必要性）のないものであるとすれば、その過失となろう〔。しかしそうではない〕。ここで必要性とは何かというと、目的は 8 つである」と、『釈軌論』第 1 章（D 31b7）（上野［2009］）の記述を引く。【経節（20）】も参照。

437 【対応阿含】

『中阿含』208 経「箭毛経」（大正 1.784a2-3）（パーリ対応の MN, 79 経に対応句なし。）『中阿含』191 経「大空経」（Cf. 【経節（97）】）（大正 1.739c15）：（パーリ対応の MN, 112 経に対応句なし。）Chung・Fukita［2011: 175］に以下の【関連文献】を加えうる。

【関連文献】

YBh, 119.l.7-9: yuktiḥ katamā/ yathā sa eva śramaṇo vā brāhmaṇo vā (1) tārkiko bhavati (2) mīmāṃsakas (3) tarkaparyāpannāyāṃ bhūmau sthitaḥ (4) svayaṃ pratibhānikyāṃ* (5) pārthagjanikyāṃ (6) mīmāṃsānucaritāyāṃ/

*: *sic*. svayaṃpra° とつなげるべき。

Cf. YBh, 120.l.18-19: yuktiḥ katamā yathāpīhaikatyaḥ svayaṃ eva (1) tārkiko bhavati (2) mīmāṃsaka iti/ pūrvavad vistareṇa/

BBh(T), 86 (2.2.2): (yuktiprasiddhaṃ tattvaṃ katamat/ satāṃ yuktārthapaṇḍitānāṃ vicakṣaṇānāṃ) <u>(1) tārkikāṇāṃ (2) mīmāṃsakānāṃ (3) tarkaparyāpannāyāṃ bhūmau sthitānāṃ (4) svayaṃprātibhānikyāṃ (5) pārthagjanikyāṃ (6) mīmāṃsānucaritāyāṃ</u> (pratyakṣam anumānam āptāgamaṃ pramāṇaṃ niśritya suvicitaniścitajñānagocarajñeyagocaro jñeyaṃ vastūpapattisādhanayuktyā prasādhitaṃ vyavasthāpitam idam ucyate yuktiprasiddhaṃ tattvam//)

MAV, 42.10-11: (trayād yuktiprasiddhakaṃ//III.12b//) yat satāṃ yutkārthapaṇḍitānāṃ (1) <u>tārkikāṇāṃ</u>* pramāṇatrayaṃ niśrityopapattisādhanayuktyā prasiddham vastu

『瑜伽論』が『釈軌論』所引の阿含に近い。というよりも、従来等閑視されてきたが、『瑜伽論』等は上掲の阿含を定型句として引用したと見るべきである。「菩薩地」真実義品（BBh(T), 86 (2.2.2)）では、「四種真実」のうちの「道理極成真実」の説明の中で、「tārkikāṇāṃ」などとして、G.Pl の形でこの 6 つの句が見られる。また、「菩薩地」がそこで三量（3 つの正しい認識根拠（pramāṇa））に言及する点は、『釈軌論』と同じである。『中辺分別論』（MAV, 42.10-11）にも、「菩薩地」を踏まえた形で「道理極成真実」を説明する中で、tārkikāṇāṃ という 1 句のみがある。さらに、興味深い点として、MAV（山口益校訂テキスト）の脚註（fn.2、*を付した箇所）に、「Tib inserts "mīmāṃsakānāṃ" after "tārkikāṇāṃ" and Sthiramati's Ṭīkā follows this reading, but at the same time, it states that there were originally two pāṭhas, with and without "mīmāṃsakānāṃ." Both Chin. versions do not

とは、経典の一節である。
〔解釈 I〕
2つのあり方によって、「(1) 論理家」である。すなわち、(i) 現観と、(ii) その(=論理の)活動領域(*gocara)から出ないことによってである。それゆえ、「(2) 考察する者」(= (i) に対応)と「(3) 論理に属する段階にとどまっている〔者〕」(= (ii) に対応)と述べられている。「(3) 論理に属する段階にとどまっている」とはどんなことかというと、「(4) 自分の弁舌を持っている者たち」と、「(5) 諸の凡夫による」現観を具えているということであり、真実の聖教(伝承、アーガマ)[438]を具えていない[439]ことである。「段階(地、*bhūmi)」とは、主題(yul, *viṣaya)と同義である[440]。
そのようであるなら、第1句(= (1))は概略であり、〔次の〕2〔句〕(= (2)(3))は〔それに対する〕解説であって、第3句(= (3))は概略であり、〔次の〕3〔句〕(= (4)(5)(6))は〔第3句の〕解説であると知られるべきである[441]。
〔解釈 II〕
さらにまた、「(1) 論理家(*tārkika)」が、(i) 同義語と、(ii) 定義により、示されている。(i')「(2) 考察する者」とは、同義語である。すなわち、〔(1) を〕限定修飾するため(*viśeṣaṇārtha)である。求めること[442]もまた、タルカ[443]といわれるので、そのようになってしまったなら適切ではないので[444]。(ii')「(3) 論理に属する地にとどまっている者」とは、定義である。すなわち、彼はまた、

---

help in clarifying this point」とある。以上指摘したようにこれらの句が阿含を踏まえた句である点からすると、mīmāṃsakānāṃ という句は、「あってもおかしくはない」ということは言えよう。
その他、「菩薩地」当該箇所に対しては海雲(サーガラメーガ)の BBhVy と徳光の BBhVṛ が註釈しているが、特に BBhVṛ は『釈軌論』と同じ『聖教』〔を含む〔解釈 III〕の部分全体〕を引用しており、それによりテキストの修正がなしうる。その『聖教』は、『プトン仏教史(*Chos 'byung*)』(Obermiller tr., 45-46)にも『釈軌論』のものからとして引用されている。ただ、『聖教』自体の出典は不明である。

438 de kho na'i lung, *tattvāgama: 徳慧によれば、「真実の(*tattvasya)、もしくは、真実においてある(*tattve)聖教」(de kho na'i 'am de kho na la yod pa'i lung)。

439 ldan pa [ma] yin no: VyYT の ldan pa ma yin no により、また文脈により、VyY 本文に否定辞 ma を加える。

440 bhūmi は段階などを意味するが、世親はここで yul, *viṣaya の意味であるとしている。viṣaya は対象境界の意であるが、あるいは Apte によると subject, subject matter, topic の意味もある。

441 この「概略」と「解説」という枠組みは、BBhVy, BBhVṛ ともに踏襲する。

442 don du gnyer ba de gang yin pa.

443 *tarka, rtog pa(r byed).

444 すなわち、「求める者」が tārkika の意味となってしまったら適切ではないから、ということ。ゆえに、「論理家(tārkika)」の後に「考察する者(mīmāṃsaka)」という語が修飾・限定のために置かれている。

前世において論理を修習することによって熏習された〔個体〕相続〔を持ち〕[445]（＝（4））、真実を見ることを離れ（＝（5））、論理への習熟[446]に無始より属している（＝（6））。

［解釈 III］

さらにまた、『聖教』には、

「論理家は5つであると知るべきである[447]。すなわち、[1] その（＝論理の）習性〔を持っている〕ので（＝（2））。[2] 考察すべきものを考察（論理）するので（＝（3））[448]。

[3] 前〔世〕修習したので（＝（4））。[4]〔真実を〕目の当たりにしていない[449]ので（＝（5））。[5] 聖教（伝承）に依存しないので（＝（6））。

[1'] 努力するので、[2'] 作意するので、[3'] 以前に引かれた[450]ので、[4'] 正しく把握するので、

[5'] 熟達した[451]ので、〔それゆえ〕論理円満と認められる。

それを具えた者が論理家である[452]」

---

445 rtog ge la goms pas bsgom pa'i rgyud: VyYT の rtog ge la goms pas bsgos pa'i sems kyi rgyud により、bsgom を bsgos と訂正。また、rgyud, *saṃtāna/ saṃtati は、個体相続、特に心相続のことと知られる。

446 'dris pa, *ucita/ saṃstava.

447 rtog ge pa lnga rig par bya ste: BBhVṛ は rtog ge rnam lngar rig bya ste なので、VyY もチベット語7シラブルの頌とすべき。

448 brtag rtog phyir: 徳慧は、「考察してはならないものを考察するからではない（brtag par bya ba ma yin pa la rtog pa'i phyir na ma yin no/）」と裏から註釈する。これによれば、<u>brtag</u> par bya ba la <u>rtog</u> pa'i <u>phyir</u> ということ。

449 mngon sum du ma byas pa, *asākṣātkṛta: 徳慧は、「『目の当たりにしていない』ことはまた、真実（tattva）を目の当たりにしていないことである。凡夫もまた真実を理解していないので」という。

450 sngon [']phangs, *pūrvāvedha: cf. BHSD, s.v., āvedha 2: pūrvāvedhāt=pūrvābhyāsāt（AKBh, 151.22, 328.10, 444.13）。Obermiller は「伝統（tradition）」と訳すが、［解釈 II］に基づけば、前世で習熟の余習のこと。なお、phangs を VyYT に基づき 'phangs と訂正する。BBhVṛ は、'phen。

451 VyY（『プトン仏教史』も）は yongs su <u>bya ba</u> byas pa。しかし、Obermiller が指摘するように（n.443）、VyYT により yongs su <u>sbyang bar</u> byas pa と読む。ただ、Obermiller の perfect moral purity という訳語は不適切。すなわち、yongs su sbyang ba にはいくつかの原語が想定されるが、Mvy, 2412 によればこれは paricita の訳語であり、それは familiar, learnt を意味し、［解釈 II］に出る「論理への『習熟』」とつながるから。BBhVṛ はこの箇所をまさに VyY の先の箇所と同じく 'dris pa（習熟）と訳している。

452 de dang ldan pa ni rtog ge pa yin no: VyY 本文はこのように10シラブルで頌の形になっていないが、BBhVṛ は de dag dang ldan rtog ge pa と、ここも頌に含めているので、原文は頌であったのであろう。同様の事態は数カ所で見られた。『釈軌論』のチベット語翻訳者は頌に弱いのである。なお、BBhVṛ は「それらを具えている者が論理家であり、つまり、聖教を具えていない者である（de dag dang ldan

と〔頌が〕出ている。

「[2] 作意するので」とは、考察すべき拠り処を作意するので。「[4] 正しく把握するので」とは、正しい認識根拠（量、*pramāṇa）である3つの道理（*yukti）[453]を正しく把握しているからである。それは凡夫たちの段階（地）〔に属するもの〕である[454]。

【経節（37）】　後悔を持っている人にとって、死は善くない

「＜比丘たちよ、後悔（*vipratisāra）を持っている人にとって、{**(1) 死（*cyuti）は善くない、**＜（2）命終（*kālakriyā）は善くない、(3) 後世（来世、*abhisaṃparāya）は善くない[455]} ＞」

とは、経典の一節である。

(I) 心が衰滅し〔て死ぬので〕、愚昧な〔心〕をもって死ぬので、(II) 福徳をなさずに死去するので、(III) 望ましくない生存領域（趣、gati）に赴くので、順に、「（1）死[456]は善くない、＜（2）命終[457]は善くない、(3) 後世[458]は善くない」と知られるべきである。

---

pa ni rtog ge pa ste lung dang ldan pa ma yin no//)」と続ける。

[453] 徳慧のいうように、現量（直接知覚）、比量（推論）、聖教量（伝承）という、三量（3つの正しい認識手段）のこと。Obermillerが指摘するように、世親は三量について『釈軌論』第3章（P 102b6-7, Lee, 173）で言及している：「要約するなら、道理（*yukti）とはここで3種類の量、すなわち直接知覚、推論、信頼すべき〔/人の〕言葉（*āptavacana）である。」また、徳慧は、「正しい認識手段たる（イコール）3つの道理」と、Kdhで読むよう指示する。

[454] 徳慧は、「その（凡夫）の段階において、3種類の正しい認識手段たる道理を把握することがある」(Bv) という。

[455] 【対応阿含】

『雑阿含』1244経（大正2.341a15-16）Cf. 『中阿含』199経「癡慧地経」（大正1.759c5-6）：（従是生悔。）生悔已（1）不賢死（2）不善命終。

MN, 129経（*Bālapaṇḍitasutta*, III.165ff.）では、愚者が身口意で悪行をなして悪趣に赴くことが説かれている。文脈は同じだが対応句は存しない。

【関連文献】

上野［2012b］の指摘するように、Chung［2008］、AKUp（本庄［3031］）。ほか、【経節（71）】も関連する。なお、『縁起経釈論』における十二支縁起中の「死支」の解釈については堀内[2016b]。また、そこに引かれる死の定型句の比較考察は、室寺［1995］。

[456] 徳慧は、「死（*cyuti）」とは、死ぬ瞬間だけのことであると理解してはならず、死ぬことが確定した〔時のこと〕であり、そのようなものが、心が衰滅するなどの状態のことだという。

[457] 徳慧は、死有（*maraṇabhava、四有の1つ。死ぬ瞬間の存在）が蘊を離れることで、死去（'chi 'pho ba, *cyavanatā）のことだという。

[458] 死後の行方。徳慧は、「生存への束縛（有結、*bhavasaṃyojana）が尽きていない者たちにとっての趣に他ならない」と但し書きをする。後に説かれる阿羅漢の後世（来世）と区別しているのである。

逆にすることにもとづいて、阿羅漢は〔それとは〕逆である。つまり、(I') 心が衰滅せず愚昧でなくして死ぬので、(II') 福徳をなしてから死去するので、(III') 無余涅槃[459]するので、3つの善である[460]。

【経節(38)】 阿羅漢は刺のない者

「<比丘たちよ、それゆえ、あなたたちは、{**(1) 刺[461]を捨て、**(2) 刺を欠き、(3) 刺を離れ、(4) 刺無き者} となろうと、そのように学びなさい。なぜかというと、阿羅漢は刺のない者である〔からである〕[462]>」

とは、経典の一節である。

[解釈 I]

考察力(弁別理解の力)[463]に依って煩悩の纏(*paryavasthāna)を取り除くので、「(1) 刺を捨て」である。修習力[464]に依って世間道によって煩悩の随眠(*anuśaya)を破壊するので、「(2) 刺を欠き」である。見道によって随眠の側(*pakṣa)にあるものを破壊するので[465]、「(3) 刺を離れ」である。修道によって一切の随眠を破壊するので、「(4) 刺無き」である。

[解釈 II]

さらにまた、初果(第一果)[466]において見所断の随眠を破壊するので、「(1)

---

459 phung po lhag ma med pa (P par) mya ngan las 'das pa, *nirupadhiśeṣa-nirvāṇa.

460 徳慧は3つの善(賢)について、「ヴァールカリ(shing shun can, *Vālkali (SWTF, s.v.)) よ、汝に欲求(*chanda)や貪欲(*rāga)はないので、汝にとって、死は善い、命終は善い、後世は善い」という経文を引く。『雑阿含』1265経(大正2.346.6-7)、パーリ:SN, 22.87. *Vakkali* (III.119-124)が対応する(上野〔2012b〕)。これは、ヴァカリ比丘の自殺を記述した経典である。

そのあと徳慧は阿羅漢の死について、「そのようであれば、〔五〕蘊を離れることこそが「(2) 命終」といわれることが成立する。なぜならば、阿羅漢は別の蘊に結生しないので。彼にとっては涅槃が「(3) 後世」であることが成立する」云々と述べる。

461 tsher ma, *kaṇṭaka: 対応阿含によれば、貪欲・瞋恚・愚痴のこと。

462 【対応阿含】

『中阿含』84経「無刺経」(大正1.561a14-17), AN, X.72. *Kaṇṭaka* (V.135.6-8)

ただ、『中阿含』とANでは項目は4つではなく3つ(akaṇṭaka, nikkaṇṭaka, akaṇṭakanikkaṇṭaka)である。

463 *pratisaṃkhyānabala: 徳慧によれば、特殊な智慧の力ということ。

464 *bhāvanābala: 徳慧によれば、特殊な三昧の力ということ。

前註の「考察力」とこの語はSaṅgに出ており、原語が知られる(Saṅg, II.12)。『雑阿含』661、662経では「数力」と「修力」と訳されている。本章でもしばしばこの枠組みが依用される(【経節(44)(55)(67)(85)】、徳慧註では【経節(44)(74))。

465 徳慧は、見道によって8つの随眠(anuśaya)を破壊するので、という。貪・瞋・慢・無明・邪見・見取・戒禁取・疑であろう。

466 以下、4句を、四向四果のうちの四果、つまり、預流果、一来果、不還果、阿羅漢果に配して解釈する。図表1 (p.221) 参照。

刺を捨て」である。第二〔果〕において欲界繋の修所断の〔随眠〕が僅かに残っているので、「(2) 刺を欠き」である。第三〔果〕においてそれ[467]を全て断ずるので、「(3) 刺を離れ」である。第四〔果〕において三界の一切の煩悩を断ずるので、「(4) 刺無き」である。

【経節 (39)】　聞き、考え、熟考する

「< {**信を生じて近づく。近づいて法（教法）を (1) 聞く。**彼は、その法を聞いて (2) 考える。考えて (3) 熟考する。熟考して (4) 熟慮する。(5) その真実（諦）もまた、身体によって現証（*sākṣāt√kṛ）し、(6) 智慧によって洞察する（*prajñayā pratividhyati）[468]>」

とは、経典の一節である。

〔解釈 I〕

「(1) 聞く」とは、文字と意味によって。「(2) 考える」とは、聞いたとおりの意味を思慮[469]するので。「(3) 熟考する」とは、道理[470]〔によって〕である。すなわち、正しく説かれたこと[471]の殊勝性[472]を確定弁別[473]するので。「(4) 熟慮する」とは、修習のあり方〔によって〕である[474]。把捉されたとおりの意味を弁別理解する[475]ので。「(5) その真実（諦）[476]もまた、身体によって現証する」とは、転依[477]の時に、如実（*yathābhūta）に現観[478]するので。「(6) 智慧によって洞察する」とは、"私は現証（まのあたりに）した"と、出世間智後得の世間智[479]

---

[467] 「それ」とは、徳慧によれば、欲界繋の修所断の〔随眠〕のこと。

[468] 【対応阿含】

『中阿含』195 経（大正 1.752b3-6）, MN, 70 経 *Kīṭāgirisutta* (I.480.3-10), Chung・Fukita〔2011: 165〕

【関連文献】

SWTF, s.v., upaparīkṣ: Daśo V.9(4)a,b ; (5)a; Saṅg V.19(4)a b: dharmān ekākī ... (2) cintayati (3) tulayati (4) (u)paparīkṣate

[469] nges par sems pa, *ni√dhyai. Cf. Mvy, 7460.

[470] 道理：徳慧は、三量、つまり、現量（直接知覚）、比量（推理）、聖教量（伝承）のこととする。【経節 (36)】中の註記を参照。

[471] legs par gsungs pa nyid: 徳慧は、顛倒のないこと（*aviparīta）、あるいは、他の者（外教徒）たちの諸の教説と区別するために、という。

[472] 徳慧は、〔四〕聖諦に随順する説示という。

[473] dmigs kyis 'byed pa: Mvy, 6567, Mvy(N), 6543: dmigs kyis dbye ba, nirdhāraṇam.

[474] 徳慧は、精神統一（定、*samāhita）のあり方によってという。

[475] so sor rtog pa, *pratisaṃkhyā.

[476] 諦：徳慧は、滅諦のことという。

[477] gnas gyur pa：〔解釈 II〕を参照。

[478] 現観（*abhisamaya）：徳慧は、覚る（*abhisaṃ√budh）ことという。

[479] 'jig rten las 'das pa'i ye shes kyi rjes las thob pa 'jig rten pa'i ye shes, *lokottarapṛṣṭa-labdhalaukika-jñāna：後得〔智〕は『倶舎論』の 2 箇所で出るが、以下が近いであろう。

AKBh, 394.11 (「智品」): katham anāsraveṇa jñānenaivaṃ jānāti/ tatpṛṣṭhalabdhena vyu-

によって確実に把握する[480]ので。

［解釈 II］

さらにまた、「（1）聞く」によって、聞（聴聞）によって生じた智慧（聞所成慧）を示す。「（2）考える」によって、思（思考）によって生じた（思所成）〔智慧を示す〕。「（3）熟考し、（4）熟慮し」という 2〔句〕によって、見道・修道の修習から生じた〔智慧を示す〕。すなわち、見道によっては、真如（*tathatā）[481]を弁別理解する[482]ので、増益（過剰な存在肯定）がないことと損減（過剰な存在否定）がないことという 2 つによって[483]精神集中する（*samā√dhā）ので、「(3) 熟考し」である。修道によっては、熟考したとおりのことを繰り返し考察するので、「（4）熟慮し」である。「(5) その諦もまた」とは、それを主題・目的として〔教〕法が説かれたところの、涅槃である。「（5）身体によって現証された」とは、転依によってである[484]。なぜなら、解脱[485]を得たので。「（6）智慧によって洞察する」とは、解脱知見によってである[486]。

そのようであれば、信に依って[487]、(I) 資糧（*saṃbhāra、悟りへのかて）と共なる道[488]と、(II) 道の結果である解脱と解脱知を説き示すのである[489]。

---

tthita evaṃ jānāti/（どのように、無漏智（＝尽智と無生智）によってそのように知るのかというと、〔金剛喩定から〕出立した者が、その後に得られる〔智〕によってそのように知るのである）

480 nges par 'dzin pa, Mvy, 2083: avadhāraṇam.

481 真如：徳慧は人無我と法無我のことという。法無我なら内容的には「諸法無我」でも説かれているが、人無我と対であるから、これは大乗の立場にたった真如解釈であろう。

482 so sor rtog pa: 徳慧は覚る（現等覚する、abhisaṃ√budh）ことという。

483 増益（*samāropa）・損減（*apavāda）: 順に、無いものを有ると捉えることと、有るものを無いと捉えること。唯識文献では三性説に絡めて説かれたりするが、徳慧は阿含の文脈に即して以下のように註釈する。「“私である、あるいは私のもの（我・我所）である”という増益がないこととと、“異熟はない。苦などという諦（＝四諦）はない”という損減がないことによって」。

484 転依：徳慧は転依について、「拠り処が転回するので、『転依であることによって』である。どのようにして、『転依であることによって』かというと、解脱を得るから」という。『釈軌論』における転依については、『釈軌論』第 4 章（堀内［2009: 335］VyY, 2.2.1 も参照）

485 徳慧：「解脱とはまた、心が煩悩の随眠という麁重（重苦しさ、dauṣṭhulya）を離れていることである。」

486 徳慧：「以上説かれたような解脱の特徴に対して知が生ずるのが、解脱知（*vimuktijñāna）である。すなわち、解脱を認識対象とする知である」

487 徳慧は、「信を生じて近づく」という経句によって説き示すのだという。

488 tshogs pa dang bcas pa'i lam: 資糧と道ということ。徳慧は、(1) と (2) によって資糧を説き、(3) と (4) によって 2 つの道（見道と修道）を説くのだという。

489 徳慧は、解脱を説くのは（5）によってであり、解脱知を説くのは（6）によってであるという。

【経節（40）】　布施の功徳

「＜｛比丘で、戒を保ち、善法を持つ者が、施物を享受し、心において無量三昧を身体によって証し、完成して住するならば、｝**その起因により、（1）布施者と（2）施主にとって、（3）福徳の流入**[490]・（4）善の相続の流入・（5）安楽の引き起こしが、無量となる＞[491]」

とは、経典の一節である。

［解釈 I］

「（1）布施者」とは、他人の財も自分で布施する者である[492]。「（2）施主」とは、財を与える者である。〔人が〕福徳業をなす時には、〔個体〕相続に、2 種類の習気（潜在印象、余習、*vāsanā）が住する。（i）望ましい結果の成熟を成就することと、（ii）信など[493]という善法の等流果を成就することである。なぜなら、特殊な（勝れた）布施対象[494]が、その施物を享受するので。その 2 つ（＝（i）と（ii）の 2 種類の習気）が特殊な育成に赴くのが、順に、「（3）福徳の流入[495]〔が無量であり〕」、「（4）善の流入が無量である」と知られるべきである。その流入（＝2 つの習気）はまた、安楽の相続[496]であるので、「（5）安楽の引き起こし」とは、〔その〕利点を示している。

［解釈 II］

さらにまた、（i）布施から生じる福徳と、（ii）それを発動[497]せしめる善である正見[498]というその 2 つ（＝（i）、（ii））の界[499]の育成が、順に、「（3）福徳の流

---

490 Mvy, 7258, Mvy(N), 7222: bsod nams rgyun rgyas, puṇyābhiṣyandaḥ. abhiṣyanda は漢訳では流、滋潤などと訳されるが、本庄訳の「流入」を用いた。

491 【対応阿含】

AN, 4.51. *Puññābhisandā* (II.54.28ff.)（漢訳対応なし）

【関連文献】

AKBh, 197.23-198.1 (ad.,『倶舎論』「業品」3 偈、舟橋［1987: 53］): (yat tarhi sūtra uktaṃ) yasyogra bhikṣuḥ śīlavān kalyāṇadharmā piṇḍakaṃ paribhujyāpramāṇaṃ cetaḥsamādhiṃ kāyena sākṣātkṛtvopasaṃpadya viharaty apramāṇas (1) tannidānaṃ* dāyakasya (2) dānapateḥ (3) puṇyābhiṣyandaḥ (4) kuśalābhiṣyandaḥ (5) sukhāsvādadhāraḥ pratikāṅkṣitavya（*本庄下記により *sic*. -nidāna-を修正）

AKUp（本庄［2014:［4010］］

＊『倶舎論』では福徳の増長に関して相続転変差別説を説く文脈で引用されているが、ここでは相続転変差別についての言及はない。

492 gzhan gyi nor kyang bdag gis byin par byed pa'o.

493 徳慧は、「『信など』という語によって、不放逸（専念、*apramāda）と軽安（軽快さ、*praśrabdhi）と捨（平等心、*upekṣā）などという多くの善が〔述べられる〕」という。

494 yon gnas kyi khyad par, *dakṣiṇīyaviśeṣa: AKBh, 417.2.

495 rgyun rgyas pa: 徳慧は rgyun 'phel ba という。

496 rgyun. 異読はないが rgyu（原因）か。

497 rab tu 'jug, *pra√vṛt.

498 徳慧は、一切の正見は善（＝正見であればそれは善）であるにも関わらず「善

入」、「（4）善の流入」である。その2つによって望ましい結果の種子を育成することが、「（5）安楽の引き起こし」である。

〔解釈 III〕

さらにまた、布施から生じる「(3) 福徳の流入」、それこそが、「（4）善の流入」である。なぜなら、善の等流果[500]の原因であるから。〔それ（＝（3））は〕「(5) 安楽の引き起こし」でもある。なぜなら、望ましい異熟果[501]の原因であるから。

【経節（41）】　神通

「＜｛**多くの種類の神通の境界を経験する。**すなわち、(1) 一〔身〕となり、多〔身〕となる。多〔身〕となり、一〔身〕となる。(2) 現れ、隠れることも、知と見によって経験させる[502]。(3) 壁も通過し（真っ直ぐ行き）、山も通過し、塀も通過する。身体でもってさまたげなく行き、大地において出たり入ったりすることは、たとえば水においてするように。(4) 水においても沈まないままで行くことは、たとえば大地においてするように。空においても結跏趺坐して闊歩することは、たとえば翼ある鳥のように。(5) 太陽と月のこの2つ－〔それらは〕かくも大きな神通を持ち、かくも大きな威力を持ち、かくも大きな力を持つものであるが－をも、手でもって掴み、撫で、撫で回す。梵天の世界に至るまでも、有情たちに対して身体によって自在である[503]｝＞」

である正見」と〔わざわざ〕「善」と述べられているのは、「（4）善の相続の増大」というこの経句と似たものとする（'dra ba nyid du bya）ためであるという。

499 *dhātu: 徳慧は*bīja と註釈する。

500 等流果：rgyu mthun pa'i 'bras bu, *niṣyanda-phala. この文脈では善因善果。

501 異熟果：'bras bu rnam par smin pa, *vipāka-phala. この文脈では善因楽果。

502 shes pa dang mthong bas nyams su myong bar byed pa: Mvy に対応はない。漢訳では「有知有見」。徳慧は、他人の知と見（見ること）によって、つまり、意識と眼識によって経験させるということだという。

503 【対応阿含】

神通力についての定型句で、諸経に見える。『中阿含』143経、184経、『長阿含』20経等。Deleanu［2006b: 575.n.275］に詳しい。

CPS, E2-3 (p.432): anekavidham ṛddhiviṣayaṃ pratyanubhavati(|) tadyathā (1) eko bhūt(vā bahudhā bhavati| bahudhā bhūtvā eko bhavati| (2) āvirbhavati* tir)o(bhā)vaṃ jñānadarśanena pratyanubhavati(|) (3) tiraskuḍy(aṃ) tiraḥśailaṃ tiraḥprākāram asajyamānaḥ kāy(ena gacchati tadyathā ākāśe| pṛthivyām unmajjananimajjanaṃ ka)roti tadyathā udake(|) (4) udake asajyam(ānaḥ) kāyena gacchati tadyathā (pṛ)thi(vyām| ā)kāśe paryaṃgen(a** vikramate tadyathā pakṣī śakuniḥ| (5) imā v api candrasūryau e)va(ṃ)mahardhikau (evaṃmahānubhāvau pāṇinā āmārjati parimārjayati yāvad brahmalokād api kāyena vaśe vartaya)t(i|)

*: *sic*. āvir bhavati. Cf. SWTF.　**: テキストの註にあるように、paryaṃkenaと同じ。

【関連文献】

VyYT、Sūśa は Mvy、CPS のどちらとも完全に一致はしない。たとえば、前2者と CPS にある「知と見によって（jñānadarśanena）」という語は Mvy にはない。

とは、経典の一節である。

「多くの種類の神通の境界を経験する」〔という句〕は概略であり、残りは解説である。5つの自在を得たことによってそれ[504]を経験することを示すのである。

5つの自在[505]について、(I) 神通における自在(*ṛddhivaśitā)は、それを増大し、収縮するので。(II) 示現と非示現における自在は、身体を現し、隠すので。(III) 行くことにおける自在は、真っ直ぐと上と下にも〔妨げなく〕行くので。(IV) とどまりにおける自在は、〔物理的〕妨げ(≒支え)のないところからも落ちないので。〔そして、〕(V) 勝れた趣(生存領域)と〔勝れた〕世界[506]という2つにおいて、自分の身体が行くことにおける自在である。

「壁」と「山」と「塀」を述べたのは、〔それぞれ、〕精舎と山と町に住している時にであると知られるべきである。

【経節(42)】 有身滅の涅槃に心を飛び込ませる

「<{**有身滅の涅槃**[507]**に心を(1) 飛び込ませ、**(2) 信頼し、(3) 定立し、(4) 解き放つ[508]}>」

とは、経典の一節である。

〔解釈I〕

それ(=涅槃)に対して[509]

他方、「太陽と月」に対する形容詞はVyYT、SūśaとMvyでは3つであるが、CPSでは2つしかない(ただ、欠落箇所であるが)。

Mvy, 215-223, 227-228, Mvy(N), 212-220, 224-225: anekavidham ṛddhiviṣayaṃ pratyanubhavati (1) eko bhūtvā bahudhā bhavati bahudhā bhūtvaiko bhavati (2) āvirbhavati tirobhāvam api pratyanubhavati (3) tiraḥ kuḍyaṃ tiraḥ prākāram parvatam apy asajjamāno gacchati ākāśe vikramate tad yathā pakṣī śakuniḥ pṛthivyām unmajjananimajjanaṃ karoti tad yathāpi nāmodake (4) udake 'py abhidyamāno gacchati tad yathāpi nāma mahāpṛthivyām ... (5) imāv api candrasūryāu evaṃ maharddhikau evaṃ mahānubhāvau evaṃ mahaujaskau pāṇinā parāmṛṣati parimārjayati yāvad brahmalokād api sattvān kāyena vaśe vartayati.

504 徳慧のいうように、「多くの種類の神通の境界」のこと。

505 経句の(1)～(5)を、(I)～(V)に配当する。

506 徳慧によれば、「勝れた趣('gro ba, *gati)」が、太陽と月。「勝れた世界(khams, *dhātu)」が、梵界(梵天の世界)。さらに、前者は欲界に含まれ、後者は色界に含まれるという。

507 *satkāyanirodha: これは「無量三昧」(ただ、パーリでは心解脱(cetovimutti))と対比されている。そのなか、徳慧は「有身(satkāya)」は五取蘊であると意図されているのだという。

508 【対応阿含】

『雑阿含』492経(大正2.128b14-15), AN, 4.178. *Jambāli.*

【関連文献】

SWTF, s.v., pra-sad には、文脈は違うが、一連の句が列挙されている。それにより、(1) praskandati (2) prasīdati (3) santiṣṭhate (4) vimucyate が得られる。

上野[2012b]は、Chung[2008]には記載がないが『集異門足論』(大正26.427c7-9)に対応があるという。

「(i) 恐れないから、(ii) 喜ぶから、(iii) 一意専心であるから、(iv) 貪らずに生じる[510]から、
『(1) 心を飛び込ませる』から、『(4) 解き放つ』に至るまでであると知られるべきである。」
逆にすることに基づいて、逆である[511]。
〔解釈 II〕
【異説】
他の者たちは言う。
"『(1) 飛び込ませる』とは、聴聞から生じた (/から成る) 智慧 (聞所成慧) によって。『(2) 信頼する』とは、思考から生じた智慧 (思所成慧) によって。『(3) 定立する』とは、世間的な修習から生じた〔智慧〕によって。『(4) 解き放つ』とは、出世間の〔修習から生じた智慧〕によってである"
と。
【世親による論難[512]】
〔君たちの言う〕そのようであれば、原因が説かれたのであって、意味が〔説かれたの〕ではない。
「具寿チャンダ (*Chanda) によっても[513]、しかし、私は、一切の行 (sarva-saṃskāra) が寂静に住すること、空で〔不〕可得であること[514]、渇愛の尽 (tṛṣṇākṣaya)、離貪 (離染、virāga)、滅 (nirodha)、涅槃 (nirvāṇa) に、心を (1') 働かせない、(2') 信頼しない[515]」
と述べられているのは、彼 (チャンダ) には聴聞からなる〔智慧〕と思考からな

さらに、否定形では、AKVy, 704.33-705.1 (「破我品」): (śūnyatāyām) asya cittaṃ na praskandati yāvan nādhimucyata iti.

509 VyYT: mya ngan las 'das pa de la.

510 VyY (偈頌) では ma chags 'byung。VyYT は ma chags par 'byung ba。

511 徳慧は、「涅槃を (i') 恐れるから (1')〔心を〕飛び込ませず、乃至、(iv') 無執着が生じないから (4') 解脱しない、である」という。

512 徳慧は指示していないが、「他の者たちは言う」(gzhan dag na re) に対する論難であるので、世親によるものと見ておく。

513 徳慧によればここからが引用であるが、この句の次からが引用であるというのが自然。ただ、漢訳では「闡陀復言」とある。

514 stong pa nyid du dmigs pa dang: パーリ対応経では sabbūpadhipaṭissagge で、それの対応梵本は sarvopadhipratiniḥsarge が想定される。しかし、漢訳は「不可得」と、異なっている。ところで、文脈は違うがこの一連の句はいくつかの経典に見られるようであり、それによればこの箇所には śūnyatāyām anupālambhe が想定され、これは漢訳に近い。ゆえに、dmigs pa とあるが否定辞 (mi) を加えて読んだ。VyY のテキストのままでは、「空であると認識され」と訳される。次註も参照。

515 上野〔2012b〕が『雑阿含』262 経 (大正 2.66b17-18 (c10-11))、SN, 12.90(8). *Channo* (III.133.3-6;134.4-6), (Chung〔2008: 50〕) を指摘する。また、SWTF, s.v.sarva-saṃskāraśamārtham, /-the により以下の梵本が得られる。SHT (VIII) 1875 V3: sarva-saṃskāraśa[m](ār)tha[ṃ* śu]nyatāyām anupā[la]ṃ[bh](e) t[ṛ]ṣṇā[kṣaye] virā ... *: VyY では zhi bar gnas pa で、artha の位置に gnas pa とある。*-tha/stha か。パーリ : -samathe.

る智慧（聞所成慧・思所成慧）もないのではない（＝ある）。

「尊者よ、私も、“一切の行（形成作用）は無常であり、一切法は無我であり、涅槃は寂静である”と、このように考えます[516]」

とも、〔同じ経典に〕出ているからである。多聞であるから[517]、そして、〔個体〕相続が成熟（*pari√pac）しているからである[518]。

それゆえ、3種類[519]すべての智慧を具えている者たちであっても、決して涅槃に心を飛び込ませないのである。粗大な我慢（われ有りとの思い、asmimāna）が間隔をもって、そして間隔をもたずに現起しているからである。まさにそれゆえ、“では、私の自己（我）は何か（どうなるのか）[520]”と、恐怖[521]という原因によって〔涅槃から〕心を背けるのである。

〔しかし、〕修習から成る慧によってその我慢の現起が対治（治療）によって取り除かれたその時に、彼は「(i) 恐れない」など[522]を具えているから、「(1) 飛び込ませる」、乃至、「(4) 解き放つ」である。

【経節（43)】　眼根を監守する

「＜｛比丘たちよ、ここにおいて、〔ある人は、〕**眼根（目という感官）を (1) 監守する (*ā√rakṣ) ため、(2) 守護する (*√gup) ため、(3) 調御する (*√dam) ために行じている。**｝意根（意という感覚器官）に至るまでも、同様である[523]＞」

とは、経典の一節である。

516　上と同じ『雑阿含』262経（大正2.66b15-16（c8-10））, SN, 90(8). *Channo* (III. 133.1-2; 134.3)である。いわゆる「三法印」で、上野上記のいうようにAKVy, 248.1-2: sarva-saṃskārā anityā iti vā sarva-dharmā anātmāna iti vā śāntaṃ nirvāṇam iti により、梵本が得られる。なお、森［1995: 336］によればこの3句は、原始経典に限って言えば、上記阿含に見られるのみという。

517　徳慧によれば、ゆえに、彼は聞から成る智慧を具えている。

518　徳慧によれば、ゆえに、彼は聞と思から成る智慧の2つを具えている。

519　聞・思・修所成の。

520　'o na nga'i bdag gang yin: 上記引用文の後に続くパーリのatha kho carahi me attā ti、漢訳の「此中云何有我」に相当。般涅槃したら私はどうなるのか、という疑いのこと。

521　yongs su yi chad pa, *pari√tras: 徳慧は、離貪している者たちには好ましいあり方が生じるのであって、好ましくない〔あり方が〕ではないのである。その界の貪欲を離れているからである、という。恐怖といっても離貪した者たちにとっては好ましいあり方で生じる、という意味であろう。

522　先の（i）～（iv）のこと。

523　【対応阿含】

『雑阿含』879経（大正2.221b24-25）（パーリ対応なし）Chung［2008: 153］によれば以下が対応。SHT (V) 1445 V3 (/ 1447): (1) ārakṣāya (2) guptaye (3) damathā-[ya] pratipanno bhavati.

「四正断」のうちの「律儀断」の説明である。四正断（四正勤）については【経節（55)】参照。

［解釈 I］

念（気をつけていること、*smṛti）と三昧と智慧に依って、順に、「（1）監守するため、（2）守護するため、（3）調御する[524]ために行じている」。

［解釈 II］

さらにまた、それに対して〔眼根が〕働くべき対象、それを「(1) 監守するため」である。なぜなら、念によって加護されている[525]ので。〔眼根が〕働くべきではない〔対象〕、そこから「(2) 守護するため」である。なぜならそれ（眼根）が働かないので。それ（眼）を通じて煩悩が現起する〔、その〕随眠を破壊するために対治を修するので、「（3）調御するために行じている」と知られるべきである。

【経節（44）】　六根がよく調御された

「＜｛比丘たちよ、**これらの六根－（1）よく調御され、（2）よく守護され、**（3）よく保護され、（4）よく防護され、（5）よく修習されたもの－は、｝後に安楽を引き起こす。六根とは何かというと、眼根、乃至、意根[526]である[527]＞」

とは、経典の一節である。

［解釈 I］

煩悩の随眠（*anuśaya）の一切を破壊するので、「（1）よく調御された」である。考察力[528]に依って、念（気をつけていること）と正知[529]という 2 つによって煩悩の纏（*paryavasthāna）が生じないので「(2) よく守護された」であり、生じた〔煩悩〕を受け入れない[530]ので「(3) よく保護された」である。世間的な修習力に依って、「（4）よく防護された」である。出世間〔の修習の力〕に依って、

---

524 徳慧は、「dul ba nyid dul bar gnas pa ste zhi gnas bzhin no」という。つまり、経文の*damatha とは dama に他ならないということ。「*śamatha のように」とは、śamatha=śama であるので gnas, *-tha という語は意味を持たないという解釈。

525 byin gyis brlabs, *adhiṣṭhita.

526 眼・耳・鼻・舌・身・意。

527 【対応阿含】

『雑阿含』279 経（大正 2.76b8-9）, SN, 35.94. *Saṃgayha*. Chung［2008: 86］

【関連文献】

文脈は違うが SWTF, s.v., sugupta により以下が得られる。(1) (sudān)[ta]ṃ (2) suguptaṃ (3) surakṣitaṃ (4) susaṃvṛtaṃ (5) [s]u(bhāvitam āyatyāṃ sukhavipākaṃ bhavati)

『倶舎論』でも引用される（ad.,「智品」27 偈 : AKBh, 411.4-5: ṣaḍ imānīndriyāṇi (1) sudāntāni yāvat (5) subhāvitāni.

（櫻部等［2004: 110ff.］）, AKUp（本庄［2014:［7010］］）

向井［1985: 33］によれば「摂事分」では（大正 30.822a16, VasSg, P271b3, D234b7）が対応するが、この 5 句は「摂事分」（大正 30.809c8-12）でも解釈されている。

528 「考察力」と次に出る「修習力」については、【経節（38）】を参照。

529 徳慧は、智慧のこととする。意識していること、自覚的であること。

530 dang du mi len pa: Mvy, 7041: nādhivāsayati. Cf.【経節（85）】

「(5) よく修習された」である。そのようにして、心を調御すること（＝ (1)）が、その方法（＝ (2) ～ (5)）と共に示されたのである。

これについてさらに〔頌が〕説かれる。

「念によって、〔煩悩の纏が〕生じない[531]ので『(2) 守護され』、正知によって、生じた〔煩悩の纏〕から『(3) 保護され』、
制圧[532]と、根本の破壊[533]という 2 つによって、『(4) 防護』と『(5) 修習』であると主張される」

と。

〔解釈 II〕

『聖教』には、

「〔眼根などが〕働くべきではない〔事物〕に対して働かないので、『(2) よく守護された』。働くべき〔事物〕に対して念をよく確立（念住）することによって働くので、『(3) よく保護された』。自分自身が対象に対して〔雑染と〕ならないので、『(4) よく防護された』。自分自身が雑染とならないので『(5) よく修習された』[534]。そのようであれば、『(1) よく調御された』である」

と出ている。

【経節 (45)】　慈無量心

「＜{**彼は、(1) 慈しみを伴った心－すなわち、(2) 敵意なく、(3) 敵なく、** (4) 害意なく、(5) 広大で、(6) 巨大で、(7) 無量で、(8) よく修められた〔心〕－をもって、1 つの方向を勝解して〔心で〕触れて、完成して住する。＞

同様に、第 2〔の方向〕、同様に、第 3〔の方向〕、同様に、第 4〔の方向〕、上、下、横と、あらゆる方向に、この世界の一切を、(1) 慈しみを伴った心－ (2) 敵意なく、(3) 敵なく、(4) 害意なく、(5) 広大で、(6) 巨大で、(7) 無量で、(8) よく修習された〔心〕－をもって、勝解して〔心で〕触れて、具足して住する[535]}」

---

531 生じない：徳慧によれば、主語は、「煩悩の纏」。

532 gnon: VyYT によれば rnam par gnon pa, *viṣkambha(ṇa), AKBh, 338.1, 454.1.【経節 (35)】を参照。徳慧はこれは世間的な修習の道によってであるという。

533 徳慧によればこれは出世間道によってであるという。また、根本（rtsa ba）とは随眠のことであるともいう。

534 徳慧：これは「考察力」に依ってではなく、「修習力」に依ってである。

535 【対応阿含】
諸経に見える。『雑阿含』916 経（大正 2.232a25-29）；『雑阿含』567 経（大正 2.149c）, SN, 41.7. *Godatto* (IV.296)（無量三昧の説明中）など。

【関連文献】

Mvy, 1508-1509, Mvy(N), 1511-1512: sa (1) maitrīsahagatena cittena (2) avaireṇa (3) asapatnena (4) avyābādhena (5) vipulena (6) mahadgatena (7) apramāṇena (x) advayena (8) subhāvitena (9) ekāṃ diśam adhimucya sphāritvopasaṃpadya* viharati tathā dvitīyaṃ tathā tritīyaṃ tathā caturtham ity ūrdhvam adhas tiryak sarvaśaḥ sarvāvantam

とは、経典の一節である。

他者たちに対する利益（安寧、hita）〔の意向（思い）〕と安楽（sukha）の意向が、「慈しみ」である。それと相応（連合、saṃprayukta）した心が、「（1）慈しみを伴った〔心〕」である。(I) それ[536]は3種類の随煩悩（upakleśa）の対治（治療）であるので、「（2）敵意がない」「（3）敵〔対心〕がない」「（4）害意がない」。3種類の随煩悩とは、(i)〔自分と比べて〕同等のあるいは勝れた有情〔たち〕で、害をなす者たちに対する恨み（恨、upanāha）と、(ii) 害をなさない者たちに対する妬み（嫉、īrṣyā）と、(iii) その2つを具えた[537]〔自分より〕劣った者たちに対するもので、それによって彼らを害するところのものである、怒り（瞋恚、dveṣa）である。(II) 結果が大きいので、「（5）広大」である。(III) 色界繫（rūpāvacara）であるので、「（6）巨大」である。(IV) 無量の有情を認識対象とするので、「（7）無量」である。(V) 対立物（対治されるべきもの）[538]をよく調御するので、「（8）よく修習された」である。

そのようであるなら、(I') 対治（治療、pratipakṣa）であり、(II') 結果であり、(III') 地（段階）であり、(IV') 認識対象であり、(V') 清浄であるところの、その心が示された。

「1つの方向を」とは、器によって、器にあるものを示している[539]。たとえば、「イスが叫ぶ[540]」「山が燃える[541]」というように。「勝解して[542]」とは、勝解作意[543]を示す。「覆って」とは、覆うことを示す。なぜなら、同時にすべてを勝解す

---

imaṃ lokam.

*: SBhV II, 206.25; MPS, 34.156: spharitv°

AVSN に対応解釈がある。また、AKUp（本庄［2014:［4100］［8035］]）。

536 （1）を指す。

537 徳慧によれば、害をなす有情と害をなさない有情の2つ。

538 mi mthun pa'i phyogs, vipakṣa: 徳慧によれば、上記の3種類の随煩悩を指す。

539 1つの方向にいる有情に対して、ということ。

540 イスに座っている人が叫ぶということ。AVSN のテキストの註で Samtani が指摘するように、Cf. AKBh(E), 48.6, AKBh, 30.21（「界品」）: āśritakarma vāśrayasyopacaryate/ yathā mañcāḥ krośanti iti/（あるいは、依っている人の行為が、拠り処でもって言語表現されるのである。たとえば、「イスが叫ぶ」というように。）

541 山にある木々が燃えるのである。

542 こちらの思いを対象に投影して。

543 *adhimuktimanaskāra: 『倶舎論』（AKBh, 108（「根品」、櫻部［1979: 415］））によれば作意には3つあり、自相作意、共相作意、勝解作意である。その勝解作意とは、不浄観、四無量、四無色解脱、勝処、遍処などにおける作意。本経節は四無量に関する経典であったことに注意。これについて、徳慧は、「勝解作意が説かれたのであって、真実作意が〔説かれたの〕ではない」といい、真実作意と対比している。SamBh（157, 158）で40種類の「作意」が説かれる中の、adhimuktimanaskāra と tattvamanaskāra が関連しよう。ibid., 3.1.2.2.7: adhimuktimanaskāro yo dhyāyināṃ yathecchaṃ nimittaṃ vastv adhimucyatām; 3.1.2.2.8: *tattva*manaskāraḥ svalakṣaṇataḥ sāmānyalakṣaṇataś ca yoniśo dharmān manasikurvato yo manaskāraḥ.（「勝解作意」は、望んだままに、根拠・事物を勝解している静慮者たちにとってのもの

るので。「具足して」とは、彼〔には〕根本定[544]が現前していることを示した。「住する」とは、別の時にも従い行く（anuvṛtti）ことを示す[545]。

【経節（46）】　努力に励んで弛緩せず

「＜彼がそのように知って、そのように見た時には、{**(1) 努力（精進）に励んで弛緩（*asaṃlīna）せず、(2) 身体が軽快となって（*praśrabdha）冷静で（*asaṃrambha）**、(3) 念住して（しっかりと気をつけており）愚昧でなく（ぼんやりしておらず、*asaṃmūḍha）、(4) 精神統一されて（*samāhita）一意専心している（*ekāgra）[546]} ＞」

とは、経典の一節である。

［解釈 I］

後の句による解説を伴った 4 句[547]は、順に、4 種類の心の対治（治療）であると知られるべきである。

4 種類の心とは、(i) 極度に弛緩した、(ii) 極度に高ぶった、(iii) 内に縮こまった、(iv) 外に揺れ動いた〔心〕である[548]。それのみの対治として、2 つづつの

である。「真実作意」は、自相と共相に基づいて、根源的に（如理に）諸法を作意することに基づく作意である）

[544] dngos gzhi'i snyoms par 'jug pa, maulasamāpatti: 根本定。櫻部［1981: 258-259］の説明を引く。「四静慮と四無色とにおのおの根本定と近分定とを分つ。根本定はそれぞれその下地の修惑（修習によって断ぜられるべき煩悩）をすべて断じ終わって得た定をいい、近分定とは、根本定の前段階として、なお修惑を断ずるには至らぬがそれを圧伏したところに得られる定をいう。」図表 2 (p.221) を参照。

[545] 徳慧は、「少ない時間ではなく、長時間、従い行くものであることを説いた」という。

[546] 【対応阿含】

『雑阿含』212 経（大正 2.53c25-26）：（1）専精勝進。（2）身心止息。（3）心安極住不忘。（4）常定一心。SN, 35.134. (IV.125); AN, I.148.4ff. も。

【関連文献】

Chung［2008: 74］により AKUp（本庄［2014:［6061］］）に対応があることが知られる。加うるに、以下により梵本が得られる。SBhV I, 100: (1) ārabdhaṃ cāsya vīryaṃ bhavaty asaṃlīnaṃ, (2) prasrabdhaḥ kāyo bhavaty asaṃrabdhaṃ, (3) upasthitā smṛtir bhavaty asaṃmūḍhā, (4) samāhitaṃ cittaṃ bhavaty ekāgram.

なお、(1) の asaṃlīna の訳を「弛緩」としたのは本庄訳に依る。

[547] 徳慧によれば、「弛緩せず」によって、「努力（精進）に励んで」が解説されるなどということ。

[548] 徳慧は経典を引き、この 4 つを説明する。

「どのように (i) 心が極度に弛緩するのかというと、心が懈怠（怠惰、*kauśīdya）を伴っている〔のが、(i) の心〕である。

どのように (ii) 心が極度に高ぶる（*atipragṛhīta）のかというと、心が浮つき（掉挙、*auddhatya）を伴っている〔のが、(ii) の心〕である。

どのように (iii) 心が内に縮こまるのかというと、心が惛沈と睡眠を伴っている〔のが、(iii) の心〕である。つまり、心が内部で活動停止しているの

断行（断の実践）[549]がある。

［解釈 II］

さらにまた、止（*śamatha）と挙（*pragraha）[550]にとっての随煩悩の対治として、2 句[551]である。なぜならば、弛緩（*saṃlīna）と掉挙（浮つき、*auddhatya）の対治であるから。捨（平静、*upekṣā）にとっての随煩悩[552]の対治もまた、2 句[553]である。その 2 つ〔の随煩悩〕とはさらに、それによって念（気をつけていること）が蒙昧となるところの無明と、それによって味著（*āsvādana）に対して心が動揺するところの渇愛（渇望）である。

であって、観（vipaśyanā）を伴っているのではないのである。かくして、心が内に縮こまるのである。

どのように（iv）心が外に揺れ動くのかというと、五妙欲に〔心が〕揺れ動き、拡散する〔のが、（iv）の心〕である。かくして、心が外に揺れ動くのである（なお、この後半部は『倶舎論』「智品」にも引かれる。AKBh, 397.12-14: kathaṃ (iii) cittam adhyātmaṃ saṃkṣiptaṃ bhavati/ yac cittaṃ styānamiddhasahagatam adhyātmaṃ saṃnirodhasahagataṃ no tu vipaśyanayā samanvāgatam/ kathaṃ (iv) bahir vikṣiptaṃ bhavati/ yac cittaṃ pañcasu kāmaguṇeṣv anuvikṣiptaṃ bhavaty anuvisṛtam)」

AKUp での引用と書誌情報は、本庄［2014:［7002］］。Cf. Kritzer［2005: 372-383］

549 spong ba'i 'du byed, prahāṇasaṃskāra: 徳慧によれば、「八断行」のこと。これはたとえば AKVy, 601.1-4（ad.,『倶舎論』「賢聖品」69b 偈）に引かれ、櫻部・小谷［1999: 428-429］では DN, III.226 が指示されている。また、AS、ASBh（87.21ff.）、MAV、『顕揚聖教論』にも出る。8 つとは、漢訳も示せば、「欲（意欲、chanda）・精進（vyāyāma）・信（śraddhā）・安（軽快さ、praśrabdhi）・正念（気をつけていること、smṛti）・正知（意識していること、saṃprajanya）・思（思い、cetanā）・捨（平静、upekṣā）」である。

徳慧は、たとえば、最初の 2 項目である「欲」と「精進」が、「（i）極度に弛緩した〔心〕」の対治であるということだという。以下も順に対応する。ただ、徳慧は、（iv）の対応については、以下のように解説を加える。「（iv）外に揺れ動いた〔心〕の対治は、「思」と「捨」である。どのようにしてかというと、「思（*cetanā）」とは、〔心を〕形作ること（*abhisaṃskāra）である。つまり、『この〔自身の〕身体こそを、足の裏から上、頭髪より下、皮膚に至るまでを、種々の不浄なものに満たされていると考察する。この身体における髪と、毛と』（MN, 10 経（I.57.13-16）、『中阿含』98 経「念処経」（大正 1.583b4-6））と詳細に出ている。それから、それらの行（形成力、saṃskāra）に対して平静（捨）となる」と。

要するに、「思」を身念住に限定づけることにより、「捨」に結びつけている。

550 止と挙と、後に出る「捨」の 3 つについては、**【経節（14）】**の［解釈 IV］を参照。なお、徳慧は、「挙とは、〔心が〕弛緩した時に、喜ばしい事物（prāmodyavastu）を認識することによって、それに対して〔心が〕清まることであるという。

551 ＝（1）（2）句。

552 徳慧は、捨（平静）は、「心が弛緩もなく浮つきもなく平らか（平衡状態）となったその時」のことという。

553 ＝（3）（4）句。

〔解釈 III〕

さらにまた、4 種類の過失の対治として、4 句がある。

4 種類の過失とは、(i) 努力に励まなければ心が弛緩してしまうこと、(ii) 極度に〔努力に〕励めば身体が疲労してしまうこと、(iii) 不注意[554]、(iv) 心が衰滅することである。それによって、(i') (ii') 身体が間違って〔努力〕が励まれ[555]、(iii') 念が蒙昧となり、(iv') 一意専心とならないのである。対象に対して〔心が〕動揺するから。

まさにそれゆえ、その〔4 つの〕対治であることを示すために、「(1) 努力」などは、後の句[556]によって修飾されていると知られるべきである。

【経節 (47)】　三転十二行相

「<{比丘たちよ、"これは苦聖諦である"と、以前に聞いたことのない諸法に対して**如理に作意する（根源的に思惟する）時には、(1) 眼（cakṣu）が生じ**、(2) 智（jñāna）と、(3) 明（明知、vidyā）と、(4) 覚（覚知、buddhi）が生じた[557]} >」

---

554 brjed ngas pa, Mvy, 1976: muṣitasmṛtitā.

555 (ii) のみの説明のように思えるが、この前に句はないので、(i) (ii) の両方に対する解説と見て、(i') (ii') と記した。

556 「弛緩せず」などという、(1) ～ (4) のそれぞれの第 2 句。

557 【対応阿含】

『雑阿含』379 経等。

釈尊の「初転法輪」中の記述。中村［1992a: 506.n.2］に資料が詳しい。また、Chung［2008: 122］。以下により、梵本が得られる。CPS, 12.2: idaṃ duḥkham āryasatyam iti me bhikṣavaḥ pūrvam ananuśru(teṣu dharme)ṣu yoni(śo manasikurvataś* ca)kṣur udapādi jñ(ānaṃ vidyā buddhir udapādi|)

*sic. manasi kurvataś. これは、SWTF, s.v., manasi-kṛ の指摘するように、つなげるべき。なお、この句はパーリ対応（SN, 55.11(V.422.3-5)等）には存在しない。

【関連文献】

三転十二行相（後述）について世親は『倶舎論』「賢聖品」54 偈に関連して論じているが、『釈軌論』では、より詳細に議論している。その『釈軌論』での議論を、称友が AKVy で『倶舎論』当該箇所を註釈する際に、ほぼそのまま引用している。称友の『釈軌論』引用に関してはもう 1 例付け加えることができるとともに、本箇所の梵本が得られることにもなる。また、本経節での解釈は実質的には櫻部・小谷［1999: 338-339］によって提示されていることになる。なお、経文自体については本庄［2014:［6056]］。

AKVy, 580.30-581.6:

[I] tatra pratyakṣārthatvād anāsravā prajñā (1) cakṣuḥ. niḥsaṃśayatvāj (2) jñānaṃ. bhūtārthatvāt (3) vidyā. viśuddhatvād (4) buddhiḥ. viśuddhā dhīr buddhir iti nirukteḥ.

[II] punar bāhyakānāṃ satyeṣu darśanaṃ kudṛṣṭi-vicikitsā'vidyānām apratipakṣaḥ s'āsravaṃ ceti tato viśeṣaṇārthaṃ (1) cakṣurādi-grahaṇaṃ.

[III] punas triṣu parivarteṣu prathamaṃ darśanaṃ (1) cakṣuḥ. yathā-dṛṣṭa-vyavacāraṇaṃ (2) jñānaṃ. yāvad-bhāvikatām upādāya (3) vidyā. yāvad-vidyamāna-grahaṇāt. yathāvad-bhāvikatām upādāya (4) buddhiḥ. yathābhūtārthāvabodhāt.

とは、経典の一節である。

［解釈 I］

対象がまのあたりとなっているので、無漏の智慧が「(1) 眼」である。疑いがないから「(2) 智」である。〔その〕対象が正しいから「(3) 明」である。清浄であるから「(4) 覚」である。語源解釈の法規の理由によれば、清浄（*viśuddha）であるから覚（buddhi）である[558]。〔その智慧の〕眼において、(i) 劣ったこと〔がなく〕[559]・(ii) 迷乱（*bhrānta）〔がなく〕[560]・(iii) 濁りないものであること（*anāvila）[561]を示すために、〔(2) ～ (4) の〕3 種類の修飾がなされたのである[562]。

［解釈 II］

さらにまた、諸の外教徒（外道）の見解は、〔四〕諦に関して、(i) 悪見（*kudṛṣṭi）・(ii) 疑い・(iii) 無明の対治でなく、(iv) 有漏であるので、それ（＝諸の外道の諦に対する見解）と区別するために、「(1) 眼」などと述べられた。

［解釈 III[563]］

さらにまた、三転[564]における最初の見が、「(1) 眼」である[565]。見たとおりに

[IV] punar ananuśruteṣu dharmeṣv ānumānika-jñāna-pratiṣedhārthaṃ (1) cakṣur ity āha. ādhimokṣika-jñāna-pratiṣedhārthaṃ (2) jñānam iti. ābhimānika-jñāna-pratiṣedhārthaṃ (3) vidyeti. s'āsrava-pratiṣedhārthaṃ (4) buddhir iti.

なお、眼・智・明・覚の 4 句は、「摂異門分」でも解釈されている（ParSg, D26a1, 大正 30.761c6-8）。［解釈 III］参照。

558 rnam par dag pa'i phyir blo yin no: 徳慧は、「文字を変化させれば」という。AKVy は「清浄な慧が覚である（viśuddhā dhīr buddhir）」という。VyY では dhī の句の脱漏があるか。

559 徳慧：〔その智慧の眼には〕劣ったことがないことを説くために、「(2) 智」〔という句〕によって〔「(1) 眼」という句を〕修飾したのである。肉眼は疑って色（rūpa）を見るので「劣った」といわれる。なぜなら、確定する智がないので。

560 徳慧：これは「(3) 明」〔という句〕によって修飾したのであり、〔他方、〕肉眼は如実（ありのまま）に見ないので、「迷乱」といわれる。

561 徳慧：これは「(4) 覚」〔という句〕によって修飾したのであり、〔他方、〕肉眼は清らかに見ないので、「濁りを持っている」といわれる。

562 この 1 文、AKVy にない。

563 ここで (3) (4) を尽所有性、如所有性に関連づけることは「摂異門分」上記箇所と一致する。

564 三転：『倶舎論』「賢聖品」（AKBh, 371.11-13, ad., 54 偈）に対する櫻部・小谷［1999: 336］訳を引いておく。「『これは苦なる聖諦である、それは実に遍知されるべきである、それは実に遍知された』というこれらが三転である。そして、いちいちの転に対して、『眼が生じた、智が〔生じた〕、明が生じた、覚が生じた』というこられが十二行相である」。これを三転（triparivarta）十二行相（dvādaśākāra）という。次註も参照。

565 徳慧：(I) 見道において、“これは苦聖諦である”、乃至（＝苦集聖諦、苦滅聖諦）、“これが苦滅道聖諦である”という最初の見と、(II) 修道において、“苦聖諦（苦諦）を通慧（*abhijñā）によって遍知すべきである”、乃至、“その苦滅道

考察するのが、「（2）智」である[566]。その同じ両者（＝（1）眼と（2）智）が、尽所有性（〔諸存在が〕存在する限りのこと、*yāvadbhāvikatā）に依って、「（3）明」である[567]。なぜなら、存在する限りを把握するので[568]。如所有性（〔諸存在の〕ありのままであること、*yathāvadbhāvikatā）に依って、「（4）覚」である[569]。なぜなら、如実（*yathābhūta）に覚知するので[570]。

という聖諦（道諦）を通慧によって修するべきである"という最初の見と、(III) 無学道において、"苦聖諦、それは私によって通慧によって遍知された"、乃至、"苦滅道という聖諦（道諦）はそれら通慧によって修された」という最初の見である。すなわち、これら三転における最初の見（見ること）、これが、「眼」である。

566 徳慧は以下のように言う。「これら 3 つの道（＝三転）において、見られた通りの苦などという〔四〕聖諦を、設定確立する（*vyavasthāpana、安立）智（*jñāna）〔によって、そして、〕確立設定しない（非安立）ものであるところの出世間の後に獲得された（出世間後得）智によって、自相（固有の特相）と共相（共通の特相）という 2 つとして考察するのである。すなわち、弁別分析する（*pratisaṃkhyāna）のが、「（2）智」である。それはまた、無漏智であると知られるべきである。なぜなら、そこにおいては漏が増大しないので。それもまた、以下のように知られるべきである。すなわち、三道（三転）いずれにおいても、最初に、確立設定しない出世間の〔智〕が生じるが、それから、その後に、確立設定する〔知〕が生じる。確立設定しない〔智〕と確立設定する智というその 2 つの詳細をともなった区分は、『ヨーガーチャーラブーミ（『瑜伽論』、*rNal 'byor spyod pa'i sa*, **Yogācārabhūmi*）』にて見られるべきである。」

徳慧のいうように、「安立諦」と「非安立諦」は、『瑜伽論』に出る。それによれば安立諦と非安立諦があり、前者は設定確立された真理で、四諦のこと。後者は真如のこと（『瑜伽論』「摂決択分中菩薩地」（大正 30.697c））。広沢［1983］がその概念の前後の発展を検討している。

567 徳慧：ものの存在する限りである四聖諦がここにあるので、それが「尽諸有」である。その抽象名詞形（*bhāva）、それが「尽諸有性（-tā）」である。それに、つまり、「尽諸有性に依って」、すなわち依拠して、それを認識する時に、その両者は、「（3）明」である。

568 徳慧によれば以下の通り。過去・現在・未来の苦と、それ（＝苦）の集（原因）と、その滅と、その〔苦の滅する〕道（＝四諦）が存在する限りを、それは把握するので、それゆえ、その両者が、「（3）明」である。

569 徳慧によれば以下の通り。苦などという行相（*ākāra）のありのままが、「ありのまま（yathāvad）」である。それが四聖諦において存在することが、「ありのままを持っている（如諸有（yathāvad-bhāvika））」である。その抽象名詞形（*bhāva）が、「如諸有性（yathāvad-bhāvika-tā）」である。それに、つまり、「如諸有性に依って」、それを認識する時に、その両者（＝（1）（2））が、「（4）覚」である。なお、如所有性は一切法の真実ありのままの姿。尽所有性は一切法の有る限りの姿。この 2 つは『解深密経』『顕揚聖教論』「菩薩地」など初期瑜伽行派の文献で重視される概念。広沢［1982］参照。**【経節（57）】**にも出る。

570 徳慧によれば、四諦をありのままに証得するので。

［解釈 IV］

さらにまた、「聞いたことのない諸法に対する[571]推論〔見/智〕を排除するために、「(1) 眼」〔と説かれた〕。勝解[572]から生じた見解[573]を排除するために、「(2) 智」〔と説かれた〕[574]。増上慢〔による見/智〕を排除するために、「(3) 明」〔と説かれた〕[575]。有漏であることを排除するために[576]、「(4) 覚」〔と説かれた〕。清浄[577]の意味によってである。

［解釈 V］

【異説】ある者たち[578]は言う。"忍は見そのものであるので「(1) 眼」であり、「(2) 智」は智そのものである"と。

【世親による反論】それ（その解釈）は、三転において適切ではない。なぜなら、それら（眼など）は、見〔道〕・修〔道〕・無学道に摂せられるので[579]。

---

571 徳慧によれば、「"聞いたことのない諸法に対して〔は〕聞所成慧はないので、〔それならば〕推論を持っているのである"と考えるならば、それは推論を持っていないので」と、後に続く。

572 「勝解」に対する上掲の櫻部訳は、「思い込み」。

573 mthong ba: AKVy では jñāna（智）。

574 徳慧によれば以下の通り。"もし、聞所成慧でもなく、推論を持っているのでもないならば、〔それは〕勝解（対象へ〔こちらの〕思いを投影すること、*adhimukti）から生じた見解である。たとえば、不浄（*aśubhā）〔観〕を修習する時には、骨（*asthi）や白骨を勝解するために、勝解作意によって骨や白骨によって大地が満たされていると見るようなものである"、という考えを否定するために、「(2) 智」と述べられた。

なお、「勝解作意」については【経節 (45)】を参照。

575 徳慧によれば以下の通り。"もし、聞所成〔慧〕でもなく、探求（≒推論）でもなく、勝解（思い込み）から生じた〔見解〕でもないならば、〔それは〕増上慢を持っているのである。増上慢を持っている者たちが、"私は見た"と考えているのである"と考えるならば、その考えを否定するために、「(3) 明」と述べられた。

576 徳慧によれば、もし、それら（聞所成慧など）でなかったとしても、〔それは〕有漏であると考えるならば、ということ。

577 徳慧によれば、無垢（*amala）ということ。無漏と同義。［解釈 I］も参照。

578 kha cig: これ以下は AKVy に対応がない。徳慧は、毘婆沙師（*Vaibhāṣika, Bye brag tu smra ba）たちと比定する。それに対して世親が反論しているのである。『婆沙論』巻 79（大正 27.411a）では、「眼」とは法智忍をいい、「智」とは諸の法智をいい、「明」とは諸の類智忍をいい、「覚」とは諸の類智をいう。また次に、「眼」とは観見の意味である。「智」とは確定判断（「決断」）の意味である。「明」とは照出作用（「照了」）の意味である。「覚」とは（「警察」）の意味である、という。

なお、世第一法の直後に法智忍が起こる。その直後に法智が起こる。その直後に、類智忍、類智が起こる。

・「摂事分」（大正 30.843b）も参照。

579 徳慧は、「修道と無学道においても忍がないのではない（＝忍が存在する）の

【経節（48)】　利益のため、安楽のため

「＜{**比丘たちよ、これは汝の（1）利益のため、**} これは（2）安楽のため、これは（3）利益と安楽のためである[580]＞」

とは、経典の一節である。

［解釈I］

「(1) 利益のため」とは、欲楽に耽るという極端（*kāmasukhallikānuyogānta）を断ずることである。「(2) 安楽のため」とは、自己を苦しめることに耽るという極端（*ātmaklamathānuyogānta）[581]を断ずることである。「(3) 利益と安楽のため」とは、〔その〕2つの極端（二辺[582]）を断じて、中道[583]を修することである。

［解釈II］

さらにまた、「(1) 利益のため」とは、苦を伴った随煩悩の対治に親しむ[584]ことである[585]。「(2) 安楽のため」とは、諸の煩悩なく、苦の対治に親しむことである[586]。「(3) 利益と安楽のため」とは、安楽を伴った随煩悩の対治に親しむことである[587]。

で、と、裏から述べる。

580 【対応阿含】

『中阿含』163経「分別六処経」（大正1.694a4-5, 11-12）では3項目が揃うが、MN, 137経（III.221.15-16）は（3）を欠く。梵本は下記参照。なお、この経典は【経節（78)】解釈中でも引かれる。

【関連文献】

Chung・Fukita［2011: 143］のいうようにASBh, 130.15: idaṃ vo bhikṣavo (1) hitāya idaṃ (2) sukhāya idaṃ (3) hitasukhāyeti/

＊如来の「三不共念住」（『雑集論』（大正30.761a））、「聖人」の「三意止」（上記『中阿含』（大正1.692c））を説明する中の経文引用。如来・聖人はこのような心持ちで説法する。

581 徳慧は、「dub pa nyid dub par gnas pa yin pas bdag nyid dub par gnas pa'o」という。klamathaの-thaには特に意味はなく、klamaと同義であるとの意。【経節（43)】で、śamatha、damathaについても同様の解釈がある。

なお、この2つの極端（二辺）については、『釈軌論』第4章（堀内［2009: 337.n.234］）も参照。

582 この場合は苦楽の二辺の中道のこと。

583 徳慧は、八支聖道（八聖道）のことという。

584 D bsten, P brten: VyYTでも同様の揺れがある。Leeと同様、Dを採っておく（*ā√sev）。

585 徳慧は、「貪欲が激しい者（*tīvrarāga）たちが、考察して〔から〕梵行（清らかさへの行い＝八支聖道）に親しむことのようなものである」という。

586 徳慧はこれについて、経典（出典不明）を引き、「貪愛（*abhidhyā）によって成就された苦によって自己自身を害することもなく、法に則って（如法に）得られた安楽も衰滅しないであろう」と説かれているように、という。

587 徳慧は、「貪欲が少ない者たちが梵行に親しむことのようなものである」とい

［解釈 III］

さらにまた、

「(1) 利益のため」とは、現法（この世における）楽住である増上心（*adhicitta）[588]以外の[589]、煩悩が尽きる（*kṣaya）道である[590]。

「(2) 安楽のため」とは、ここでは、煩悩が尽きる道以外の[591]、現法楽住である増上心である。

「(3) 利益と安楽のため」とは、現法楽住である増上心を伴った、煩悩が尽きる道である[592]。

［解釈 IV］

さらにまた、順に、「(1) 利益のため」とは、有学の者[593]たちにとっての難き道（難行道）[594]である。「(2) 安楽のため」とは、無学の者たちにとっての易しい道（易行道）である[595]。「(3) 利益と安楽のため」とは、有学の者たちにとっ

う。

588 【経節（83）】に出る。四〔根本〕静慮のこと。

589 ma rtogs pa. ma gtogs pa と訂正する。徳慧は、現法楽住である増上心以外の、未至（*anāgamya）〔定〕に依拠しての、煩悩がない道である、という。

590 nyon mongs pa zad pa'i lam: 徳慧は nyon mongs pa med pa'i lam という。

591 VyY(D), VyYT(D): ma gtogs pa; VyY(P), VyYT(P): ma rtogs pa:
徳慧は、「断道（prahāṇamārga＝無間道）以外の」という。

592 徳慧：「無漏の静慮によって諸の煩悩が断じられる、その時に、煩悩が断じられ、尽きる道が、「(3) 利益と安楽のため」である」。補註 2（p.238）を参照。

593 *śaikṣa. 徳慧によれば、預流、一来、不還のこと。

594 難行：徳慧は、「それはまた、未至〔定〕と特殊な静慮（＝中間静慮/静慮中間）と無色によって摂せられる道であり、適宜、結びつけられるべきである。『難しい』とはまた、支分（＝十八静慮支）によって支えられていないから、そして止と観が完全でないから。止が完全でないのは、未至〔定〕と特殊な静慮の 2 つである。観が完全でないのは、無色の者たちである」という。
『倶舎論』「賢聖品」（AKBh, 382, ad., 66 偈）、櫻部・小谷［1999: 419］によれば、道（mārga）、行道（pratipatti）には 4 通りある。同和訳によって示せば、通智（abhijñā）の遅い難行道、通智の速い難行道、通智の遅い易行道、通智の速い易行道の 4 つである。そして、また同訳を引けば、「〔根本静慮地より〕他の、未至〔定〕・静慮中間・無色〔定〕の諸地における道は難儀な行道である。〔十八静慮〕支によって支えられていないことによって、そして、止・観〔のどちらか〕が劣っていることによって、労苦を伴って進むものだからである。というのは、未至〔定〕と静慮中間とは〔観が優って〕止が劣るし、無色〔定〕は〔止が優って〕観が劣るからである」という。徳慧註はこれを踏まえたもの。次の易行についても同じ。

595 徳慧は『倶舎論』前掲箇所の直前の箇所を踏まえ、「根本静慮に含まれる道である。『易しい』とはまた、〔十八静慮〕支によって支えられており、止と観を具えているという 2 つによって、労苦なく生じるからである。阿羅漢たちにとってのその道は、三界の一切の煩悩を断じた者たちにとっての易しい〔道〕である」という。
さて、根本定と近分定については、【経節（45）】の末尾の註を参照。その上で、

ての易しい道である[596]。

【経節（49)】　道標は根基が深い

「＜{**建立された道標（iṣikā）は、**(1) 根基が深く（*gambhīra-nemi[597]）、(2) しっかり掘られ、(3) 堅固で、(4) 恒久で、(5) 堅牢で、(6) 不動で、(7) 動揺しない[598]」

「未至定」とは、色界四禅（四静慮）、無色界の四無色定の八等至のうち、初禅天の近分定を言う。また、「静慮中間」とは、初禅の根本定と第二禅の近分定の中間の定のこと（河村［2005: 137ff.］、櫻部等［2004: xvii-xviii］）。また、「十八静慮支」は『倶舎論』「賢聖品」7 偈に説かれ、四静慮の（のみが）有する（裏を返せば、四無色定にはない）18 の支分で、尋・伺・喜・楽などのこと。それを踏まえた上で、上の徳慧の説明をまとめれば、以下のとおり。

難行道＝〔色界の四〕根本静慮地以外の、未至〔定〕・静慮中間・無色〔定〕の諸地における道

←十八静慮支に支えられておらず、止観が均衡していないから。

易行道＝根本静慮地に含まれる道

←十八静慮支に支えられており、止観が均衡しているから。

596 徳慧は、「『(1) 利益のため』とは、煩悩の対治であるから。『(2) 安楽のため』とは、無漏の根本静慮を拠り処とするから」という。前半が「有学」を説明し、後半が「易行」を説明するものとなっている。

597 zab (P zabs) ring. パーリ対応（次註）から想定したが、不明。

598 【対応阿含】

MPS, 34.4: iṣikā māpitā ... (2) nikhātā (3) dṛḍhāḥ (4) sthirāḥ (5) sāravatyo (6) 'calā (7) asaṃpravedhiniyaḥ. (Cf.SWTF, s.v., iṣikā)

＊かつてのクシナガリーの門が立派であったことを述べた文。

ただ、この箇所と以下の解説のみではこの経句の登場する文脈が知られない。他方、本箇所の関連阿含である『城喩経』(『中阿含』3 経）の国訳（『訳一』阿含部 4, 15）により譬喩の意味するところを示すと、以下の通り。「王の辺城、樓櫓を造立し、地を築き堅くして毀壊すべからざらしめ、内の安穏を為し外の怨敵を制するが如く、是の如く聖弟子堅固信を得、深く如来に著し、信根已に立ちて終に外の沙門梵志、若しは天・魔・梵及び余の世間に随はず。これを聖弟子信の樓櫓を得、悪不善を除き、諸の善法を修すと謂ふ」。

要するに、堅固な道標に譬えられるのは如来への信であり、本経節の解釈の末尾に出る「外の者たち」とは、天（神）・悪魔・梵天・その他の世間の者たちである。

AN, 7.63. *Nāgara* (IV.106.14-15.109.6): esikā hoti (1') gambhīranemā (2') sunikhātā (6) acalā (7) asampavedhi.

『中阿含』3 経「城喩経」(大正 1.422c14) , Cf. 『増一』巻 33.4（大正 2. 730b5-6）. 上野［2012b］は『雑阿含』505 経（大正 2.133c21-22）を指示する。

【関連文献】

Cf. Mvy, 7048-7049, Mvy(N), 7013-7014: iṣikā māpitā bhavanti, (2) sunikhātaḥ (shing rtags* btsugs, ring du brkos pa), *: Mvy(N)が thags?としているが、VyY も thags なの

とは、経典の一節である。

「(1) 根基が深い」とは、深く建立されたので。「(2) しっかり掘られ」とは、考えてから[599]しっかり堅くしたので。「(3) 堅固」とは、腐食しないので。「(4) 恒久」とは、長期間住する木[600]であるので。「(5) 堅牢」とは、樹皮がなく、内に木の節[601]がないから。「(6) 不動」とは、動かせないので。「(7) 動揺しない」とは、揺り動かすことが出来ないから。つまり、「(1) 根基が深く、(2) しっかり掘られ」という起因[602]の特殊性によって「(6) 不動」であり、「(3) 堅固で、(4) 恒久で、(5) 堅牢で」という本性の特殊性によって「(7) 動揺しない」ので、順に、起因と本性の特殊性という2つである。

そのようであれば、それら〔の道標〕は、(I) 2つのあり方[603]（＝(1) (2)）と、(II) 3つ〔のあり方〕（＝(3) (4) (5)）と、(III) 2つ〔のあり方〕（＝(6) (7)）によって、(I') 起因であることと、(II') 自性であることと、(III') それ（＝(I') (II')）によってなされた利点（*anuśaṃsā(/a)）のゆえに、円満[604]は、外の者たちによっては動かされない[605]。

【経節 (50)】 起き上がることと努力によって獲得されたもの

「<{彼は、**諸の享受物－ (1) 起き上がることと努力によって獲得され**[606]、(2) 腕力によって取得され[607]、(3) 汗と垢によって得られ[608]、(4) 如法で (dhārmika)、(5) 法によって獲得されたところの (dharmalabdha)〔諸の享

で、それがよい。さて、iṣikā について、BHSD は sign-post（道標）とする。YBh, 137.12. Bhattacharya の註と、『訳一』の註も参照（『瑜伽師地論』「有尋有伺等三地之三・四」の中に出る「十六種異論」の中の計常論に関連して出る語。瑜伽行思想研究会 HP に、安藤晃氏による諸本対照テキストがある。p.34）。そのなか、『訳一』は「西方に二釈あり」とし、これを山と解釈する説と草と解釈する説の2つを紹介しているが、これは『倫記』（大正.42.348a2-5）の説を引いたもの。『婆沙論』（大正 27.991a）にも出る。

599 blo nas: しっかり場所を考慮して、の意か。

600 shing.

601 lu: 徳慧は、木の節（lu）は堅固ではない（/腐りうる、mi sra ba）から、という。

602 gzhi, *nidāna.

603 rnam pa: 徳慧は方軌（tshul, *naya）のことという。野澤［1955］。

604 phun sum tshogs pa, *saṃpad: 道標の優れた特質≒如来への信か。

605 gnas mi thod pa.

606 bskyod pa dang brtson 'grus kyis thob pa: 以下の諸句は ASBh, 71.4-11 でも、「布施円満に関連して（deyasaṃpadam adhikṛtya）」として、経典の文句として解説されており、梵本が得られる。これの対応は utthānavīryādhigata。世親は utthāna-adhigata と vīrya-adhigata と分解して解釈する。

607 lag mthus bsgrub pa: ASBh: bāhubalopārjita. Cf. Mvy, 7054: bdag gi lag mthus bsgrubs pa, svabāhubalopārjitaṃ.

608 ASBh: svedamalāpakṣipta (*sic.*). Cf. Mvy, 7055: svedamalāvakṣiptaḥ. SWTF では SHT 1355 A1 が指示されており、そこでは svedamalāvakṣiptair の例がある。

受物〕｝－、それらによって、自己自身と父母と子供と妻と女奴隷[609]と労働者と労務者と仲間と男奴隷と親戚と親族を、正しく安楽に満足させ、適切な時に、沙門とバラモンたちに対して[610]＞」

とは、経典の一節である。

「(1) 起き上がることと努力によって獲得され」とは、〔両方とも〕心の勇猛さによって取得されたことが示された。すなわち、順に、(i) 睡眠という安楽と、(ii) 横たわることと寝床〔にいる〕ことによる安楽[611]という2つの対治（治療）である。「(2) 腕力によって取得され」とは、身体の勇猛によって取得されたものであること〔が示された〕。「(3) 汗と垢によって得られ」とは、労苦（*śrama）によって得られ、である[612]。

「(4) 如法で、(5) 法によって（＝正しく）獲得された」とは、道理（*yukti）によって得られたこと〔が示された〕。すなわち、正命（正しい生活手段、*samyagājīva）と離れていないことにより、「(4) 如法」である。福徳によって獲得されたので、「(5) 法によって獲得された」である。さらにまた、仏などに含まれるのではないので[613]、「(4') 如法」である。邪命（邪な生活手段、*mithyājīva）によって獲得されたのではないので、「(5') 法によって獲得された」である。

【経節 (51)】　来世に上位の生存領域へ赴かせる施物

「＜｛**施物[614]であり、来世に（āyatyām）(1) 上〔位の生存領域〕へ赴かせ、**

609　これ以降、適宜、Mvy により対応梵本が得られる。Mvy, 3896: bhāryā, Mvy, 3831: dāsī, Mvy, 3832: karmakara, Mvy, 3833: pauruṣeya, Mvy, 3915: sakhā, Mvy, 3830: dāsa, Mvy, 3912: jñāti, Mvy, 3910: sālohita.

610　【対応阿含】

『雑阿含』93経（大正 2.25a4-6）, AN, 7.44. *Aggi* (2).

VyY や Sūśa では次の【経節 (51)】は別立てとなっているが、VyYT は【(50)】の直後に【(51)】を続け、「～とは第2の経節である」という（その後に【(50)】への解説が続く）。対応阿含で見ても、【経節 (51)】は【(50)】から少し間をおいた同じ経典である。

【関連文献】

Chung［2008: 223］に上記（n.606）の ASBh, 71.4-11 を加えうる。

611　gnyid kyi bde ba dang/ glos 'bebs pa dang nyal ba'i bde ba: BHSD, s.v., pārśva によれば、この 3 つは一連のものとして「菩薩地」に出る。BBh, 8.7: nidrā-sukhaṃ śayana-sukhaṃ pārśva-sukham.

また、BBh, 156.17-18; 172.1-2; 187.2.

612　徳慧註は以下の通り。ji ltar thag (D theg) pa la sogs pa rnams kyi longs spyod dag lus kyi rtsal (P rtsol) gyis bsgrubs pa yin yang shin tu ngal bas bsgrubs pa ma yin pas de las khyad par du bya ba'i phyir (3) <u>rngul cing dri ma chags chags su</u> zhes bya ba gsungs te/ gos gos su dang/ 'dres 'dres su dang/ phog phog su'o (D tu'o)//

613　徳慧に基づけば、ここでの「法」は仏・法・僧の三宝に関連するものではないから。

614　VyY(D,P): phan yon（利点）だが、Sūśa や、VyYT が先の【経節 (50)】の続きとして引用した阿含や、その註釈箇所により、yon（施物）と読む。

（2）よき境遇となり、（3）安楽の異熟となり、（4）天〔界〕へと導くものを、与える[615]｝＞」

とは、経典の一節である。

［解釈 I］

下〔位〕の生存領域とは、諸の悪道（悪しき生存領域、*apāya）[616]である。それ〔ら〕にとって上〔位〕の生存領域となるものは、人〔趣、人という生存領域〕である。そこに趣かせる施物[617]が、「（1）上〔位の生存領域〕へ赴かせるもの」である。そのなかでもさらに、人のなかで〔も〕よき境遇という結果を成熟させるもの（施物）、それが、「(2) よき境遇となるもの」である。その（人趣）なかでもまた、望ましい身体と享受という結果を異熟させるもの、それが、「（3）異熟が安楽となるもの」である。天〔界〕に生まれさせるもの、それが、「（4）天〔界〕へと導くもの」である。

［解釈 II］

さらにまた、「（1）上〔位〕の趣になるもの」、まさにそれが、残り〔の諸句[618]〕によって明らかにされている。

【経節（52)】　七善士趣と無取涅槃

「＜｛比丘たちよ、私は汝〔ら〕に七善士趣と、無取涅槃（取著しないでの涅槃）を説こう。**七善士趣とは何かというと、**＜比丘たちよ、ここ（この世）で、比丘は、(1)“〔私は〕存在したくない”、(2)“私のものはなくなれ”、(3)“〔未来＝来世に〕私は〔存在し〕ないであろう”、(4)“〔未来に〕私のものが存在しないであろう”と、このように理解して（/行じて）いる[619]。そのようであるなら、“およそ存在するものと生じたものを断じよう”と、彼は捨（平静、upekṣā）を得るが、＞それに対して[620]貪着（√rañj）せず、その

---

615 【対応阿含】

【経節（50)】の、少し間をおいた続きである。大正 2.25a13-14: 建立福田。(1) 崇向増進。(2) 楽分。(3) 楽報。(4) 未来生天。

Cf. Divy, 229.11-12、平岡［2007: 425］: (1) ūrdhvagāminīṃ (2) saubhāgyakarīṃ (3) sukhavipākām āyatyāṃ (4) svargasaṃvartanīm.

なお、(2) について、BHSD は saubhāsika の項目を立て、ep. of dakṣiṇā, read saubhāṣika or saubhāṣaṇika とし、上記の Divy では異読があるということを指摘しているが、『釈軌論』は Divy と同じ読みに基づいて解釈している。

616 地獄・餓鬼・畜生の三悪趣のこと。

617 VyY では phan yon だが yon と修正する。

618 （1）が、（2）～（4）によって説明されているということ。

619 VyY: zhugs pa; AKUp: rab tu sgrub（D112a1)。共に AKVy にある pratipanna の訳と見て良い。なお、この 4 項目は『倶舎論』「随眠品」19bcd 偈（小谷・本庄［2007: 87］）では、解脱に役立つ断見で、外道の見解の中で最上のものとされている。【経節（103)】での udāna 解釈に対する徳慧註も参照。

620 Sūśa: de la. AKVy では bhave 'smin（この生存を)。また、VyY は AKVy の sa bhave 'smin na sajyate も欠く模様。ただ、AKVy の脚註によれば、一類の写本は bhave 'smin na rajyate という句の方を欠いているという。

後に、寂静なる最上の安息処（pada＝涅槃）を、智慧によって洞察する[621]｝」とは、経典の一節である。

ここで、「趣（生存領域、*gati）」とは何かというと、他の世界に趣く者にとっての、他の生存の状態である。「七」のみであることは、涅槃を得る時によって〔趣を〕分けたことに基づく。〔色界不還の〕聖者でない者もまた、七生（しちしょう）によって、あるいは一来（いちらい）によって般涅槃するから〔善士である〕のだが[622]、〔色界不還のようには[623]〕中般ではなく、乃至、上流にもならないので、これらのみが「七善士趣」である[624]。

---

621 【対応阿含】
『中阿含』6経「善人往来経」（大正1.427a16-20）, AN, 7.52. *Purisagati* (IV.70.4-13)
【関連文献】
『倶舎論』「世間品」、「賢聖品」（40ab偈）にも説かれる。AKBh, 361, ad., 「世間品」12d偈（本庄［2014:［3019］］）。AKVyに詳細に引用されていることにより、対応梵本が得られる（山口・舟橋［1955: 94ff.］）小谷・本庄［2004］が、『倶舎論』当該箇所に対する満増疏の訳註である。また、ŚrBh II, 14ff.。本経節の解釈中での最後部にも、この経典の後半部が引用されている。
AKVy, 270.23-29: sapta vo 'haṃ bhikṣavaḥ satpuruṣa-gatīr deśayiṣyāmy anupādāya ca parinirvāṇaṃ. (tac chruṇuta sādhu ca suṣṭhu ca manasikuruta bhāṣiṣye.) sapta satpuruṣa-gatayaḥ katamāḥ. iha bhikṣur evaṃ pratipanno bhavati. (1) no ca syāṃ (2) no ca me syāt (3) na bhaviṣyāmi (4) na me bhaviṣyati yad asti yad bhūtaṃ tat prajahāmīty upekṣāṃ pratilabhate. sa bhave 'smin na rajyate. sa bhave 'smin na sajyate. athottaraṃ padaṃ śāntaṃ prajñayā pratividhyati.

622 「趣」と「七」を説明したあと、ここでは「善士」の意味を限定づけている。たしかに徳慧が「比丘たちよ、善士と善士趣を説こう。善士とは何かというと、有学の正見と」という経典（『雑阿含』1055経。これは『倶舎論』「賢聖品」ad., 40偈（AKBh, 361）にも引かれる。Cf. 櫻部・小谷［1999: 259］、Chung［2008: 208］、AKUp（本庄［2014:［6044］］））を引いて言うように、他の有学の者も「善士」と言われる。しかし、『倶舎論』やAKVy, 563（「賢聖品」）は、「『他の有学の諸の趣はそうではない（＝七善士趣とは言われない）』とは、預流と一来との趣はそうではない、という意味である」とある（櫻部・小谷上掲260）という。
預流は『釈軌論』で七生と出ていることに対応し、人間界と天界を7回往来する（生まれ変わる）者。一来とは一度天界に行き、この世に戻って来る（来てから般涅槃する）者。これら2つも四向四果の枠組み（図表1（p.221）参照）では聖者であるが、不還の聖者ではない。不還は再び欲界にかえらず、色界で般涅槃する。「七善士趣」の「善士」とはこの不還の聖者について言ったもの。

623 ji ltar gzugs kyi khams phyir mi 'ong ba ltarを、徳慧によって補った。色界で般涅槃する不還果の聖者ということ。

624 七善士趣とは、不還果の聖者に生般、中般、上流般の3つの区別があるなか、生般と中般をさらに3つに分け、上流般を1つと数え、合計7つとしたもの。世親はこの7つを説明しないが、徳慧によれば以下のとおり。
「中般涅槃は、3つの譬喩により、(i) 速（早く）〔般〕、(ii) 非速〔般〕、(iii) 経久〔般〕するので。生般涅槃もまた、3つの譬喩により、(i) 生〔般〕、(ii) 有

また、涅槃は趣をあまねく破壊しているので、趣ではない。
【問い】それならば、頌に、
「阿羅漢の趣は涅槃である[625]」
と説かれているのはどうしてか。
【答え】そこでは、準拠（依拠）すべきところ[626]の意味で、「趣」と説かれているのである。

「(1)“〔私は〕存在したくない、(2) 私のものはなくなれ”」というこの 2 つのあり方によって涅槃を欲するので、無相（*animitta）〔三昧〕[627]に結びつく。「(3)“〔未来＝来世に〕私は〔存在し〕ないであろう”、(4)“〔未来に〕私の身体[628]が存在しないであろう”」と説かれている。すなわち、2 つの無常のあり方によって生（生存）を非難するので、無願〔三昧〕[629]に結びつく。別の観点（解釈方法）では、願った〔時〕[630]と確定的な時の 2 つにおいて、涅槃に心を飛び込ませる[631]ので、両方とも[632]無相〔三昧〕に結びつくに他ならない。

「そのようであるなら、およそ存在するもの」とは、〔五〕蘊全体[633]である。「生じたもの」とは、有為（形成されたもの、*saṃskṛta）である。「それを断じよう」とは、有為が無常であることの全体（総体）を滅であると見ることによって捨（平静、*upekṣā）を獲得するのであって、“(3) 私は〔未来に存在し〕ないであろう”と思って恐れ[634]ないのである。

「無取涅槃（取著しないでの涅槃）」は、
(i) ある〔経典〕では、無余涅槃（*nirupadhiśeṣa-nirvāṇa）であると出ている。

行〔般〕(*sābhisaṃskāra)、(iii) 無行（anabhisaṃskāra）般するので。そのようであれば、それら不還の 6 つと、〔第〕7〔である〕上流である。そのようであれば、涅槃を得る時の区別により、7 つのみなのである」と。なお、徳慧のいう「譬喩」とは、経文に一々説かれているものを指す。たとえば、「速般」は、焼かれた麩がわずかに燃えて滅するように（漢訳による）と、譬喩が提示されている。

625 UV, 26.10cd: nirvāṇaṃ tv arhatāṃ gatiḥ.

626 rton pa.

627 無相を、徳慧は無相三昧のこととし、「滅のあり方のように」という。無相三昧は滅諦を認識対象とする三昧で、滅・静・妙・離の 4 つの行相を持つ。

628 VyY: lus 'di. VyYT と Sūśa はこの句を欠く。

629 無願を、徳慧は無願三昧のこととし、「無常などというあり方である」という。無願三昧は、無常・苦・空・非我の形相を持つ。前註と共に、次の【経節（53)】を参照。

630 徳慧は、「願う」とは「求める（don du gnyer ba)」ことだという。

631 sems rab tu 'jug: 徳慧は心を向ける（sems rab tu gtod）こと、という。だから、無相三昧にのみ結びつくのである。無願三昧はその対象を願わないものであるから。なお、sems 'jug par byed という表現が【経節（42)】の (1) 句に見られる。

632 (1) (2) と (3) (4) の両方（両セット）で、(1) 〜 (4) 句のこと。この解釈の中で、徳慧は、(2) の「私のもの」を、「私の再生（輪廻における生まれ変わり)」とし、(4) の「私のもの」を、「私のこの身体」と註釈する。

633 phung po tsam, *skandhamātra. 五蘊の範囲全体、総体。

634 dngang ba.

たとえば、

「解脱という原因によって無取涅槃する[635]」

と出ているように。

（ii）ある〔経典〕では、有余涅槃（*sopadhiśeṣa-nirvāṇa）であると出ている。たとえば、

「おお、比丘よ、寂静で、無漏で、
貪欲を離れ、束縛を離れたところの、この無取涅槃は輝く[636]」

と出ているように。

ここ（この経節）では、〔無取涅槃は〕（i）無余涅槃[637]を指していると考えられる。なぜなら、〔死〕後の生存領域（趣）に関して〔説かれている〕から。そして、〔同じ経典で、〕

「東に行くとは説かない。＜南、西、北、上、下、四維に〔行くとも説か〕ない。そうではなくて、現法（この世）において、影なく[638]、般涅槃し、清涼となり、梵となった者であると〔説く〕＞[639]」

と詳細に説かれているからである。

【経節（53)】　三三昧

「＜私の声聞（弟子）の比丘たちで、不正直（諂）なく欺瞞（誑、māyā）なく、直く（ṛju）、直さを本性とする者たちは、来たれ。彼は私によって朝に教戒されたならば、夕方には勝れたものとなるであろう。｛**（1）有を有であると、**無も無であると、（2）有上も有上であると、（3）無上を無上であると知るであろう[640]**｝**＞」

---

[635] 対応阿含は『増一』巻 37.6「大人八念」（大正 2.754b9-10）「已得解脱。於無余涅槃而取滅度」あたりか。

[636] 『雑阿含』1063 経（大正 2.276a.16-17）（『別訳』大正 2.374a）:「此賢勝智慧則為上士夫　離欲断諸結　涅槃永不生」SN, 21.5. *Sujāto* (II.279.7-8): sobhati vatāyaṃ bhikkhu// ujubhūtena cetasā// vippayutto visaññutto// anupādāya nibbūto//
Cf.【経節（70)】
なお、『釈軌論』のチベット語訳者はこれを韻文として訳していないが、対応阿含からすれば、韻文とすべき。

[637] 徳慧によれば、一切の蘊が尽きる（≒死ぬ）ことによる涅槃のこと。

[638] VyYT(P) grib pa med pa, VyYT(D) dri ma med pa: しかし、AKVy niśchāyaṃ に従って、grib ma med pa と訂正すべき。この語は AKBh, 142.11: niśchāyo nivṛta iti でも見られる（AKUp（本庄［2014:［3057］］)）。

[639] ＜＞内は徳慧による補い。下記の称友の梵本によって訳した。
AKVy, 271.32-272.2（「世間品」）: anupādāya parinirvāṇaṃ katamat. iha bhikṣur evaṃ pratipanna iti pūrvavad yāvat syuḥ praṣṭāra iti. tasyaivaṃ pratipannasya bhikṣor na pūrvasyāṃ diśi gatiṃ vadāmi na dakṣiṇasyāṃ na paścimāyāṃ nottarasyāṃ nordhvaṃ nādho nānuvidikṣu nānyatra. dṛṣṭa eva dharme niśchāyaṃ parinirvṛtaṃ śītī-bhūtaṃ brahmībhūtam iti.
Cf.『雑阿含』39 経（大正 2.9a23f.）

[640] 【対応阿含】

とは、経典の一節である。

〔解釈 I〕

それについて[641]、

「空性（空）〔三昧〕によって、(1) 有を有であると〔知り〕無を無であると知る。

それから、有について、2〔つの三昧〕によって、(2) 有上と (3) 無上と知る。」

〔と頌がある〕。

「2 つによって」とは、無相〔三昧〕と無願〔三昧〕の 2 つによってである。空などの三昧の順序もまた、それと同じ理由による。「(1') 有と無の事物を知る」とは、有については有上と無上の 2 つとして知ることができる（＝空性三昧）が、いかなる存在でもないもの[642]〔について〕はそうではない。〔そのように空三昧によって〕知る場合、有が有上であるならば願わないが（＝無願三昧）、〔有が〕無上であるならば、願う（＝無相三昧）。

『雑阿含』703 経（大正 2.189a22-28）。前半部は【経節 (5)】の［解釈 II］内でも引かれる。

【関連文献】

AKBh, 300.16-18（「随眠品」。テキストは小谷・本庄［2007］の訂正に従う）: etu bhikṣur mama śrāvako yāvat sa mayā kalyam avoditaḥ sāyaṃ viśeṣāya paraiṣyati/ sāyam avoditaḥ kalyaṃ viśeṣāya paraiṣyati/ sac ca satto jñāsyati asac cāsattaḥ sottaraṃ ca sottarataḥ anuttaraṃ cānuttarata iti/

Cf. 堀内［2004a］, AKUp（本庄［2014:［5021］］）, DĀ 36.76 (Melzer 286)

641 徳慧はこの頌を引用・導入する前に解説を始める。要点は、(1) の有を有と知るとは有為と無為の事物が有ると知るということ。(1) の「無」というのは我（*ātman）という実体であり、有為と無為は我の特質としては存在しないから、〔我は〕存在しないと知る。以上を空三昧によって知る。(2) の有上とは有漏と無漏の有為であって、主要無上である涅槃と比べては上を持っている（上がある）と、無願三昧によって知る（なお、「無漏の有為」とは、悟りへ至る道（八聖道）のこと。「道はなおさとりにははいっていないから有為であり、同時にそれは煩悩を離れる道なのだから無漏」（櫻部［1996: 64-65］）。次に、(3) の無上とは涅槃のことであり、苦を断じているから無上であると無相三昧によって知るということ。

つづいて、徳慧はこの後に 1 つの問答を設ける。空三昧などは知を本性とするものではないのに、どうしてそれらによって上述のように知るのか、というのである。答えは、空三昧などに依って、智慧（*prajñā）によって知るのである、ということ。

そして、そのように知って、無願〔三昧〕によって有上なものを望まず、無相〔三昧〕によって無上なものを望むので、空などの順序はまさにそれゆえにであるという。

そして、この同じ意味を頌にしたのが「それについて」云々であるとして、頌の解説に入る。

642 gyi na, *akiṃcana.

［解釈 II］

さらにまた、〔頌が〕説かれる[643]。

「（I）我執のゆえに、そして、生存を渇愛する〔ゆえに〕、それゆえ、渇愛が尽きることを欲しない。

その 3 つの対治（治療）として、空などの三昧（＝三三昧）がある。

（II）1 つによって有と無を〔知り〕、2 つによって有における過失と美徳を知る。

それゆえ〔数は〕3 つであり、（III）それらの順序は、前のものによって後のものが引き出される」

と。

そのようであるなら、〔上記の頌の中の〕「有における過失と美徳を」とは、順に、有為と無為を、である。

［解釈 III］

『聖教』には、

「（I）無〔の事物〕と、同様に[644]、（II）過失[645]を持つ〔事物〕と、同様に、（III）美徳を持つ事物[646]を、

〔それぞれ、〕（I'）有と捉えることと、（II'）美徳を持つと捉えることと、（III'）美徳を持たないと捉えることを破壊するために、

順に、空性などの〔3 つの〕三昧である[647]」

と出ている。

【経節（54）】　正しく見、正しく知る

「＜比丘たちよ、〔教えの〕聴聞を具えた聖者声聞は、世間の生と世間の滅を、正しい智慧によって如実に、{**（1）正しく見、（2）正しく知り**、（3）正しく作意し、（4）正しく愛好[648]し、（5）正しく通達した[649]} ＞」

---

643 徳慧によれば、三三昧が（I）どのようにして対治であるか、（II）どのようにして 3 つであるか、（III）その順序はどのようなものであるか、を説いたもの。

644 *tathā. 徳慧は不変化辞（nipāta）だと註釈する。

645 徳慧によれば無常などという過失（doṣa）のこと。

646 涅槃のこと。

647 この 1 行は散文として訳されているが頌の続きで韻文か。

648 legs par bsten (P ston) pa, sujuṣṭa: SWTF は意味は不明瞭（unklar）だとし、NidSa などを紹介している。ここでは世親・徳慧の説明により「正しく愛好し」と訳した。荻原下記では「充分に慣習し」。Cf. Mvy(N), 6720: sujuṣṭaḥ, shin tu bsten.

649 【対応阿含】

『雑阿含』295 経（大正 2.84b5-6）（なお、パーリ対応経（SN, 12.37. *Na tumhā* (II.64-65)）に、ここの相当文はない）上野［2012b］のいうように、Chung［2008: 105］の指示する NidSa, 13.7 が対応する。ただ、（3）句を欠く。

yataś ca śrutavatāryaśrāvakeṇa lokasamudayaś ca lokanirodhaś ca yathābhūtaṃ samyakprajñayā (1) sudṛṣṭo bhavati (2) suviditaḥ (4) sujuṣṭaḥ (5) supratividdhaḥ.

【関連文献】

Cf. AKVy, 54.33（「界品」、荻原［1933: 87］）: (3) su-manasikṛtaṃ (X) su-bhāvitaṃ (4)

とは、経典の一節である。

「(1) 正しく見た」〔という句〕は概略であり、残りは解説である。

「(2) 正しく知った」とは、聞所成慧によって。「(3) 正しく作意した」とは、思所成慧によって。「(4) 正しく愛好した」とは、世間的な修習によって生じた〔慧によって〕である。なぜなら、喜びを伴っているものであるので[650]。「(5) 正しく通達した」とは、出世間〔的な修習によって生じた智慧によって〕である。なぜなら、勝義に入るので[651]。そのようであるなら、「(1) 正しく見る」である。

【経節 (55)】　四正勤（四正断）

「＜比丘たちよ、これら 4 つが四正勤（四正断）である。4 つとは何か。ここで比丘は、(I) 既に生じた悪・不善の諸法（要素）を断ずるために、{**(1) 意欲を生じ、(2) 精励し、**(3) 努力に励み、(4) 心を策励し、(5) いそしむ。}

(II) 未だ生じていない悪・不善の諸法を生じさせないために、前と同様に[652]。

(III) 未だ生じていない善法を生じさせるために、前と同様に。

(IV) 既に生じた諸の善法をとどまらせ、失わせず、修習を完成させるため、増加させるため、増大させ広大にするため、智慧によって現証するために、意欲を生ずる[653]＞」

---

su-juṣṭaṃ (5) su-pratividdhaṃ.
『瑜伽論』「摂事分」（大正 30.833a3-5）も同じ経を註釈するが、(1) を聞思〔所成〕慧、(2) を修〔所成〕慧とするなど、解釈は対応しない。

650 徳慧は、「智慧の喜びを伴っているので、それゆえ、『(4) 正しく愛好し (sujuṣṭa)』といわれる。『jus という語根（*dhātu）は、喜び（dga' ba, *prīti）〔を意味する〕』と頌されているので」という。Cf. DhtP, VI.8: juṣī prītisevanayoḥ.

651 徳慧は、「勝義である無我性に通達するので。なぜならば、経典に、世間集と世間滅は縁起であると説かれているので」という。この「経典」とは、本経節と同じ経典のことで、この身体＝六触入処は汝（比丘）の所有でなく、これ有るが故に老死、乃至、「純大苦蘊」が集起する、すなわち世間が集起する。また、これ無きが故に老死、乃至、純大苦蘊が滅する、すなわち、世間が滅する、と説くもの。

652 iti pūrvavat.（1）～（5）句の省略を表す。徳慧が引用する際の省略形であろう。称友も同じ。

653 【対応阿含】
Saṅg, IV.2. AKUp（本庄［2014［6074］］）にも引かれる。
【関連文献】
梵本が得られる点で以下を引いておく。AKVy, 599.22-28 (ad.,「賢聖品」70 偈; 514.12ff), Cf. Mvy, 957-965.
(I) utpannānāṃ pāpakānām akuśalānāṃ dharmāṇāṃ prahāṇāya (1) chandaṃ janayati. (2) vyāyacchate. (3) vīryam ārabhate. (4) cittaṃ pragṛhṇāti. (5) pradadhāti. (II) anutpannānāṃ pāpakānām akuśalānāṃ dharmāṇām anutpādāya chandaṃ janayatīti pūrvavat. (III) anutpannānāṃ kuśalānāṃ dharmāṇām utpādāya chandaṃ janayatīti pūrvavat. (IV) utpannānāṃ kuśalānāṃ dharmāṇāṃ sthitaye asaṃmoṣāya bhāvanā-paripūraye bhūyo-bhāvāya vṛddhi-vipulatā-jñāna-sākṣāt-kriyāyai* chandaṃ

とは、経典の一節である。
［解釈 I］
(1) 精神統一されていない（散地での、asamāhita）〔状態での〕実践（準備行、prayoga）〔において、〕断ずることなど[654]を意欲するので、そして、(2) その（断ずることなどの）方法を把捉するので、そして、(3) それに没頭し[655]、堅固にする[656]ので、そして、(4, 5) 精神統一された（定地での、samāhita）〔状態での〕実践は (i) 萎縮（līna）と (ii) 浮つき（掉挙、auddhatya）の対治の修習であるので、それら〔5 句〕が、順に知られるべきである。
［解釈 II］
さらにまた、(1) 断ずることなどを意欲するので、(2) それらを実行するので[657]、(3) それに努める身体と心が疲労した時には努力を間断なくするので、(4, 5) 止と観にとっての随煩悩[658]を断ずるので、さらに、順に〔5 句である〕。
［解釈 III］
さらにまた、「(2) 精励し」とは、考察する[659]時には、「(3) 努力に励む」ことに依るので。修習する時には、三昧（心統一、*samādhi）に依るので。つまり、萎縮した (4)「心を策励し」、内に「(5) いそしむ」からであり、『比丘尼 (**Bhikṣuṇī*) 経』に出ているように[660]。

---

janayatīti pūrvavat.
*: 櫻部・小谷［1999: 425.註 6］は「-vipulatā-は-vipulatāyai と訂正すべきか」という。意味からいえばそうすべきであろうが、上記の Saṅg も切り離していない（カッコの中の想定部分ではあるが、Daśo III.5 に基づいた想定だという）。Cf. VyYT: 'phel zhing rgyas pa dang/

654 徳慧によれば、「など」とは、(I) ～ (IV) を指す。それに意欲を生ずるということ。

655 lan mang du bya, bahulī√kṛ: 徳慧は、常になすこと（rtag tu bya, sātatya√kṛ）という。両語とも AVSN に出る。次註でも同じ。

656 brtan por bya ba, dṛḍhī√kṛ: 徳慧は gus par bya ba, sat√kṛ という。

657 徳慧によれば、この 2 つの解釈は、［解釈 I］と意味が一致するという。

658 徳慧によれば、先の萎縮と浮つきを指す。止と観との関連は、**【経節（14）】**の［解釈 II］を参照。

659 so sor rtog pa, *pratisaṃkhyāna: 徳慧は、考察とは対立物と〔その〕治療の 2 つと、過患と利点を見ることであると経典に説かれているからであるとし、以下の経文を引用する。

> 「比丘たちよ、懈怠者（怠け者）は苦に住し、悪・不善の法－雑染を持ち、〔輪廻での〕再生をもたらし、病、苦の異熟を持ち、来世で生と老死〔をもたらすもの〕－に満たされる。彼にとっては大いなる目的も衰滅するであろう。〔他方、〕努力に励む者は悪・不善の法（中略）に満たされない」

（『雑阿含』348 経（大正 2.98a24-26） Cf. SWTF, s.v., vyavakīrṇa: DbSū (2) 7: (duḥ)-khaṃ kusīto viharati vyavakīrṇaḥ pāpakair akuśa(lair dharmaiḥ)）

660 徳慧：「どのようにして、この 2 つの時（＝考察する時と修習する時）に、この 2 つに依って精励するのかというと、『比丘尼（**Bhikṣuṇī*）経』に説かれているようにである。『比丘尼経』に、『彼は身体を身随観して住する時に、身体的気

【経節（56）】　教団を持ち、集団を持つ

「<そして、多くの外道の遊行者で、論議場に坐している者たち[661]が、以下のような話をした。

“大徳たちよ、ここなるプーラナ・カーシュヤパは、{**（1）教団を持ち、（2）集団を持ち、**（3）集団の師であり、（4）多くの人に崇敬され、（5）多くの集団の筆頭に立っている”[662]} >」

とは、経典の一節である。

（I）眷属〔円満〕、（II）知〔円満〕、（III）信頼〔円満〕、（IV）供養円満が説かれた。

「（1）教団を持ち、（2）集団を持ち」とは、（I）眷属円満である。順に、聴衆で、〔その場に〕参集した集団と、〔別の場所に〕住している[663]〔集団〕である。

「（3）集団の師」とは、（II）知円満である。なぜなら、彼ら（＝聴衆たち）に対して、自分の論書によって教示するので[664]。

鬱*と心の萎縮が生じたならば、アーナンダ（阿難）よ、彼の比丘は、信を起こすべき喜ばしい対象特徴を作意する（思い描く）。彼は信を起こすべき喜ばしい対象特徴を作意する時には、喜悦（*prāmodya）が生ずる。喜悦が生ずることにより、喜び（*prīti）が生ずる』と詳細に説かれている」と。なお、ここでは「考察力」と「修習力」（【経節（38)】）という枠組みが前提とされている。

*: 気鬱 rmug pa, styāna: AKBh, 56.7: styānaṃ katamat/ yā kāyagurutā ... 気鬱（惛沈）とは何か。身体が重い状態である。styāna はパーリでは thīna だが、ここのパーリ対応には pariḷāho＝paridāha とある。対応阿含は上野［2012b］の指摘するように『雑阿含』615 経（大正 2.172b14-17）, SN, 47.10. (V.156.1-6)が対応する。

＊萎縮した心をいかに策励するかということを説くものとして引用されたもの。

661 Cf. DĀ 36.12 (Melzer 260): kutūhalaśālāyāṃ sanniṣaṇṇānāṃ.（次註も参照）

662 【対応阿含】

PTSD, 240bff., s.v., gaṇa(-ācariya)が指示するように、釈尊、もしくは六師外道を記述する句として、諸経に出る。SN, 44.9. (IV.398)など。ただ、『雑阿含』（大正 2.244a）に対応なし。『別訳』（大正 2.443a）も対応なし。DN, 2 経（I.47）では、六師外道についてこの記述がある。

一連の句については、漢訳では以下が対応するか。『中阿含』207 経（大正 1.781c5-8）（MN, 77 経（II.3））: 衆人所師。有大名誉。衆所敬重。領大徒衆。

以下により梵本が得られる。DĀ 36.4 (Melzer 256): anyatīrthikaparivrājakānām ... parivrājakāḥ prativasati (1) saṃghī ca (2) gaṇī ca (3) gaṇācāryaś ca (4) sādhurūpasaṃmato bahujanasya (5) mahatā ca gaṇena saṃpuraskṛtaḥ

なお、MN, 30 経に対する片山訳（片山［1998: 111］）に、パーリ註釈での解釈が示されている。また、「教団を持ち」と訳した saṃghī は「サンガを持ち」ということであるが、これは仏教教団に限らない。平川［1964: 4］は、「サンガという言葉は仏陀が新しくつくった言葉ではなく、すでに当時の宗教団体を指すのに一般に用いられていたらしい」と指摘する。

663 VyYT: yul gzhan 'khod pa により補った。

664 徳慧は、調御（'dul ba）するので、という。

「(4) 多くの人に崇敬され」とは、(III) 信頼円満である。なぜなら、多くの者たちによって、理解に関して信頼されているので。

「(5) 多くの集団の筆頭に立っている」とは、(IV) 供養円満である[665]。

【経節 (57)】　法無我を理解する

「< {**シュレーニカ[666]よ、この法は (1) 深遠であり、**(2) 深遠に顕れており、(3) 見がたく、(4) 悟りがたく、(5) 推し量れず、(6) 論理の領域でなく、(7) 微細で、熟練な、賢者と識者によって知られるものである[667]} >」とは、経典の一節である。

[解釈 I]

それはまた、そこ (経典) で世尊が、法無我 (*dharmanairātmya) を理解するということ、それを主題としたものであるからである[668]。

それ (法無我) は、以前 (過去世) に智慧が浄化されていない者によっては、

---

[665] なお、徳慧は、本箇所の解説の末尾に、「プーラナ・カーシュヤパ (プーラナ・カッサパ) と同様に」といって、残りの「六師外道」の名前を列挙する。徳慧によれば本経節は六師外道の具えている円満を説いたものということ。

[666] 仙尼、dMag ldan, *Śreṇika. 徳慧は本経を *dMag ldan kyi mdo* (**Śreṇikasūtra*) と呼ぶ。

[667] 【対応阿含】

『雑阿含』105 経 (大正 2.32a16-18)

【関連文献】

上野 [2012b] は細田 [1993] や、Chung [2008: 67] に記載されていない資料として AKVy, 103.14-16 も指摘する。他に Mvy もあるが、Mvy よりも AKVy の方が順序から言っても世親の解釈に合う。

(adhigato me) dharmo (1) gambhīro (2) gambhīrāvabhāso (3) dur-darśo (4) dur-avabodho (5) 'tarkyo (6) 'tarkāvacaraḥ (7) sūkṣmo nipuṇaḥ paṇḍita-vijña-vedanīyaḥ.

Mvy, 2913-2920, Mvy(N), 2917-2924: (1) gambhīraḥ (2) gambhīrāvabhāsaḥ (3) durdṛśaḥ (4) duravabodhaḥ (/duranubodhaḥ) (7) sūkṣmaṃ nipuṇapaṇḍitavijñavedanīyaṃ* (5) atarkyaḥ (6) atarkāvacaraḥ. *: Mvy(W) では sūkṣmaḥ nipuṇaḥ paṇḍitaḥ vijñavedanīyaḥ。その他、この節は『解深密経』では「如来によって説かれたこれらの経典」を形容するものとして出る。ただしそこでは「空性に関する (stong pa nyid dang ldan pa)」という句が加わっている (SNS, 76.4-7: zab pa zab par snang ba/ stong pa nyid dang ldan pa/ mthong bar dka' ba/ rtogs par dka' ba/ brtag mi nus pa/ rtog ge'i spyod yul ma yin pa/ zhib mo brtags pa mkhas pa 'dzangs pas rig pa)。

[668] 徳慧は、「どのようにそれ (法無我) を主題としているのかというと、詳細に」といい、同経から長文の経文を引く。それは、釈尊とシュレーニカの問答で、釈尊 (ガウタマと呼びかけられている) が、(I) 色 (rūpa) が如来か (受、想、行、識のそれぞれについても同様)、(II) 色に如来が存在するか (前同)、(III) 色とは別なものが如来か (前同)、(IV) 色・受・想・行・識 (＝五蘊の総体) に如来が存在するか、(v) 色が無く、受が無く、想が無く、行が無く、識が無いものが如来であると見るかどうかと問い、シュレーニカが一々について、「そうではありません (ma lags so)」と答えるというもの。Cf. 『雑阿含』104 経 (大正 2.30c)

自分では「(3) 見がたく」、それゆえ「(1) 深遠」である。説く時には「(4) 悟りがたく」、それゆえ「(2) 深遠に顕れている」。自分では「(5) 推し量れず」、それゆえ「(3) 見がたい」。説く時には「(6) 論理の領域でなく」、それゆえ「(4) 悟りがたい」。なぜならそれは論理においてよく知られていない（*aprasiddha）からである[669]。

〔解釈 II〕

さらにまた、ここ（経典）で、無我の説示こそが、「法」である。勝義において「(3) 見がたい」ので、「(1) 深遠」である[670]。世俗の意味において「(4) 悟りがたい」ので、「(2) 深遠に顕れている」[671]。勝義としては「(5) 推し量れない」ので、「(3) 見がたい」。世俗の意味において「(6) 論理の領域でない」ので、「(4) 悟りがたい」。なぜなら、勝義を主題としているので、それ（世俗）の論理において行われていないので。

〔以上説いた〕そのようであるなら、どのように[672]〔その法が〕「(1) 深遠」で「(2) 深遠に顕れて」おり、どんな原因によって〔(3) (4) なのか〕が、〔順に〕2 句（＝ (3) (4)）と 2 句（＝ (5) (6)）によって示された。

さて、そのような法、それは誰が知ることが出来るのかというと、「(7) 微細で、熟練な、賢者たち、識者たちによって知られる」と説かれている。

「微細」とは、真実の（*tattva）意味に入るからであり、「熟練」とは、すべての意味に入るからであり、すなわち、如所有〔性〕と尽所有性の理由[673]によってである[674]。その 2 つ[675]もまた、2 種類である。すなわち、「賢者たち」である。

---

[669] 徳慧：これ（法無我）はいかなる論理の論書（rtog ge'i bstan bcos）においても知られていないので。すなわち、その法無我は説かれていない、という意味である。

[670] 徳慧：出世間の正しい智（*jñāna）の対象（*artha）であり、境界（*viṣaya）であるので、勝義（*paramārtha）である*。そこにおいて（der）「(3) 見がたい」ので、「(1) 深遠」である。

*:『釈軌論』第 4 章でも見られる「勝義」の語義解釈。松田［1985］、本庄［1992］、堀内［2009］参照。なお、勝義諦と世俗諦の二諦の語の典拠はさまざま考えられてきたが、上野［2014］が、*Ekottarikāgama* にあることを指摘した。

[671] kun rdzob kyi don du: 徳慧：説示の意味（/対象）が、世俗の意味である。世俗によって理解されるべき意味である。正しい智に資益する世俗の意味、そのようなものとしては理解しがたいので、「(2) 深遠に顕れている」。

[672] ji ltar na: 徳慧は rnam pa gang ltar（どのようなあり方で）という。

[673] ji lta ba bzhin dang ji snyed yod pa nyid can gyi rgyus.

[674] ここで、微細慧が如所有性に、熟練慧が尽所有性に結びつけられている。ところで、「菩薩地」慧品では、まさにこの『釈軌論』と同じ結びつけがなされている。

BBh, 213.20-22: sūkṣmā yathāvadbhāvikatayā jñeyapraveśāt. nipuṇā yāvadbhāvikatayā jñeyapraveśāt.（微細〔慧〕とは、如所有性によって、所知（知られるべき事柄）に入るから。熟練〔慧〕とは、尽所有性によって、所知に入るから）。慧品の本箇所は菩薩・善士の善士（正士）慧（satpuruṣa-prajñā）について述べたもので、直前には法無我への言及もある。

すなわち、前世に成熟した慧（*mati）が生得[676]であり、その両方の意味[677]に悟入することができる智慧（prajñā）を持っている凡夫（pṛthagjana）たち〔である〕。そして、「識者たち」である。すなわち、諦を見た者（*dṛṣṭasatya≒聖者）たちであって、彼らはその両方の意味に悟入する智（jñāna）を持っているので、「識者たち」である。

【経節（58）】　制戒の十利

「＜｛**如来は10の利点を見て、律において声聞たちの学処を制定した。**10とは何か。

（1）僧団（サンガ）を摂益するために。（2）僧団の品位のために。（3）僧団の快適な住のために。（4）信仰していない者たちを信仰させるために。（5）信仰している者たち〔の信仰〕を増進させるために。（6）罪悪感のない人々を折伏するために。（7）恥じらいある者たちの快適な住のために。（8）この世（現法）での諸の漏を防護するために。（9）後世（かの世、来世）での諸の漏を防護するために。（10-a）梵行（清らかさへの行い）を資助するため（*brahmacaryānugrahāya[678]）と、（10-b）梵行を長くとどまらせるためにである。（10-c）私の梵行は長くとどまるであろう、と、多くの人に関連し、益し、増加し、天と人に到るまでに[679]、示されたのである[680]｝＞」

675　微細と熟練。

676　生得（skye bas thob pa）は『倶舎論索引』によると*upapattilābhika。これは「修行によって得られたもの」と対概念である。Cf. AKBh, 106.4（「根品」）: triṣu dhātuṣu kuśalaṃ cittaṃ dvidhā bhidyate/ prāyogikaṃ copapattilābhikaṃ ca（三界において善心は2種類に分けられる。つまり、修行により得られたものと、生得のものである）これにより、先の sngon, *pūrvam は、単に「以前」でなく、「前世」と訳した。

677　真実の意味とすべての意味という2つ。

678　下記の Divy 等にはないが、【経節（80）】の第8句から想定した。

679　徳慧は、人々だけにではないのである、という。

680　【対応阿含】
いわゆる「制戒の十利」。経典では『増一』巻42.1（大正2.775c）, AN, 10.31 に出る。
【関連文献】
Mvy, 8347-8356, Mvy(N), 8289-8298: (1) saṃghasaṃgrahāya, (2) saṃghasuṣṭhutāyai, (3) saṃghasya sparśavihārāya, (6) durmaṅkūnāṃ pudgalānāṃ nigrahāya, (7) lajjināṃ sparśavihārāya, (4) anabhiprasannānām abhiprasādāya, (5) abhiprasannānāṃ bhūyobhāvāya, (8) dṛṣṭadhārmikāṇām āsravāṇāṃ saṃvarāya, (9) sāṃparāyikāṇāṃ setusamudghātāya, (10-c) brahmacaryaṃ ca me cirasthitikaṃ bhaviṣyati/
制戒の十利は、諸律において若干表現の違いがあるという。平川［1960: 309-312］。『瑜伽論』「摂釈分」（VySg, D65b7-66a6, 大正30.758c9-20）でもほぼ一致する十項目（最後の（10）が少し相違するが）が引かれ、解釈されている。文脈は、「学（*śikṣā）の利点に住すること」。
（10）について、BHSD, s.v., bahujanya. Cf. Divy, 202.19-21: vaistārikaṃ ca te brahmacaryaṃ cariṣyanti bāhujanyaṃ pṛthubhūtaṃ yāvad devamanuṣyebhyaḥ samyaksaṃprakāśitam. (Cf. Divy, 208.5-6 : (10-c') brahmacaryaṃ cirasthitikaṃ syād)

とは、経典の一節である。

［解釈 I］

学（*śikṣā）とは何か、学処（*śikṣāpada）とは何かというと、受持（samādāna[681]）と護持[682]と発露[683]が、「学」である。してはならないこと[684]とすべきこと[685]を受持すべきことと、護持すべきことと、発露すべきこと[686]が、「学処」[687]である。

［解釈 II］

さらにまた、(i) 断と (ii) 受持と (iii) 懺悔[688]と (iv) 昼夜に学ぶことが、「学」である。すなわち、『ラーフラ（**Rāhula*）経』[689]に出ているように[690]。戒の諸の

NidSa, 5.40: evam idaṃ brahmacaryaṃ vaistārikaṃ bhavati bahujanyaṃ pṛthubhūtaṃ yāvad devamanuṣyebhyaḥ samyak suprakāśitam//

681 徳慧によれば、「性罪」（prakṛtisāvadya）と「遮罪」（pratiṣedhasāvadya）たる、殺生を離れることなどを受持すること。「性罪」はそれ自体で罪となることで、五戒のうち、殺生・偸盗・邪淫・妄語の4つ。「遮罪」とはそれ自体では罪ではないが、それにより罪を引き起こしてしまうので禁止されることで、飲酒。なお、世親による『釈軌論』第3章中での性罪・遮罪の解釈は堀内［2004b］で取り上げ、そこで衆賢の『順正理論』にも同文が見られることを指摘し、衆賢が世親を引用したのだろうと述べた。だが、別の箇所（諦（satya）の数）に関して VyY と『順正理論』に類同の議論があることを発見し検討した上野［2014］によれば、どうやら世親が衆賢を引用したようである。論難と回答の「例（サンプル）を挙げる」という構成上の理由からもそちらが真相に近いか。とすれば、同じく論難と回答の例の1つである大乗仏説・非仏説論（『釈軌論』第4章がその回答にあたる）も、長大な議論であるが、何か典拠があったのであろうか。ただ、いずれにせよ、自分が首肯しない議論を転載するということは考えにくいので、世親の飲酒観（堀内［2004b］）、世親の大乗仏説論（本庄［1990］［1992］、堀内［2009］）で問題なかろう。

682 rjes su bsrung ba: 原語は*anurakṣā/anurakṣaṇa か。徳慧は、諸の受持がこれであるという。

683 sor gzhug pa: 徳慧は、「諸の犯した（ral ba）〔受持〕を sor zhugs pa することが、mthol ba である（ral pa rnams sor gzhug pa ni mthol ba'o）」というので、懺悔、発露あたりの意味であろう。

684 徳慧によれば性罪と遮罪のこと。

685 徳慧によれば、「実行されるべきものである、三衣（さんね）（chos gos gsum pa: Cf. chos gos gsum: traicīvarika。比丘に個人所有が許されている3つの衣）を用いる（go ba）ことなど」。

686 sor gzhug(s) par bya ba.

687 徳慧は、諸の学の処が「学処」であり、学の拠り処（rten）という意味であるという。『法蘊足論』（巻一、「学処品」）も「学の所依」だとする。

688 so sor bshags pa. *pratideśanā. Cf. Mvy, 8361. pratideśanīyāḥ, so sor bshags par bya ba.

689 *sGra gcan zin gyi mdo sde*, **Rāhulasūtra*.

690 徳慧は (i) 〜 (iv) の項目について、経文を引いて説明する。行為をする際には、鏡を見るように、自分の行為が自他を害するものかどうか観察すべきであ

支分[691]が、「学処」である。

［解釈 III］

さらにまた、「学」こそが「処」（śikṣā＝pada）である。なぜならば、学を欲している者たちは勝れたものとなるからである[692]。

「(1) 僧団（サンガ）を摂益するために」とは、学に資益（*anukūla）することによる。「(2) 僧団の品位のために」とは、優美さによる。「(3) 僧団の快適な住のために」とは、〔戒の〕受持を成就した者は喜悦（*prāmodya）が多いことによる。「(4) 信仰していない者たちを信仰させるために」とは、優美さにより、〔接する人に〕信が生ずるので。「(5) 信仰している者たち〔の信〕を増進させるために」は、その同じこと（優美さ）により、それ（信）を増大させるので。「(6) 罪悪感のない人々を折伏するために」とは、学に違越（違反）することによって優美ではない者たちであり、学を欲しない者たちへの〔僧としての〕資格停止[693]と〔僧団からの〕追放[694]によって。「(7) 恥じらいある者たちの快適な住のために」とは、学を欲する者たちが戒（習慣）を同じくして動揺なく[695]集えば安楽であるから。「(8) この世（現法）での諸の漏を防護するために」とは、現在の諸の漏（āsrava）を斥けるために[696]、学処を制定するのである。「(9) 後世

ることを、釈尊が実子であるラーフラに説く経典。以下に徳慧が断片的に引く経文の和訳を示す（『中阿含』14経「羅云経」（大正1.436c11-16, 436c28-437a1, 437a4-5）, MN, 61経 *Ambalaṭṭhika-Rāhulovādasutta* (I.415.30-416.6, 416.34-417.1, 417.6-7)）

(i) ラーフラよ、もし汝はそのように観察して（so sor rtog pa, 漢訳：観、Pāli: paccavekkhamāna）、この身体の業（行為）が自己と他者を害し、不善・苦の生起・苦の成熟を持つものであると知るならば、ラーフラよ、汝はこの身体の行為を断じなさい。

(ii) ラーフラよ、もし汝がそのように考察して、自分が行為をなしたいと思っているその身体の行為が自己と他者を害しないものであるならば、受け入れなさい。

(iii) ラーフラよ、汝はその身体による行為を、師匠、同梵行者（同じ修行者）、智者たちに懺悔し、将来は防護すべきである。

(iv) ラーフラよ、もし汝が念（気をつけていること）と正知（意識していること）によって喜びと喜悦（*prāmodya）〔を持つならば〕まさにそれによって、昼夜に学を多くなして住しなさい。

691 徳慧は殺生を断つことなどだという。

692 khyad par (*viśeṣa) du 'gyur ba'i phyir ro: 徳慧は、「涅槃に至るまでを得るから」という。「学」によって涅槃という「処」（pada）を得る、ということか。

693 gnas nas dbyung ba, Mvy, 8646: utkṣepaṇīyam, Pāli: ukkhepaniya. 次註の語とともに律の用語。BHSD, PTS 等は suspension とする。徳慧は「僧団のなかで（dge 'dun gyi nang nas）」限定づけている。Cf. Nolot［1999: 17ff.］

694 bskrad pa, Mvy, 8644: pravāsanīyam, Pāli: pabbājaniya. BSHD は「〔僧侶のコミュニティーからの〕追放へ導く〔行い〕」とする。

695 bskyod pa med pa. bskyod pa は、あるいは物理的に動かないこと（定住）か？

696 bzlog pa'i phyir: 徳慧は「防護するために（bsdam pa'i phyir, saṃvarāya）」という。

（来世）での諸の漏を防護するために」とは、未来の諸の〔漏〕を[697]働かなくするために、学処を制定するのである。「（10-a）梵行（清らかさへの行い）を資助するためと、(10-b) 梵行を長くとどまらせるためである。(10-c) 私（＝釈尊）の梵行は長くとどまるであろう[698]」とは、(10-a') 言語慣習的（世俗的）〔な梵行〕と（10-b'）第一義的な（勝義的な）梵行に従事することであり、(10-c') 出家〔の相承〕と証得の相承という 2 つである[699]。

それらのうちで、1〔句＝第 1 の利点＝（1)〕は、教えを分裂させないこと[700]に関して。1〔句＝（2)〕は、罪（非難すべきこと、*avadya）がないことに〔関して〕。1〔句＝（3)〕は、原因の円満に〔関して〕[701]。2〔句＝（4）(5)〕は、物[702]の享受円満に〔関して〕[703]。2〔句＝（6）(7)〕は、法の享受の円満に〔関して〕。

---

697 VyY(D,P)は ma 'ong pa'i gang zag la。ただ、VyYT(D,P)は、gang dag la zhes ni zag pa dag la という。

698 Cf. Mvy, 8356: brahmacaryaṃ ca me cirasthitikaṃ bhaviṣyati.

699 VyYT: rab tu byung ba brgyud pa dang/ rtogs (P rtog) pa brgyud pas so//
この箇所の読解に関して、ある折りに苫米地等流氏にご教示いただいた。当初筆者は迂闊にも（a）～（c）の対応自体も見逃していたのであるが、それをご指摘いただき、さらに、brgyud pa は種族ではなく永続を意味し（cirasthitikaṃ の解釈であるので)、rab tu byung ba は出家者ではなく出家行為を意味し、またこれが世俗の梵行に対応し、rtog pa は rtogs pa を取るべきでこれは証得を意味し、「勝義の梵行」に対応するのではということであった。氏のご指摘に謝意を表しつつ従うと共に、たとえば、『倶舎論』では法は āgama（聖教）と adhigama（証得≒修行道）を本性とするという記述が想起された（AKBh, 459.9 (『倶舎論』「定品」39ab 偈): saddharmo dvividhaḥ śāstuḥ āgamādhigamātmakaḥ// ((教主（釈尊）の正法は、聖教と証得を本性とする 2 種類である）なお、これは【経節（68)】に対する［解釈 II］でも関説される)。出家行為（ゆえにこれは出家、僧団でもよいと思うが）と証得が相承されるとは、教団と、教団が伝える仏法が相承されるということであり、この文脈にもふさわしいと思われる。

700 bstan pa mi phyed (VyYT byed) par bya ba.

701 徳慧は、「どのようにしてか」といい、経文を引く。「戒を具えた者（śīlavat）は後悔がない（avipratisāra)。後悔がなければ喜悦（prāmodya）が生ずる。喜悦すれば身体が軽快になる（kāyaḥ praśrabhyate)。身体が軽快になれば安楽（sukha）を感受する。心が安楽となれば心が静まる（統一される、cittaṃ samādhīyate)。心が精神統一され（samāhita）れば如実に知る（yathābhūtaṃ prajānāti)」という内容で、類似の一連の流れは諸経に出る（徳慧は『釈軌論』第 1 章に対する註では別の経文（「戒を具えた者は」という記述がない）を引く。上野［2013: (6)n.14］を参照)。他方、ここの対応は『中阿含』42, 43 経（前者は大正 1.485b8-10)。Chung・Fukita［2011］により ŚrBh I, 92.16ff.等に対応があることが知られる。

702 物：zang zing, *āmiṣa は、次の法（chos, *dharma）としばしば対になる語。物質的なもの、具体的には食物・財物であろう。次の dharma は、教法、精神的なもの、の意。

703 徳慧は、彼ら在家者たちは彼ら（出家者）を信じ、彼らを尊敬する、という。

2 句〔(8)(9)〕は、涅槃を得ることの円満に〔関して〕[704]。1〔句＝(10)〕は説示の意味が偉大であることの円満に〔関して説かれたのである〕。

【経節 (59)】 阿羅漢にとっての苦は

「＜{**比丘よ、漏尽の阿羅漢の苦、**(1) それは滅し(抑止され)、(2) それは寂静となり、(3) それは清涼となり、(4) それは滅没した[705]} ＞」

とは、経典の一節である。

〔解釈 I〕

〔輪廻での〕再生をもたらす(*paunarbhavika)「苦、(1) それは抑止された」。なぜなら、〔苦が〕働くことが妨げられているので。「(2) それは寂静となった」とは、〔それ＝苦は〕完全に生じない性質のものであるから。世間的な抑止(滅、*nirodha)と区別するために、「(2) 寂静となった」と述べられた[706]。〔逆に、〕薄くなった(少なくなった、*tanu)状態という意味での「(2) 寂静となった」と区別するために、「(1) 抑止された」と述べられた[707]。この世における〔苦〕、「(3) それは清涼となった」。つまり、煩悩の随眠という熱を離れているからであって、熱い瓶器[708]が清涼と(冷たく)なったように。「(4) それは滅没した」とは、無余涅槃へとである。

〔解釈 II〕

さらにまた、世間的な離貪者(*vītarāga)たちは、下地(下の段階領域)にある苦は「(1) 抑止」しているが、「(2) 寂静となって」はいない。なぜなら、後に生じる性質のものであるから。「(3) 清涼となって」もいない。なぜなら、随眠[709]が残っているから。上地(上の段階領域)にある〔苦〕もまた、「(4) 滅没して」いない。

阿羅漢の〔苦〕はそれと逆で、「(2) 寂静となり」、乃至、「(4) 滅没した」である。

〔解釈 III〕

さらにまた、世間の者たちにとっての「(1) 抑止(滅)」は、「(2) 寂静(静)」

---

704 徳慧は、彼らはその(漏)の対治に住する時には、速やかに般涅槃する、という。

705【対応阿含】

『雑阿含』104 経(大正 2.31b13-14):漏尽阿羅漢。(色無常。無常者是苦。)苦者。(2) 寂静。(3) 清涼。(4) 永没。(受想行識。亦復如是。)がほぼ対応しよう。Cf. Chung〔2008: 67〕

【関連文献】

SWTF, śītībhūta によれば以下に出る。ただ、『釈軌論』本箇所と文脈(主語)は違う。CPS, 27e23: duḥ(khaṃ (1) tan niruddhaṃ (2) ta)d vyupaśāntaṃ (3) tac chītībhūtaṃ (4) tad astaṃgatam|; NidSa, 7.10, 12.

706 徳慧は、世間的な離貪(離染、*vītarāga)者たちにおいては再生をもたらす苦は滅しているが、それは完全に生じない性質のものとはなっていない、という。

707 徳慧:苦が薄くなったことも「寂静となった」と言うからである。

708 bum pa'i gyo mo tsha ba.

709 随眠:徳慧は、煩悩の種子という。

ではない。なぜなら、下地の苦苦（苦という苦[710]）を伴っているので。随眠を断じていないので、「（3'）妙」でもない。再び〔苦が〕働くので、「（4'）出離（離）」でもない。

それと逆にして、聖者たちにとって、苦の「（1）抑止（滅）」は、「（2）静」「（3'）妙」「（4'）離」である。その行相（ākāra）に一致するように、「阿羅漢にとっての苦は『（1）抑止された』〔、乃至、〕（4）滅没した」と説かれた[711]。

【経節（60）】　勝義のバラモンとは

「＜｛**バラモンは、（1）疑いがなく、**（2）後悔なく[712]、（3）生と滅に対する渇愛を離れ、（4）貪著（*lobha）が増大することがない[713]｝＞」

とは、経典の一節である。

［解釈 I］

こ〔の経節〕では、（I）智と（II）断を円満していることによって、勝義のバラモン[714]の特徴が説かれた。

（I）「（1）疑いがない」によっては、智円満〔が説かれている〕。なぜなら、勝義[715]と自己の得たこと[716]に関して疑いがないから。

（II）残り〔の句＝（2）～（4）〕によっては、断円満〔が説かれている〕。なぜなら、（i）悪趣をもたらす〔雑染〕と（ii）〔輪廻での〕再生をもたらす雑染を断じているから。「（2）後悔がない」によっては、汚れとなる業[717]を断じている

710　三苦については【経節（25）】参照。

711　滅諦の四行相（滅・静・妙・離）に経句を結びつける。四諦十六行相については【経節（61）】を参照。（1）は滅（nirodha）、（2）は静（śānta）、（3）は妙（praṇīta）、（4）は離（niḥsaraṇa）という行相（ākāra）ということ。

712　（1）som nyi med pa,（2）'gyod pa med pa: それぞれ*niṣkāṅkṣa, *niṣkaukṛtya を想定しておく。Cf. ŚrBh II, 364.1. なお、（1）は、下記 ParySg では the tshom med pa（D38b6）。

713　【対応阿含】

『雑阿含』1071 経（大正 2.278b3-4）, Cf. 『別訳』1.10（大正 2.376b）なお、パーリ対応経（SN, 21.10. *Theranāmo* (II.282ff.)）にはここの対応文がない。Chung［2008: 210］

【関連文献】

「摂異門分」（ParySg, D38b6ff; 39a5ff., 大正 30.768a10ff.; 768b3ff.）にも引かれる。

ただ、（3）句と（4）句が、「渇愛を離れ（sred pa dang bral ba）」「生と滅への貪著が増大することがない（'byung ba dang zhig pa la chags pa rgyas par mi 'gyur）」となっている。

714　外教徒のバラモンではなく、第一義の婆羅門のことで、阿羅漢を指す。

715　徳慧によれば、四諦に対して疑いがないこと。

716　徳慧によれば、預流などという果（＝四果）に対して、“私はその果を得たのであろうか、得なかったのであろうか”という、そのような疑いがないこと。

717　徳慧によれば、身・語・意の悪行（*duścarita）のことで、それをなしたならば汚れとなるから、という。

ことにより（i）悪趣をもたらす雑染を断じていることが説かれた。残り〔の句＝（3）（4）〕によっては、（ii）再生〔をもたらす〕雑染を断じたことが〔説かれた〕。なぜなら、（ii-1）欲求（*chanda）と（ii-2）貪欲（*rāga）を断じていることが説かれているので。「（3）生と滅に対する渇愛を離れた」とは、“〔私は来世に〕生まれたい”、“生まれまい”と（ii-1）欲求することである。「（4）貪著[718]」とは、その同じものに対する、欲〔界〕・色〔界〕・無色〔界〕の（ii-2）貪欲である。

「一切の渇愛を断じ[719]、一切の行（/束縛[720]）が尽きたので[721]、そして、
一切の取〔蘊〕[722]を遍知すれば[723]、再生（死後の生存）を欲しない[724]」

というこの頌と、

「業[725]と渇愛[726]と、同様に無明[727]は、後世（後の生存）での諸行（≒蘊）の原因である[728]」

というこ〔の頌〕もまた、結びつけるべきである。

［解釈 II］

さらにまた、「（1）疑いがない」によっては、3 つの証浄（*avetyaprasāda）[729]

---

[718] 徳慧は、（4）句に関して、「相応（*saṃprayukta≒現行）によって、もしくは種子（≒随眠）の観点から、束縛されないであろうという意味である」という。

[719] 世親は以下の 2 偈を、本経節の経句と適宜「結びつけるべき」（sbyar bar bya. 徳慧：「同じ意味のものとすべき（don mthun pa nyid du bya）」）と指示する。徳慧によれば、まずこれは（3）と結びつく。

[720] 'du byed: UV 対応からすれば saṃyojana が対応するが、通常は*saṃskāra の訳。

[721] （2）と結びつく。

[722] phung po, upadhi.

[723] 徳慧によれば、これは五取蘊（*upādānaskandha）を特質とする苦〔諦〕であり、それは無漏の智（*anāsrava-jñāna）によって遍知されるべき（*parijñeya）だという。これは（1）に結びつく。なお、徳慧はさらに、この頌（次の頌についても同じことを言っている）と本経節は句の順序に違いがあるだけで、共に智円満と断円満を説いたものだという。

[724] UV, 30.33:
sarvatṛṣṇāṃ viprahāya sarvasaṃyojanakṣayāt//
sarvopadhiṃ parijñāya nāgacchanti punarbhavam//

[725] 徳慧によれば、これの対治（治療）が（2）。

[726] これの対治が（3）。

[727] これの対治が（1）。

[728] 上野［2012a］のいうように『雑阿含』307 経（大正 2.88b9）、Chung［2008: 88］AKBh, 333.5: karma ca tṛṣṇā ca atho avidyā saṃskārāṇāṃ hetur abhisaṃparāye（「賢聖品」。渇愛のみが集諦かどうかという文脈で引用される。櫻部・小谷［1999: 52］、本庄［2014:［6018］［2079］］）

[729] 次の、「聖者によって愛でられた戒」と合わせて、四証浄。【経節（32）】を参照。
徳慧：「いつ、その証浄が得られるのかというと、〔四〕諦を現観した時にである。見道から起き上がった時には、“ああ、世尊は正等覚である、そ（世尊）の法は

を得ることを示し、「(2) 後悔がない」によっては、聖者によって愛でられた戒[730]を得ることを示している。そのようであれば、見道（*darśanamārga）のバラモンのあり方によって、有学の（*śaikṣa）バラモンの特質を示すのである。

一方、残り（の諸句＝(3)(4)）によって、無学（*aśaikṣa）のバラモンの特質を説く。なぜなら、(i) 欲求と (ii) 貪欲を断ずることを説くから。「(3) 生と滅に対する渇愛を離れた」とは、生まれと死を喜ばないから、(i) 欲求を断じている〔ことが説かれた〕。

「死を喜ばず、生まれもまた、喜ばない。
＜正知（意識していること）と念（気をつけていること）によって、身体を観察せよ[731]＞」

と、頌が説かれているように。

「(4) 貪欲が増大することがない」とは、欲〔界〕・色〔界〕・無色〔界〕の (ii) 貪欲を断じたこと〔が説かれた〕。

［解釈 III］

別の観点では、増上慢を持った者にある随煩悩[732]の対治として、〔勝義の〕バラモンこそに増上慢がないことが説かれた。すなわち、「増上慢を持った者」とは、甚深（*gambhīra）で空性に関するものである（*śūnyatāpratisaṃyukta）ところの、「これを縁としてある[733]という縁起」に関する話が述べられた時には (i)

正しく説かれた、その声聞のサンガは正しく行じている*"と、目の当たりにする。『証浄』という意味は何かというと、〔四〕諦を如実に証得してからの信が、『証浄』である。」

(*: この 3 項目について、【経節 (1)(5)(8)】参照)

730 徳慧は、まさに見道において〔初めて〕疑いが断ぜられるので、「聖者によって愛でられた戒」を得るのであり、それはまた、「無漏の律儀（悪の防護）(*anāsravasaṃvara)」だという（『倶舎論』「業品」13 偈によれば律儀には 3 種類ある。その中の 1 つ）。さらに、無漏は聖者の意に適うから、「聖者に愛でられる」のだという。

731 徳慧はアヌルッダ長老（gnas brtan Ma 'gags pa）による偈として、＜＞内も引く。

'chi la mngon par mi dga' la//
gson la'ang* mngon par mi dga'o//
＜shes bzhin dang ni** dran pa yis//
lus la so sor brtag par bya//＞ *: VyYT P la; **: VyYT P om.

以下はアジタ（Ajita）長老による偈であるが、類似するか。ただ、訳は VyY に依った。

TheraG, 1.20:
maraṇe me bhayaṃ n' atthi, nikantī n' atthi jīvite,
sandehaṃ nikkhipissāmi sampajāno patissato 'ti.

732 徳慧によれば疑い、後悔、渇愛、貪欲。

733 此縁性、idaṃpratyayatā. 徳慧：無明などの〔十二支縁起の〕支分には作者がないので、行などという特質を持ったこの法（要素）において、縁（*pratyaya）である無明などを特質とするこの法が存在するので、それが、「これを縁とする」

疑って、後にも（ii）後悔する。すなわち、『天経』[734]に説かれているように。彼ら（増上慢を持った者たち）は、身体もしくは等至（*samāpatti）に対する（iii）渇愛が現起しており、（iv）貪欲の随眠も常に付き従っているに他ならないのである。

【経節（61）】　無常想はすべての対治
農夫などのたとえと共なる無常想[735]

「＜{比丘たちよ、無常想を修しなさい。比丘たちよ、無常想に親しみ、修し、没頭し[736]、精通し（yānīkṛta）、主題とし（vastukṛta）、遂行し（anuṣṭhita）[737]、完全にし（susamāpta）、よく励んだ（susamārabdha）[738]者は、一切の欲貪（*kāmarāga）を破壊（samavahati）[739]し、一切の色貪と一切の無色貪と一切の掉挙（浮つき、*auddhatya）と慢と無明を破壊する。

（1）たとえば、家長である農夫が、夏が過ぎた秋の時に、大きな鋤によって土地を耕す時には、草の茎の一切を破壊し、完全に破壊し、鮮やかに破壊する。同様に、比丘たちよ、無常想に親しみ、修し、繰り返し、精通すると、前と同様に[740]。

（2）比丘たちよ、たとえば、バルバジャ草を刈る人が、少しで、多くない〔分量の〕バルバジャ草の先端をつかんでまき散らし、間にある一切の〔夾雑物を〕取り除く[741]。同様に、無常想を修し、乃至、慢と無明に至るまでを

である。その抽象名詞形（*bhāva）が「これを縁とすること（此縁性）」である。

734 *lHa'i mdo*: 徳慧は、「得ていないものを得たという想念を持ち、理解していないものを理解したという想念を持ち、現証（まのあたりに）していないものを現証したという想念を持つ彼は、その後、害され、破滅するであろう」という経文を引く。上野［2013b］が『雑阿含』293経（大正2.83c11-13）, NidSa, 11.3を指摘した。aprāpte* prāptasaṃjñy anadhigate 'dhigatasaṃjñy asākṣākṛte sākṣākṛtasaṃjñī ... vihanyate vigatam** āpadyate.　*: *sic*. aprapte; **: テキストの註10に、vighāta に訂正しうるであろうかと指摘しているが、その訂正が上記のVyYT: phongs pa, *vighāta に合う。

735 『釈軌論』ではこの1句のみがあり、「～とは、経典の一節である」と続く。これ自体は経文ではなく世親による要約。Sūśa と VyYT に引かれる経節は極めて長文である。この経節に関しては上野［2012a］によるテキスト校訂と正確な訳がある。

736 この3句は【経節（13）】にも出ていた。これも含め、以下、適宜、Mvy によって対応梵本が得られる（上野［2012a］）。この3句は Mvy, 2320-2322。

737 Mvy, 2418-2420.

738 Mvy, 2413-2414.

739 Cf. Mvy, 2421.

740 VyYT: 修し、繰り返し、精通すると、前と同様に。
Sūśa：前と同様、慢と無明に至るまでも破壊する。
両者に相違があるが、「前と同様」といってもこれより前がないのであるから、VyYT がよい。

741 この表現は諸経に見られる。『雑阿含』110経, AN, III.365.1-3等（上野［2012a］）

破壊する。

（3）たとえば、アームラ果樹にあるいかなるアームラ〔果であっても〕、その一切は、茎を具え、茎に依り、茎と連結し、茎と結合し、茎と離れず、それらから生ずるものである。同様に、無常想に親しみ、前と同様である。

（4）たとえば、重閣講堂・大殿堂にあるいかなる骨組み材であれ、それら一切は梁に置かれ、梁に依り、梁に繋がれ、梁にもたれかかっているので、梁はそれらのなかで最上のものであると言われる。すなわち、保持するために[742]。同様に、無常想も、前と同様である。

（5）たとえば、生き物で、畜生界に属する動物のいかなる足跡であれ、それら一切は象の足跡に包含され、含まれるので、象の足跡はそれらのうちで最上のものと言われる。すなわち、〔最も〕大きいものであるから。同様に、無常想も、前と同様である。

（6）たとえば、ジャンブー州（閻浮提）におけるいかなる河であれ、それら一切は海に向かい、海に流れ、海に流れ込むものであるので、海はそれらのうちで最上のものであると言われる。すなわち、包摂するので。同様に、無常想も、前と同様である。

（7）たとえば、空に昇る太陽は、空を覆っている暗闇の一切を、光によって圧倒し、光り、熱し、輝く[743]。同様に、無常想も、前と同様に。

（8）たとえば、転輪〔聖〕王は、いかなる国王〔たち〕[744]であれ、彼らのうちで最上の者である。すなわち、強力だから。同様に、無常想に親しみ、修し、没頭し、精通し、主題とし、遂行し、完全にし、よく努めた者は、一切の欲貪を破壊し、一切の色貪と一切の無色貪と一切の掉挙（浮つき、*auddhatya）と慢と無明を破壊する[745]＞[746]」

とは、経典の一節である。

ここ（この経節）で、「（1）農夫のたとえ」によって、無常想が随眠（潜在的煩悩、*anuśaya）の対治（治療）であることが説かれ、「（2）バルバジャ草のたとえ」によっては、〔無常想が〕纏（現勢的な煩悩、*paryavasthāna）の対治であることが説かれた。なぜなら、〔順に、〕未だ生じていない煩悩と、生じた〔煩悩〕

---

[742] EĀ, 14.22; 14.32 に類似句がある（上野［2012a］）。tadyathā *(a)* yāḥ kāścit kūṭāgāre sopānasyaḥ sarvās tāḥ kūṭaṃ-gamāḥ kūṭa-niśritāḥ kūṭa-pratibaddhāḥ kūṭāvasaraṇāḥ, *(b)* kūṭās tāsām agra ākhyāto yaduta saṃgrahāya.

[743] Mvy, 6289-6290: bhāsate, tapati, virocate (lham me, lhan ne, lhang nge)

[744] Mvy, 3677: khams kyi rgyal po, koṭṭarājā.

[745] 【対応阿含】

『雑阿含』270 経（大正 2.70c2-25）, SN, 22.102. *Aniccā.*

【関連文献】

「摂異門分」でもこの経典の経句（短い単語）が註釈対象となっている（上野［2012a］）。ParSg, D33b1-34a4, P39b5-40b2, 大正 30.765b11-765c8. 同 783a も。

[746] Sūśa ではこの後にウッダーナ（摂頌、sdom）が加わる。阿含に対応がなく、上野［2012a］によれば、Sūśa 作者が作ったのであろうという。

「{（1）農夫、（2）草を刈る人、（3）果樹、（4）梁、

（5）足跡、（6）河、（7）太陽、そして第 8 は（8）王であると主張される}」

に関してであるので。

「(3) アームラ果のたとえ」によって、〔無常想が〕それ（＝無常想）とは別の、随眠の対治であるところの、無願〔想[747]〕と＜空性〔想〕[748]と＞[749]無相想[750]を導くことが〔説かれた〕。

「(4) 重閣講堂〔のたとえ〕」によっては、〔無常想が〕それ（＝無常想）とは別の、纏の対治であるところの、不浄（*aśubhā）などという想[751]を把捉することが〔説かれた〕。なぜなら、〔それら不浄などという想から〕退かない者となるので。

「(5) 象の足跡〔のたとえ〕」によって、それら[752]が無常想の活動領域[753]の内部に入ることが〔説かれた〕。なぜなら、無常なものとして考察されるべきものであるので[754]。

「(6) 諸の河〔のたとえ〕」によって、それ（＝無常想）とは別の、非難されるべき形相[755]が、そこ（＝無常想）に到達している（≒含まれる）ことが〔説かれた〕。なぜなら、〔無常想は〕行苦性に入るものであるので[756]。

---

747 徳慧によれば、これは、無常・苦・因・集・生・縁・道・如（rigs pa, nyāya）・行・出の行相（ākāra）を持つ想のこと。四諦十六行相のうちの十形相のこと。前 2 つが苦諦、中 4 つが集諦、後 4 つが道諦の形相。これ以下で四諦十六行相（『倶舎論』「智品」13a 偈）を三三昧（【経節（53)】参照）に配置している。

748 下註も参照。徳慧によれば、空（空性）・非我の行相（＝苦諦）を持つ想のこと。

749 VyY: smon pa med pa dang/ mtshan ma med pa'i:
徳慧は VyY 本文を註釈対象として引用するに際し、「無願・空・無相とは」として出しており、さらに、「空性想とは」と、VyY 本文を引用するような形態で説明すらしているので、VyY 本文には無願と無相しか説かれていないが、脱漏があると見なし、「空性と（stong pa nyid dang/)」を補って訳した。

750 徳慧によれば滅・静・妙・離の行相（＝滅諦）を持つ想のこと。

751 徳慧は、不浄などという想とは、不浄・病（roga）・傷（癰、gaṇḍa）・とげ（箭刺、śalya）・慈・悲・喜・捨などの想である、という。そのうち、「病・傷・とげ」の梵本は SWTF, s.v., śalya: NidSa, 9X,Z により得られる。また、これらは五蘊、欲望の対象、身体について観察するときの定型句のようであり、諸経に見える。後 4 つは四無量心。

752 徳慧は「無願などという想」だという。これまで出た、無常想以外の想のことであろう。それが無常想に含まれるというのである。逆に言えば、世親のこの経節に対する解釈は、経文に「無常想」とのみ説かれていることを、「無願想」などを指したものとして、開いて解釈したものと言える。

753 spyod yul, *gocara. 徳慧は dmigs pa, *ālambana（認識対象）であるという。

754 徳慧：それら無願などという想は無常であると考察すべきであるから。

755 徳慧によれば、病・傷・とげといったような形相（前出）。

756 徳慧：どのようにして無常想は行苦性に入るのかというと、“無常なるものは苦である”とそのように勝解するので。行苦性によっても一切の有漏の事物を離貪することになるのであるが、批判されるべき他の〔形相（前出)〕によって〔はそうでは〕ないので。

「(7) 太陽」と「(8) 国王のたとえ」によって、無学 (*aśaikṣa) の状態では、順に、忘れない性質のものとなすことと、他の世間的な想[757]に対して支配的であること[758]が〔説かれた〕。

［まとめ］

そのようであれば、〔この経節では、〕どのようにして、無常想がすべての対治であるのかも〔説かれた〕(＝(1) (2))。なぜなら、随眠と纏の対治であるので。

どのようにして、対治の根本でもあるのかも〔説かれた〕(＝(3))。なぜなら、他の対治を引き出すので。

どのようにして、〔不浄観などといった〕他の纏の対治よりも、3 種類の特殊性 (＝重閣講堂・象・河) に関して殊勝であるのかも〔説かれた〕((4) ～ (6))。

どのようにして、無上な対治であるのかというそのことも説かれてもいる (＝(7) (8))。なぜなら、他の無明と明の一切を制圧しているので。

【経節 (62)】　説法の 20 のあり方

「<｛君たち (具寿ら) よ、説法者の比丘が法話をする時には、これら 20 のあり方でもって話をすべきである。

(1) 適切な時に、(2) 尊敬して、(3) 順に、(4) 関連して、(5) 順応して、(6) 喜ばせ、(7) 悦ばせ、(8) 満足させ、(9) 賞賛せず、(10) 呵責せず、(11) 理に適い、(12) 連関し、(13) 混ざらず、(14) 如法で、(15)〔聴〕衆に合わせて、(16) 慈 (慈しみの、友情の) 心もて、(17) 益心もて、(18) 悲 (哀れみの) 心もて、(19) 利得や尊敬や名声に依存せず、(20) それらの話を述べるときには自賛せず他人をけなさず、話もすべきである。**これら 20 のあり方でもって話をすべきである**[759]｝>」

とは、経典の一節である。

なお、苦苦・壊苦・行苦の三苦については【経節 (25)】参照。

[757] 徳慧 : それら「世間的な想」とはまた、不浄〔観〕・数息〔観〕(ānāpānasmṛti)・病・傷・とげなどである。

[758] dbang sgyur ba nyid, vaśitā/vaśavartitā: 徳慧 : それらを望んだ通りにまのあたりとなすから。

[759] 【対応阿含】

『広義法門経』が対応する (Skilling)。『広義法門経』(大正 1.919c9-15)、『普法義経』(大正 1.922b20-29) 漢訳よりもチベット語訳 (AV, D188b6ff., P198a4ff.) の方が『釈軌論』に合う。『普法義経』は項目が少し異なるであろうか。

【関連文献】

ŚrBh I, 224.1-5: tāṃ ca punaḥ kathāṃ (1) kālena karoti, (2)satkṛtya-(3)anupūrvam (4) anusaṃdhim (5) anusahitaṃ (6) harṣayan (7) rocayan (8) *toṣayann* (9) utsāhayann (10) anavasādayaṃś ca (11) *yu*ktāṃ (12) sahitām (13) avyavakīrṇāṃ (14) dhārmikīṃ (15) yathāparṣan (16) maitracitto (17) hitacitto (18) 'nukampācitto (19) 'niśrito lābhasatkāraśloke (20) na cātmānam utkarṣayati, na parān paṃsayati/ (evaṃ dharmadeśako bhavati/)

「菩薩地」(BBh) も 20 項目はほぼ同じ。なお、徳慧の引く経節とは翻訳がいくつか異なっていることがあるが、重大な異読でない限り註記しない。

［解釈 1］

(I)「（1）適切な時に」とは、〔聞き手が〕聞くことを望む者であり解説するに値する者であることを知って、である。すなわち、ヴェーヌカーティヤーヤナサゴートリー[760]のように。「（2）尊敬して」とは、軽んじないことであり、ライオンが飛びかかる[761]ように。「（3）順に」とは、最初の時になされるべき[762]布施の〔話〕など[763]と、卓越した[764]話に関してである。「（4）関連して」とは、経典を解釈することに関して[765]。

(II)「（5）順応して」とは、質問への回答（記別）[766]に関して。つまり、一向記（断定的な回答）などにおいて、そのように（順応して）回答するからである[767]。「（6）喜ばせ」とは、信を具えた者たちに対して。「（7）悦ばせ」とは、

---

760 ka tya'i bu mo smyug ma can: 本箇所の出所は『雑阿含』253 経（大正 2.61b）, SN 35.133. *Verahaccānigottā* (IV.121f.)である。『赤沼辞典』756b はこのパーリに対するサンスクリット対応語として Vairakātyānīgotrā を想定したが、Chung［2008: 79］によれば対応するのは Veṇukātyāyanasagotrī である。文献もそれに詳しい。なお、この経には、Veṇukātyāyanasagotrī という人がウダーイン長老に説法を聞きたいと請うたが、初めは自分の方が高座に坐るなどして態度が悪かったため、長老は説法しなかった。後に彼が態度を改めたため、長老は説法をした、ということが記されている。説法の行儀については、平川［1995: 574］。

761 mchong ba: いわゆる「獅子借兎」「獅象借兎」（『漢語大詞典』, s.v. 獅象借兔，皆用全力）で、ライオンは小さな動物に飛びかかるにも全力を尽くすということ。出典として、たとえば常盤大定篇『仏教要典』（博文館、1933）974 は、『華厳経』「普賢行願品」第十二を挙げる。

762 dus sngar bya ba, *pūrvakālakaraṇīya: 「声聞地」にもこの語が見られ、その直後には、次第説法と四聖諦の話も出ている（ŚrBh I, 222-223）。【経節（99）】の解釈中でこの 2 つの説明がなされている。

763 施論・戒論・生天論の「次第説法」を指す。

764 yang dag phul can: *sāmutkarṣikī. Cf. BHSD. 四聖諦の話を指す。【経節（99）】への解釈中では、「〔四〕聖諦〔に関する〕話が「卓越した〔話〕」である」とある。

765 徳慧は、「諸経典を解釈することのためにである。関連はまた、2 種類である。「前後の意味の関連」と、「前後の順序の関連」である。この 2 つもまた、〔世親〕先生が後に解説する」と註釈している。この 2 つの「関連」は『釈軌論』第 3 章で詳細に論じられる。

766 dri ba lung bstan pa, *paripṛcchāvyākaraṇa.

767 徳慧は『倶舎論』（AKBh, 292.11ff., ad., 「随眠品」22 偈）を引用して、「四向記」を説明している。これは質問をより明確にしてから回答（記別）することを説くもの。すなわち、「①“一切の有情は死ぬのか”と言われたなら、“死ぬであろう”と確定的に（一向に）回答すべきである（＝一向記）。②“一切の死者は〔死後に再び〕生まれるのか”と言われたなら、“煩悩を持っている者たちは生まれる。煩悩を持っていない者はそうならない”と、区別して回答すべきである（＝分別記）。③“人〔趣〕は劣っているか、優れているか”と言われたなら、“何について（何と比べて）問うたのか”と質問してから、回答すべきである。もし、“神（天）

以前の状態の者[768]と敵意を持つ者（*pratihata）たちに対して。「（8）満足させ」とは、疑いを持っている者たちに対して。「（9）賞賛せず、（10）呵責せず」[769]とは、"このような者たちすべては正しく行じている者たちである"、もしくは、"間違って行じている者たちである"といったようにであり、『無諍経』[770]に説かれて

と〔比べて〕"と言うならば、"劣っている"と回答すべきである。しかし、"悪趣（悪しき生存領域）と〔比べて〕"と言うならば、"優れている"と回答すべきである（＝反詰記）。④"有情は〔五〕蘊と別か、別ではないか"と言われたなら、捨て置く。有情（≒アートマン）の実体はないので（＝捨置記）。石女の子が白いか黒いかという2つの〔質問の〕如し」と、徳慧は説明している。

768 sngar gnas pa: 仏教に対してなんらの知見もない者、くらいの意味か。

769 第9の項目には興味深い異同がある。まず、Sūśaには否定辞miがないが、VyYとVyYTは否定辞miを有する。『広義法門経』は、チベット語訳ではspro ba dang、漢訳は「正勤」と、否定辞がない。『普法義経』は前後の関係からすればここに当たるのは「除惭」であろう。当該経での否定辞は「莫」であることが多いので、ここでも否定辞はないと見られる。「菩薩地」もutsāhayatā,「声聞地」もutsāhayannと、共に否定辞を欠く。ただ、『釈軌論』を念頭に置いていたと思われる『菩薩地解説』は否定辞を有する（BBhVy, D Yi 127b3-4: spro bar mi byed pa. なお、本論書が別の箇所で『釈軌論』を引用していることは堀内［2009］でも指摘した。この箇所でも『釈軌論』の解釈を下敷きにしつつ「菩薩地』に説かれる20の項目を解釈している）。

このように、出典や対応文献のこの箇所に否定辞がないとなると、世親が伝承した阿含が否定辞を有していたか、あるいは、〔より可能性は少ないが、〕世親が註釈するに当たり付け加えた可能性がある。

これを考えるにあたって注意したいのが徳慧註である。徳慧は、この箇所の註釈で「称賛と非難も知るべきである。称賛と非難も知った上で、称賛もしてはならない。非難もしてはならない」という経文を引く。『無諍経』のパーリ対応経（次註参照）では「称賛を知るべきであり、また非難を知るべきである。称賛を知り、また非難を知り、称賛することもなく、非難することもなく、法のみを説くべきである」（MN 139経 *Araṇavibhaṅgasuttaṃ*（III. 230.15-17）: ussādanañ ca jaññā apasādanañ ca jaññā ussādanañ ca ñatvā apasādanañ ca ñatvā n' ev' ussādeyya na apasādeyya dhammam eva deseyya. 和訳は片山［2002］による）とある。そして、同経ではこれについての詳説があるが、要点を抜き出せば、『下劣、粗野、凡俗の、聖ならざる、利益を伴わない、欲の結合を楽しむ、喜びの実践に耽っている者たち、かれらすべては苦しみがあり、害があり、愁いがあり、熱悩があり、邪に行道している』とこのように言いません。そうではなく、『耽ること、これは苦しみがあり、害があり、…熱悩がある法であり、邪な行道である』と、このように言い、法のみを説」く（ibid., 232.13-19: "Ye kāmapaṭisandhisukhino somanassānuyogaṃ anuyuttā hīnaṃ gammaṃ pothujjanikaṃ anariyaṃ anatthasaṃhitaṃ, sabbe te sadukkhā sa-upaghātā sa-upāyāsā sapariḷāhā micchāpaṭipannā ti" na evam āha. "Anuyogo ca kho sadukkho eso dhammo sa-upaghāto sa-upāyāso sapariḷāho micchāpaṭipadā ti" iti vadaṃ dhammam eva deseti.）という趣旨である（和訳は片山［2002: 253］による）。これとは逆の、「正しい行道」（sammāpaṭipanna/ sammāpaṭipadā）についても、同

いるように。つまり、教化対象（所化）の特殊性を理解することがない者がそのように〔称賛や非難を〕なすことは、それによって教化されるべきではない者が腹を立てる[771]ことになる。

(III)「（11）理に適い」とは、正しい認識手段（量）[772]と矛盾しないので。「(12) 連関し」とは、〔話の〕前後が連関しているので。「（13）混ざらず」とは、話が他に逸れることを断じているので。「（14）如法」とは、善に資益するので。「（15）〔聴〕衆に合わせて」とは、教化されるべき者に応じているので。

(IV)「（16）慈心もて」とは、聞く人が安楽になることを願うので。「（17）利益心もて」とは、彼に対して煩悩がないことを願うので。「（18）悲心もて」とは、彼に対して苦しみがないことを願うので。（（16）-（18）に関して）さらにまた[773]、順に、善と不善に直面している者と、〔その〕どちらでもない者[774]たちに対して、「（16）慈しみ」などの心によって〔法話をすべきである〕。「（19）

じようなことが言われている。

つまり、邪な行いをしている者（人）を非難するのではなく、また正しい行いをしている者を称賛するのでもなく、邪な行いとは何か、正しい行いとはなにかという「法」を説くというのが、「称賛もせず非難もせず」という意味である。日本語でいえば、「罪を憎んで人を憎まず」というのが近いであろうか。その意図するところは、世親の『釈軌論』での記述に基づけば、誰が正しい行をしているのか、誰が邪な行をしているのかということ（＝「教化対象の特殊性」）は、〔その内面の実際のところは〕仏陀以外には判断のしようがないから（【経節（70）】参照）、人についてその行を正しい・間違っているといって賞めたり非難したりしてはいけないということであろう。

近年明らかにされている『瑜伽論』と世親の関係からすれば世親は「菩薩地」や「声聞地」の記述も熟知していたと思われるが、以上の状況からすれば、世親はこのような『無諍経』の経意の方に基づいて、この 9 番目の項目を否定辞を持ったものとして解釈しているといえよう。あるいは何らかの段階で否定辞が加わる伝承が登場したのであろうか。

770 *Nyon mongs pa med pa'i mdo*: Skilling が指摘したようにパーリ対応経は MN 139 経、*Araṇavibhaṅgasutta* である（『中阿含』169 経）。

771 snying na ba: Negi では snying na bar byed pa が hṛdayaparidahanī の訳語の例として挙げられている。『菩薩地解説』も先述のように『釈軌論』と同じく 9 番目の項目に否定辞を有し、『釈軌論』を下敷きにした解釈をしているが、そこの対応部分では「怒りを生ずる（khong khro ba skye bar 'gyur ba）」とある（BBhVy, D127b3）。

772 tshad ma: *pramāṇa. 徳慧は直接知覚・推論・聖典という 3 つの正しい認識手段（三量）に言及する。

773 gzhan yang: これは単に（16）-（18）を別の観点から解釈したものに過ぎない。善に直面している者には慈心をもって、不善に直面している者には益心をもって、どちらでもない者には悲心をもって説法するという解釈がここで施されている。

774 tha mal pa: 様々な梵語の訳語でありうるが、ここでは*udāsīna の訳と見ておく。Negi, s.v. tha mal pa は、悲（karuṇā）が、どちらでもない者（udāsīna）と敵の立場にある者に対しても働くことを述べる用例を拾っている。

利得や尊敬や名声に依存しない」とは、それらを欲求することを断つので。「(20) 自賛せず他人をけなさない」とは、説く者が自己に対する過度の信頼[775]を欲求することを断つことによって。

その（以上の）ようであれば、(I) どのように（どのようなあり方の話を）、(II) 何のために、(III) 何に似た〔話を〕、(IV) 何に似ることによって語るべきであるかが、〔それぞれ〕5〔句〕づつによって[776]示された。

［解釈 II］

『聖教』には、

「11の過失の対治（治療）に、20のあり方の話がある」

と出ている。

11の過失とは、[1]器でないものに語る過失、[2]語りを完成しない過失、[3]語りを中断する過失、[4]語りを理解させない過失、[5]語りが尊敬されない過失、[6]適切ではない意味[777]を語る過失、[7]境界（*gocara）でないことを語る過失、[8]散乱して（散漫に）語る過失、[9]無意味（有害）なことを語る過失、[10]適切ではないこと[778]を語る過失[779]、[11]汚れた考えでもって[780]語る過失である。

「[1]器でない」とは、行儀が良くなくいること[781]。一方、「[3]語りを中断する過失」の対治として、「(3) 順に」などの3つのあり方[782]であると知られるべきである。すなわち、説示と、論難の言葉と、回答の言葉に関して。「[4]語りを理解させない過失」の対治は、第6と第7と第8〔のあり方〕であり、〔順に、〕信を持つ者、悩みと敵意を持つ者、中間の者[783]に関して。「[5]語りが尊敬されない過失」の対治として、第9と第10の2つである。すなわち、悪業を持っている者を称賛をすべきではないが、〔彼を〕非難したとしても〔彼は〕尊敬しないという過失に陥るからである。「[7]境界ではないこと」によっては、

---

775 lhag par yid ches pa.

776 lnga lnga dag gis: 世親は経節に説かれる説法の20のあり方を、1〜5は「1どのように」説くべきであるのかを説明したもの、といったように、5つづつセットのものとして解釈している。

777 don 'thad pa med pa: 徳慧によればこれの対治が「(11) 理に適い」である。

778 mi 'tsham par: 徳慧によればこれの対治が「(15)〔聴〕衆に合わせて」語るということであるので、この語を、聴衆に合わないという意味で、「適切ではないこと」と理解した。

779 世親自身は［8］〜［10］の項目が20のあり方のどれに対応するかを説いていないが、徳慧によれば、順に、「(13) 混ざらず、(14) 如法で、(15)〔聴〕衆に合わせて」に対応する。

780 bsam pas.

781 spyod lam mi sdug par 'dug pa.

782 3つとは、20のあり方の内、(3) 順に、(4) 関連して、(5) 順応してという3つを指す。その3つが、それぞれ、説示と、論難の言葉と、回答の言葉に関して、という解釈。なお、(2) 句は［2］に対応する。

783 Cf. AKBh, zhe 'gras dang bar mar gnas pa, pratihata-madhyasthāna（424.12.『倶舎論索引』による）

甚深な意味である。すなわち、機根の劣った者に対して[784]。「［11］汚れた考え」は 3 種類である。すなわち、(i) 信じさせようとする考え、(ii) 信じさせて尊敬させようとする考え[785]、(iii) ねたみの（*īrṣyā）考えで[786]ある。第 1 の〔考えの〕対治（治療）として、「（16）慈・（17）利益・（18）悲」という心のあり方である[787]。涅槃とそ〔れに至る〕道を理解させようとする心と、解説した意味を理解させようという心によって[788]。

［解釈 III］

さらにまた、要略するなら、こ〔の経典〕では、(I) 話の関連、(II) 話の働き、(III) 話の美徳、(IV) 説く者の美徳に関して、〔4 つそれぞれが〕5〔句〕づつ〔によって示された〕と知られるべきである。

【経節（63）】　聞法の 16 のあり方

「＜｛君たちよ、〔教〕法を聞こうと欲する者は、16 のあり方でもって教法を聞くべきである。

（1）適切な時に教法を聞くべきであり、(2) 尊敬して、(3) 聞きたいと願って、(4) 不平を言わず、(5) 規律正しく、(6) あら探しをせずに、(7) 教法に対する尊敬を確立して、(8) 説法者に対する尊敬を確立して、(9) 教法を軽んじず、(10) 説法者を軽んじないで、(11) 自己を軽んじず、(12) 完全に知りたいという心を持ち、(13) 一意専心に、(14) 傾聴して、(15) 意を傾けて、(16) 全神経を集中して、教法を聞くべきである。君たちよ、**これら 16 のあり方でもって教法を聞くべきである**[789]｝＞」

---

[784] 能力の劣った者に、境界ではないこと＝甚深な意味を説いてはならないということ。徳慧によればこれの対治が「(12) 連関し」。なお、［8］［9］［10］は (13)（14）（15）句に対応する。

[785] 徳慧によればこれの対治が「(19) 利得や尊敬や名声に依存せず」。

[786] 徳慧によればこれの対治が「(20) 自賛せず他人をけなさず」。

[787] 「第 1 の」とは、徳慧によれば、「 (i) 信じさせようとする考え」を指す。その対治として（16）～（18）が配当される。

[788] 徳慧によれば、涅槃を理解させようとする心が「慈心」であり、それ（涅槃）に至る道を理解させようとする心が「利益心」であり、解説した意味を理解させようという心が「悲心」である。

[789] 【対応阿含】

前経節と同様『広義法門経』が対応 (Skilling)。『広義法門経』（大正 1.919c15-22）『普法義経』（大正 1.922c1-8） AV, D189a1-4, P198a7-198b1.

【関連文献】

BBh（力種姓（balagotra）品）, 104.17-105.9: (a-saṃkliṣṭaś ca dharmaṃ śṛṇoty a-vikṣiptaś ca. katham a-saṃkliṣṭaḥ śṛṇoti. staṃbha-saṃkleśa-vigato 'vamanyanāsaṃkleśa-vigataḥ laya-saṃkleśa-vigataś ca. tatra ṣaḍbhir ākāraiḥ stambhasaṃkleśavigato bhavati. caturbhir ākārair avamanyanā-saṃkleśa-vigato bhavati. eken' ākāreṇa laya-saṃkleśa-vigato bhavati.) (1) kālena śṛṇoti (2) satkṛtya (3) śuśrūṣamāṇo (4) na asūyann (5) anuvidhīyamānaḥ (6) an-upārambha-prekṣī. ebhiḥ ṣaḍbhir ākāraiḥ staṃbha-saṃkleśa-vigataḥ. (7) dharme gauravam upasthāpya (8) dharma-bhāṇake pudgale gauravam upasthāpya (9) dharmam a-paribhavaṃ (10) dharma-bhāṇakaṃ pudgalam a-paribhavan. ebhiś caturbhiḥ

とは、経典の一節である。

［解釈 I］

16 のあり方は、13 種類の過失の対治であると知られるべきである。

13 の過失とは、［1］説法者に対して自分自身が働きかける[790]ことと行儀の過失、［2］おごり高ぶりの過失、［3］求めない過失、［4］他の立場をなすことにより腹を立てる[791]過失、［5］尊敬しないことによって説法者の言うことをよく聞かない過失、［6］難癖つけようという[792]考えという過失、［7］教法と説法者に作意（傾注）しないことにより敬わない過失、［8］〔教法と説法者の〕過失に傾注することにより軽蔑する過失、［9］侮辱する過失、［10］利得と尊敬を欲する者であるという過失、［11］注意散漫（散乱）と縮こまりの 2 つによって聞かない過失、［12］正しく傾注しない過失、［13］しっかり傾注しない過失である。

［1］〔説法者が〕退いている[793]時には〔聞法者は〕行儀がよくないから、第 1 の過失である。［2］〔自分は説法者よりも〕上位の種姓であるとの慢心を生ずるから、「［2］おごり高ぶりの過失」である。「［7］教法に」とは、美徳と善説と大果（大いなる結果）があることを。「［7］説法者に」とは、善知識に[794]。「［8］

ākārair avamanyanā-saṃkleśa-vigataḥ śṛṇoti. (11) ātmānam a-paribhavaṃ śṛṇoti. anenaiken' ākāreṇa laya-saṃkleśa-vigataḥ śṛṇoti. evaṃ hi bodhisattvaḥ a-saṃkliṣṭo dharmaṃ śṛṇoti. tatra kathaṃ bodhisattvaḥ a-vikṣipto dharmaṃ śṛṇoti. paṃcabhir ākāraiḥ. (12) ājñā-citta (13) ekāgra-cittaḥ (14) avahita-śrotraḥ (15) samāvarjita-mānasaḥ (16) sarvacetasā samanvāhṛtya dharmaṃ śṛṇoti. (evaṃ hi bodhisattvaḥ śrutaṃ paryeṣate.)

『菩薩地』は 16 の聞法のあり方を、A）雑染（心の汚れ）なく聞く、B）散乱せず（心乱れず）に聞くことと、大きく分ける。さらに、A）雑染なく聞くことの中の「雑染」とは、頑固さ、軽蔑、落ち込みという 3 つとする。それらを離れて教法を聞くことが、順に 1〜6、7〜10、11 の項目で示されていると解釈する。そして、B）散乱せずに聞くことに、12〜16 の 5 つの聞き方（あり方）を配当する。

790 bskyod pa: 説法者に対して説法を強いるといったような事態を指すか。

791 snying na ba: 自分の信念・宗派とは違う立場のことを述べられることにより腹を立てるということであろう。

792 sun ci phyin du brgal ba: 前半部、D: sun phyin ci log だが、ここは P に従い sun ci phyin を採るべき。VyYT では諸版がそうなっている。Cf. Negi. sun ci phyin du rgol ba, viṭaṇḍā（詭弁、難癖）

793 nang du yang dag 'jog: Negi では pratisaṃlayana（〔瞑想のために〕退く）等が対応語として挙げられている。また、徳慧によれば、この主語は説法者である。このばあい、BHSD が、LV, 161.9-10: ayaṃ kālo dharmadeśanāya ayaṃ kālaḥ pratisaṃlayanasya の用例を挙げているのが注意される。同書の前後の文脈から見れば pratisaṃlayana は dharmadeśanā とは対の意味と捉えられるので、この語の意味は、説法者が説法をするための用意をしていない、説法をするために前に出てきてはいない、という意味での「退いている」であろう。現に、徳慧は、先述の『*Ka tya'i bu mo smyug ma can* 経』を引き合いに出している。そこではウダーイン長老が聞法の態度のなっていない者に、"今は時期ではない"と言って説法しなかったのであった。

794 『菩薩地解説』では、説法者を善知識（善き友、*kalyānamitra）であるとし

〔教〕法に過失」とは、語と文字が関連していないことに。「［8］説法者に〔過失〕[795]」とは、戒（振る舞い）と種姓と外見と単語と発語が完全でないことに[796]。「［11］注意散漫」とは、心が他にさまようこと。「［11］縮こまり」とは、惛沈（気鬱、*styāna）と睡眠（眠気、*middha）によって心が沈むこと。「［12］正しく注意を向けない」とは、意図（*abhiprāya）と法性に対して顚倒していることによって。「［13］しっかり傾注しない」とは、意欲（chanda）[797]と心を傾けること（ābhoga）[798]が弱いことによって。

［解釈 II］

『聖教』では、

「6 種類の過失の対治として、16 のあり方である」

と出ている。

6 つの過失とは、［1］行為の過失、［2］意楽（希求）がないという過失、［3］尊敬しないという過失、［4］考えの過失、［5］逆しまなものであることという過失、［6］把握の過失である。

「［1］行為の過失」は 3 種類である。(i) 身体の行為の過失は、行儀よくなくいるから。(ii) 身体と言葉の過失は、その両者によって要求しないから。(iii) 心の行為の過失は、聞くことを欲しないことによる[799]。

「［4］考えの過失」とは、他人のあら探しをすることと、“このように言い争いすることにより解脱するであろう”という考えを持つものであることによる。

「［5］逆しまなものであることという過失」は 5 種類である[800]。(i) 教法に対しては、〔輪廻からの〕出離ではないと理解する[801]ことにより尊敬しないことと、(ii) 単語と文字が関連していない[802]ことによって軽んじること。(iii) 人（説き手）に対しては、戒（振る舞い）と単語と単語の用い方の過失のために尊敬しないことと、(iv) 種姓の過失により軽んじること、である。(v)〔教えの〕理解と実践の能力が〔自分には〕生じないだろうと考える人に、自己を軽んじることが

て注意を向けない過失（BBhVy, D125a4）。

795 chos smra ba la: 説法者の過失に注意を向けるということ。

796 ［7］と［8］を 4 つに分けて解説している。

797 'dun pa: 徳慧は、「意欲とは、なそうと欲することによって（'dun pa ni byed par 'dod pa nyid kyis so//）」という。Cf. AKBh, 54.21: chandaḥ kartukāmatā; AKBh(t), 'dun pa ni byed 'dod pa'o//

798 'jug pa: 徳慧は、「〔心を〕傾けることが、傾注（作意）である（'jug pa ni yid la byed pa'o//）」という。Cf. AKBh, 54.22: manaskāraś cetasa ābhogaḥ, AKBh(t): yid la byed pa ni sems kyi 'jug pa'o// 前註と共に、斎藤他［2011］（それぞれ、57-58, 65-66）。

799 徳慧によればこれの対治として、順に、(1) ～ (3) の聞法のあり方がある。なお、世親は［2］と［3］について配当しないが、徳慧によれば、順に、(4) と (5) の聞法のあり方に配当される。

800 徳慧によれば、この 5 つに対し、順に、(7) ～ (11) が配当される。

801 法とはここでは仏教であり、それは出離（輪廻からの超越）をもたらすものである。それを出離をもたらすものではないと逆に理解するから、逆しま（mi mthun pa）というのであろう。仏法は出離をもたらすもの（【経節 (6)】の 3 句）。

802 Cf. 【経節 (66)】

ある。

「[6] 把握の過失」も5種類である[803]。(i) 誤って把握すること、(ii) 意味を把握しないこと、(iii) 文字を把握しないこと、(iv) 明らかに（正しく）把握しないこと、(v) 残りなく把握しないこと、である。

残りは理解しやすいから説明しない。

【経節(64)】6つの美徳を持った言葉で教法を説く

「<{(1) **都雅で**明瞭で[804]、(2) 甘美で、(3) はっきりとしていて、(4) わかりやすく、(5) 聞くに値し、(6) 依存せず、(7) 〔聴衆の〕意に反することがなく、(8) 果てなく教法を説く[805]} >」

とは、経典の一節である。

［解釈 I］

---

803 徳慧によれば、この5つに対し、順に (12) ～ (16) が配当される。

804 第1句が問題である。VyY: gsung grong khyer ba dang (zhes bya ba ni ...); VyYT: gsung grong khyer ba dang(/ gsung gsal ba dang/). 他方、Sūśa は gsung gsal ba dang/ で始まる。つまり、Sūśa は gsung grong khyer ba dang という1句を欠く。また、VyYT は、［解釈 I］で「6つの美徳」と経句を対応づける際に、第1句を、gsung grong khyer ba ではなく gsung gsal ba としている。他方、VyY は、［解釈 II］で『聖教』からの引用を挙げる中に gsung grong khyer gsal ba と、2句を1句として扱っている。また、「摂釈分」では ngag grong khyer pa の次に snyam cing 'jems pa（*valgu、甘美な）が来ている。なお、次の【経節 (65)】では gsal ba dang/ snyan cing 'jebs pa dang とある。

さて、gsung grong khyer ba という語は、［解釈 II］ではまさに註釈対象となっているので、ここでそれを欠くことは許されない。しかし、それも入れてかつ次の gsung gsal ba と分けてしまうと9句となり、［解釈 I, II］がともにこの経節を8句として解釈していることと齟齬をきたす。1つの打開案として、上記のように VyY が［解釈 II］で『聖教』を挙げる中に第1句を「gsung grong khyer gsal ba」と挙げていることに基づいて、それを1つと扱うこととする。なお、Sūśa であるが、gsung grong khyer ba dang を除いた一連の句は次の【経節 (65)】にあるのでそれをここでも引いてきたのであろうか。

805 【対応阿含】

『雑阿含』1069経（大正 2.277b2-3）(Chung［2008: 209］), SN, 21.7. (II. 280.6-8), AN, IV.48. ヴィサーカ（ヴィシャーカ）が説法することの描写。漢訳よりもパーリのほうが本経節に近い。なお、DN, 4経ではソーナダンダ尊者の語についての描写（I.114、片山［2003: 302］）である。

【関連文献】

ŚrBh I, 218.2-4: (kathaṃ vākkaraṇenopeto bhavati/) (1) pauryā vācā samanvāgato bhavati (2) valgvā (3) vispaṣṭayā (4) vijñeyayā (5) śravaṇīyayā (7) apratikūlayā (6) aniśritayā (8) aparyan*tayā/ (evaṃ vākkaraṇenopeto bhavati kalyāṇavākyaḥ//)

同註では、「摂釈分」に語義解釈があること（VySg, D49b1ff., P58a4ff., 大正 30.750c）、BBh, 65.11-13 や、上記 SN も指摘されている。なお、「摂釈分」の説明は、『釈軌論』で後で「聖教」として引かれるものに一致する。

こ〔の経節〕によって、〔経典〕結集者（*saṃgītikāra）[806]たちによって、〔御〕言葉が6つの美徳を具えていることが説かれた。すなわち、(I) 言葉が聞きやすい、(II) 単語が善い、(III) 意味が善い、(IV) 報酬を求めない[807]、(V) ふさわしい、(VI) 広大、である。

そのなか、2つのあり方によって、「(I) 言葉が聞きやすい」と知られるべきである。すなわち、(I-1) 言葉（＝声）が大きいことによってである。なぜなら、〔聴〕衆（*parṣad）に満ちさせるので（＝(1)[808]）。(I-2) そして、言葉が優しいことによって（＝(2)）。

2つ〔のあり方〕によって、「(II) 単語が善い」である。すなわち、(II-1) 単語の語源（*nirukti）が正しいことと（＝(3)）、(II-2) 語りを理解させること（＝(4)）によってである。

残り〔のあり方〕は、それぞれ〔の句〕によってである。すなわち、〔(III) は、〕適切な（*yukta）意味を具えていることによって。つまり、「(5) 聞くに値する」ので。そして、〔(IV) は、〕利得など[809]への執着を具えていないことによって（＝(6)）。そして、〔(V) は、〕〔聴〕衆に応じて〔話を〕適用することによって（＝(7)[810]）。そして、〔(VI) は、〕無量の弁才（*pratibhāna）を具えていること（＝(8)）によってである。

〔解釈 II〕

『聖教』には、

「(I) 涅槃という都（*pura）を主題にしていること[811]、(II) 言葉が優しいこと、(III) 単語の語源が正しいこと[812]、(IV) 理解させること、(V) 法と義（教法と意味）を具えていること、(VI)〔無理に〕信じさせて尊敬させること[813]に依存しないこと、(VII) 適度に説くこと、(VIII) 広大で巧みな手だてであるという原因によって、『(1) 都雅で明瞭[814]』、乃至、『(8) 果てがない』のである、と出ている。

---

806 結集者：この語は【経節 (90)】にも見られる。

807 zang zing med pa, *nirāmiṣa: Cf, Mvy, 842, Mvy(N), 844: zang zing med par chos ston pa, nirāmiṣadharmadeśakaḥ.

808 徳慧は、gsung gsal ba（明瞭な）という経句と対応づける。

809 徳慧のいうように「利得と尊敬と名声（lābha-satkāra-śloka）」のことで、修行者がそれに執着してはならないもの。

810 VyY 等では mi mthun pa med pa であるが、VyYT のみが、ji ltar 'os pa nyid という句によって示されている、という。翻訳者の混乱であろう。

811 VyYT はここでは grong khyer, *paurī という経句と対応づける。

812 徳慧は、「比丘たちよ、語と文字の語源が正しくなければ、意味を引き出すことは難しい」という経文を引く。類似の文は、「正法を失わせ、隠没させることのために働く」2つの法のうちの1つとして、AN のいくつかの経典に出るようである。AN, 2.2.10. (I.59.1): Dunnikkhittañ ca padavyañjanaṃ attho ca dunnīto. なお、逆も説かれている。ibid., I.59.7: Sunikkhittañ ca padavyañjanaṃ attho ca sunīto.

813 【経節 (62)】の［解釈 II］中にも出た語。

814 VyY: gsung grong khyer gsal ba. ただし、VyYT は経句と対応させる時には grong khyer とのみ挙げる。

8 種類の性質を持っているこの言葉は、要略すれば、3 つの性質を持っていると知られるべきである。すなわち、(I) 主題は、1 つのあり方 (= (1)) によって。(II) 自性[815]は、2 つ〔のあり方 (= (2) (3))〕によって。(3) 適用は、残り (= (4) ～ (8)) によって[816]」

と出ている。

【経節 (65)】 尊敬して教法を聞くことは 6 つの過失を離れている

「< {**さて、具寿ヴィシャーカ[817]は、講堂[818]に集まって集合している多くの比丘たちに対して、**(1) 明瞭で、(2) 甘美で、(3) はっきりしていて、(4) わかりやすく、(5) 聞くに値し、(6)〔聴衆の〕意に反することがなく、(7) 依存せず、(8) 果てない[819]言葉で教法を説いたところ、それに対して、彼ら比丘たちは、(1) 尊敬し[820]、(2) 尊重し[821]、(3) 敬重し[822]、(4) 作意し (/ 傾注し)[823]、(5) 一意専心となり[824]、(6) 傾聴し[825]、(7) 全神経を集中させて[826]、教法を聞いた[827]} >」

とは、経典の一節である。

「(1) 尊敬し」〔という句〕は概略である。「(2) 尊重し」、乃至、「(7) 全神経を集中させて」は、解説である。

これによって、「(1) 尊敬して」〔教法を〕聞くことは、6 つの過失を離れていることが示された。6 つの過失とは、(i) 慢心という過失、(ii) 信じないという過失、(iii) 意楽 (希求) しないという過失、(iv) 外界に心乱されるという過失、(v) 内に萎縮してしまうという過失、(vi) 厭うという過失である。

---

815 徳慧は、自性とは、「優しい ('jam pa, *mṛdu) こと」であるという。

816 上述のように、「摂釈分」と完全に一致する。

817 Sa ga, *Viśākha. 『赤沼辞典』774a. s.v., Visākha.

818 rim gro'i gnas, upasthānaśālā.

819 以上 8 句は、前経節を参照。

820 bkur sti byas: Mvy, 1760: satkāraḥ.

821 bla mar byas: Mvy, 1761: gurukāraḥ.

822 gces (P ces; Sūśa yod) par byas (Mvy, 1759: citrīkāraḥ).

823 yid la byas, *manasi√kṛ. BBh (後述) では samāvarjitamānasaḥ (チベット語訳では yid btud pa) が対応するが、VyY の【経節 (63)】15 句では、samāvarjitamānasaḥ の訳が sems kun tu btud pa であった。

824 sems rtse gcig tu byas te. Cf. BBh (次次註), ekāgracittaḥ.

825 rna blags shing: Mvy, 2428: avahitaśrotra.

826 sems thams cad kyis bsams nas: Mvy, 7260: sarvacetasā samanvāhṛtya.

さて、以上の 7 句のいくつかについては、菩薩が心散乱せずに教法を聴くことに関する以下の記述を参照。BBh, 105.6-9: tatra kathaṃ bodhisattvaḥ a-vikṣipto dharmaṃ śṛṇoti. paṃcabhir ākāraiḥ. (x) ājñā-citta (5) ekāgra-cittaḥ (6) avahita-śrotraḥ (4') samāvarjita-mānasaḥ (7) sarva-cetasā samanvāhṛtya dharmaṃ śṛṇoti.

827 【対応阿含】

『雑阿含』1069 経（大正 2.277b29-c3）漢訳は前半後半ともに一致するが、パーリ対応経（SN, 21.7. (II.280.17-21)）では前半部（ヴィサーカの説法の様子の記述）のみが一致する。Chung［2008: 209］

これについてさらに〔頌を〕述べる。

「(i) 慢心、(ii) 不信、(iii) 求めることがないこと、

(iv) 外に散乱し（心乱され)、(v) 内に萎縮すること、(vi) 厭うことは、

聞くことの垢（*mala）[828]である」

と。

【経節（66)】 3 種類の問いに対して回答が 8 つの性質を持っている

「< {**法に関して（abhidharma)、律に関して（abhivinaya）[829]、問われた問いも知って、言葉と文字ー（1）理に適った、(2) 連関した**、(3) 順応する、(4) 適切な、(5) 目的に適った、(6) ふさわしい、(7) 巧みな、(8) 常精進者（常に努力する者、*nipaka）の支分の集まりである〔ような、そういう言葉と文字によって〕、回答を与える[830]} >」

とは、経典の一節である。

［解釈 I］

---

[828] 徳慧は、「過失（*doṣa)」のことという。

[829] abhidharma と abhivinaya については、櫻部［1979: 17-19］。

[830] 【対応阿含】

以下の『雑阿含』では、最初は下記のように否定辞のある形で登場し、後では、その逆の肯定形で、省略された形で、語句が出る。『雑阿含』917 経（大正 2.232c(9)10-18）:（何等為非色具足。）若有問阿毘曇律。不能（1）以具足句味（x）次第（3）随順具足解説。（是名色不具足。）…（何等為色具足。）若問阿毘曇律。乃至能為解說。

AN, 3.137. (I.288.19-20): abhidhamme kho pana abhivinaye pañhaṃ puṭṭho saṃsādeti no vissajjeti. Cf. Chung［2008: 192］

【関連文献】

・Mvy, 7016-7023, Mvy(N), 6981-6988: (1) yuktaiḥ padavyañjanaiḥ, (2) sahitaiḥ, (3) ānulomikaiḥ, (4) ānucchavikaiḥ, (5) aupayikaiḥ, (6) pratirūpaiḥ, (7) pradakṣiṇaiḥ, (8) nipakasyāṅgasaṃbhāraiḥ.

「声聞地」でも引かれる。ŚrBh I, 223 註 2 では、BBh, 145,22-24、Mvy 上掲箇所や、「摂釈分」(VySg, D49b2-5, 大正 30.750c12-18）に語義解釈があることが指摘されている。

EĀ, 32.401 からも、(3) anulomikāya, (4) anucchavikāya, (5) aupayikāya, (6) pratirūpāya が得られる。

・徳光の『菩薩地註』(D184a5-185a1）は『釈軌論』のこの箇所をほぼ全文引用している。「菩薩地」戒品（BBh, 140.8-10）は 11 種類の饒益有情（摂衆生）戒を列挙するなか、教法を説くことも 3 番目に挙げる。それに対する徳光の註釈は、「語句と文字が理に適っており～」という 8 句を列挙し（つまり、dharma と vinaya に関して、という部分や、経典からの引用であることの明示（「～とは経典の一節である」という語句）を除いて)、その後、本経節に対する『釈軌論』の解釈（I～III）を全文引く。その際、訳の異同は翻訳者の相違に帰せられる範囲のものである。

徳光の同論による『釈軌論』の引用に関しては、堀内［2009］でも指摘した。

こ〔の経節〕では、3 種類の問いに対して、回答が 8 つの性質を持っていることが示された。

（I）意味と関連（*anusaṃdhi）に関して知らない〔状態〕での問いに対しては、意味が不顛倒であることによって〔回答〕し（＝（1））、関連を結びつけることによって〔回答する（＝（2))〕。

（II）法性[831]と前後[832]に関して矛盾する〔という〕問い[833]に対しては、法性に順応することによって〔回答〕し（＝（3))、意図（*abhiprāya）を説くことによって〔回答する（＝（4))〕。

〔(I）と（II）の〕両方[834]の問いに対しては、さらに、理解させることによって〔回答し〕（＝（5）[835]）と、教化対象（所化、*vineya）に応じて解説することによって〔回答する（＝（6))〕。

（III）証得[836]に関して[837]教誡（*avavāda）を問う[838]ことに対しては、世間的な美徳[839]をもたらす[840]ことに資益することによって〔回答し（＝（7))〕、出世間

・『大乗荘厳経論』にも同様の解説を見いだす。MSA は「文字の完成円満に関して 2 つの頌がある」とし、頌を出す。それに対する MSABh は上記の経句を援用しながら註釈しているのである。

MSABh, 79.4-12. (ad., MSA, XII.8): vyañjanasaṃpattau ślokadvayaṃ/

uddeśān nirdeśāt tathaiva yānānulomanāt ślākṣṇyāt/

prātītyād yāthārhān nairyāṇyād ānukūlyatvāt//8//

(1) yuktaiḥ padavyañjanair uddeśāt pramāṇāvirodhena/ (2) sahitair nirdeśād uddeśāvirodhena/ yānānulomanād (3) ānulomikair yānatrayāvirodhena/ ślākṣṇyād (4) anucchavikair akaṣṭaśabdatayā/ prātītyād (5) aupayikaiḥ pratītārthatayā cārthopagamanāt/ yāthārhāt (6) pratirūpair vineyānurūpatayā/ nairyāṇyāt (7) pradakṣiṇair nirvāṇādhikāratayā/ ānukūlyān (8) nipakasyāṅgasaṃbhāraiḥ śaikṣasyāryāṣṭāṅgamārgānukūlyāt/

831 法性：徳慧によれば、諸存在の自性（dharmāṇāṃ svabhāva）のことで、たとえば、「無明を縁として行あり」などということ。

832 「前後に関して矛盾する〔という〕問い」とは、徳慧によれば、たとえば、ある経典では“感受（vedanā）は苦受のみ”と説かれているが、別の経典では“感受は苦・楽・不苦不楽の 3 つある”と説かれており、矛盾しているではないか、と問うこと。【経節（103)】の「(2）geya」の説明を参照。

833 'gal ba'i 'dri ba: 徳慧によれば、矛盾に関して（dbang du byas nas）問う（矛盾していると問う）こと、もしくは、矛盾によって（'gal bas）問うこと（矛盾して問う）こと。

834 徳慧のいうように、「知らないでの問い」と「矛盾しての問い」。

835 （5）aupayika に関して、徳慧は、「これによって〔目的が〕成就するので aupayika」だといい、また、upāya＝aupayika だともいう。

836 *adhigama: 徳慧は出世間の法の獲得だという。

837 徳慧によれば「〜のために（ched du byas nas)」。証得するために、ということ。

838 徳慧によれば「教誡を得るため（thob par bya ba'i phyir）に問う」ということ。

839 徳慧によれば、〔四〕静慮・〔四〕無色〔定〕・〔四〕無量〔心〕・〔八〕解脱などといった、有漏の美徳のこと。

的な美徳[841]をもたらすことに資益することによって〔回答する（＝（8））〕。なぜなら、nipaka にとっての、つまり、聖道にとっての、支分の集まり[842]であるから。常に（*nityaṃ）、そして、努力して（'grus par[843]）守る（skyong ba, *√pā）のが、常精進者（nipaka）である[844]。なぜなら、常に、そして精進することにより、諸の漏（＝煩悩）から心を護るから[845]。

［解釈 II］

さらにまた、(I)「（1）理に適った」は、「（2）連関した」によって明らかにされる。すなわち、前後が関連しないことがないことによって。(II)「（3）順応する」は、「（4）適切な」によって〔明らかにされる〕。すなわち、法性に適合しないことがないことによって。(III)「（5）目的に適った」は、「（6）ふさわしい」によって〔明らかにされる〕。すなわち、教化対象（所化）に順応して解説することによって。(IV)「（7）巧みな」は、「（8）常精進者の支分の集まり」によって〔明らかにされている〕。すなわち、梵行（清らかさへの行い＝八聖道）に資益することによってであり、『五性質を具えた言葉の解説』[846]に出て

---

840 mngon par sgrub pa, *abhinir√hṛ. 徳慧は生ずる（skye ba）ことという。

841 徳慧によれば正見などという八支の道、つまり、八支聖道のこと。

842 rtag 'grus skyong gi 'phags pa'i lam gyi yan lag gi tshogs. ただし徳光の BBhVṛ では下線部が ni となっており、その場合、「nipaka とは、聖道の支分の集まりである」となる。

843 'grus par: これが nipaka の ka に何らかの形で対応するのであろうが、不明。語源解釈としては、ni, pa, ka の順であってしかるべき。Cf. SamBh, 4.2.2.1: nipak*ā* iti nityakāritā nipuṇakāritā ca naipakyam ity ucyate (rtag 'grus zhes bya ba ni/ rtag tu byed pa dang/ mkhas par byed pa la rtag 'grus zhes bya'o//)

844 rtag pa dang 'grus par skyong ba ni rtag 'grus skyong ste.

845 nipaka に対する語源解釈（nirukti）。上述の「摂釈分」では'grus skyong と訳されており、「*nipaka とは、尊敬し、常に行うので（'grus skyong zhes bya ba ni gus par byed pa (*sat√kṛ) dang rtag tu byed pa'o (*sātatya√kṛ)//（審悉所作、恒常所作故。名常委））」と解釈されている。

上述のように MSABh にもみられる。Thurman et al［2004: 156.n.3］: translated by the Tibetan *'grus skyong*, and glossed by Sthiramati as *mkhas pa sbyor ba* (P Mi 231a-b), refers to the cultured minds of the seven types of persons on the learners' path, from "stream-winner" up to just before "saint."

846 *gSung dbyangs yan lag lnga dang ldan pa bshad pa*: この経文の内容は VyYT によって知られる。BBhVṛ はここで、VyYT が引くのと同じ文言も引いている。なお、いくつかの句は【経節（64）】に出ていたものと同じである。

> 「おお、師ガウタマよ、彼の智者は、かれは〔聴〕衆に教法を説く時には、5つの支分を具えた語を口から発する。すなわち、(1) 奥深くて雲のような音声を持ち*、(2) 甘美で耳に心地よく**、(3) 意に適って喜ばせ、(4) はっきりしていて分かりやすく、(5) 聞くに値して〔聴衆の〕意に反することがない」

*: MSABh, 80.18 (ad., XI.9): meghasvaraghoṣā gambhīratvāt.（「如来の六十種の音声」の説明の箇所である。関連文献は堀内［2009: 6］を参照。）

いるように。すなわち、〔そこでは、〕前の単語が後の単語によって明らかにされている[847]。

後の句（＝（2）（4）（6）（8））という解説を伴ったこれら 4 つ（＝（1）（3）（5）（7））によって、一切の質問に対して、回答が 4 つの美徳を具えていることが説かれた。すなわち、〔順に、〕(i) 前後が矛盾しないこと、(ii) 法性に適合していること、(iii) 教化対象に順応していること、(iv) 最上の目的に資益することである。

［解釈 III］

『聖教』には、

「8 句によって、回答が 8 つの美徳を具えていることが示された」

と出ている。

8 つの美徳とは、（1）意味に入り[848]出離させるものであること、（2）世間でよく知られている（周知の、*prasiddha）単語と文字に関連していること、（3）論難の矛盾[849]に適合すること、（4）深遠な意味を確定すること、（5）聞き手を益する単語と文字が〔聞き手に心の〕散乱がないことへの起因となること、（6）教化対象の思（意思、*cetanā）と意楽（意向）のとおりに顕了[850]にすること、（7）説示（upadeśa）と読誦（自習、svādhyāya）と意楽と意思と修習に資益すること、（8）言葉どおり[851]に執着せず、確定的に（決択して）説くことである。

【経節（67）】　聖者たちの語りとは

「＜｛**比丘たちよ、話（*kathā）に入ろうとする時には、(I)（1）欲求（*chanda）と（2）怒り（*dveṣa）と**（3）慢心（*māna）と（4）隠蔽（覆、*mrakṣa）と（5）憤怒（*āghāta）と（6）忍耐がないこと（*akṣama）と（7）快活でないこと[852]も断じ、（8）心のかたくなさ〔の基盤〕と隠蔽の基盤[853]も

**: rnar snyan pa, *karṇasukha, MSABh, 80.8（同上）, Mvy, 460.
なお、『仏随念広註』という著作でも、5 つの支分を伴った語ということが説かれる。それに対する訳註である藤仲［2008: 140.n.55］が指摘するように、5 項目としては、『瑜伽論』「聞所成地」（大正 30.359b）に「言具円満」とは不鄙陋、軽易、雄朗、相応、義善であると挙げられており、また、『長阿含』4 経にも正直、和雅、清徹、深満、周遍遠聞が挙げられる。また、Cf. ŚrBh II, 306。ただ、いずれも上掲とは一致せず、出典は不明。

847 前註の（1）を例にとってみてゆくと、「奥深い」という語が、「雲のような音声」という語によって、より具体的に明らかに（説明）されているということ。

848 徳慧によれば、単語と文字によって述べられる意味を理解すること。これは「出離させるもの」とイコール。

849 rgol ba 'gal ba: 徳慧によれば、論難による（rgol bas）矛盾、もしくは、論難という（イコール）矛盾。

850 rab tu rnam par phye ba.

851 sgra ji lta ba bzhin, *yathāruta. 『釈軌論』第 4 章では、「一切法無自性」説が、言葉通りの意味のものではなく、意図を持っていることが説かれている（堀内［2009］）。

852 yid mi ches pa. 不信とも訳せようが後での解釈との関連でこのように訳した。

捨て、(9) 見解という病気 (*roga) も取り除き、(II) (10) 過度にも語らず[854]、(11) 超えず[855]、(12) 荒々しい言葉 (*pāruṣya) を語ってもならない。(13) 意味 (義) と教法を語るべきである。(14) しっかり知 (*ā√jñā) らしめ、(15) よく知 (*saṃ√jñā) らしめ、(16) 確実に心に入らせ[856]、(17) 満足 (*√tuṣ) させ、(18) よく満足 (*saṃ√tuṣ) させ、(19) 遍く満足 (*pari√tuṣ) させ[857]、(20) 〔自分で〕信じ、(21) 〔他人に〕信を生じさせるべきである。(22) 聖者たちはこのように語るのであり[858]、(23) 聖者たちの語りはこのようである[859][860]} >」

とは、経典の一節である。

［解釈 I］

ここ (経節) では、(I-2) 汚れた (*kliṣṭa) 話を (I-1) その基盤 (≒原因) と共に断じてから、(II) どんな話をなすべきか、(III) 何のために〔話を〕なすべきか、それが示された。

(I-1) 汚れた話の基盤は 9 種類である。(i) 自分の立場 (主張) が勝利することを「(1) 欲求」すること、(ii) 自分が敗北したなら対論者に「(2') 忿怒[861]」すること、(iii) 自分の立場が証明されたなら心が「(3') 倨傲[862]」となること、(iv) 対論者によって過失の生起を指摘されたならそれを「(4) 隠蔽」しようと欲すること、(v) 生起していない過失を指摘されたなら「(5') 怒る[863]」こと、(vi) 怒ってから、復讐する[864]ために「(6') 恨む (*upanāha) [865]」こと、(vii) 負けた

---

853 AKBh, 197.13 (「業品」、舟橋［1987: 51］): cetaḥkhilamrakṣavastu. 本庄［2014: ［4009］］。

854 *nātijalpet. Mvy, 7024.

855 'gal tshabs can du yang mi bya: Cf. Mvy, 7025: nātisaret, ha cang 'phro bar mi bya (byed), Cf. Mvy, 9336: sātisaro bhavati, 'gal tshabs can du 'gyur ro.

856 Sūśa は nges par shes par bya/ nges par sems su zhugs par bya (確実に知らしめ、確実に心に入らしめるべきである) で、VyY (経句の解釈中), VyYT は nges par sems su gzhug par bya とのみある。経句の並び (14 と 15 との続き。(17) ～ (19) も参照) からいえばむしろ Sūśa の前半部だけがあってほしいところであるが世親の註釈を尊重し、その前半部を無視して訳すこととする。

857 mgu bar bya/ yang dag par mgu bar bya/ yongs su mgu bar bya.

858 Cf. パーリ対応経 (次次註): evaṃ kho ariyā mantenti.

859 evam āryāṇāṃ mantraṇā, Mvy, 7026, Mvy(N), 6991.

860 【対応阿含】

完全には一致しないが、『中阿含』119 経「説処経」(大正 1.609b8-12), AN, I.197 が対応しよう。Chung・Fukita［2011: 113］。Cf. 『中阿含』120 経≒【経節 (78)】。

861 khong khro ba, *pratigha: 経句 (VyY, VyYT, Sūśa ともに) では zhe sdang であるが、対応するので、「'」で示した。以下同じ。

862 khengs pa: 経句では nga rgyal, *māna。

863 khro ba, *krodha: 経句では kun nas mnar sems, *āghāta。

864 sha glan pa: Negi によれば sha glon pa で vairaniryātana (復讐) の用例がある (出典は ASBh)。

865 khong du 'dzin pa: 徳慧は、「世間では、『敵意の持続 (mdud par 'dzin pa,

なら、憂い（*daurmanasya）を特徴とする「(7') 心が晴れないこと[866]」である。

以上のすべての論争の根本の前提となっているものは、〔次の〕2 つである。（viii）出家者にとっての、「(8) 心のかたくなさ〔の基盤〕と隠蔽の基盤[867]」であり、漏に資する[868]利得と尊敬（*lābhasatkāra）に関連する、諸の対象である。それ[869]への依存を持っている者は、それの敵対者となっている者たちに対して怒り[870]を生ずるので[871]。そして、自分自身の過失を隠蔽するので。他方、それに依存しない者はそれ[872]を断じているので、論争の根本の第 1 のものが断じられる。（ix）〔論争の根本の〕第 2 のものは、「(9) 見解という病気」〔であり、それ〕を取り除くので。悪しき見解（*kudṛṣṭi）[873]を持つ心は、病気である。なぜなら、静まっていないことを特徴とするので。

以上についてさらに〔まとめの 2 頌が〕説かれる。

「(i) 勝利と (ii) 敗北〔させる〕ことを欲すること、(iii)〔主張の〕成立、
(iv) 生起した〔過失〕、(v) 生起していない〔過失〕が指摘されること、
(vi) 生起していない〔過失が〕述べられたなら怒ることによって恨みが生じる、
(vii) 負けたなら〔生ずる〕悪しき〔心〕など〔、以上の〕7 つを断じて、話を語るべきである。
以前に〔説かれたそれらの〕論争の 2 つの起因（＝ (viii) (ix))、そこから、この過失が生じる」

と。

(I-2) 雑染の（汚れた）話〔自体〕は、3 つのあり方によって説かれた[874]。すなわち、(i) 静まらずに適量を知らずに話すので (＝(10))。(ii) 定説 (*siddhānta)

---

vairānubandha, Mvy, 2108)』と言われるものである」という。PS, 11.1: upanāhaḥ katamaḥ/ vairānubandhaḥ.（斎藤他［2014］）。Cf. AD, 307.1-2（三友［2007: 644］）。

866 sems mi gsal ba nyid. 心のもやもや。

867 gzhi, vastu. 徳慧は「原因（rgyu, *hetu）」だという。

868 zag pa'i gnas dang mthun pa: *āsravasthānīya を想定しておく。『倶舎論索引』によればこれのチベット語訳は zag pa'i gnas lta bu であるが、異訳の範囲内であろう。訳語は櫻部他［1999: 386］（「賢聖品」）による。

869 徳慧によれば利得と尊敬に関連する対象を指す。

870 zhe sdang, dveṣa: 徳慧によれば「かたくなさ (tha ba, *khila)」とはこれを指す。

871 類似表現は AKBh, 305.9-10（「随眠品」）: dveṣo 'nyatra// svadṛṣṭyadhyavasitasya tatpratyanīkabhūtāyāṃ paradṛṣṭau dveṣaḥ pravartate/（「怒りは他〔者の見解〕に対して。」自己の見解に固執している者にとって、それと敵対する他者の見解に対して怒りが生じる)。小谷・本庄［2007: 167］

872 徳慧によれば、心のかたくなさ〔の基盤〕と隠蔽の基盤を指す。先の「対象」のこと。

873 徳慧によれば、「有身見など」のこと。有身見・辺執見・邪見・見取・戒禁取の五見のことであろう。

874 以上の 9 つの経句を、汚れた話の基盤・原因と捉え、続く 3 句 (10～12) を、汚れた話がどんなものかを対治（治療、pratipakṣa）の形で説いた経句と解釈している。

から超えさせるので（＝（11））。(iii) 他者を非難するので（＝（12））。

(II) 原因（＝基盤）と共である以上のような〔汚れた〕話を断じて、何を話すべきであるのかというと、義（意味、*artha）と教法[875]である（＝（13））。つまり、およそ、人が求める（*√arth）ところのもの、あるいは、義（意味）と教法の境界領域に入るところのものである。

(III) なんのために話をなすべきであるのかというと、他の人々に 3 種類の智慧[876]を提供する（＝（14）～（16））ことにより、大・中・小の忍（kṣānti）[877]を生じさせるために（＝（17）～（19））。そして、自己と他者の両者に信（*śraddhā）を生じさせるために（＝（20）（21））。

「(22) 聖者たちはそのように語り」とは、他〔の者たちが〕ではない、ということである[878]。「(23) 聖者たちの語りはそのようである[879]」とは、他のあり方でではない、ということである。これは、〔順に、〕人を限定（*ava√dhṛ）するのと、話を限定するのだと知られるべきである。

さらにまた[880]、離染（離貪）していない者（*avītarāga）たちは、考察してそのように語るのであるが、離染した者たちの本性的な語りは、そのようである。これによって、考察〔力を持つ〕人と、修習力[881]を持つ人という 2 つが限定されている。

さらにまた、現在と、隠れているところの過去と未来の時においてである。

さらにまた、それら〔の話〕をどのように語るのか、結果を語るそのことはどのようであるのかが、示されたのである。なぜなら、殊勝な人と結果を具えていることによって、話が称讃されるべきであるので。

〔解釈 II〕

『聖教』には、

> 「話に入る者は 3 つのあり方を持っている。すなわち、(I) 敵論者[882]、(II) 中間の（＝どちらでもない）者、(III) 性質を同じくする者（＝意見が同じ者）である」

---

[875] artha・dharma: 徳慧によれば義（意味）とは述べられるべき〔意味内容〕。教法とは経典など。つまり、十二分教であろう。【経節（103)】参照。

[876] 徳慧によれば、聞・思・修所成の智慧のこと。

[877] Cf. AKBh, 344.9-10 (ad.,『倶舎論』「賢聖品」18c 偈、櫻部・小谷［1999: 119］): tebhyaḥ kṣāntiḥ(18c)// ... sā 'pi triprakārā mṛdvī madhyā 'dhimātrā ca.（「そこ（頂善根）から忍が〔生ずる〕(18c)」。それはまた、下〔品〕・中〔品〕・上〔品〕の 3 種類である。）
なお、これは「暖・頂・忍・世第一法」の四善根のうちの「忍」の説明。

[878] 聖者以外の者たち、つまり、凡夫たちについて言うのではないということ。

[879] 徳慧は、「このようなことのためにである。すなわち、諸の漏を尽くすために、と説かれているように」という。この経句は上記の対応阿含では（23）句の直後に来ているものである（大正 1.609b13：謂至竟漏尽)。

[880] 以下の 3 つの「さらにまた」により、聖者たちの語りについての 2 句（(22)(23)）に対する別の解釈が展開されている。

[881] この 2 つの力については【経節（38)】。

[882] phyir rgol ba, *prativādin.

と出ている。

そこ[883]では、この経節によって、比丘の心清浄と、語清浄が示された。

(I') 敵論者は、論争を適用する 3 つのあり方をもって、目の前にいる。(i) 敵論者の適用と、(ii) 尊敬していないという適用と、(iii) 言葉が粗いという適用をもってである。

比丘にとって (i') 敵論者の適用が生じたならば[884]、彼をうち負かそうという「(1) 欲求」を断じ、その同じ敵論者に対しても「(2) 怒り」を断じて、話をすべきである。(ii') 生じていない・生じたという 2 つの誹謗によって尊敬していないという適用が生じたならば、「(3) 慢心」と「(4) 隠蔽」を断じて〔話をすべきである〕。(iii') 言葉が粗いという適用が生じたならば、「(5) 憤怒」、つまり、散乱心[885]と、「(6) 忍耐がないこと」、つまり、罵り返すことと憤怒し〔返す〕ことなど[886]を欲すること〔を断じ〕、「(7) 快活でないこと」、つまり、自己の心の自制が制御されていないこと[887]も断ずるのである。

(II') 中間の (=どちらでもない) 者と一緒に話に入る時には、「(8) 心のかたくなさ〔の起因〕と隠蔽することの基盤」、すなわち、師の握りこぶし[888]から生じたところの、断絶を伴って説示〔しようという〕思いと、信じ〔させ〕て尊敬させようと欲することも捨てて、である。「(9) 見解という病気」、すなわち、自己の見解への固執[889]も取り除いて、である。以上が、彼 (比丘) の心清浄である。

「(10) 過度にも語らず」「(11) 超えず」「(12) 荒々しい言葉を語ってもならない」とは、(I'') 敵論者と一緒に話に入るときには、(i) 憤って (≒過度に) 言う[890]言葉と、(ii) 理に適わない言葉と、(iii) 罪のある (*sāvadya) 言葉を斥ける。(II'') 中間の者と一緒に話に入る時には、(i) 疑いを持つ者と、(ii) 理解しない者のために、「(13) (i') 義 (意味) と (ii') 法を説くべきである」。理解する者に対しては、「(14) しっかり知らしめる」、乃至、「(19) 遍く満足させる」という 6 つ〔のあり方の話〕をなすべきである。以上が、彼 (比丘) の語清浄である。

---

883 徳慧によれば、「その経典では (mdo sde de las)」ということ。つまり、経節ではなく、経典自体ということ。あるいは『聖教』を指すか。

884 敵論者が目の前に現れたなら。

885 sems 'khrugs pa, vikṣiptacitta.

886 「など」について、徳慧は、打つことと口論することという。【経節 (73)】に出る「沙門のなす四法」を参照。

887 rang gi sems kyi yang dag par sdom pa ma nges pa: yang dag par sdom pa, *saṃyama.

888 「師の握りこぶし」については【経節 (5)】を参照。

889 rang gi lta ba mchog tu 'dzin pa: 徳慧によれば、rang gi lta ba とは、諸の有身見 (*satkāyadṛṣṭi) のうちのいずれか (~ <u>rnams las</u> gang yang rung ba)。ただ、下線部を la sogs pa las として、有身見などのいずれか、すなわち五見のうちのいずれかと見るべきか。

890 nyes rtsom, *saṃrambha.

そのなか、不可思議処（*acintya-sthāna）[891]を考える者に対しては、「（14）しっかり知らしめる」。不可思議処に対して疑いを持つ者に対しては、「（15）よく知らしめる」。証得すべきものを証得するために修習している者に対しては、「（16）確実に心に入らせる」。それら[892]こそから 3 種類の喜悦（*prāmodya）が生ずるので、「（17）満足させ、（18）よく満足させ、（19）遍く満足させる」。3 種類の喜悦とは、（i）心の動揺を断ずる喜悦、（ii）疑いを断つ喜悦、（iii）結果を把捉する[893]喜悦である。

（III'）性質を同じくする者と一緒に話に入る時には、「（20）信じ」とは、心清浄である。なぜなら、正しく問うので。「（21）信を生じさせるべきである」

---

[891] 徳慧は、「比丘たちよ、これら 4 つの不可思議処を考える者は、狂い、愚昧となり、心が動揺するであろう。4 つとは何かというと、（1）我（*ātman）を考えること、（2）世間〔を考えること〕、（3）諸の有情の業の異熟を考えること、（4）静慮者たちの静慮の境界と神通者たちの神通の境界〔を考えることである〕」という経典を引く。

徳慧はさらに、「『我を考える』とは、“私は過去の時（前世）にはいたのであろうか、あるいはいなかったのであろうか”などと〔考えること〕である。〔他方、〕無我であることは考える〔べきこと〕である。“私（我）は色（いろかたち）とは別なものであろうか、別なものではないのであろうか”と考えるべきである。『世間を考える』とは、“世間は常である、世間は無常である、世間は常〔といえば〕常であるが、無常〔といえば〕無常である”などと考えること」などと説明する。

世間（世界、*loka）に関する思惟は『雑阿含』407, 408 経で排斥されている。また、自分は過去世にいたのかいなかったのか、ということは、無明の定義で言及される、前際（pūrvānta）に関する無知の 1 つ（NidSa, 14.9, 楠本［2007: 279ff.］）。

さて、4 項目は、AN, 4.77（II.80）では、諸仏にとっての仏陀の境界、静慮者にとっての静慮の境界、業の異熟、世間の 4 つ。対応の『増一』（大正 2.657a）では、有情・世界・龍国・仏国境界の 4 つ。『倶舎論』「業品」でも言及される（AKBh, 99.10, AKUp（本庄［2014:［2082］］）。「声聞地」では項目は 6 つ。ŚrBh I, 234.9-11: ṣaḍ acintyāni sthānāni tadyathā ātmacintāṃ sattvacintāṃ lokacintāṃ sattvānāṃ karmavipākacintāṃ dhyāyināṃ dhyāyiviṣayaṃ buddhānāṃ buddhaviṣayaṃ (varjayitvā ...)

なお、引用の冒頭で明らかなように、「不可思議」とは、考えてはいけないというネガティヴな意味である。

[892] 徳慧によれば（14）～（16）。

[893] 徳慧は、5 種類の結果を引くことであるといい、（1）煩悩が尽きること、（2）生静慮、（3）現法楽住（この世で安楽に住すること、定静慮）、（4）美徳を成就すること、（5）転根（indriyasaṃcāra）であるという。さらに、その 5 つを頌にまとめる。

なお、（4）の美徳（*guṇa）とは、美徳一般ではなく、「三昧を拠り処とする諸の美徳」（Cf. ad.,『倶舎論』「定品」29a 偈（櫻部等［2004: 314］）、AKBh, 452.3: samādhisaṃniśritānāṃ guṇānāṃ）で、四無量心などであろう。AKBh, 409.21（「智品」、櫻部等上掲 94）: apramāṇādiguṇābhinirhāreṣu.

とは、語清浄である。なぜなら、正しく記別（回答）するので[894]。

【経節（68）】　自己を洲とし、法を州とする（/自灯明・法灯明）

「＜｛**比丘たちよ、**

（1）自己を洲（島、*dvīpa）とし、自己を帰依処（*śaraṇa）として、

（2）法を洲とし、法を帰依処として、

（3）他を州とせず、他を帰依処とせずに、住せよ[895]｝＞」

とは、経典の一節である。

［解釈 I[896]］

どのようにして、「(1) 自己を州とし、自己を帰依処とする」のかというと、内心の止（止念、*śamatha[897]）に努力するから。どのようにして、「(2) 法を州とし、法を帰依処とする」のかというと、増上慧である法（要素）の観（観察、*vipaśyanā[898]）に努力するから。どのようにして、「(3) 他を州とせず、他を帰依処としない」のかというと、その（＝止と観の）異品（反対の立場のもの、*vipakṣa）であるところの、欲楽〔に耽ること〕と自己を苦しめるこ[899]とに努力すること[900]

---

894 徳慧は、「これはこのようなものである（'di ni 'di lta bu yin no）」と正しく記別するのだという。

895 【対応阿含】

『雑阿含』36 経（大正 2.8a22-25）; 639 経（大正 2.177b2-3）後述の理由で特に後者が対応経であろう。

＊「自灯明・法灯明」と言い習わされる有名な経句。パーリの dīpa には灯明の意もあるが、中村［1992b: 195］は、佐々木［1958: 594-603］を引き、パーリでも「島」の意であることを指摘する。

【関連文献】

MPS, 14.26: evaṃ hi bhikṣur (1) ātmadvīpo bhavaty ātmaśaraṇo (2) dharmadvīpo dharmaśaraṇo (3) 'nanyadvīpo 'nanyaśaraṇaḥ.

Cf. 「摂事分」（大正 30.793c2-8）

896 まとめると以下のようになろう。

（1）＝止（＝特殊な三昧＝渇愛の対治）に努力する⇔欲楽に耽る〔という極端〕に努力する。

（2）＝観（＝特殊な智慧＝無明の対治）に努力する⇔自己を苦しめる〔という極端〕に努力する。

（3）＝その 2 つの極端を断ずる。

897 止：心を静める・止めること。徳慧は「特殊な三昧（*samādhiviśeṣa）」であるといい、「三昧はいつ特殊な（優れた）三昧になるのかというと、認識対象を厭い、心が内に収まった時にである」という。

「三昧（samādhi）」自体は広義の精神集中作用であり、限定づけなければ「止」以外の禅定も含む。

898 lhag pa'i shes rab chos kyi lhag mthong: *vipaśyanā（観）について、徳慧は「特殊な智慧（*prajñāviśeṣa）」であるという。

899 VyYT: <u>bdag nyid bub par gnas pa (*ātmaklamatha)</u> ni bdag nyid dub pa (*ātma-klama) nyid de/ kun tu (D du) gdungs pa dang/ yongs su gdungs pa'i brtul zhugs la sogs

という2つ[901]を断ずるから。

そのようであれば、渇愛と無明の対治（治療）である止と観という2つに依っているから（＝（1）（2））、そして、その反対のことがらである2つの極端（苦楽の二辺）を断ずるから（＝（3））、自己など（＝自己と法）は、州と帰依処となること〔など＝（1）～（3）〕が示された。

［解釈II］

さらにまた、自己の人為的努力[902]は寄る辺[903]であるので、「(1) 自己を州とする」[904]。つまり、これ（＝（1））によって、努力に励むことを実行させる[905]。聖教（āgama）と証得（adhigama）であるところの法[906]は寄る辺であるので、「(2) 法は帰依処である」。つまり、これ（＝（2））によって、方法を知ること[907]を実行させる。それら（＝以上の2つ）に一向（専一、*ekānta）であるので、「(3) 他は州ではない」。つまり、これ（＝（3））によって、〔以上の〕2つにおいて過失が生じないものとして実行させる。念住[908]を修することによってそのように（＝（1）（2）として）住するであろうと説かれたのである。なぜなら〔この同じ経典に〕、

「ここにおいて、比丘は、内なる身体において身体を随観しつつ、＜熱心に（ātāpī）、正知と念を具え、世間における貪愛（abhidhyā）と憂い（daurmanasya）を取り除いて住する。外なる身体において身体を随観し、前と同様である。身体（身）と同じく、感受（受）と心と法（要素）においても、法を随観し、

---

pa'i mtshan nyid do//
Cf. AKVy, 337.14: ātma-klamatha ātmopatāpaḥ ātma-pīḍety arthaḥ.
ちなみに前半部は、klamatha=klama であり、klamatha の tha に特に意味はないことを示したもの。

900 VyYT: brtson pa (*anuyoga) ni (P pa ni; D pa'i) sgrub pa dang nan tan du byed pa dang bsten (D bstan) pa yin no//
Cf. AKVy, 337.15: anuyogo 'nusevanam.

901 楽と苦の二辺（極端、*anta）のこと。【経節（48）】参照。順に、止と観の異品。

902 rang gi skyes bu'i rtsal.

903 dpung gnyen. Mvy, 1743: parāyaṇam.

904 徳慧は、他人を非難しない（gzhan la mi smod）から、という。

905 徳慧は、「世尊が」と主語を補う。世尊が、この（1）句によって、比丘たちにそのようにさせたのである、ということ。（2）（3）についても同様。

906 lung dang rtogs pa'i chos: AKBh, 459.9 (『倶舎論』「智品」39ab 偈): saddharmo dvividhaḥ śāstur āgamādhigamātmakaḥ//（教主（釈尊）の正法は、聖教と証得を本性とする2種類である）この頌に対する解釈で、世親は、「聖教」とは経・律・論であり、「証得」とは〔三十七〕菩提分〔法〕であるという。『釈軌論』でのこの句に対する徳慧の註釈も類同のもの。

907 thabs shes par bya ba. VyYT は後では thabs shes pa とする。Cf. CPD, upa(/ā)yaññu.

908 dran pa nye bar gzhag pa, *smṛtyupasthāna. 身・受・心・法の四念住（四念処）のこと。

前と同様である＞[909]」
と詳細に説かれているので。
まとめの頌は、
「(I) 努力を具え、(II) 方法を知り、(III) 常にそれ（その2つ）を喜ぶ、それが、自己などの3つが州となる〔ことなどである[910]〕と、順に、知られるべきである」
と。
〔解釈 III〕
別の観点では、
「(I) 自己の如理作意（根源的思惟、*yoniśomanasikāra）〔に依ること〕と、
(II) 他者の声（*paraghoṣa）[911]に依ること[912]と、
(III) 修習に一向（専一、*ekānta）である[913]というこの〔3つの〕ことが、自己などが州となること〔など〕[914]であると知られるべきである」
と〔頌がある〕。
この3つ[915]はどんな意味で洲となるのか、どんな意味で帰依処となるのかというと、(I) 四暴流[916]によって〔輪廻に〕流されることから救助する意味で「洲となり」、(II) 生まれるなどという苦[917]から救助する意味で、「帰依処となる」のである。

---

909 Cf. AKBh, 342.7（ad.,「賢聖品」15a 偈）: adhyātmaṃ kāye kāyānupaśyī viharatīti. 一方、徳慧は、＜＞に示したように前後の経文も挙げているのだが（Cf. AKUp（本庄［2014:［6028］］）、AKVy, 531.19ff.: ātāpī saṃprajānan smṛtimān vinīya loke 'bhidhyā-daurmanasye ...）、その際「その同じ経典に」としてこの箇所を引用している。すなわち、この【経節（68)】と同じ経典ということである。とすれば、自帰依等と四念処が併記されている経典である『雑阿含』639経が、本箇所の対応阿含であろう。

910 徳慧によれば、自己が州となり、法が州となり、他は州ではない、ということ。

911 徳慧によれば、他者によって説かれた教法のこと。

912 類似の2項目である「内なる如理作意」と「他人からの声」は、正見が生ずるための条件である。向井［1989］や『摂大乗論』（MS, I.44）に対する長尾註を参照。漢訳では『中阿含』211経（大正1.791a1-2）や『雑阿含』565経に見える。なお、(I) に当たる句は、梵本・漢訳では adhyātmaṃ ca yoniśo-manaskāra（AKVy, 188.15-16)、「内自思惟」とあるものの、VyY の rang gi（自）は nang gi（内）の間違いではなかろう。VyYT にも rang gi とあるし、徳慧は「自己自身が不顛倒に作意すること」と註釈しており、また、自己が州となることが註釈されているから。

913 徳慧は、三昧において過失が生じないこと、という。

914 ＝ (1) ～ (3)。

915 自己・法・他（それ以外）ではないもの（gzhan ma yin pa）のこと。

916 徳慧のいうように、欲暴流・有（生存、bhava）暴流・無明暴流・見暴流の4つ。「暴流」は煩悩の異名。『倶舎論』「随眠品」37偈。

917 徳慧は、「生まれるなどという苦とは、老死で終わるものである」という。

［解釈IV］

さらにまた[918]、順に、(I) 生じた煩悩と (II) 生じていない〔煩悩〕の対治（治療）であるので[919]。

まとめの頌[920]は、

「[解釈III] それらは、暴流と陸地に似たものであるところの煩悩と苦から救うので、
そして、[解釈IV] 生じた〔煩悩と〕生じていない煩悩、これ〔ら〕の対治となっているので」

と。

［解釈V］

さらにまた、他の者たち[921]は、

「自己は帰依処ではない。諸の欲望の対象 (kāma)[922]に依っている〔から[923]〕。
法[924]は帰依処ではない。諸の苦に〔依っているから[925]〕。
〔他方、〕自己に依ること（＝ (1)）と、賢者[926]（＝ (2)）と、その両方が帰依処となる者（＝ (3)[927]）は、寂静[928]になる」

と〔、頌でもって〕解説する。つまり、彼ら[929]は、(I) (II) 二辺（2つの極端）[930]の対治（治療）に依ることにより、そして、(III)〔輪廻における〕他の生存を取得しない[931]ことにより、自己などが州となること[932]を説いた。

---

918 徳慧：別の観点では。

919 徳慧によれば、順に、(1) と (2) であるということ。

920 ［解釈III］の後半部と［解釈IV］のまとめ。

921 徳慧は、ラーフラ長老たち (gnas brtan sGra gcan zin dag, *sthavira-Rāhula たち) のことであるという。詳細不明だが、AVSN, 80.1 には āryarāhulabhadra（聖者ラーフラバドラ）の説が出る。それに対する Samtani の註釈が AKVy, 714.21（その他 719.20 にも sthavirarāhula が出る。共に「破我品」。）や PSVy, 613（「無明の分別章」）が関連するであろうかと指示する。

922 徳慧は、色（いろかたち）などの諸の対象のことであるという。色・声・香・味・触の「五境」のことであろう。

923 諸の欲望の対象に依存している限りは/依存している者は、ほどの意味。徳慧は「内心の止（śamatha）に努力していないから」という。

924 徳慧は説示の法（deśanā-dharma＝教法）であるという。先の2種類の法のうちの adhigama-dharma（証得の法）のことではないということ。

925 徳慧は、外教徒（外道）の見解を具えていることによって、諸の苦に、つまり、苦行などに依るのである、という。［解釈I］を参照。

926 mkhas: 徳慧は (2) のことであり、法（教法）に努力することという。

927 徳慧：その（＝ (1) (2) の）反対の立場のもの（*vipakṣa）に依らないから。

928 徳慧は涅槃のことという。

929 徳慧によれば、そのように解説する彼ら、つまり、以上の解釈を提示した者たちのこと。

930 ［解釈I］を参照。

931 nye bar mi len: VyYT: mi 'dzin（捉えない）

932 ＝ (1) ～ (3)。

〔解釈 VI〕

『聖教』では、(I) 同伴者[933]への渇愛〔の対治〕・(II) 獲得への渇愛〔の対治〕・(III)〔輪廻における〕再生への渇愛の対治として、順に、(1) 自己〔が州であり〕・(2) 法〔が州であり〕・(3) 他は州ではないことが説かれた[934]。

【経節 (69)】 邪見を断じなさい

「<{**比丘たちよ、邪見を断じなさい。**それはなぜかというと、比丘たちよ、邪見は断じられるべきであるので。比丘たちよ、もし邪見が断じられるべきでなかったならば、私は"邪見を断じなさい"と言わなかったであろう。しかし、邪見は断じられるべきである[935]ので、それゆえ、"比丘たちよ、邪見を断じなさい"と、私はそのように言ったのである。

比丘たちよ、もし邪見を断ずることによって、長い間、(1) 不利益(害、*anartha) と (2) 非安寧 (*ahita) と (3) 苦 (*duḥkha) [936]が成就する〔のであれば、〕私は"邪見を断じなさい"と言わなかったであろう。

しかし、邪見を断ずることによって、(1') 利益 (義) と (2') 安寧と (3') 安楽が成就するので、"比丘たちよ、邪見を断じなさい"と私は言ったのである[937]} >」

とは、経典の一節である。

〔解釈 I〕

「邪見を断じなさい」とは、教令 (bka', *ājñā) である。残り〔の諸句〕によって、教令どおりに行ずる 3 つの理由が説かれている。すなわち、(i)〔有〕能力であること[938]、(ii) 過失 (*doṣa) がないこと、(iii) 美徳 (*guṇa) が多いことである。「(ii) 過失がないこと」は、「(1) 不利益」などを成就しないので[939]。(iii) 美徳が多いことは、(1') 利益などを成就するので[940]。〔以上により、「(iv)

---

933 grogs: (1) に対応するので、広く、自己以外の他人ということであろう。

934 世親は引用の形でこの聖教を出していないが、徳慧は zhes 'byung ngo (〜と出ている) と、引用の形で、以下のようにこの『聖教 (lung)』を引いている。「同伴者への渇愛の対治として、自己が州となることが説かれた。獲得への渇愛の対治として、法が州となることが説かれた。〔輪廻での〕再生への渇愛 (渇望、Cf.【経節 (88)】) の対治として、他は州ではないことが説かれた」。

935 Cf. Mvy, 7027, Mvy(N), 6992: labhyā mithyādṛṣṭiḥ prahātum.

936 Cf. CPS, 11.10: dīrgharā(tram ana)rthā(y)āhitāya (du)ḥkhāya.

937 【対応阿含】

『雑阿含』770 経 (大正 2.201a10-14) なお、パーリ対応経 (SN, 45.21. *Micchattam*) は一致しない。

【関連文献】

Mvy, 7027 (上記 n.935)

938 徳慧によれば、これは、「比丘たちよ、邪見は断じられるべきであるので」、乃至、「それゆえ、『比丘たちよ、邪見を断じなさい』と、私はそのように言ったのである」という句 (=経節の第 1 段落) によって説かれている。

939 徳慧によれば、これは、本経節の第 2 段落によって説かれている。

940 徳慧によれば、これは、本経節の第 3 段落によって説かれている。

教令どおりに〕行じなかった場合には[941]過失が多い」という第4の理由が〔間接的に〕述べられたことになる[942]。なぜなら、〔邪見を〕断じなければ（1）不利益などを成就すると述べられている〔ことになる〕から[943]。

「(1') 利益（義)」とは、善法の生起であり、例えば〔四〕正勤の後2つ[944]のようなものである。すなわち、『*rGyan can gyi bu* 経[945]』に説かれているように。「(2') 安寧」とは、不善の法（要素）を離れることであり、例えば〔四〕正勤の前2つ[946]のようなものである。「(3') 安楽」とは、現法楽住[947]である。なぜなら、身体と心の特殊な軽やかさ[948]を具えているので。あるいは、解脱[949]〔による〕喜びと安楽を感受するので。

〔別の観点では[950]、〕「(1') 利益（義、*artha)」とは、沙門たることの目的[951]で

---

941 mi sgrub na yang: VyYT: mi spong na yang: 直訳すれば「〔邪見を〕断じなくとも」ということだが、断じなかった場合には、と取るべきか。

942 glengs pa.

943 徳慧のいうように、経文では邪見を断ずることによって不利益（非義、anartha）などは成就しないことと、義（利益）などが成就することが説かれているが、これは、裏を返せば（bzlog na)、邪見を断じなければ不利益などが成就するということが説かれているということ。

944 (3) いまだ生じていない善を生じさせ、(4) すでに生じた善を増大させること。四正勤については【経節（55)】参照。

945 *rGyan can gyi bu'i mdo sde*: 徳慧により以下のような経文の一部が知られる。「諸賢よ、正見は法である」。「正見に依って多くのあり方を持つ諸法の修習を完成すること、これが利益（義）である」と。また、徳慧は「正見と同様に、正定（*samyaksamādhi）に至るまでも同様である」という。この「正定」は、パーリにはある（sammāsamādhi）が漢訳には言及がない。省略であろう。『訳一』阿含部6は、「邪正見の次に邪正思惟、語、業、命、精進、念、定、智、解脱の九あり。十邪正道なり」と註記する。さて、対応阿含は『中阿含』188経「阿夷那経」（大正1.735b4-6）, AN, 10.115, 116 (V.231.10-14)。ただ、漢訳の経名は「阿夷那（**Ajita*）経」、パーリでの登場人物は「Ajito paribbājako」であり、これがなぜ「*rGyan can gyi bu'i mdo sde*」と呼ばれているのかは、不明。Chung・Fukita［2011: 159］。

946 (1) 既に生じてしまった悪・不善の諸法を断じ、(2) 未だ生じていない悪・不善の諸法を生じさせないこと。前前註を参照。

947 この世で〔禅定の〕安楽に住すること。*dṛṣṭadharmasukhavihāra.

948 軽安（軽やかさ、*praśrabdhi）: AKBh, 55.8-9（斎藤他［2011: 89］）: praśrabdhiś cittakarmaṇyatā（軽安とは、心が活動に適していることである）

949 解脱：徳慧は無漏の解脱（zag pa med pa'i rnam par grol ba, anāsrava-vimokṣa）のことという。Cf. 『倶舎論』「賢聖品」75d 偈によれば解脱には有為と無為の2種類がある。後者は「煩悩の断」を指す。【経節（6)】の［解釈 II］を参照。

950 徳慧により補う。

951 *śrāmaṇyārtha : 涅槃のこと。徳慧は「沙門たることの目的とは何かというと、貪欲を完全に断じることと、一切の煩悩を完全に断じること、それである」と、『雑阿含』795経（大正2.205b12-13）(SN, 45.36. *Sāmaññaṃ* 2 (V.25.17-18)) 相当経を引く。

あり、出家者たちがそれを目的（義、*artha）としているところのものである。「(2') 安寧」とは、それ（＝涅槃）を引き出すものである沙門たること[952]である。「(3') 安楽」は、前に同じ。

［解釈 II］

さらにまた、「(1') 利益（義）」〔という句〕は概略であり、「(2') 安寧」と「(3') 安楽」とは解説である。すなわち、善の意味によって[953]、それ（＝ (1)）に対する「(2') 安寧」であり、資助[954]の意味によって、「(3') 安楽」である。一切の有情はそれらこそを求めているので、それゆえ、この 2 つ（＝ (2') (3')）のみが、「(1') 利益（義）」である[955]。

［まとめ］

両方の観点（rnam grangs, paryāya）[956]とも、『聖教（伝承）』である。

【経節（70）】　人を判断（評価）してはならない

「＜｛**比丘たちよ、(1) 人によって人を判断（評価、pra√mā）してはならない。**もしくは、(2) 人において判断基準（量、pramāṇam）を保持してはならない（人に判断基準をおいてはならない）。
それはなぜかというと、人によって人を判断（評価）し、人において判断基準を保持する者は、傷つく[957]。つまり、私、もしくは、私に似ているということよって、人を判断（評価）する、もしくは、判断基準を保持するのである[958]｝＞」

---

952 徳慧は、「沙門たること（dge sbyong gi tshul, *śrāmaṇya）とは無垢（≒無漏）の道という意味である」と、『倶舎論』を引いて註釈する。AKBh, 369.8（「賢聖品」51a 偈）: śrāmaṇyam amalo mārgaḥ. Cf.【経節（8）】

953 dge ba'i don gyis.

954 rjes su 'dzin pa, *anugraha.

955 経中の*artha（義）は、√arth（求める）の派生語であるので、それにかけて、一切の有情の求める（don du gnyer ba, *√arth）ものが「義」であると解釈したのであろう。

956 ［解釈 I、II］のこと。『聖教（āgama）』とは必ずしもテキストと限らないか。

957 gnod par 'gyur: 本箇所の関連文献である Mvy, 7028, 7029 の次の Mvy, 7030 には、以下のようにある。nyams par 'gyur, kṣaṇyate. また、漢訳・パーリ対応経では、「患（khaññati）」。

958 【対応阿含】
『雑阿含』991 経（大正 2.258c7）, AN, 6.45. *Migasālā* (III.351.13-15); 『雑阿含』1063 経（大正 2.276b8-9）
上野［2012b］は上記 1063 経を指示する。同経は【経節（52）】解釈中でも引用される。他方、991 経では (1) 句に加え、VyYT や Sūśa にある「傷つく（(自招) 其患（khaññati)）」という語も存する。ただ、いずれの経典にも (2) の一文が存在しないので別の出典の可能性もあるかもしれない。あるいは世親が 1063 経を念頭に置いていたのを徳慧が 991 経に比定したか。
いずれにせよ、経意は、本当の意味で（悟りや修行の段階に関して）人を判断（評価）できるのは人ではなく如来のみであるということ。Cf. 『雑阿含』990 経。

とは、経典の一節である。
［解釈 I］
美徳（*guṇa）[959]の有無によって、「(1) 人を判断（評価）する」。美徳の判断（判断基準）を保持するので、「(2) 人において判断（判断基準）を保持する」である。
［解釈 II］
さらにまた、“この人（A さん）は、この人（B さん）のような、そのような者である”と、他人に依って[960]、「(1) 人を判断する」のである。他人に依らずに、“この人にはこれだけの美徳がある”と、「(2) 人において判断を保持する」のである。

【経節（71）】　私は悪をなし、福徳をなさなかった

「＜｛**彼はこのように考える。“ああ、私は身体と言葉と心（身・語・意）によって悪（*pāpa）をなした。**ああ、私は身体と言葉と心によって福徳（*puṇya）をなさなかったので、(1) 悪をなす者たち、(2) 恐ろしい[961]ことをなす者たち、(3) 罪垢[962]をなす者たち、(4) 福徳（puṇya）をなしていない者たち、(5) 善（kuśala）をなしていない者たち、(6) 恐れによって恐怖する者に救護をなさない者（akṛtabhayabhīrutrāṇa）たちの[963]趣（生存領域、gati）であるところの、それらの趣に赴くであろう”と、このように考えて、後悔（vipratisāra）を生ずる。
比丘たちよ、後悔している者にとって、死（maraṇa）は善くない、命終（kālakriyā）は善くない、後世（来世、abhisaṃparāya）の生存領域も善くない[964][965]｝＞」

【関連文献】
Mvy, 7029: mā pudgalaḥ* pudgalaṃ pramiṇotu; Mvy, 7028: pudgale vā mā pramāṇam udgṛhṇātu. *: Mvy(N), 6993 にも異読がないが、チベット語訳の gang zag gis と世親の解釈に基づいて「人によって」と訳した。なお、上野［2012b］は『入阿毘達磨論』（大正 28.986b10-12; 櫻部［1997: 226］）にも引用例があることも指摘する。

959 徳慧によれば、ここで「美徳」とは、「聞・思・修所成の美徳（≒智慧）」のこと。

960 観待して（ltos nas）。顧慮して。他人とは、この場合は「B さん」。

961 drag zhul: パーリ対応経では luddha で、skt も同じ。【経節（26）】を参照。

962 sdug pa: パーリ対応経では kibbisa で、skt 対応は kilbiṣa。BHSD では〔身体的〕な汚れ（(physical) filth）とある。世親の解釈でも、身体に関するものとされている。

963 'jigs pas bag tsha ba rnams la skyob pa ma byas pa.

964 この 1 文は【経節（37）】と同じ。

965 【対応阿含】
『中阿含』199 経「癡慧地経」（大正 1.759c2-7）, MN, 129 経 *Bālapaṇḍita* (III.165.3-8)
Cf. 『中阿含』99 経（大正 1.585）, MN, 13 経
【関連文献】
Chung・Fukita［2011: 167-168］の指摘に加え、以下も関連する。ŚrBh I, 94.3-7（本

とは、経典の一節である。

「(1) 悪」とは、劣悪[966]の意味によって、悪行（*duścarita）である。すなわち、

「身体による悪行の成熟（異熟）は悪である[967]」

と、また、

「友よ、私はあなたを恐れないが、あなたと触れれば、悪となる[968]」

と説かれているようであるので、劣悪〔の意味〕であると明らかである。その悪行こそが、「(2) 恐ろしい」。他者に害をなすという意味によって。その同じものが、「(3) 罪垢」である。後世（来世）で自らの身体に害をなすという意味によって。〔他方、〕「(4) 福徳」とは、吉祥[969]の意味によって、善行（*sucarita）である。すなわち、

「香りがよい[970]」

というように。その同じもの（＝ (4)）が、「(5) 善」である。後世で結果が好ましいという意味によって。その同じものが、「(6) 恐れによる恐怖から救護する」である。悪趣（悪しき生存領域）の怖れによる恐怖[971]から救護する[972]という

文とは逆ではあるが。【経節（37)】参照）: kṛtaṃ *b*ata me sukṛtaṃ kāyena vācā manasā, na kṛtaṃ bata me duścaritaṃ kāyena pūrvavat iti. yā gatiḥ (4') kṛtapuṇyānāṃ (5') kṛtakuśalānāṃ (6') kṛtabhayabhīrutrāṇānāṃ tāṃ gatiṃ pretya, gamiṣyāmīti ... avipratisāriṇo hi puruṣapudgalasya bhadrakaṃ maraṇaṃ bhavati bhadrikā kālakriyā bhadrako 'bhisaṃparāyaḥ; ŚrBh I, 124.14-15: tasyaivaṃ bhavati/ kṛtaṃ bata me pāpaṃ na kṛtaṃ bata me puṇyaṃ kāyena vācā manasā ...

なお、bata（おお）という語も多義である。『頌義集』は 4 つの意味を認め、この経節を引き、ここでは yongs su gdung ba の意味だという (GAS, D259a, P281a)。

966 tha chad, *pratikruṣṭa: 徳慧は、smad pa（呵責される）ことであるという。Cf. AKVy, 418.30: pratikruṣṭā vigarhitāḥ（劣悪とは、呵責されるべきことである)。通例は、聖者によって非難されるということ。

967 対応阿含は以下か。『雑阿含』281 経（大正 2.77c12-13）: 此身悪行（現世後世必）得悪報。（パーリ対応なし)。なお、徳慧はこれについて、「一切の異熟であるということが明らかである」という。同経は続いて口悪行・意悪行についても同様であるというので、一切の悪行の異熟は悪であるということ。

968 対応は『雑阿含』1324 経（大正 2.363c10)：（聚落主。）我不怖也。但汝触悪。SN, 10.3. *Sūcilomo* (I.207.16-17): na khvāhaṃ (taṃ) āvuso bhāyāmi// api ca te samphasso pāpako (ti)//（Chung［2008: 244］)

引用箇所だけを見れば不思議な文であるが、前後の文脈は以下の通り（中村［1986 b: 227-228］等に和訳がある)。スチローマ（聚落主）というヤクシャ（夜叉）が、釈尊が〔真の〕沙門かどうか確かめるために、釈尊に自分の身体を突き出した（漢訳では、「身を束ねて仏を衝けり」)。釈尊はそれをよけた（漢訳では、再三にわたってこれが行われる)。その後、ヤクシャは釈尊に、“私を恐れるのか”と問うた。それに対する釈尊の答えがこの 1 文。要するに、釈尊にぶつかるということはヤクシャにとって悪＝悪行となる。

969 bkra shis pa, *maṅgala.

970 VyY: dri ni bsod pa yin no; VyYT: dri ni bsod nams yin no. 仏典ではないが、*Bhagavadgītā*, VII.9: puṇyo gandhaḥ（芳香、良い香り）が関係するか。

971 bag tsha ba, Mvy, 9254: pratibhaya.

意味によって。

これは意味が異なっているから以上のように説かれたのであって、起因が異なっている[973]からではない。このことはどのように知られるのかというと、

「ああ、私は身体と言葉と心（身・語・意）によって悪をなした。ああ、私は身体と言葉と心によって福徳をなさなかったので」

と、〔本経節の〕最初には「悪」と「福徳」という2つのみが述べられているから[974]。

【経節（72）】　争論、口論、諍争、論争

「＜｛比丘たちよ、命ある者たちにとって[975]睡眠は、空しく、空虚で、結果がなく、不利益で、利点がない。しかし、比丘たちよ、睡眠は、まし（*vara）である。**(1) 争論、(2) 口論、(3) 諍論、(4) 論争**[976]〔を生み、〕多くの人々を益せず、不利益とし、天（神）と人を益せず、苦しめるところの思いめぐらし（尋、*vitarka[977]）であり、それに依って貪り、(1) 争論、(2) 口論、(3) 諍論、(4) 論争が生ずるところの思いめぐらしによって思いめぐらすことは、そのようではない（＝ましではない）[978]｝＞」

とは、経典の一節である。

激高した者たち[979]が言うことと、言い返すことの全体[980]が、「(1) 争論」である。お互いに（*anyonya）過失を言うことが、「(2) 口論」である。耐えられな

---

[972] yongs su skyob pa, *pari√trai.

[973] gzhi tha dad pa.

[974] 徳慧を援用すれば、この一連の経句は、要するに、悪（*pāpa）と福徳（*puṇya）の2つについて述べたものであるということ。「(1) 悪」とは悪行であり、それは (2) と (3) である。他方、「(4) 福徳」とは善行であり、それは (5) と (6) である、という解釈。

[975] gson po rnams las.

[976] 『雑阿含』では「纒縛諍訟」。Cf. AKVy, 278.7-8（「世間品」）: (1)kalaha-(2)bhaṇḍana-(3)vigraha-(4)vivādenānyonya-vighātam āpanna iti; BBh, 7.8-9.

[977] rnam par rtog pa: 漢訳：覚想＝*vitarka. グナバドラ（宝雲）訳では「覚想」はtarkaやvitarkaの訳。

[978] 【対応阿含】

『雑阿含』241経（大正2.58a25-29）, SN, 35.194. *Ādittena* (IV.169)

前半の句についても、上野［2012b］のいうように【経節（27）】が関連する。

＊経意は、口論などを引き起こす思いめぐらし（覚想、尋）を起こすよりは、眠っているほうがましであるということ。

【関連文献】

「摂異門分」（ParySg, D47b1-2, 大正30.772a19-22）: gson po rnams kyi nang na gnyid log pa ni don med pa'o zhes bya ba ni bstan pa'i tshig go …

[979] nyes par rtsom pa rnams: Cf. 『瑜伽論』「聞所成地」: 懐憤発者（大正30.356b17）。ŚrBh(S), Appendix III, 15.3: saṃrabdhānāṃ.

[980] tsam: その範囲全体。

いそれ（＝（2））[981]が、「(3) 諍論」である。諍論者たちが、たいてい相互に意見不一致して言う[982]のが、「(4) 論争」である。

【経節（73）】 沙門の四法

「＜｛沙門がなす四法[983]は、

(1) 罵られても罵り返してはならない。

(2) 激怒されても激怒し返してはならない。

(3) 打たれても打ち返してはならない。

(4) 口論されても口論し返してはならない〔ということである〕[984]｝＞」

---

[981] de mi bzod pa. それに耐えられないこと、か。

[982] mi mthun par smra ba: 徳慧は、矛盾したことを言う（'gal bar smra ba）ことという。

[983] dge sbyong du byed pa'i chos bzhi: Mvy（下記）によれば catvāraḥ śramaṇakārakā dharmāḥ。ただ、下記の対応阿含はこの語を欠く。
ちなみに、法（dharma）という語は多義である。ここでの意味であるが、『釈軌論』第1章で dharma に10の意味が挙げられるなかの9番目が対応するであろう。これについては上野［2012: (2)］によって「*niyama（勧戒）」と適切な想定がなされているが、その用例として、世親は dge <u>slong</u> gi chos bzhi rnams という句を挙げている（VyY, D36b1, P 40b8)。異読はないものの、この下線部を sbyong と訂正すればここと対応するではないか（少なくとも「比丘の四法」という語は存在しないようである)。このような例は『釈軌論』第4章でも見られた。そこでは逆に dge sbyong（沙門）が dge slong（比丘）と訂正されるべきであった（堀内［2009: 342］)。なお、niyama とは、自分で自分に課す戒め、自発的義務のこと。「罵り返してはならない」は、「罵り返すまい」としてもよいであろう。

[984] 【対応阿含】
『中阿含』130経「教曇彌経」（大正 1.619b24-25）, AN, 6.54. *Dhammika* (III.366.9-12)
Cf. 『雑阿含』1152経（大正 2.307a23-24）, SN.7.1.2. *Akkosa* (I.162)
【経節（79）】の対応経も参照。
【関連文献】
・Mvy, 8708: catvāraḥ śramaṇakārakā dharmāḥ 沙門四法（沙門のなす〔べき〕4つの法） Mvy, 8709-8712: (1) ākruṣṭena na pratyākroṣṭavyam, (2) roṣitena na pratiroṣitavyam, (4) bhaṇḍitena na pratibhaṇḍitavyam, (3) tāḍitena na pratitāḍitavyam.
荻原（Mvy(W)）は、『根本説一切有部百一羯磨』を指摘する。以下であろう。
大正 24.459b7-9: 說沙門四種所応作法。云何為四。汝某甲聴。始従今日若他罵不応返罵。他瞋不応返瞋。他調不応返調。他打不応返打。
・ŚrBh I, 216.2-3: kathaṃ kṣamāvān bhavati/ (1) ākruṣṭo na pratyākrośati/ (2) roṣito na pratiroṣayati/ (3) tāḍito na pratitāḍayati/ (4) bhaṇḍito na pratibhaṇḍayati/
同註1）によると、BBh, 170.19-20 にもみられる。
・この経文の同趣旨のものとして、むろん、以下を考慮すべきであろう。
「『私を罵った　私を打った　私を破った　私を奪った』
かかる思いをとどめる者に　恨みが静まることはない
『私を罵った　私を打った　私を破った　私を奪った』

とは、経典の一節である。

怒りによって野卑な非難[985]を述べることが、ここで、「(1) 罵り」である。憤怒を生じさせ〔ようという〕思いによる、好ましくない言葉と〔身体による〕行いが、「(2) 激怒」である。苦しめようという思いによって打つことが、「(3) 打つ」である。「(4) 口論」は、前に同じ[986]。

【経節 (74)】　念戒

「<｛ここにおいて、聖者声聞は、自分自身の〔保つ〕諸の戒について、**これらの戒は、(1) 欠くところがなく、(2) 間然するところがなく、**(3) 混ざり物がなく、(4) まだらでなく、(5) 自由自在であり、(6) 固執しておらず、(7) よく完成され、(8) よく励まれ、(9) 賢者たちに称賛され、(10) 賢者たちに非難されないものであると、観察（*samuanu√paś）する[987]｝>」

とは、経典の一節である。

「(1) 欠くところがない」とは、学（*śikṣā）に違反しない[988]から。「(2) 間然するところがない」とは、時折も放棄しないから。「(3) 混ざり物がない」とは、破戒（dauḥśīlya）と混ざらないものであるから。「(4) まだらでない」とは、その（＝破戒の）原因である尋（思いめぐらし、vitarka）[989]と混ざらないものであ

かかる思いをとどめぬ者に　恨みはやがて静まりゆく」(MN, 128 経、片山[2002: 70]，『中阿含』72 経)

985 tshogs mi dbyung ba'i skur ba: Mvy, 7194: tshogs par mi dbyung ba, asabhya.

986 【経節 (72)】の (2) 句の解釈のこと。

987 【対応阿含】

『雑阿含』931 経（大正 2.238a12-15）「念戒」についての経節で、対応阿含は【経節 (1) (5) (8) (79)】と同じ。詳細は【経節 (1)】を参照。

Cf. SWTF, s.v., bhujiṣya: Daśo VI.1(5), MPS 2.34.

【関連文献】

(1) ～ (8) について、Mvy, 1621: (1) akhaṇḍam; 1619: (2) acchidram; 1622: (3) aśavalam*; 1623: (4) akalmāṣam; 1624: (5) bhujiṣyaṃ; 1625: (6) aparāmṛṣṭam; 1626: (7) susamāptam; 1627: (8) susamārabdhaḥ**

*: Cf. SWTF, s.v., aśabalam; **: Cf. MPS: susamādatta.

MPS 上記では、以上がすべて śīlāni にかかっており、さらに (9) (10) に相当する以下の語もある。(9) vi(jña)praśastāny (10) agarhitāni vijñais.

・これらの経句は四証浄（【経節 (32)】）の 1 つとして AVSN, 256.4-258.6 で解釈されており、本庄 [1989] が指摘するように、『釈軌論』との類似解釈が施されている (133-135)。適宜、*の記号なしで、そこから得られる梵本を示す。

988 bslabs pa las mi 'da' ba: Negi に、bslabs pa las 'das pa, śikṣāvyatikrama の例が採録されている。また、AKBh, 218.11: sarvaśikṣāvyatikrama. Cf. ASVN, 256.6-7: anatikrama. 徳慧・AVSN は、「殺生を捨てるなどという 7 つの戒支（＝十善業道のうち、身・語による 7 つ）から逸脱しないからである。つまり、退失しないからである」という。これによれば学（śikṣā）とは戒支（śīlāṅga、戒の支分）のこと。

989 尋について、【経節 (81)】に徳慧による解釈があるが、この文脈では【経節 (9)】の徳慧註に出る欲尋、害尋、恚尋のことであろう。

るから。「(5) 自由自在である」とは、その（＝破戒の）対治（治療）を摂受することによって[990]、自分に依る者[991]となるから。つまり、縁によって奪い去られないという理由によって[992]。「(6) 固執していない」とは、悪見[993]と〔悪〕誓願[994]の 2 つについてである。つまり、〔輪廻からの〕出離の原因について。

これ（経節）によって、戒が 4 つの美徳（*guṇa）を具えていることが示された。つまり、

> (i) (ii) 破戒とその原因によって奪われず、(iii) (iv) その（破戒の）対治と寂静（≒涅槃）に依っている[995]

---

990 徳慧は、「破戒の対治である。考察力（*pratisaṃkhyāna-bala）と修習力（*bhāvanābala）が、その対治である。それを『摂受する』とは、〔それが〕現前となったことである」という。この 2 つの力については【経節 (38)】参照。なお、AVSN もほぼ同じ解釈をしている。n.992 も参照。

991 bdag gis dbang nyid: AVSN では svatantra。

992 徳慧は、「悪友や、好ましい対象を成就することや、殺生へと駆り立てる言葉といった縁によって」、〔その対治が〕取り除かれないのだという。AVSN も pratyayaiḥ pāpamitrādibhir anapahāryatvāt といい、「縁」の例として「悪友」を挙げる。なお、徳慧（AVSN も全く同様）は、「自由自在である（bhujiṣya）」ことがなぜ「自分に依る者となる（svatantra）」ことであるのか？という一問答を設け、以下のような経文を引く。「我が子よ、今以降、汝は奴隷ではなく、召使いでない。自由自在となり、望んだままに行くのだ（adya prabhṛti me tvaṃ dāraka adāsa apreṣya bhujiṣya yathākāmaṅgama）」と。本庄［1989: 134］は Cf として SBhV II, 242; 228 を指摘する。Samtani の註もいくつか関連文献を指摘している（DN, 2 経（I.72. 24-26）等）。また、MN, 39 経（I.275.33-35）。

993 悪見：徳慧・AVSN によれば有身見などのうちのどれか。すなわち、五見（有身見・辺執見・邪見・見取・戒禁取見）のうちのいずれかということであろう。

994 誓願（smon lam）：徳慧・AVSN によれば戒（*śīla）・誓戒（*vrata）という非梵行（＝非八支聖道）によって自分はいずれかの神（天）になろうという願い。ここの経文の「固執していない」の対応梵語は*a-parāmṛṣṭa であるので、戒禁取見（śīla-vrataparāmarśa）が念頭におかれているのであろう。ゆえに、「固執していない」を、戒禁取見を離れていると解釈している。それらを出離の原因とみないということ。

995 tshul khrims de'i rgyus mi thub dang/ de'i gnyen po la brten pa:
まず、これは『倶舎論』「業品」123ab 偈に対応する（文脈は、四徳を具えた戒は清浄であるということ）。
AKBh, 273.(13-)14: (tat tu śīlaṃ caturguṇaṃ bhavati ...) dauḥśīlyataddhetvahataṃ tadvipakṣaśamāśritam//（AKBh(t), D245a1: tshul khrims de rgyus 'phen ma byung// de yi gnyen po zhi la brten//）（なお、ここで tshul khrims は dauḥśīlya の訳。）
また、VyYT は、'chal pa'i tshul khrims de'i rgyus mi thub (P mthun) pa dang/ de'i gnyen po dang zhi (P bzhi) la brten pa ste zhes 'byung ba yin no//という。とすれば、VyY の de'i gnyen po la brten pa は、しばらく韻律を無視すれば、de'i gnyen po dang zhi (*śama) la brten pa と、zhi を挿入する必要がある（韻律を考慮するなら pa を抜けば 7 シラブルとなる）。これは、チベット語訳者が tadvipakṣa-śamāśritam を tad-

と〔頌がある〕。

すなわち、(i') 3 句（＝（1）～（3））によってと、(ii')～(iv') 残り〔の諸句〕によって、それぞれ、順に結びつけられる[996]。

〔最初の〕3 つのあり方（＝（1）～（3））によって、「(7) よく完成された」である。なぜなら、円満具足[997]しているから。他の 3 つ（＝（4）～（6））によって、「(8) よく始められた」である。なぜなら、極めて（*su-）清浄であるから。

「(9) 賢者たちに称賛される」とは、聖者（ārya）[998]たちに称賛されるものであるから。すなわち、善であるという理由によって。「(10) 賢者たちに非難されない」とは、〔どんな〕観点によっても[999]非難されないものであるから。すなわち、無漏であるという理由によって。

【経節（75）】 諦を見た者にとっての苦は

「＜{比丘たちよ、**(1) 諦（真実、*satya）を見、(2) 結果を得、(3) 現観**

---

vipakṣa-ṣamāśrita と訳したことに起因するものと思われる。これは s と ś の問題（写本によっては区別されない場合もある）であり、現に、AKBh, 273.16 はその直後であるにも関わらず samāśritaṃ とあり、『倶舎論索引』により śamāśritaṃ と訂正されている（舟橋［1987: 518］）。

なお、AVSN, 258.3 にも dauḥśīlyataddhetvahataṃ tadvipakṣasamāśritaṃ とあり、その前（258.2）にも samāśritam とある。AVSN の翻訳（本庄［1989: 134］、Samtani［2002: 186］）もその 2 箇所について訂正をしておらず、従って śama-āśrita（寂静≒涅槃に依存している）ではなく samāśrita（依存している）と理解しているが、これも誤り（Samtani は註記では『倶舎論』の当該箇所に言及しているのだが）。次註も参照。

996 この頌と経句がいかにして戒の四徳を示していることになるのか？徳慧によれば、

(i) は、破戒によって〔戒が〕奪われないこと（＝（1）～（3））

(ii) は、破戒の原因（「煩悩と随煩悩」）によって〔戒が〕奪われないこと（＝（4））

(iii) は、その（破戒の）対治に依っていること（＝（5））

(iv) は、それ（＝（iii））に対する拠り処である涅槃（≒śama）に依っており〔輪廻での〕生まれ（*upapattibhava≒天界への生まれ）に依っていないこと（＝（6））である。

なお、(iv) の「生まれ（upapattibhava）」について、上記の Samtani（n.198）は上記の AKBh, 273.17 が upapattiviśeṣa としていることに注意し rebirth in [celestial] realms と訳している。『釈軌論』の先の「〔悪〕誓戒」に対する徳慧の註釈からも妥当であろう。持戒を天界に生まれるためにではなく涅槃に廻向（AKBh, 273.17: nirvāṇapariṇāmitatvāt）するということ、これが śama-āśrita ということである。

997 yongs su rdzogs pa, *paripūrṇa.

998 徳慧は阿羅漢のことという。

999 rnam grangs kyis kyang: 徳慧は、第一静慮（初禅）などの有漏のものは無漏という観点によって非難される、ということを例として挙げている。

（真実直観、*abhisamaya）を具えた人にとって、苦は、池[1000]に依っている水が存在する分だけ、その分だけ、断じられ、遍知された｝＞[1001]」

とは、経典の一節である。

こ〔の経典〕では、(I) 認識対象と、(II) 働きと、(III) 本性によって、見円満（見解完成、*dṛṣṭisaṃpad）が説かれたのである。すなわち、(I')〔四〕諦を認識対象とすることと、(II') 結果[1002]を得ることと、(III') 現観の特徴を持つ見[1003]円満が、見解の完成（見円満）である。

「(3) 現観」とは、自己自身で如理に証得すること[1004]であると知られるべきである。『信頼すべき〔言葉〕[1005]』に、

「対象が直接的であることによって[1006]、知られるべきものが知と出会う。それゆえ現観といわれる[1007]」

と出ている。それはまた、出世間の智慧である。

【経節（76）】　貪欲・瞋恚・愚痴は内なる垢である

「＜｛**比丘たちよ、これら 3 つは、(1) 内なる垢である。(2) 内なる対立者である。**(3) 内なる敵対者[1008]である。(4) 内なる怨敵[1009]である。

1000 rdzing bu: 下記パーリの pokkharaṇī からすれば、*puṣkariṇī。

1001 【対応阿含】

『雑阿含』109 経（大正 2.34b2-7）: 見諦者所断衆苦。如彼池水。（於未来世。永不復生。如是多聞聖弟子。）具足見諦。得聖道果。断諸苦本。（…）具足見諦。得無間等果。SN, 13.2. *Pokkharaṇī* (II.134)

ここで出る「無間等」とは、『雑阿含』の漢訳者グナバドラ（宝雲）に特徴的な訳語であり『楞伽経』の翻訳（四巻楞伽、高崎・堀内［2015］）にも見られるが、abhisamaya（現観）の訳。水野［1997: 146（「証悟について」、初出 1962）］が、「無間（abhi）等（samaya）としたものかもしれないが、これは適訳ではない」と指摘している。なお、(3) 句について、Mvy, 2884: abhisamitāvī.

＊諦を見た者（預流者）の断じている苦は池の水のように多いことを述べた経典。似た表現は『雑阿含』1158 経（SN, 7.1.1. *Dhanañjanī*）にもある（大正 2.308b）。上野［2012b］の指摘するように『雑阿含』440 経（大正 2.113c20-22）も関連しよう（VyYT と Sūśa に出る池のたとえはそこにはないが、それは VyY にもない）。

1002 徳慧は、預流果など（＝四果）のことという。【経節（52）】参照。

1003 徳慧は、無漏の見（*anāsravadṛṣṭi）のことという。

1004 徳慧は、「他人に依らずに不顛倒に証得したこと」という。

1005 yid ches pa. 【経節（83）】には yid ches pa'i lung という語が出る。

1006 この箇所は VyY では mngon sum nyid <u>kyis</u> don gyis su であるが、VyYT では mngon sum nyid <u>kyi</u> don gyis su である。

1007 VyY では 7 シラブル 3 行の偈。他方、偈ではないが、「声聞地」（第三瑜伽処）に対応がある。ŚrBh(S), 501.9-10（大正 30.476a）: jñānena jñānaṃ samāgataṃ bhavati/ pratyakṣatayā/ tenocyate [a]bhisamaya{ta}ḥ/ (ŚrBh(t) D191a2-3: mngon sum du shes bya dang shes dang phrad par 'gyur bas na/ de'i phyir mngon par rtogs pa zhes bya ste/

1008 phyir rgol ba: Mvy, 4440: prativādin.

1009 dgra bo: Mvy, 2728: pratyamitra.

3つとは何であるか。比丘たちよ、貪欲（*rāga）は内なる垢である。内なる対立者である。内なる敵対者である。内なる敵である。貪欲のように、瞋恚（怒り）と愚痴（愚昧さ）もまた、同様である[1010]｝＞」

とは、経典の一節である。

貪欲と怒りと愚昧さは、内心に生じたときに、4種類の過失をなす。すなわち、［1］心を垢あるものとなす。なぜなら、雑染のもの（汚れたもの）となすので。［2］そして、生じていない諸の善法（要素）を生じさせる[1011]〔ことへの〕障礙をなし、［3］生じた諸の善法から退かせ、［4］それによって諸の悪趣に長期間行くこととなるような、そのような悪業を引き起こす。それゆえ、順に、「(1) 内

1010 【対応阿含】

Cf. Iti, 88 (83.11ff.): tayo-me bhikkhave (1) antarā malā (4') antarā amittā (2) antarā sapattā antarā vadhakā antarā paccatthikā. katame tayo? lobho bhikkhave antarā malo ... doso ... moho ... ほか、*Mahāniddesa*, 15にも見られる。

3という法数のものであるので、*Ekottarikāgama*に対応があるか。

【関連文献】

・「摂異門分」に対応句がある。4項目のチベット語訳はVyYと同じ。

大正30.771a22-25：復次言（1）内垢者。謂於怨意楽堅持不捨故。（2）内忌者。謂於所愛障礙住故。（3）内敵者。謂能引発所不愛故。（4）内怨者。謂能引発所不宜故。

ParSg, D45b1-2: (1) nang gi dri ma (*mala) ni khon du 'dzin pa'i bsam pa 'dzin pa'o// (2) nang gi 'gran (D 'gren) zla ni 'dod pa la bgegs byed pa'o// (3) nang gi phyir rgol ba (*prativādin) ni mi 'dod pa la gtod pa'o// (4) nang gi dgra bo ni mi mthun pa la gtod pa'o//

（「(1) 内垢」とは、怒りの思いを抱くことである。「(2) 内忌」とは、望んだものを妨げることである。「(3) 内敵」とは、望まないものに向き合う（引発、gtod）ことである。「(4) 内怨」とは、敵対しているものに向き合うことである）

なお、これに対する『訳一』瑜伽部5, 328によると、この経文は貪瞋痴のうち「瞋を解す」の項目下のもの。ただし解釈は似ていない。

・『施設論』では経文として（経文の体裁のものとして）引用されている。『施設論』巻四（対法大論中因施設門第七）大正26.521c20-21：（復次一時仏在舍衛国。告苾芻衆言。）苾芻当知。有三種法。為内垢染。内含蔵。内怨悪。何等為三。謂貪瞋痴。

『因世設』(t) (D No. 4087) Yi 141a: (gleng gzhi ni mnyan yod na ste/) dge slong dag gsum po dag ni (1) nang gi dri ma dang/ (2) nang gi dgra zla dang/ (3) nang gi phyir rgol ba dang/ (4) nang gi dgra bo yin te/ gsum po gang zhe na/ 'di lta ste/ 'dod chags dang/ zhe sdang dang/ gti mug rnams so//

・『婆沙論』は、経文として引用する。『婆沙論』巻四七（大正27.243a22-23）：如契経説。（1）内垢有三。謂貪瞋癡。如説（1）内垢（2）内怨（3）内嫌（4）内賊亦爾。

＊文脈は、「貪瞋痴」の三不善根を説くというもの。なお、『婆沙論』のこの少し前には【経節（13）】としても引用される「殺生に親しむ」の経文、さらにそれより前には【経節（15）】にも引用される経典も、引用されている。

1011 次項とともに、四正断（四正勤）の定型句を踏まえたもの。【経節（55）】を参照。

なる垢、(2) 内なる対立者、(3) 内なる敵対者、(4) 内なる怨敵」といわれている。

【経節 (77)】 眼は人にとっての海である

「<{比丘たちよ、眼は人にとっての海である。そこから、色 (いろかたち、*rūpa) から生ずる衝撃波[1012]が生ずる。色から生ずる衝撃波に耐えた[1013]者、**彼は、(1) 波があり、(2) 渦まき、(3) ワニがおり、(4) 羅刹[1014]がいる、海のような眼を渡った**[1015]} >」

とは、経典の一節である。

「(1) 波」とは、汚れた (*kliṣṭa) 思い計らい (分別、*vikalpa) である。なぜなら、心をかき乱す[1016]ので。「(2) 渦」とは、その煩悩によって学 (*śikṣā) [1017]を放棄して〔出家生活から〕退失させる[1018]ために住しているところのものである。「(3) ワニ」とは、その煩悩によって利得と尊敬 (*lābhasatkāra) に襲われるので。「(4) 羅刹」とは、それによって破戒を生じさせ、諸の悪趣に生まれることになるものである。

そのようであれば、この説示では、出家者にとって、眼を増上〔縁〕として[1019]、起因[1020]を伴った 2 種類の破滅[1021]が示されたのである。すなわち、(i) 学を捨てる[1022]ことと、(ii) 退失する (還俗する) ことである。

[1012] shugs, *vega: 徳慧は、〔眼の〕対象である色を認識対象とする煩悩という衝撃波であるという。

[1013] bzod pa: 徳慧は、圧倒されないこと (zil gyis mi gnon pa) という。

[1014] 梵本対応はない。パーリは sarakkhasa。*sarākṣasa.

[1015] 【対応阿含】

『雑阿含』217 経 (大正 2.54c8-11) , SN, 35.187. *Samudda* (IV.157.6-10)

＊経意は、五根 (5 つの感覚器官) が人にとっての海であり、その対象である五境 (五根の対象) が、衝撃波である。それに耐えた者が、海を渡り、彼岸 (涅槃) に赴いた (pāragata) 者と言われる、ということ。【経節 (22)】も参照。

【関連文献】

Mvy, 7035-7038, Mvy(N), 7000-7003: atārṣīc cakṣuḥsamudram (1) sormikam (2) sāvartam (3) sagrāham.

[1016] kun tu 'khrugs pa.

[1017] 学 :【経節 (58)】等参照。

[1018] nyams par bya ba: 意味としては還俗のことであろう。【経節 (96)】参照。

[1019] bdag po byas nas (VyY(D,P) na): 徳慧は「増上縁として (bdag po'i rkyen byas nas)」という。力強い間接原因のこと。

[1020] VyY: bzhi, VyYT: gzhi (P), bzhi (D) と異同があるが、gzhi を取る。VyY でもこの後では 2 箇所で gzhi とある。

[1021] chud za ba.

[1022] 学を捨てる :『倶舎論』「業品」38b 偈 (AKBh, 222.17) : śikṣānikṣepaṇāc/; AKBh, 222.20: śikṣāpadānāṃ vijñapuruṣasyāntike pratyākhyānād.

【経節（78）】[1023] **舎利弗の十慧**

「＜｛**智慧が（1）迅速で、（2）敏速で、**（3）鋭敏で、（4）出離の智慧があり、（5）洞察する智慧があり、（6）大きな智慧があり、（7）広博な智慧があり、（8）甚深な智慧があり、（9）無比な智慧があり、（10）宝のような智慧がある[1024]｝＞」

とは、経典の一節である。

［解釈 I］

如来によって説かれた法と律（教法と調伏、*dharmavinaya）について、意味を（i）速く、（ii）多く、（iii）微細な〔意味〕を理解するので、順に、「智慧が（1）迅速」で、「（2）敏速」で、「（3）鋭利」である。多くの〔意味〕に行く（理解する）という意味で、「（2）敏速」と言われる。この人には、輪廻から出離する[1025]智慧と、真実を洞察する[1026]〔智慧〕が存在するので、「（4）出離の智慧があり」「（5）洞察する智慧がある[1027]」。この人には、「（6）大きな智慧」がある。なぜなら、問いと答えに終わりがくることがないので[1028]。〔「（6）大きな智慧」は、〕「（7）広博〔な智慧〕」でもある。なぜなら、五神通が広大[1029]で、〔5つともを〕円満具足しているので。「（8）甚深」でもある。なぜなら、他の者たちは理解することが難しいので。「（9）無比」でもある。なぜなら、すべての世間的な者よりも殊勝であるので。「（10）宝のよう」でもある。なぜなら、得難く、大きな目的を成就し、そして、喜ばせるので。なぜなら、自己と他者の諸の〔個体〕相続に、解脱と喜悦を生じさせるからである。それゆえ、順に、「（6）大きな智

1023 【経節（78）-（81）】は、仏弟子の美徳を説くもの。

1024 【対応阿含】

舎利弗（シャーリプトラ）の智慧を称賛した句で、細田［2001］の指摘のとおり、いくつかの経典に出る。『雑阿含』1306、638、1212経。『中阿含』27経「梵志陀燃」（MN, 97経（対応なし））、『中阿含』28経「教化病経」（MN, 143経）、『中阿含』31経「分別聖諦経」（MN, 141経）など。下記Mvyにより梵本が得られる。

・同じ項目は、「無量の大声聞衆」（nyan thos gi dge 'dun tshad med pa）を形容するものとして『解深密経』に出る（SNS, Introduction 3）。そこでは（5）がnges par 'byed pa'i shes rab canではなくnges par rtogs pa'i shes rab canとなっているが、原語は同じと想定される。Lamotteが適切に梵本を想定している。

【関連文献】

Mvy, 1102-1111: (1) āśu-prajñaḥ, (2) javana-°, (3) tīkṣṇa-°, (4) niḥsaraṇa-°, (5) nairvedhika-°, (6) mahā-°, (7) pṛthu-°, (8) gambhīra-°, (9) asama-°, (10) prajñāratnasamanvāgataḥ.

「摂異門分」（ParSg, D24b6-25a3, 大正30.761a18-b2）でも引かれ、解釈されている。ただし（8）が（5）の直後に来ており、解釈もさほど類似しない。

1025 徳慧によれば涅槃のこと。

1026 徳慧によれば、四聖諦の特質を洞察し、如実に知ることという。

1027 VyYにはこの語はないが、VyYTにより補う。

1028 ［解釈 II］を参照。

1029 徳慧によれば、広大とは、それら（五神通）の対象が遠く、微細なものであるということ。

慧があり、(7) 広大な智慧があり、(8) 甚深な智慧があり、(9) 無比な智慧があり、(10) 宝のような智慧を具えている」。

こ〔の経節〕では、〔まず、自利と利他の〕2 つともの目的（ためになること、*artha）を主題とした教法（*dharma）[1030]の意味に関して、智慧の 3 つの美徳（＝ (1) ～ (3)）を知るべきである。2 つ〔の美徳〕(＝ (4) (5)) は、自利〔に関して〕である。なぜなら、出世間のものであるので。残り（＝ (6) ～ (10)）は、利他〔に関して〕である。なぜなら、〔他者の〕疑いを断つので（＝ (6)）、〔他者たちが〕敬礼するので（＝ (7)）、〔他者たちに〕特別な尊重を生じさせるので（＝ (8) (9)）、そして、最上の目的（*artha、≒涅槃）を得させるので（＝ (10)）。〔なお、〕「(8) 甚深」「 (9) 無比」の 2 つは、特別な尊重を生じさせることであると知られるべきである。

〔解釈 II〕

さらにまた、聖者シャーリプトラ（舎利弗）に関して、これらの諸句は説かれたのである[1031]。

「(1) 迅速な智慧」とは，具寿アシュヴァジット（馬勝、*Aśvajit）からひとたび頌を聞くことによって意味を理解したので[1032]。「(2) 敏速な智慧」とは、それ（＝頌）を聞いた時に、多くの意味を理解したので。「(3) 鋭敏な智慧」とは、微細な意味を理解したので。「(4) 出離の智慧」「 (5) 洞察する智慧」とは、まさにそのこと[1033]によって、出世間の[1034]智慧を得たので。なぜなら、〔順に、〕煩悩を断じ、真実を理解したので。

「(6) 大きな智慧」とは、

「私（釈尊）が問いを問うたならば、〔舎利弗は、〕この意味だけでも、七昼

1030 徳慧は説示の法（*deśanādharma）のことという。証得の法ではないということ。【経節 (68)】参照。

1031 徳慧は、その証拠として、「具寿シャーラドヴァティープトラ（*Śāradvatī-putra＝舎利弗）は、戒を具え、欲求少なく（*alpecchā）足ることを知り（小欲・知足）、遠離し（*vivikta）、努力に励み、念（気をつけていること）を確立し（念住）、智慧が静まっており、智慧が (1) 迅速で」という経文（この経節の対応阿含の 1 つである『雑阿含』638 経（大正 2.176c17-19)）を引く。

1032 徳慧が引いているように、

「諸法（存在）は原因から生じる。如来はそれらの原因を説いた。
そして、それらの消滅も〔説いた〕。大沙門はかくのごとく説く者である」
ye dharmā hetuprabhavās teṣāṃ hetuṃ tathāgata āha.
teṣāñ ca yo nirodha evaṃvādī mahāśramaṇaḥ.

といういわゆる「縁起法頌（法身偈）」のこと。舎利弗はアシュヴァジット（釈尊の最初の弟子である五比丘の 1 人、Assaji）からこれを聞いてただちに法を理解し、外教徒サンジャヤのもとを去り、釈尊に帰依した。なお、この偈は異読が多く Peter Skilling によってグループ分けされているようである（Hinüber［2015］）が、VyYT のチベット語訳からはどのグループのものが引かれているかは判定できないので、上にはひとまず CPS, 28b10 を提示した。

1033 アシュヴァジットから偈を聞いたこと。

1034 徳慧は、「無漏の」と註釈する。

夜、別の句（*pada）と別の文字（*vyañjana）によって、回答する[1035]」
と説かれているように。

「(7) 広博な智慧」とは、八解脱[1036]において禅定するので。

「無上調御丈夫は、教化対象（所化）を調御するときには、あらゆる方向に奔走[1037]する[1038]」
と説かれているように。

【問い】では、経典に、

「ここにおいて、比丘が、諸の欲〔望の対象〕を離れ、乃至、第四静慮（禅）に入定して住するならば、この限りによって、賢く（paṇḍita）、怜悧（medhāvin）で、広博な智慧を持つ（pṛthuprajña）比丘と言われる[1039]」
と説かれているのはどうしてか。

【答え】そ〔の経典〕でも、〔広博とは〕諸の静慮において、通慧（*abhijñā）と解脱に依っていることにより、知られるべきである[1040]。

「(8) 甚深な智慧」とは、

1035 上野［2012b］の指摘するように、『雑阿含』345経（大正2.95c12-14), SN, 12.31. *Bhūtam*; 12.32. *Kaḷāra* (II.56.25-29)）が対応し、NidSa, 24.28に一致句がある（Chung［2008: 114-115］）。

1036 八解脱：徳慧が解説するように、(1) 色（身体）を持つ者が色（いろかたち）を見ること、(2) 内に色想（いろかたちに対する想念）のない者が外に諸の色を見ること、(3) 清浄な解脱を身体によって現証し完成して住すること、(4〜7)〔四〕無色〔定〕の4つ、加えて (8) 想受滅（滅尽定）という8つのこと。徳慧の説明は直接には『倶舎論』（AKBh, 455.1-3「定品」32偈、櫻部・小谷・本庄［2004: 329ff.］）に完全に一致するので直接にはそれを引いたのであろうが、この説明自体、「阿含経典に見えるものそのままである」（櫻部［1981: 360］）という。経典の詳細は本庄［2014:［8036］］。

1037 rnam par rgyug par byed, *vi√dhāv.

1038 徳慧は、「八解脱を身体によって現証し、完成して住する（upasaṃpadya viharati）という意味である」という。対応阿含は、『中阿含』163経「分別六処経」（大正1.692c4）、MN, 137経 *Saḷāyatanavibhaṅga* (III.222)。なお、「無上調御丈夫」は仏の異名でもある（【経節 (1)】）。『清浄道論』はそれを解釈するに当たり、同経を引く（VisM, 208, 水野［1932: 409］）。

1039 出典不明。ただ、前半部は一種の定型句で『釈軌論』第1章にも出る（山口［1959（1973: 509）］）。いくつかの経典（たとえばDN, 2経（I.73ff.））では、諸の欲〔望の対象〕を確実に離れ（vivicc' eva kāmehi）、第一、第二、第三、第四静慮に達して住すると詳細に説かれる。
また、paṇḍita, vyakta (Pāli: viyatta), medhāvinという語は定型句。また、「広大慧」（putthupañño）の定義はAN, 3.3.30. *Avakujjena* (III.130-131)に見られる（漢訳対応なし）が、ここと対応しない。

1040 徳慧によれば、「前に静慮を生じ、その後、静慮に依って、通慧と八解脱を生じさせる」という意味である。この経文には「静慮」とのみあるが、その意味は、静慮に依って、八解脱を生じさせるということなのであり、それゆえ、「(6) 広博な智慧」とは、八解脱において禅定するということということになる。

「あなたが何に依って静慮するのか、あなたを理解することはできないので、良家の人[1041]であるあなたに礼拝します。最上の人[1042]であるあなたに礼拝します[1043]」

と〔頌が〕説かれているように。

「(9) 無比な智慧」とは、

「如来を除いて一切世間〔の人〕の智慧、
それは、舎利弗の智慧の十六分の一にも及ばない[1044]」

と〔頌が〕説かれているように。

「(10) 宝のような智慧」とは、智慧が宝のようであるので。前のように適用される[1045]。

【経節 (79)】 念施

「<{**ここで、聴聞を具えた聖者声聞は、"私は、吝嗇〔をもたらす〕垢(*mātsarya-mala) によって束縛されている有情たちのうちで、心が垢の〔ような〕吝嗇 (*mala-mātsarya) を離れることにより、(1) 気前よく、(2) 手を差し延べ、**(3) 喜捨し、(4) 絶えず献げ、(5) 捨施を完成し、(6) 施物における分配を喜ぶので、家に住〔さない〕者は[1046]、私の獲得は善く獲得された"と、施与の法のあり方を観察する[1047]} >」

1041 skyes bu cang shes, *puruṣājanya. VyYT は skyes bu cang mkhyen (*puruṣājāneya) といい、「心に自在を得、心によって惑わされない (D: sems kyis mi 'phrogs pa, P: sems la mi thog pa)」ことという。

1042 skyes bu dam pa, *puruṣottama

1043 『雑阿含』926 経 (大正 2.236a18, 25-26), AN, 11.10. (V.325.7-8, 23-24)。なお、この偈は SN, 22.79. (III.91.1-2)にも出るが、『雑阿含』46 経に対応偈はない。また、「菩薩地」真実義品 (BBh, 50.6-7, BBh(T), 105.9-10) にも引かれ、Chung [2008: 192] の指摘するように、荻原 (BBh) によって出典比定がなされている。
namas te puruṣājanya namas te puruṣottama/
yasya te nābhijānīmaḥ kiṃ tvaṃ niśritya dhyāyasīti//

1044 『雑阿含』593 経 (大正 2.158c24-28)。対応パーリは SN, 2.2.10. *Anāthapiṇḍiko*; SN, 1.5.8. *Jetavana* であるが、パーリ、『別雑』ともにこの頌はない。

1045 [解釈 I] の前半部と同じということ。

1046 khyim na gnas pa ni. 下記の『雑阿含』931 経では「於非家」、550 経では「在居家」。

1047 【対応阿含】
『雑阿含』931 経 (大正 2.238a16-19), AN, 6.10. *Mahānāma* (III.287.3-7)
Cf. 『雑阿含』550 経 (大正 2.144a7-9), AN, 6.26. *Kaccāna*. パーリでは他にもいくつか出る。
【関連文献】
Mvy, 2844-2848, Mvy(N), 2848-2852: (1) muktatyāgaḥ (2) pratatapāṇiḥ (3) vyavasargarataḥ (4) yāyajūkaḥ (6) dānasaṃvibhāgarataḥ.
ASBh, 71.1-2: (1) muktatyāgaḥ (2) pratatapāṇir (3) vyavasargarato (4) yāyajūkas (5) tyāgasaṃpanno (6) dānasaṃvibhāgarata*.
*: 同註 2 によれば、dāna-は、写本の dāne を訂正したのだという。註では上記の

とは、経典の一節である。

その垢から吝嗇が生じるところのその原因、それが、「吝嗇〔をもたらす〕垢」と言われた。布施と矛盾する貪著（*lobha）のあり方であるので。果〔をもたらす〕樹のように。また、雹〔をもたらす〕雲（入道雲）のように[1048]。まさにそれゆえ、「心が垢〔のような〕吝嗇を離れるために」と、逆にして[1049]説かれたのである。吝嗇の原因である貪欲（≒垢）を、先に離れるために。そのようであれば、「吝嗇」〔という語〕を前と後に述べたのは、〔順に、〕限定するためと、退ける順序を示すためである[1050]。

「(1) 気前よく、(2) 手を差し延べ、(3) 喜捨[1051]し、(4) 絶えず献げ[1052]、(5) 捨施を完成し、(6) 施物における分配を喜ぶ」というこれによって、〔順に、〕(i) 依止なく（≒見返りを求めず）布施すること、(ii) 豊富に布施する[1053]こと、(iii) 喜んで布施すること、(iv) 間断なく布施すること、(v) 邪な生活手段（邪命）なしに布施すること、(vi) 立場に関わらず布施すること[1054]が説かれた。「(i) 依止なく布施する」とは、見返りと異熟（結果の成熟）を欲しないことであると知られるべきである。「(vi) 立場に関わらず〔布施〕する」とは、沙門から物貰いに至るまで[1055]に分かち与える[1056]ので。

Mvy を指示しているのでそれに依ったのであろう。ただ、Cf. SWTF, s.v., yāyajūka の指示する文献（*Vinayavibhaṅga*, Anh.1 (Mū). 8）では dāne。VyY も sbyin pa la（ただ、これはコンパウンドを分解しただけの可能性もあるが）。

また、「摂異門分」にもこの6句の解釈がある（ParSg, D26b2-6, 大正30.762a2-10）。

1048 その樹木から果実が生じるのが「果樹」であり、その雲から雹が生じるのが「雹雲」である。そのように、「吝嗇垢」（原語では複合語で1語）とは、その垢（＝貪欲）から吝嗇が生ずるもの、ということ。なお、果樹（phalavṛkṣa）のたとえは『倶舎論』「界品」ad., 8ab 偈にも出る。

1049 「吝嗇垢」が、次の経句では「垢吝嗇」と逆に説かれているということ。

1050 「吝嗇垢」と、吝嗇を前に述べたのは、垢（≒煩悩）一般でなく、吝嗇を生ずる垢と限定し、それが貪欲であることを示すため。他方、「垢吝嗇」と、吝嗇を〔垢の〕後に述べたのは、垢（＝貪欲、吝嗇の原因）を前に離れ、その後に、吝嗇を離れるというのが、退ける順序であるから。

1051 徳慧によれば、他者たちに金（gser, gold）などを施捨せしめることが「捨」であり、それを喜ぶこと。それによれば捨を喜ぶということ。

1052 徳慧によれば、布施をする習慣（ngang tshul）を持つということ。

1053 徳慧は布施に尻込みしない（ma 'khums pa）ことという。

1054 類似項目は、「菩薩地」に説かれる。BBh, 132.24-25（施品。菩薩にとってのあらゆるあり方での布施として、13種類の布施が説かれる）: tatra katamad bodhisattvasya sarv'ākāraṃ dānam. (i) a-niśrita-dānatā (ii) viśada-dānatā (iii) mudita-dānatā (iv') sv-abhīkṣṇa-dānatā ...

BBh, 303.14-15（菩薩相品）: (iv) abhīkṣṇa-dānatā (iii) mudita-dānatā … (i) aniśrita-dānatā.

1055 徳慧によれば、沙門、バラモン、窮乏者、路上生活者（lam nas 'gro ba）のこと。

1056 kun tu 'gyed pa, *saṃvibhajate. Cf. Mvy(N), 2853, 2854.

【経節（80）】 ナンダ（難陀）の於食知量（/食事の際の心得）

「＜｛**そのなか、善男子ナンダ（難陀）が食事において〔適〕量を知っていることは、以下の通りである。**

比丘たちよ、善男子ナンダは、（1）放縦のためでなく、（2）傲るためでなく、（3）飾るためでなく、（4）装飾のためでなく、（5）この身体をとどめるだけのため、（6）維持するため、（7）飢えを止めるため、（8）梵行を資助するため〔に食する〕。（9）そのように[1057]、"古い感受を取り除こう、（10）新しい感受を生じさせなくしよう、（11）私に、養うことと力と安楽と、（12）非難されないことと（13）快適な住（*sparśavihāra）があるように"と、考察してから食事する。

比丘たちよ、たとえば、人が、（5',6'）車について、膏油もしくは油をもって車の車軸に塗る時には、放縦のためでなく、傲るためでなく、飾るためでなく、装飾するためでなく、人が、（7'）負った傷についても、膏油もしくは油をもって傷に塗る時には、放縦のためでない。

同様に、善男子ナンダも、放縦のためでなく、（2）傲るためでなく、（3）飾るためでなく、（4）装飾のためでなく、（5）この身体をとどめるだけのため、（6）維持するため、（7）飢えを止めるため、（8）梵行を資助するため〔に食する〕。（9）そのように、"古い感受を取り除こう、（10）新しい感受を生じさせなくしよう、（11）私に、養うことと力と安楽と、（12）非難されないことと（13）快適な住があるように"と、考察してから食事する[1058]｝＞」

とは、経典の一節である。

「考察してから食事する」〔という句〕は概略であり、残りは解説である。

［解釈 I］

[1057] de lta bus: 対応梵本では iti が対応。

[1058] 【対応阿含】

『雑阿含』275 経（大正 2.73b5-14）次の経節の出典も同様（上野［2012b］）。

＊これは善男子ナンダの美徳をたたえることを主題としている。『訳一』（阿含部 1, 218）によると、本経の主題は、（1）大力、（2）端正者、（3）愛欲重者、（4）関閉根門、（5）飲食知量、（6）初夜後夜精勤修習、（7）正智成就、（8）純一清浄、（9）梵行清白であり、これはそのうち 5 番目に当たる。なお、次の【経節（81）】は、本経の「7 正智成就」の解説である。また、『頌義集』（GAS, D233b, P252b）にも *dGa' bo'i mdo* として引かれる。その他、『長阿含』20 経。

【関連文献】

AKUp（本庄［2014:［2065］］）

ŚrBh I, 18.8-13: bhojane mātrajñatā katamā/ sa tathā saṃvṛtendriyaḥ pratisaṃkhyāyāhāram āharati, (1) na darpārthaṃ (2) na madārthaṃ (3) na maṇḍanārthaṃ (4) na vibhūṣaṇārthaṃ, (5) yāvad evāsya kāyasya sthitaye (6) *yāpanāyai* (7) *jighatsoparataye* (8) *brahmacaryānugrahāya* iti/ (9) paurānāṃ ca vedanāṃ prahāsyāmi, (10) navāṃ ca notpādayiṣyāmi/ (11) yātrā ca me bhaviṣyati balaṃ ca sukhaṃ (12) cānavadyatā ca (13) sparśavihāratā ca/ iyam ucyate bhojane mātrajñatā/

ŚrBh I, 130-143 で詳細に解釈されている。

それについて、ある者たちは、

"「(1) 放縦のためではない」とは、若者たちのように。彼らは、浮つき（掉挙、*auddhatya）と遊び（*krīḍā）の考えによってのみ、放蕩[1059]のために食事する。「(2) 傲るためでない」とは、力士[1060]たちのように。彼らは、身体の力を養うことと、すばやく動こう[1061]という考えによってのみ、傲るために食事する。「(3) 飾るためでない」「(4) 装飾のためでない」とは、欲望の対象を享受する者たちのように。つまり、彼らは、端麗になろうという（美容の）考えのみによって、「(3) 飾る」ために、「(4) 装飾する」ために、食事する。そのなか、沐浴と洗い流すことと塗香[1062]が、「(3) 飾る」である。衣服と花輪と宝物[1063]でもって飾ることが、「(4) 装飾」である"

とも言う。

［世親の解釈[1064]］

この〔4つ〕すべて〔の経句〕は、欲望の対象を享受する者[1065]たちのみについて説かれている[1066]ので、そのような考え[1067]によって食事をなすことを否定するのである。

「(5) この身体をとどめるだけのため、(6) 養うため」とは、ただ単に命をあらしめるためと力をあらしめるためであり、車の車軸に〔油を〕塗るように。「(7) 餓えを止めるために」とは、食事を欲する苦しみ[1068]を退けるためであり、傷に〔油を〕塗るように。「(8) 梵行を資助するために」とは、身体を維持し、身体の力〔をあらしめ、〕身体の汚れがない[1069]というそれらのことに依って、聖道を完成するためである。なぜなら、

[1059] longs pa.

[1060] gyad, *malla.

[1061] yeng yeng por bya ba: Negi によれば yeng yeng po は capala（すばやい）が対応。

[1062] khrus dang byi dor byed pa dang nyug pa: 「声聞地」（ŚrBh I, 134.8）では、この（3）を説明する際に snānaprasādhanānulepanam（沐浴・装飾（髪に櫛を入れること）・塗香）と出ている。なお、nyug pa でも塗りつけるであるが、byug pa なら anulepana の訳語でありうる。

[1063] gos dang phreng ba dang rin po che: 「声聞地」（ŚrBh I, 134.9）では、vastra-mālyābharaṇa。ただし、ābharaṇa は装身具なので、最後は対応しない。

[1064] 徳慧によれば、以下は、「先生（＝世親）自身の流儀（slob dpon nyid kyi lugs）」を示したもの。

[1065] 'dod pa la longs spyod pa: 上記「声聞地」により kāmopabhogin が得られる。同論も、これら4句すべてを、欲望の対象を享受する者たちについていったものと解釈している。

[1066] 「ある者」の説では、「享受するためではない」云々という経文を、それぞれ、若者たち、力士たち、欲望の対象を享受する者たちに相当すると解釈していた。他方、世親（「声聞地」も）はこの経文全体を欲望の対象を享受する者たちに関して説かれていると理解している。

[1067] 浮つきや遊びなどという考えのこと。

[1068] 空腹という苦しみ。

[1069] 徳慧によれば、食物を欲するという苦しみを退けるため、ということ。

「梵行とは何かというと、八支聖道である[1070]」
と、他の諸経典に出ているから。

「(9) そのように、古い感受を取り除こう」とは、飢餓感によって引き起こされる〔感受〕である。「(10) 新しい感受を生じなくしよう」とは、過度に多く食べることから生ずる〔感受〕である。こ〔の 2 つの経句〕によって、少ない食事と多い食事を断たしめる。「そのように（その限りで）[1071]」とは、〔食事の〕分量を示すために。“「(9) 古い感受を取り除く」ことによってどのようになるのか”と考える者に対して、「(11) 私に養うことと力と安楽があるように」と考察するのである。つまり、それら[1072]はまた、「身体を維持する」など、前に説かれたところのものである[1073]。“「(10) 新しい感受を生じなくする」ならばどのようになるのか”と考える者に対して、「(12) 非難がないことと、(13) 快適な住があるであろう」と考察するのである。つまり、それら[1074]はまた、「(8) 梵行を資助する」のように、前に説かれたものである。そのなか、過度に多く食べる〔ことによる〕過失がないので、「(12) 非難されないこと」であると知られるべきである。〔過度に多く食べることによる〕過失は、5 つである。すなわち、(i) 倦怠感[1075]、(ii) 不快さ[1076]、(iii) あくび、(iv) 食べ物が詰め込まれること[1077]、(v) 心が沈む[1078]ことである。身体が軽やかになる[1079]ことによって軽快さ（軽安、*praśrabdhi）に資益することによって快適に住するので、「（15）快適に住する」であると知られるべきである。

［まとめ］

そのようであれば、どんな思いによって食べないのか[1080]、どんな思いによって[1081]、どれだけの分量を食べるのか[1082]、食事が適量であることにはどんな利点

1070 『雑阿含』796 経（大正 2.205b17-18）, SN, 45.39-40. (V.26.7-8): katamañ ca kho bhikkhave brahmacariyaṃ/ ayam eva ariyo aṭṭhaṅgiko maggo/（ただし『雑阿含』では梵行ではなく「沙門法」となっている。）等。Cf. Chung［2008: 179］

1071 de lta bus. 体格には個人差があるので食事の適量は以上のようにしか示しえないであろう。プラセーナジット（Prasenajit, Pasenadi）王のダイエットの逸話を想起すべきである（SN, 3.2.3. *Doṇapāka*, 『雑阿含』1150 経、片山［2011: 329ff.］、中村［1986a: 181ff.］)。

1072 養うことなど。

1073 身体を維持し、力あらしめ、汚れがない、ということ。

1074 （14）（15）。

1075 snyom pa, *tandrī. 徳慧は、「眠気のあり方」という。

1076 mi dga' ba, *arati. 徳慧は、まさにそのこと（倦怠感）ゆえに、坐るなどのことにおいて、という。

1077 zas kyis gsud pa. 徳慧は、食べ過ぎることにより、〔腹が〕膨張して住する（sbos te 'dug pa）こと、という。

1078 sems zhum pa nyid, *cetaso līnatva. 徳慧は、それがあれば、食べ過ぎることによって心が活動に適さず（*akarmaṇya）、心が鈍感（blun pa, *jaḍa）であるという。

1079 lus zo mdog bde ba.

1080 ＝（1）～（4)。

1081 ＝（5）～（8)。

（*anuśaṃsā）があるのか[1083]というその（以上の）ことを考察して食事するので、「考察してから食事する」である。

［解釈 II］

他の者たちは、“4つの考察によって考察してからである”と言う。

4つの考察のうち、(i) 断ずべきという考察は、4句[1084]によってである。(ii) 目的[1085]の考察もまた、4句[1086]によってである。(iii) 適量の把握を考察することは、2句[1087]によってである。(iv) 適量の把握の利点を考察することは、残り〔の諸句〕によってである。

［解釈 III（＝世親の意図[1088]）］

実際のところは[1089]、4句[1090]によって、欲楽に耽るという極端（辺）を断ずるのであり、3〔句〕[1091]によっては、自己を苦しめることに耽るという極端[1092]を断ずる。1〔句〕[1093]によって、中道を行ずる。5〔句〕[1094]によって、2つの極端（二辺）を断ずる利点を理解させるのであり、2〔句〕[1095]によっては、中道を行ずる利点〔を理解させる〕。車軸と傷という2つのたとえは、前に適用されたものと全く同じである[1096]。

【経節（81）】　ナンダ（難陀）の正念正知

「＜｛**そのなか、善男子ナンダ（難陀）が最上の念（気をつけていること、**

1082 ＝（9）（10）。

1083 ＝（11）～（15）。

1084 ＝（1）～（4）。

1085 ched. 徳慧は、なすべき目的（*artha）のことという。

1086 ＝（5）～（8）。

1087 ＝（9）（10）。

1088 徳慧は、以下の解釈を、「先生（＝世親）の意図した意味を説く（slob dpon gyi dgongs pa'i don ston pa）」のだという。

1089 D: yong ni, P: yod ni, Lee: yang ni: VyYT でも D: yong ni, P: yod ni とある。さて、ACIP の電子データベースによって検索すれば、yong ni という語が、いくつかの文献で、しかも文の冒頭に見られるので、これを採るべき（『摂大乗論秘密義釈』や *Akṣayamatinirdeśaṭīkā* など。なお、後者について、Braarvig［1993: 394.n.2］は yod ni とするが、yong ni とすべき）。この語の意味は、それらの用例と前註から考えれば、「実際には」「実際は」ぐらいであろう。ただ、原語は不明。

1090 ＝（1）～（4）。

1091 ＝（5）～（7）。

1092 この2つの極端（辺）については、**【経節（48）】**を参照。次の文の「中道」とは、苦楽の二辺を離れた中道。

1093 ＝（8）。

1094 ＝（9）～（13）。

1095 ＝（14）（15）。

1096 sngar sbyar ba kho na'o.［解釈 I］で適用された（解釈された）のと同じ、という意味。

正念）と正知[1097]を持っていることは、以下のとおりである。
比丘たちよ、善男子ナンダは、もし東方を観察すれば、全神経を集中させて[1098]注視する。彼がそのように注視する時には、貪愛（*abhidhyā）、憂い（*daurmanasya）、悪・不善の諸法（要素）が心に流れ込まない[1099]。もし、南方、西方、北方を観察する時にもまた、全神経を集中させて注視する。彼がそのように注視する時には、前と同様に、『心に流れ込まない』に至るまでになる。
比丘たちよ、*善男子ナンダにとって、受（感受）もまた、覚知されて生起し、覚知されて住し、覚知されて没し・尽き・終息する*が、想（想念）もまた、覚知されて生起し、｝思いめぐらし（尋、*vitarka）もまた、覚知されて生起し[1100]、｛覚知されて住し、覚知されて没し・尽き・終息する[1101]｝ >」

[1097] *smṛtisaṃprajanya. saṃprajanya について、徳慧は、智慧（*prajñā）のことという。【経節（44）】でも同じ解釈が見られた。Cf. ŚrBh(S), 432.8: saṃprajanyasya smṛtisamatāyāś ... abhidhyādaurmanasya ...

[1098] sems thams cad kyis bsams nas: Pāli: sabbañ cetaso samannāharitvā. Cf. Mvy, 7260: sems kun gyis bsams te, sarvacetasā samanvāhṛtya; BBh, 105.8(9): sarvacetasā samanvāhṛtya (dharmaṃ śṛṇoti); BHSD, s.v., samanvāharati. 徳慧は、〔四〕念処（*smṛtyupasthāna）をなして、と註釈する。

[1099] sdig pa mi dge ba'i chos rnams sems la rjes su mi 'dzag par 'gyur ba: Cf. SrBh I, 18. 4: pāpakā akuśalā dharmāś cittam anusraveyuḥ（indriyasaṃvara（根律儀）の説明中）。徳慧は、「認識対象である色（いろかたち）と声など（＝六境）に対して識が生じた時には、それらの法（要素）が心に流れ込まない、つまり、付き従わない（rjes su mi 'brang (P 'bral)）のである。つまり、それと同時に生じない（lhan cig mi 'byung）という意味である」という。

[1100] rnam par rtog pa yang shes bzhin du skye: パーリ対応経の vitakka により、rnam par rtog pa には*vitarka を想定する。他方、{} を外して示したように、Sūśa ではこの 1 句はない。「尋」は、AKUp では、本庄訳のいうように、「伺（D 91a4: spyod pa, *vicāra）」とある模様。また、後註で言及するように徳慧が註釈を施しているので、この 1 句はあってしかるべきもの。しかし、VyYT のこの句は一連の句の並びから言って適切とは言えない。
Sūśa：'du shes kyang shes bzhin du skye/ shes bzhin du gnas/
VyYT: 'du shes kyang shes bzhin du skye/ rnam par rtog pa yang shes bzhin du skye/ shes bzhin du gnas/
おそらく、'du shes dang rnam par rtog pa yang shes bzhin du skye/ shes bzhin du gnas/（想と尋も覚知されて生起し、覚知されて住し）と訳されるべきものが誤訳されたのであろう。

[1101] 【対応阿含】
『雑阿含』275 経（大正 2.73b20-27）, AN, 8.9 (IV.167.10-15) パーリでは、前半部は、根門を守ること（indriyesu guttadvāratā）についての説明であり、後半部が、正念正知を具えていること（satisampajaññena samannāgata）の説明になっている。
【関連文献】
*〜*の箇所に関して、AKBh, 77.7-8（「根品」。櫻部［1979: 337］）: viditā eva nandasya

とは、経典の一節である。

［解釈 I］

「全神経を集中させて注視する」とは、行く時には[1102]、と知られるべきである。感受と想念の正知[1103]は、順に、〔四〕静慮と〔四〕無色定に住している時に、である[1104]。思いめぐらし（尋）の正知とは、出〔定〕して非静慮〔心〕に住している〔時に〕である。

［解釈 II］

さらにまた、「全神経を集中させて注視する」とは、3 つの集合[1105]から触（接触）が生じることを縁として感受と想念と意思（思、*cetanā）が生ずるが、それらは、「覚知されて生起し」、乃至、「終息する」。意思（思）を特徴とするものが、ここで、「思いめぐらし（尋）」であると知るべきである[1106]。

［解釈 III］

さらにまた、「全神経を集中させて注視する」〔ので注視に〕雑染がないので、色（いろかたち）〔に対して最上の念と正知を持っていることが説かれ〕、覚知された感受など[1107]が生起することなど[1108]について、感受と想念と諸行（諸の形成作用）において最上の念と正知を持っていると説かれた。

〔以上説かれた〕そのようであれば、〔彼（ナンダ）は〕四識住[1109]に対して最

---

kulaputrasya vedanā utpadyante viditā avatiṣṭhante viditā astaṃ parikṣayaṃ paryādānaṃ gacchantīti. 上野［2012b］が指摘するように、AKUp にて詳細が知られる（本庄［2014:［2065］］）。また、Kritzer［2005: 84-85］。

1102 徳慧は、乞食（*piṇḍapāta）に行く（行乞する）時に、ということだと言う。

1103 徳慧によれば、正知とは、圧倒（*abhi√bhū）されないということ。

1104 徳慧は、「静慮に住している時には感受を正知し、無色に住している時には想念を正知している。諸の静慮は感受によって区分（rab tu phye）され、諸の無色〔定〕は想念によって区分されるから」という。「諸の静慮」とは色界の四禅、四静慮。「諸の無色」とは四無色定のこと。四禅の段階では喜楽受や喜受や捨受があるが、四無色定は捨受のみで、「空無辺」などの想によって区分される。図表 2, 3（p.221）参照。

1105 3 つの集合：感覚器官と対象と意識（根・境・識）の 3 つが出会う（*trika-saṃnipāta）時に。

1106 徳慧によれば、思いめぐらし（尋、*vitarka）は、智慧を特徴とするものと、意思（思、cetanā）を特徴とするものという 2 種類である。前者は、真実を知るために動くものである。後者は、"これこれのようにしよう"と、心を作動・形成すること（*cittābhisaṃskāra）。Cf. 斎藤他［2014: 177-179］

1107 徳慧によれば、受・想・行のこと。

1108 徳慧によれば、生起し、住し、尽きるということ。

1109 徳慧は、「色に従い（-upaga）、受に従い、想に従い、行に従うところの識住」という。四識住については、AKBh, 117.18-19 (ad.,「世間品」7b 偈): catasraḥ sthitayaḥ punaḥ(7b)// katamāś catasraḥ/ rūpopagā vijñānasthitir vedanopagā saṃjñopagā saṃskāropagā iti/

そこでは、「住」とは「依拠（pratiṣṭhā）」であることや、五蘊の残り 1 つである識は四識住には数えられないことなどが説かれる（舟橋［1955: 55ff.］）。

上の念と正知を具えた者であることが示された。感受など（＝受・想・行）は刹那的であるけれども、似た相続（連続体）が別の時にも続いて生じるので、「住」と知られるべきである。「没」とは、緩慢でなく縁の力によって瞬時に滅するので。「尽き・終息する」とは、後に、緩慢に、残り無く、似た相続が滅するので。

【経節（82）】　マハースダルシャナ（大善見）王の胃袋

「＜｛**比丘たちよ、マハースダルシャナ（大善見、*Mahāsudarśana）王は、（1）病が少なく、（2）無病の本性を持つ者となっている。〔それは、〕（3）正常で消化力のある胃袋―（4）冷たすぎず熱すぎず、随時快適で、害がない**[1110]**胃袋―を持っている〔からであり〕、それ（胃袋）により、（5）食べ、飲み、咀嚼し、味わったものを、正常に楽に消化する**[1111]｝＞」

とは、経典の一節である。

「（1）病が少ない」とは、健康な[1112]食事と住（とどまり、住まい）を用い努力することによるのであって、生まれつき「（2）無病を本性として」はいない者もいる。〔逆に、〕「（2）無病を本性としている」ものの、生まれつき「（1）病が少な」くはない者もいる。なぜなら、不健康な食事と住（住まい）が多いために。それゆえ、〔（1）（2）の〕両方ともを述べたのは、お互いを修飾・限定するためである[1113]。

それ（＝（1）（2））についても、原因は、「（3）正常で消化力のある胃袋[1114]を持っている」によって説かれている。つまり、働き[1115]と共なる「正常さ」を説いている。

その「正常さ」とはまた、「（4）冷たすぎず熱すぎず、随時快適で、害がない」によって説かれている。これによって、3種類の非正常さ[1116]がないから、「（3）正常で消化力のある胃袋」と説かれた。3種類の非正常さのうち、(i) 火の非正

1110　梵本では、害がなく、随時快適、の順。

1111　【対応阿含】

MPS, 34.23: punar aparaṃ rājā mahāsudarśano (1) 'lpābādho 'bhūd (2) arogajātīyaḥ (3) samav(ipacanayā grahaṇyā samanvāgato (4) nātyu)ṣṇayā nātiśītayāvyābādhayartusukhayā (5) yayāsyāśitapītakhāditāsvāditaṃ samyak sukhena paripākaṃ (gatam abhūt).

なお、チベット語訳では順序は（4）（5）（3）（1）（2）の順となっているが、関係代名詞の翻訳の都合と見て梵本や世親の解釈に順序を合わせて翻訳した。

【関連文献】

ŚrBh I, 270.2-5: (katham (1) alpābādho bhavati/) (2) arogajātīyaḥ (3) samayā pāc*a*nyā grahaṇyā samanvāgato bhavati, (4) nātyuṣṇayā, nātiśītayā, avyābādh*a*yā, ṛtusukh*a*yā/ (5) yayāsyāśitapītakhāditāsvādit*āni* samyak sukhena paripākaṃ gacchanti/ (evam alpābādho bhavati/)

1112　'phrod pa, *sāṃpreya: Cf. CPD, s.v., asappāya: asappāya bhojanāni.

1113　健康に気を遣い、かつ、生まれつき健康ということ。

1114　徳慧は、腹の中にある、火（≒消化力）の拠り処である、身体のある一部分のことだという。

1115　VyYT により lus ではなく las を採る。徳慧は、「働き（las）」とは消化することであるという。

1116　ma snyoms pa, *vaiṣamya.

常さによっては、〔胃袋の中の〕火の熱が少ないので冷たすぎとなり、あるいは、火の熱が多いので熱すぎとなる。(ii) 時（*ṛtu）の非正常さによっては、それによって、時がたてば諸の過失〔によって〕擾乱させる[1117]ので、非安穏となる。(iii) 食事の非正常さによっては、それによって、食事が不健康であるという過失により、害が生ずる。

「正常」と説いて、「消化力のある」と〔さらに説く〕のは、それによって、「(5) 食べ、飲み、咀嚼し、味わったものは、正常に楽に消化する」ということを説明する。これ（＝(5)）によって、食事のあらゆるあり方を、適切な時に、疲労なく消化することを説く。そのなか、「食べ、飲み、咀嚼し、味わう」とは、食する・飲む・かみ砕く・なめる・飲みこむ[1118]という区別によって知られるべきである。

【経節（83）】　四静慮を望んだとおりに得る比丘

「＜{比丘たちよ、この比丘に対して軽蔑の心を生じてはならない。それはなぜかというと、比丘たちよ、この比丘は、増上心たる現法楽住を具えた四〔静慮〕を、**(1) 望んだとおりに得、(2) 困難なしに得、(3) 難儀せずに得る人である〔からである〕**[1119]} ＞」

とは、経典の一節である。

［解釈 I］

(I) 望んだ限り、(II) 望んだ時に、(III) 望んだように、〔現法楽住たる四静慮を〕目の当たりにすることに自在であることにより、〔経句の意味が〕知られるべきである。すなわち、(I') 長い時間、(II') 久しからずして、(III') すぐれたもの[1120]を目の当たりにすることに自在であるので、という意味である。なぜなら、劣悪さ[1121]が「(3) 難儀（*kisara）」といわれるので。

［解釈 II］

1117 skyon rnams rab tu 'khrugs par byed pa. 過失を引き起こす、くらいか。

1118 bldag pa dang gzhib pa: 徳慧によればこの2つが、経句の「味わう」に対応する。

1119 【対応阿含】

『雑阿含』1070経（大正 2.278a1-2）, SN, 21.4.8. *Navo* (II.278.8-12)

＊『雑阿含』によれば、「この比丘」とは、出家して久しくない年少の比丘であり、〔先輩の〕諸比丘が衣を作るのを手伝わなかった者。

【関連文献】

一連の句としては『中阿含』74経「八念経」（大正 1.541a25-26）, AN, 8.30. (IV.230.21-23)にも見られる。Chung・Fukita［2011: 89-90］に以下を加えうる。

Mvy, 2431-2433, Mvy(N), 2442-2444: (1) nikāmalābhī, ci 'dod pa bzhin thob pa (2) akṛcchralābhī, dka' ba med par thob pa (3) akisaralābhī, (tshegs pa med par thob pa 'am) ngan ngon ma yin par thob pa.

BBh, 388.13: (1) nikāmalābhitā (2)(3) akṛcchrākisaralābhitā.

Cf. BHSD, s.v., akisaralābhin.

1120 mchog tu byung ba, *ut/pra-kṛṣṭa.

1121 tha chad, *pratikrusṭa. 【経節（71）】参照。

他の者たちは、“困難と〔定からの〕退失がないことが、「（3）難儀せずに」である”と言う[1122]。

〔解釈 III〕

『信頼すべき聖教（伝承）[1123]』に、

「(I) 完全に〔四静慮に〕入定し、(II) 速やかに〔入定し〕、(III) 堅固に〔入定した者〕、彼が、「(1) 望んだとおりに」
など〔のあり方で定を〕得る〔者〕であると意図されている。ここ[1124]では、
少しだけのことによって〔定を〕捨てるので、
それゆえ、「(3) 難儀」[1125]と出ている[1126]」

と〔頌が〕ある。

【経節（84）】　衰え、しぼみ、枯れる

「＜｛比丘たちよ、**たとえば、ウトパラ（*utpala）の花輪（mālya）**、チャンパカ（campaka）の花輪、ヴァールシカー（vārṣika）の花輪、アティムクタカ（atimuktaka）の花輪[1127]で、肩に集められ、あるいは器（花瓶）に置かれたものは、あれこれの昼夜が過ぎ去り、刹那、瞬時、須臾[1128]が過ぎ去ると、**（1）衰え、（2）しぼみ、（3）枯れる[1129]ものとなろう。**

1122　（3）は、（2）の同義語だという解釈。

1123　yid ches pa'i lung, *āptāgama.　【経節（75）】では yid ches pa という語が出る。

1124　'dir: 徳慧によればこの「信頼すべき伝承」では。とすれば「信頼すべき伝承」の範囲はこの直前までで、これ以降はそれに対する世親による評釈という可能性もある。

1125　徳慧は、「声や接触などといういずれかの縁によってその静慮（dhyāna）を捨てる、放棄するので、それゆえ、「難儀」と言われるのであり、〔その〕逆が、「堅固」と説かれるのである」という。人の声がしたり、身体に触れられたりすることによって、定から退失するということ。Cf.「禅は声を以て刺と為す」（『中阿含』84 経「無刺経」（大正 1.560c6）【経節（38）】も参照。

1126　gang zhig rdzogs snyoms zhugs dang myur// brtan nyid de ni ci 'dod zhing// sogs thob yin par bzhed 'dir ni// chung zad tsam gyis gtong bas na// de phyir ngan ngon zhes 'byung ngo: 以上 7 シラブル 5 行であるが、「信頼すべき伝承」の範囲はどこまでか、いくつか可能性がある。また、'byung ngo は、信頼すべき伝承に以上のように出ているという意味か、経典に「難儀」と出ている（説かれている、gsungs）という意味か。

1127　この一連の華の名前は『中阿含』116 経（大正 1.605a）に列挙されるが、文脈は対応しない。パーリ対応は AN, IV.278。なお、MPS, 34.13; 34.78 により、いくつかの対応梵本が得られる。

1128　skad cig, thang cig, yud tsam cig: *kṣaṇa, *lava, *muhūrtha.『倶舎論』「世間品」88-89a 偈によると、120 刹那が tatkṣaṇa であり、60 tatkṣaṇa が lava であり、30 lava が muhūrtha であるという。

1129　(1) zegs pa nyid du 'gyur/ (2) rnyings (P rnying) pa nyid du 'gyur/ (3) skams pa nyid du 'gyur ro//
Cf. YL 129 V3: sarvaṃ viśīrṇaṃ cūrṇībhūtaṃ.　なお、skams pa は*√śuṣ か。

比丘たちよ、ウトパラの花輪、チャンパカの花輪、バルシカの花輪、アティムクタカの花輪、それが、(1) 衰え、(2) しぼみ、(3) 枯れ、塵の集まりに至るまでになる、それが死滅[1130]である。

比丘たちよ、同様に、*この身体－粗大な（audārika）有色（物質的なもの、rūpin）で、四大（元素）から成り、父と母の精子と卵子から生じ、米飯と酸粥によって養われ、常に[1131]香油を塗り、沐浴し、按摩し、壊滅し、壊れる性質のものであるもの*[1132]－も、老いるであろう、死ぬであろう。

比丘たちよ、この身体－粗大な有色で、四大（元素）から成り、父と母の精子と卵子から生じ、米飯と酸粥によって養われ、常に香油を塗り、沐浴し、按摩し、壊滅し、壊れる性質のもの－が、あれこれの昼夜が過ぎ、あれこれの刹那、瞬時、須臾が過ぎれば、老い、病気になり、死に、埋葬されるに至るまでになる、それが死滅である[1133]｝＞」

に至るまでは、経典の一節である。

「(1) 衰える」とは、変化するので。「(2) しぼむ」とは、地界が縮小するので。「(3) 枯れる」とは、水界[1134]が尽きるので。

1句（＝(1)）は概略であり、2句（＝(2)(3)）は解説であると知られるべきである。「(2) しぼむ」もしくは「(3) 枯れる」とならない限り、その限りで、花の輝きと香りは少なくなるので、「(1) 変化する」と知られるべきである[1135]。

【経節 (85)】　欲尋・恚尋・害尋を受け入れない

「＜｛生じてしまった欲望の思いめぐらし（欲尋）[1136]を、(1) 受け入れず、(2) 断ち、(3) 除却し、(4) 除去する。生じてしまった瞋恚の思いめぐら

1130 dus la bab pa, *kālagata.

1131 パーリ（次註参照）によれば、anicca とあり、身体は「無常であり」という意味であるが、漢訳と VyY では「常に（常、rtag tu）」香油を塗るべきものという意味。Deleanu［2006b: 499.n.85］に詳細な議論がある。

1132 *～*: Cf. BHSD, s.v., odanakulmāṣopacaya, SWTF, s.v., ucch(ā)dana-snā(pana-pa)rimardana.

KP, 152 (KP(D), KP(H)): ayaṃ kāyaḥ caturmahābhūtikaḥ mātāpitṛkalalasaṃbhūta| adhru[v]*o* (')nāśvāsikaḥ vipariṇāmadharmaḥ ucchadasnapanaparimardanabhedanavikiraṇavidhvaṃsanadharmaḥ oda[n](*a*)<ku>lmāṣopacitaḥ acirasthāyī anāhāro na tiṣṭhati|

パーリでは SN, 55.21. *Mahānāma* (1) (V.370.15-16)。漢訳（『雑阿含』930経）には対応句なし。「声聞地」にも出る。Cf. Deleanu［2006a: 322.5-7］

1133 【対応阿含】

不明。ただし、いくつかの箇所には梵本の対応が得られる。

1134 地界・水界 : pṛthivīdhātu, abdhātu. 四大（四元素）のうちの2つ。それぞれ、堅さと湿り気を特質とする。

1135 (1) の状態は、(2) もしくは (3) となるより以前の状態であるということ。

1136 'dod pa la rnam par rtog pa, *kāmavitarka（欲尋）: 徳慧は、*kāma とは、色・声・香・味・触のことという。五境（5つの感官の対象）のことで、事欲（事物欲、五妙欲）である（【経節 (18)】参照）。そして、*kāmavitarka とは、徳慧によれば、「それ（五境）を認識対象とする心を形成すること」。

し（恚尋）と害意の思いめぐらし（害尋）を受け入れず、断ち、除却し、除去する[1137]｝＞」

とは、経典の一節である。

［解釈 I］

「(1) 受け入れない」とは、味著（*ā√svad）しないので。「(2) 断つ」とは、その認識対象〔に依っている〕特徴[1138]を取り除く[1139]ので。退け終わっても、集積された原因[1140]から生じた思いめぐらし（尋、*vitarka）はあらゆるあり方で現起するので、〔さらに、〕「(3) 除却し」である。なぜなら、考察力（pratisaṃkhyānabala）によって相続（連続体）を断ち切るので。除去しても、努力を弛緩する[1141]と再び生じるので、〔さらに、〕「(4) 除去する」である。修習力（bhāvanābala）によって制圧[1142]するので、もしくは、種子を破壊[1143]するので。

これについてさらに〔頌が〕説かれる。

「これら 4 つ（＝ (1) ～ (4)）は、思いめぐらし（尋）に対して (I) 反対する〔ので〕、(II) その原因を
断つ〔ので〕、(III) 相続〔を断ち切り〕、(IV) 連綿するもの[1144]を断ち切るからである」

と。

［解釈 II］

別の観点では、過失であると把握する[1145]ので「(1) 受け入れない」。生じる力

1137 【対応阿含】
『中阿含』102 経「念経」(大正 1.589b3-4), MN, 19 経 *Dvedhāvitakkasutta* (I.115.11f.)
【経節 (9)】で徳慧が引用する経典である MN, 33 経も参照（ただ、対応『雑阿含』には、逆のフレーズがあるが、対応句はない）。
【関連文献】
「声聞地」の幾つかの箇所でも一連の句が見られる。
ŚrBh II, 102.4: (1) nādhivāsayati (2) prajahāti (3) vinodayati (4) vyantīkaroti.

1138 特徴（mtshan ma）: 徳慧は、色（いろかたち）や声などといった、想念（想、saṃjñā）によって識別されるべき対象のことだという。

1139 sel ba: 徳慧は、「作意しないこと」といい、「その対治を修習することによって」ともいう。

1140 徳慧は、原因とはその習気（余習、vāsanā）のことである、という。

1141 brtson pa lhod pa.

1142 rnam par gnon pa, Mvy, 2551: viṣkambhaṇam.【経節 (35)】参照。

1143 yang dag par 'joms pa, Mvy, 1601: samudghāta.

1144 rjes su 'ching ba, *anubandha≒種子。

1145 徳慧は、「どのようにしてか」といい、経文を引く。
「私に欲望の思いめぐらし（欲尋）が生じたならば、私に害、他者に害、両者に害がある。現法（この世）において罪が増大し、後世（かの世）において罪が増大する。この世とかの世において罪が増大し、そこから生じた苦や憂い（*daurmanasya）の心作用も経験するであろう」
という経文である。『中阿含』上掲には「自害害他二俱害」とあるが（大正 1.589 a20)、それ以降は一致しない。他方、『雑阿含』912 経（大正 2.229b）には「或

を離れているので、「(2) 断つ」。何度も現起する[1146]ことを離れているので、「(3) 除却する」。善品（善の側のもの、*kuśalapakṣa）の相続（連続体）を堅固なものとすることによって〔思いめぐらしが〕現起しないので、「(4) 除去する」。

【経節 (86)】　有情は業の相続者

「＜｛**バラモンの青年（*māṇava）よ、諸の有情は（1）業を我がものとし、（2）業の相続者であり、（3）業を母胎とし、（4）業を準拠とし、**業によって、諸の有情において、高い、低い、劣った、勝れたと、区分[1147]される[1148]｝＞」

とは、経典の一節である。

(I) 人々は、たいてい、財物や家や子や妻などに対して“我がもの”と想念すれば、渇愛を生ずる。それゆえ、〔それに〕傲って福徳業（*puṇya-karma）をなさず、非福徳（≒悪）業をなす。(II)〔人々は、〕たいてい、神々から分け前を享受し、(III) 自己の殊勝な生まれ[1149]を求め、(IV)〔自己の境涯が〕不幸となった[1150]ならば、神々を準拠（依拠すべきもの）であると依存するのである。そのようになした時には[1151]、原因でないものを原因と見ることによって欺かれてしまう。

世尊によって、その対治（治療）として、(I) 有情たちの業こそが“我がもの”となされるのであり、(II) 有情たちは以前の業こそを相続するのであり、(III) 彼らは、まさに業という母胎から生まれ、(IV) 不幸な時には業こそが準拠であ

欲自害。或欲害他。或欲俱害。現法後世得斯罪報。心法憂苦…」とある。

[1146] yang dang yang du kun tu rgyu ba: Cf. BBh, 161.10: punaḥ-punaḥ samudācāraṇāt; BBh(t), D86b: yang dang yang du kun tu spyod pa.

[1147] 'ged pa, *vi√bhaj. パーリ対応経では vibhajati。

[1148] 【対応阿含】

『中阿含』170 経「鸚鵡経」（大正 1.704c26-27）, MN, 135 経 *Cūḷakammavibhaṅga-sutta* (III.206.21-23)

【関連文献】

Chung・Fukita［2011: 146-147］の指摘に加え、以下の ASBh, Mvy（2313-2316）により、いくつかの対応梵語が取得できる。

AS(t), D89b5-6, P106b4-6: bcom ldan 'das kyis sems can 'di dag ni (D om.) (1) las bdag gir bya ba (2) las kyi bgo skal la spyod pa/ (3) las kyi skye gnas pa/ (4) las (D la) brten (P bstan) par bya ba dag ste/ las ni sems can mthon po dang/ dma' ba dang/ ngan pa dang/ gya nom pa (P par) rnam par 'byed pa'o zhes gang gsungs pa de (P om.) la/

ASBh, 72 (77): (1) karmasvakāḥ, (2) karmadāyādāḥ, (3) karmayonīyāḥ, (4) karmapratisaraṇāḥ.

ASBh では各句が解釈されている。また、Mvy では、(3) は karmayoniḥ である。後半部は『縁起経釈論』「有の分別章」にも引用される。PSVy, D46a5, P53a1-2: las ni sems can mthon po dang/ dma' ba dang ngan pa dang/ gya nom pa rnam par 'byed pa yin no zhes gsungs so//

[1149] 徳慧によれば、人・天に生まれること。

[1150] rgud par gyur. 【経節 (93)】参照。

[1151] 徳慧によれば、前の 1 文のようになした時には。

るのであって神々はそうではない、と説かれたのである。

【問い】

これについてどのような道理があるのか。

【答え】

（I）業は〔財物・家・子・妻などと違って〕王など[1152]と共通でないので、そして、死の時にも捨てられないので[1153]。神を尊敬する者・尊敬しない者たちにおいて[1154]、（II）みじめな・勝れた享受（享受円満）が〔あることが〕認識されるから[1155]。（III）劣った・殊勝な生まれが認識されるから[1156]。（IV）伝染病や災難[1157]が静まらない・静まることが認識されるから。

【経節（87）】　欲と色を厭離、離貪、抑止する

「<｛**諸の欲を（1）厭離するために、（2）離貪（離染）するために、（3）抑止（滅）するために、行じている。**>

諸の色を（1）厭離するために、（2）離貪するために、（3）抑止するために、行じている[1158]｝」

[1152] 徳慧によれば王、盗賊、神、人のこと。

[1153] 徳慧は、「有情たちは業のみを我がものとするのであって、財・家・子・妻など〔を我がものとするの〕ではない。それらは王などと共通であるから。そして、死ぬ時にも捨て去られるものであるから」と、裏からいう。

[1154] （II）～（IV）に係る。

[1155] 神〔々〕を尊敬（gus pa）していてもみじめな享受があり、神を尊敬していなくても享受の円満（勝れた享受）があることが、現実に経験認識されている。ゆえに、禍福に神は無関係であり、業こそが関係するということ。以下も同様である。

なお、業に関するこれと多少関連する議論は、論難と回答を主題とする『釈軌論』第 3 章でもなされている。論難は VyY, D87b7-88a2, Lee 174: nyāyaviruddha(4)、回答は、VyY, D95b6-96a2, Lee 197: parihāra(12)。

[1156] だから、有情たちはまさに業という母胎から生まれたといえる。

[1157] yams kyi nad dang gnod pa.

[1158] 【対応阿含】

AN, 2.4.5. *Saññojana* (I.64.12-13): so kāmānaṃ yeva nibbidāya virāgāya nirodhāya paṭipanno hoti.

『中阿含』21 経「等心経」（大正 1.448c29）：復学厭欲無欲断欲。（449a14）復学色有断貪断業。

【関連文献】

これは一種の定型句であり、saṅkhāra, paccuppanna cakkhu/viññāna の厭離などについても、同じ句が、諸経で用いられている。Cf. SWTF, s.v., nirodha: NidSa, 6.17 etc: (1) nirvide (2) virāgāya (3) nirodhāya; AKVy, 469.9: rūpasya nirvide virāgāya nirodhāya pratipanno.

また、『倶舎論』『中論』『解深密経』における言及については、袴谷〔2001: 681. n.18〕を参照。

なお、「諸の色を」以下は、<>の範囲から外して示したように、VyYT には欠

とは、経典の一節である。

「諸の欲を」とは、欲界を。「諸の色を」とは、色界を、である。

別のやり方（解釈法）では、『苦蘊（*Duḥkhaskandha）経』[1159]の最初に、諸の欲と諸の色が説かれているように。

［解釈 I］

「(1) 厭離するために、(2) 離貪するために、(3) 抑止するために」とは、順に、(1') 苦〔諦〕は遍知されるべき（parijñeya）であるので、(2') 集〔諦〕[1160]は断じられるべき（praheya）であるので、(3') 滅〔諦〕は現証されるべき（sākṣātkartavya）であるので。「行じている」というなかの「行」によって、道〔諦〕が修習されるべき（bhāvayitavya）[1161]であることが説かれた。

［解釈 II］

さらにまた、喜貪（喜びと貪欲、*nandīrāga）という原因から生じたところの、かの世（来世）において苦が生じるもの、その対治（治療）として、順に、3〔句〕が説かれた。

【経節（88)】　悪趣での苦を原因と共に尽きさせるために行じている
「{(1) 貪著を尽きさせるために、(2) 渇愛を尽きさせるために (*tṛṣṇākṣayāya)、(3) 苦を尽きさせるために、(4) 蘊を尽きさせるために、

く。ただ、VyY の後での解釈との対応からは、あってしかるべきもの

1159 『中阿含』99経「苦陰経」、MN, 13経 *Mahādukkhakhandasutta*. 徳慧はそこから、大正1.585c17-20に当たる文などを引いて以下のように註釈する。

「どのようにかというと、詳細に、『比丘たちよ、諸欲に味著するとは何かというと、比丘たちよ、これらは5つの欲望の性質（五妙欲、*pañca-kāmaguṇa）である。5とは何かというと、眼によって識られる、好ましく、愛らしく、喜ばしく、楽しく、欲を伴った、魅力的ないろかたち（色、rūpa)』と詳細に出ており、『身体によって識られる、好ましく、愛らしく、喜ばしく、楽しく、欲を伴った、魅力的な〔触〕』に至るまで出ている。『これら（＝色・触・香・味・触）の5つの欲望の性質に依って、安楽（*sukha）もしくは快楽（*saumanasya）が生ずる、これが「諸欲に味著する」〔ということ〕である。しかし、ここには多くの過患がある』と詳細に出ており、『比丘たちよ、色に味著するとは何かというと、比丘たちよ、たとえば、バラモンの娘か王家の娘か資産家の娘で、年は15歳か16歳で、よく沐浴し、よく化粧され、髪や指の爪は磨かれ、白い衣装をまとっている、その時、彼女は容色の美しさの最高のものを具えている。その容色の美しさに依って、安楽もしくは快楽が生ずる、それが「色に味著する」〔ということ〕である。しかし、ここには多くの過患がある』と詳細に出ている」と。

要点は、「諸の欲」とは、5つの欲望の性質（≒対象）＝「五妙欲」のことであり、「諸の色」とは、女性の容色を指すという解釈。なお、【経節（18)】も参照。

1160 徳慧は、これと (2) 句の結びつきについて、「貪欲は苦の起源（*samudaya）である」からという。

1161 徳慧は以上について、「そのようであれば、四諦を見るために行じているのであると知られるべきである」という。以上は四諦について言われる定型句。

行じている[1162]}」
とは、経典の一節である。
［解釈 I］
こ〔の経節〕によって、悪趣での苦を〔輪廻での〕再生という原因と共に[1163]尽きさせるために〔行じている〕ということが示された。
つまり、「(1) 貪著」とは、原因である。「(3) 苦」とは、悪趣における苦である。世尊によって、

「この世とかの世において悪しき生存領域（悪趣）がある限り、それらすべては、
無明という根本から生じ、欲求（icchā）と貪著（lobha）から生じたものである[1164]」

と〔頌が〕説かれているように。ここ（偈）では、不善根に含まれる貪著[1165]であると知られるべきである。それを述べたのはまた、取り去るためである。〔輪廻での〕再生に対する「(2) 渇愛」が、原因である。「(4) 蘊」とは、有（生存[1166]）に摂せられる五取蘊[1167]である。なぜならば、それ（＝五取蘊）は渇愛によって集積される[1168]ので。
［解釈 II］
さらにまた、「(1) 貪著」と「(2) 渇愛」の 2 つは、順に、欲〔貪〕（*kāma[rāga]）

1162 【対応阿含】
AN, 2.4.5. *Saññojana* (I.64.13-15): so bhavānaṃ yeva nibbidāya virāgāya nirodhāya paṭipanno hoti. so (2) taṇhakkhayāya paṭipanno hoti. so (1) lobhakkhayāya paṭipanno hoti.
対応の『中阿含』21 経「等心経」に対応句なし。前経も参照。なお、世親が VyY 本文で解釈に必要十分な経文をすべて引いているせいか、VyYT はここで経節を提示しない。

1163 ngang song gi sdug bsngal yang srid pa rgyu dang bcas pa.

1164 『成実論』（大正 32.313b）にも引かれる。平井等［2000: 425］によれば、Iti, 40（の第 1 偈）が対応。
yā kāci-mā* duggatiyo asmiṃ loke paramhi ca/
avijjāmūlakā sabbā icchālobhasamussayā//
*: PTSD, s.v., avijjā は、ここを kāc' imā として引いている。
なお、VyY は頌として訳していないが、ここからすれば、これは頌である。

1165 lobha: 貪・瞋・痴の三不善根の 1 つという解釈。AKBh, 291.8: lobho 'kuśala-mūlaṃ; Cf. 『倶舎論』「随眠品」22ab 偈（AKBh, 291.4）: 欲〔界〕における貪・瞋・痴が不善根である。

1166 bhava. 十二支縁起の 1 つの支分としての。

1167 徳慧は、五取蘊は欲界と色界にある。つまり、五取蘊に摂せられている。無色界では〔色がないので〕四取蘊に摂せられている、という。

1168 spungs pa: 蘊は集積（rāśi）の意味であるという定義（ad.,『倶舎論』「界品」20ab 偈、AKBh, 13.7: rāśyarthaḥ skandhārtha）が想起される。
徳慧は、結びつけられる（sbyar ba）という意味だといい、「それ（渇愛）によって、結生する時に、五取蘊を他の〔生存領域に〕集積させる」という。

と有貪（*bhavarāga）の 2 つである[1169]。「(3) 苦」とは、欲界である。苦苦[1170]を有しているから。「(4) 蘊」とは、色〔界〕と無色界の 2 つである[1171]。

【経節 (89)】　心の平衡を学ぶ（/琴の弦は張り詰め過ぎても弛み過ぎても）

「＜｛シュローナ[1172]よ、そのようであるなら、過度の努力精進は心の浮つき（掉挙）をもたらす。過度の弛緩は、怠け（懈怠）をもたらす。**シュローナよ、それゆえ、(1) 平衡を学び、(2) それにおいて特徴を捉え、(3) それによって慢心（*√man）[1173]せず、(4) それに対して怠惰（放逸）であってもならない**[1174]｝＞」

とは、経典の一節である。

[1169] 徳慧によれば、「貪欲」とは欲貪、つまり、欲界繫（欲界に属する、*kāmāvacara）の貪欲のこと。「渇愛」とは有貪で、色界と無色界で生ずる貪欲のこと。『俱舎論』「随眠品」1d-2b 偈を参照。

[1170] 苦という苦。三苦の 1 つ。【経節 (25)】参照。徳慧のいうように、苦苦は欲界にのみあり、他（＝色界・無色界）にはない。

[1171] 徳慧は以上のまとめとして、「そのようであれば、これ（経節）によって、欲界の苦 (3) とその原因 (1) と、色界・無色界の苦 (4) とその原因 (2) を尽きさせるために行じていると示された」という。

[1172] Gro bzhin skyes, *Śroṇa. パーリでは soṇa。Cf. 『赤沼辞典』631ab. s.v., Soṇa-kolivīsa. Skt. Śroṇakoṭī(/i)viṃśa.

[1173] rlom sems.

[1174] 【対応阿含】

『雑阿含』254 経（大正 2.62c16-18）, AN, 4.55. *Soṇa* (III.375.18-22); Cf. TheraG, 632-644.

＊弦が張りつめすぎていても緩みすぎていても、琴はよい音を奏でない。修行（静慮のこと）についても同様であることを述べた、よく知られた経典。

【関連文献】

Chung［2008: 79］を参照。また、Chung・Fukita［2011］の Appendix に、『中阿含』123 経、SBhV, 上記『雑阿含』と、SHT 1113 の対照テキストがある（本箇所は 304-305、セクション 13）。

SBhV II, 143.18-21: evam eva śroṇa atyārabdhaṃ vīryam atyauddhatyāya saṃvartate; atilīnaṃ cittaṃ kausīdyāya saṃvartate; tasmāt tvaṃ śroṇa (1) samatāṃ pratipadyasva; (3) tena ca mā maṃsthāḥ*; (4) tasmiṃś ca <mā>** pramādaḥ; (2) tasmiṃś ca nimittam udgṛhṇīṣva.

*: MW によれば、ava-√man の項目下に、「aor. Subj. 2. sg. maṃsthāḥ」とある。上記 SHT は manyasva、『雑阿含』は「著」。

**: 上記 Chung・Fukita により、補う。

ところで、4 句は、VyY 等では (1) ～ (4) の順であり、世親自身もその順番で解釈している。他方、上記 SBhV と SHT は (1) (3) (4) (2) の順であり、『雑阿含』も「(1) 当平等修習摂受。(3) 莫著。(4) 莫放逸。(2) 莫取相」で、同様（(2) の「莫」は余計。なお、『中阿含』はぴったり対応しない。パーリは(1) samataṃ paṭivijjha (2) tattha ca nimittaṃ gaṇhāti の 2 句のみ）である。とすれば、世親が見ていた『雑阿含』は現行のものとは違ったか。Cf. 榎本［2002］。

これによって[1175]、(I)〔心の〕平衡[1176]を遍知すべきことと、(II) 忘れない原因と、(III) 雑染がない原因を実行することを[1177]、〔世尊が〕させたのである。

(I) 遍知が、「(1) 学ぶ」である。(II)〔心の平衡を〕忘れない原因が、「(2) 特徴[1178]を捉える」である。(III) 雑染がない原因[1179]は、(III-1) 高慢さがないことである。なぜなら、それ（心の平衡）によって倨傲[1180]とならないから。そして〔さらに、〕(III-2) 不放逸で〔も〕ある。なぜなら、それによって味著しないからであり、順に、(i) 慢と (ii) 渇愛が盛んな静慮者（瞑想者、*dhyāyin）の対治としてである。聖者シュローナはその時に諦（*satya）を見た[1181]ので、(iii) 見と (iv) 疑が盛んな静慮者[1182]ではない。なぜなら、その2つ（＝見と疑）を断じているので。

【経節 (90)】　大きな木の集まりが燃えている

「＜{**世尊は、遠くで、大きな木の集まりが、(1) 燃え、(2) 燃焼し、(3)**

1175 徳慧は、この教誡（gdams ngag, *avavāda）によって、という。

1176 samatā: 徳慧は、心の平衡（*cittasamatā）のことだという。心が認識対象に対して過度に高ぶらないことでもあり、過度に弛緩することでもなく、捨（平衡心、平等心、*upekṣā）をなすのであるという。

1177 ＝ (3) (4) 句。

1178 mtshan ma, nimitta: 徳慧は、「その特徴とはまた、静慮者たちのみに目の当たりになるものである」という。

1179 これが、(3) (4) 句に対応する。

1180 khengs pa. (3) 句に対応。【経節 (67)】解釈中にも出た語。

1181 経の続きでは、シュローナが阿羅漢になったことが示されている。

1182 (i) ～ (iv) の4種類の静慮者は、たとえば、『瑜伽論』の *Samāhitabhūmi* に出る。
SamBh, 3.4.0: catvāra ime dhyāyinaḥ: (ii) tṛṣṇ[ottara]dhyāyī (iii) dṛṣṭyuttaradhyāyī (i) mānottaradhyāyī (iv) vicikitsottaradhyāyī ca.（これ以降で4項目について詳細な解説がある）。徳慧によれば、
(i) の慢が盛んな静慮者は、その静慮によって高慢となる者。
(ii) の渇愛が盛んな静慮者は、諸の静慮に味著する者。
(iii) の見が盛んな静慮者は、静慮に依って、"常"などという見解が生ずる者。
(iv) の疑が盛んな静慮者は、静慮に依って、"これは涅槃〔へ〕の道なのか、あるいは他のものがあるのか"と思い、また、"私は過去〔世〕に存在していたのか、あるいは存在していなかったのか"と思うような者。
さらに、徳慧は、「煩悩が活動しているこれらの状態も、これらの静慮者のみにおいて生ずるのである」という。また、「渇愛が盛んな静慮者（tṛṣṇottaradhyāyin）」という複合語の意味は、この人は静慮への渇愛が盛んとなって静慮する習慣を持っているから、あるいは、渇愛が盛んな者でもありかつ静慮者でもあるからそのように言われるのだという2通りの解釈を提示し、そして、〔その複合語解釈〕は「(iv) 疑が盛んな静慮者」に至るまでも同様に適用される、という。
なお、『倶舎論』では (iv) 以外の3種類の静慮者が説かれる。AKBh, 292.7 (ad.,「随眠品」21d 偈) : tṛṣṇādṛṣṭimānottaradhyāyinaḥ/

燃え盛り、(4) 一丸となって燃えているのをご覧になった[1183]} >」
とは、経典の一節である。

こ〔の経節〕によって、順に、(1) 木の幹が火に触れられる（≒燃える）こと、(2) 火の色、(3) 燃えさかること、(4) 動かずに燃えることを、結集者[1184]が説いたのである。

【経節 (91)】　凡夫は五蘊を常住と見る

「<{比丘たちよ、聴聞を具えていない愚かな凡夫たちは、これら五蘊を (1) 常住 (nitya) である、(2) 確固たるもの (dhruva) であると見做し[1185]、(3) 安穏 (kṣema) である、(4) 無病 (ārogya) である、(5) われ（我 ātma）、(6) 我がもの（我所 ātmīya）であると見做す[1186]} >」
とは、経典の一節である。

［解釈 I］

五取蘊は、(I) 有為〔法〕の特徴である生と滅の 2 つとも具えているが、(II) 相続もて生じた時には別の状態になるので、有為の特徴である住異 (*sthityanyathātva) をも具えている[1187]。それら（＝五取蘊）がそのような特質

1183 【対応阿含】
『中阿含』5 経「木積喩経」（大正 1.425a17-18）, AN, 7.68. *Aggi* (IV.128.4-6): bhagavā ... mahantaṃ aggikkhandhaṃ (1) ādittaṃ (3) sampajjalitaṃ (4) sajotibhūtaṃ disvā.
＊この「燃えさかる大きな木の集まり」と美しい女性とが対比され、修行者にとっては、後者をいだき・〔共に〕座し・臥すよりも、前者に対してそのようにしたほうがましであることを説く。
【関連文献】
Mvy, 5249-5253, Mvy(N), 5241-5245: (1) ādīptaḥ (2) pradīptaḥ (x) saṃpradīptaḥ (3) saṃprajvalitaḥ (4) ekajvālībhūto dhyāyati ('bar, rab tu 'bar, kun tu rab tu 'bar, kun tu rab tu mched (/'ched) cing 'bar, me lce gcig tu gyur cing bsreg (/sreg) go).
Cf. AN, IV.103.2-3: (1) ādippanti (2) pajjalanti (4) ekajālā bhavanti（『中阿含』8 経「七日経」）; SWTF, s.v., ādīpta: CPS 24a11: (1) ādīptaḥ (2) pradīptaḥ (3) saṃprajvalita (4) ekajvālībhūto dhyāyati.
この経の他の箇所は、『釈軌論』第 1 章、第 4 章（堀内［2009: 342］）でも引かれる。

1184 yang dag par sdud par byed pa, *saṃgītikāra.

1185 yang dag par rjes su blta, *samanu√paś.

1186 【対応阿含】
『雑阿含』104 経（大正 2.31c4-5）, SN, 22.85. *Yamaka* (III.113.26-29): assutavā puthujjano ... rūpam attato samanupassati.
Cf. 【経節 (57) (59)】
【関連文献】
SWTF, s.v., ārogya の指示する NidSa, 9W, 9Y により、いくつかの対応梵本が得られる。

1187 生・住異・滅の有為の三相の「住異」を住と異に分ければ四相となるが、ここでは分けていない。Cf. 【経節 (30)】

のものとして住している時には、(III) 心所の苦の起因であり、(IV) 身体的な苦の起因であり、そして、(V) 自己は我ではなく、(VI) 我は他に関しても空である[1188]のに、それ（＝五取蘊）に対して愚昧な者が、順に、「(1) 常住」などと〔見做す〕と言われていると知られるべきである。

［解釈 II］

さらにまた、〔五取蘊は〕外界〔から〕の害〔による〕苦しみの起因であり自界の不調和[1189]という苦しみの起因であるとは見ないので、「(3) 安穏」「(4) 無病」と「見做す」と言われていると知られるべきである。

それらは、要略するなら、五取蘊が無常などであることに対する 4 種類の異品（反対の立場のもの、*vipakṣa）のなかに、(I) 常・(II) 楽・(III) 我という顛倒があるが、〔それらが順に〕2 つずつの見（見做すこと）によって説かれたのだと知られるべきである[1190]。まさにそれゆえ、ここでは、浄という顛倒[1191]は述べられていない。

【経節 (92)】　比丘の五邪命

「＜｛(1) 詐取、(2) 虚言、(3) 詐佯、(4) 布施の強要、(5) 獲得によって〔さらなる〕獲得を貪求すること[1192]｝＞」

[1188] bdag gzhan gyis kyang stong pa: 経句との対応では、我がもの（我所）を欠いているということ。

[1189] rang gi khams ma snyoms pa, *svadhātuvaiṣamya あたりが想定されるか。身体要素（≒bhūta）の不調和、くらいの意味であろう（ad.,『倶舎論』「業品」57c 偈）。

[1190] (1) (2) 句は、〔五取蘊が〕常であると顛倒している、というように、四顛倒（常・楽・我・浄）のうちの最初の 3 つを、経典の 6 句に配当する。

[1191] 常・楽・我・浄の四顛倒の 1 つ。

[1192] 【対応阿含】

『長阿含』21 経「梵動経」（大正 1.84a28）, DN, 1 経 *Brahmajālasutta* (I.8.29-31), 片山［2003: 96.n.2］; DĀ では 47 経（Hartman［2004］)。

ほか、DN, 2 経「沙門果経」（I.67.8-10）, MN, 117 経（III.75.12-14）等。

【関連文献】

邪命は『倶舎論』「業品」86ab 偈に説かれる（舟橋［1987: 410］)。「貪著（lobha）から生じた身体・言葉の業が邪命である」。称友によりこの箇所の梵本が得られる。AKVy, 420.14-15: (mithy'ājīvā bhaveyuḥ) (1) kuhanā. (2) lapanā. (3) naimittikatā. (4) naiṣpeṣitā*. (5) lābhena lābha-niścikīrṣā ca.　*: naiṣpeṣikatā の誤記か。

ŚrBh I, 78.26-80.1: (1) kuhanāṃ vā niśritya (2) lapanāṃ vā (3) naimittikatāṃ vā (4) naiṣpeṣikatāṃ vā (5) lābhena *vā* lābhaṃ niścikīrṣatāṃ... ; ŚrBh I, 191 註.4)によると、Ājīvapārisuddhisīla (VisM, 19-25)に詳細な説明がある（特に 23 ページ）。

Cf. Mvy, 2492(/3)-2497 (Mvy(N), 2501(/2)-2506). Mvy では(5) lābhena lābhaniṣpādanā, rnyed pas rnyed pa sgrub pa とある。他方、VyY では sgrub pa のところに byed 'dod pa とある。上記の AKVy と「声聞地」では-niścikīrṣā/-ṣatā とあり後者のチベット語訳も byed 'dod pa である（ŚrBh(t) D20b6)。徳慧も、この句を後で個別に註釈する際には、byed 'dod pa というのは bsgrubs par 'dod pa という意味だという。後者が niṣpādanā に対応するであろう。ゆえに、VyY の（5）句としては、lābhena

とは、経典の一節である。

「(1) 詐取」は 3 種類であると知られるべきである。すなわち、利得と尊敬を欲することにより、他者に〔自分には〕美徳〔があると〕信頼させようという思いによって、(i) 威儀正しく住すること、(ii) 空寂な場所に住すること[1193]、(iii) 特別な利得を受け取らないことにより、そして、粗悪なものを用い、妙勝なものを用いないことにより、質素倹約[1194]を見せつけることである。

「(2) 虚言」もまた、3 種類である。すなわち、利得と尊敬〔を得たいという〕思いによって、(i)〔相手に〕合わせて甘言すること、(ii) 自己の美徳を語ること、(iii) 教法を語ること[1195]である。

「(3) 詐佯」もまた、3 種類である。すなわち、(i) 獲得しようという思いによって、身体によって障害の根拠を見せつけること[1196]、(ii) 欠乏している根拠[1197]を見せつけること、(iii) 言葉によって意中の事物[1198]を称賛することである。

「(4) 布施の強要」もまた、3 種類である。すなわち、獲得しようという思いによって、(i) その者（≒自分）に与えないことを非難すること、(ii)〔自分以外の〕他人に与えることを非難すること、(iii) 過度に追従し請い求めることである。

「(5) 獲得によって〔さらなる〕獲得を貪求すること」もまた、3 種類である。獲得しようという思いによって、他人から獲得したものを大げさに見せつけること、(ii) 施者を大げさに称賛すること、(iii) 財物の獲得を称賛することである。

［まとめ］

これ（本経節）は、比丘にとっての 5 種類の邪命（邪な生活手段）〔を説く〕。1 つ（＝ (1)）は、身体によるものであり、第 2（＝ (2)）は言葉によるものであり、残り〔の 3 つ〕は身体と言葉によるものである[1199]。

【問い】およそ発言であるものは、どうして「(2) 虚言」ではないのか。

【答え】他人を喜ばす[1200]ために述べられたことが、ここでは「(2) 虚言」であると意図されているのであって、一切〔の発言[1201]〕が〔虚言な〕のではない[1202]。

---

lābhaniścikīrṣā を想定しておく。Cf. BHSD, s.v., niścikīrṣā.

1193 yul dben par gnas pa: dben pa, *vivikta.

1194 yo byad bsnyungs pa, *saṃlekha (Mvy, 7012, BHSD, s.v.).

1195 徳慧によれば、「経などといった教法を説く」こと。説示の法、十二分教のこと。【経節（103）】参照。

1196 徳慧に基づけば、障害（gnod pa）は有色の法（いろかたちのあるもの）ではないので他人に示すことができない。そこで他人にそれを示すために、咳などによって身体の変化をみせつけて、そのふりをするのだということ。

1197 徳慧は、靴などが古いことを見せつけることだという。

1198 bsam pa'i gzhi: 徳慧によれば衣服や書物などを指す。bsam pa には（i）の'dod pa'i='dod par bya ba'i が係っていると見る。欲しい物くらいの意であろう。

1199 徳慧によれば、(3) の (i) (ii) が身体、(iii) が言葉。

1200 mgu bar bya: 「喜ばす」といっても、「(2) 虚言」の文脈であるので、取り入っておべんちゃらを言う、くらいの意。

1201 (3) - (iii) などの発言。

1202 世親は (3) (4) (5) を身体と言葉による邪命と解釈した。しかし、言葉に

【経節（93）】　四天王は世間を見そなわす

「＜｛半月15日に、四天王は、自身で、**"人間界では（1）母を尊敬し、（2）父を尊敬し、（3）沙門を尊敬し、（4）バラモンを尊敬し、（5）家長を尊崇し、（6）益をなし、（7）仕事をなし、（8）福徳をなし、（9）この世とかの世における罪に恐れを見、（10）布施を施し、（11）福徳をなし、（12）斎戒を持し**[1203]**、（13）戒を受持して住する人々は多いのか"**と、世間を見そなわす[1204]｝＞」

とは、経典の一節である。

知られるべきとおりに母を知るのが、「（1）母を知る（＝尊敬する）」である。つまり、それ（母）は敬われるべきであると〔知る〕からである。「（1）母を尊敬する」と同様に、「（2）父を尊敬する」ことも、そのようである。沙門たちに対して起立・合掌・敬礼や法衣・施食[1205]などによって尊敬や布施をなすために善事（/準備）をなすことが、「（3）沙門を尊敬する」である。「（3）沙門を尊敬する」と同様に、「（4）バラモンを尊敬する」ことも、同様である。種族のうちでの年長者、兄弟姉妹、親類たちを敬うのが、「（5）家長を尊崇する」である。

よる邪命は（2）に限定されるのではないか、という論難。

1203 Mvy, 1629: upavāsam upavasati.

1204 【対応阿含】

『雑阿含』1117経（大正2.295c11ff.(17-19)）, AN, 3.36-7. *Rājā*.

【関連文献】

上野［2012b］によれば、Chung［2008: 216］に記載された『世間施設』のチベット語訳（福田［1999: 29］）に対応がある。その他、以下により梵本が得られる。YBh, 115.6-9: (samyakpratipattiḥ katamā/ yathāpīhaikatyo) (1) mātṛjñaḥ (2) pitṛjñaḥ (3) śrāmaṇyo (4) brāhmaṇyaḥ (5) kulajyeṣṭhāpacāyako (6) 'rthakaraḥ (7) kṛtyakara (9) ihaloke paraloke 'vadyadarśī* (10) dānāni dadāti/ (8/11) puṇyāni karoti/ (12) upavāsam upavasati/ (13) śīlaṃ samādāya vartate//

*: 「菩薩地」菩提分品では菩薩が五濁の世間を見るという文脈で、有情濁の説明の中で、これと反対の句（amātṛjña など）が出る（BBh, 252.21-25）。そのBBhの対応箇所（252.23）により、'vadye <u>bhaya</u>darśī と訂正する。現に、YBhのチベット語訳にも（VyY も全同）そのようにある（YBh(t) D59b2: kha na ma tho ba rnams la <u>'jigs par</u> lta ba）。Bhattacharya の見落としであろう。）

さて、YBh の文脈は、8種類の如理作意（yoniśo manaskāra）のうちの5番目の「正行（samyakpratipattiḥ）」の説明。世親も yang dag par bsgrub pa に関する経文と見ている。

＊これは在家者への説示であるという点で【経節（9）】と関連する。半月の8、14、15日（1ヶ月にすれば6回であり、六斎日）に、順に、四天王の使者、四天王の太子、四天王自身が、世間を巡行し観察し、帝釈天（インドラ）に報告するのだという。その意義については平川［1964: 423ff.］参照。

1205 ldang ba dang/ thal mo sbyar ba dang/ phyag bya ba dang/ chos gos dang/ bsod snyoms. 敬意を表す所作の定型句。徳慧は寝具（mal stan, *śayana）も加えるが、いくつかは BBh に対応句が見られる。BBh, 239.23-240.1: pratyutthānāṃjali- ... dharma-cīvara-piṇḍapāta-śayana...

つまり、起立や優しい言葉などをなすので。不幸な者たち[1206]を不幸から救護し、目的を成就する[1207]ので、「(6) 益をなす」である。自分の仕事に対し、邪な生活手段（邪命）ではないことによって正しく従事するので、「(7) 仕事をなす」である。布施と持戒から生じた福徳[1208]を成就するので、「(8) 福徳をなす」である。

これ以下は、(I) どんな原因によって彼らがそのように[1209]なったのかと、(II)「福徳をなす」者〔となる〕原因はどのようなものであるのかというそのことと、そのあり方[1210]を説明している。

(I') どんな原因によって彼〔ら〕はそのようになったのかというと、「(9) この世とかの世における罪に恐れを見る」ことによってである。「罪」とは、聖者によって呵責されるところのものである[1211]。「恐れ」とは、過患であると知られるべきである。それから恐れが生じるから[1212]。(II') どのようにして、〔彼らは〕「福徳をなす」者たちであるのかというと、食物・飲料・咀嚼の必要のある食べ物・咀嚼の必要のない食べ物・乗り物・衣服など[1213]を与えることである。それは与えられるべきものであるので「(10) 布施（施与）」であるから。「(11) 福徳をなす」とは、園林・森・橋・池・泉・福徳の住居など[1214]を作るなどによって、世間を利するからである。この両方とも（＝(10) (11)）は布施から生じた福徳の基盤（施福業事）であるものの、別にして述べたのは、(i) 限定して・(ii) 限定なく布施するという区別を示すためである。(i') 限定しての布施とは、受け手だけに対して、〔受け手に〕自分のものとしてもらうためになされたものである。(ii') 限定なしの布施とは、有情たちに対して享受してもらおうというために、区別なく与えられるものである。「(12) 斎戒を持し、(13) 戒を受持し

1206 rgud pa rnams.

1207 dgos pa bsgrub pa.

1208 「三福業事」のうちの2つ。

1209 徳慧によれば、(1) ～ (8) 句のこと。

1210 徳慧によれば、布施から生じた〔福徳のあり方〕と戒から生じた〔福徳のあり方〕。

1211 Cf. AKBh, 59.20（「根品」）: avadyaṃ nāma yad vigarhitaṃ sadbhiḥ/（罪とは、善士たちによって呵責されるところのものである）

1212 「罪に恐れを見る」とは、罪を過患（nyes dmigs, *ādīnava）と見るということである。その過患から恐れが生ずるので、「罪に恐れを見る」という表現となった、ということ。

1213 zas dang skom dang bza' ba dang bca' ba dang bzhon pa dang gos la sogs pa, *anna-pāna-khādanīya-bhojanīya-yāna-vastra-ādi: Cf. YBh, 47.5: daśa ca pariṣkāraḥ/ katame/ bhojanaṃ pānaṃ yānaṃ vastram ...
Mvy, 8569: bza' ba dang bca' ba ..., ... khādanīye bhojanīye ...

1214 園林（*ārāma）・森（*vana）・橋（*setu）・池・泉（*udbhida, udapāna、下記『雑阿含』では「井」）・福徳の住居など :「など」について、徳慧は「道路掃除（lam 'phyag pa）など」という。これらを作ることは在家者の実践徳目である（櫻部［2002: 114］）。なお、類似項目は、『雑阿含』997 経（大正 2.261b7-9）, SN, 1.5.7.(I.33)に見られる。中村［1986a: 74］。

て住する」とは、〔順に、〕一日[1215]と、一生涯、戒を受持するからである。

要略すれば、この経節は、人々が、上位者（＝（1）（2）句）、福田（福徳の土壌たる人）（＝（3）（4）句）、年長者たち（＝（5）句）、不幸な者たち（＝（6）句）、自分の仕事（＝（7）句）、福徳をなすこと（＝（8）句）に関して、順に、2 句〔づつ〕と 2 句〔づつ〕と〔各〕4 句によって、それぞれ、正しく行じている（正行[1216]）ことを説いたのである。残りの諸〔句〕によっては、正しく行ずるまさにそのことの原因（＝（9）句）と、福徳をなすべきあり方の区別（＝（10）～（13）句）を示したのである。

【経節（94）】　よく説く者とよく行ずる者は誰か

「<｛おお、舎利弗（シャーリプトラ）よ、**世間において（1）教法を説く者たちは誰か。（2）よく（正しく、*su-）行じている者たちは誰か。よく行ける者（善逝）たちは誰か**[1217]。

（I）ジャンブクシャダカ[1218]よ、およそ誰であれ、貪欲（*rāga）を調御（*√dam）するために、怒り（瞋恚、*dveṣa）を調御するために、愚昧さ（愚痴、*moha）を調御するために教法を説く者、この者が、世間において『教法を説く者たち』と言われる。

（II-i）およそ誰であれ、貪欲を調御するために、瞋恚を調御するために、愚痴を調御するために行じている者、この者が、『よく行じている者たち』と言われる。

（II-ii）およそ誰であれ、貪欲を残り無く断じ、遍く知り、瞋恚と愚痴を残り無く断じ、遍く知る者、この者が、「世間において、よく行ける者たち」と言われる[1219]｝>」

とは、経典の一節である。

こ〔の経節〕では、至善[1220]に関して（1）よく説く者と（2）〔よく〕行ずる者という 2〔人〕[1221]が問われ、答えられた[1222]。（2）〔よく〕行ずる者は、さらに 2

[1215] 八斎戒は一日だけのことであるから。Cf. 【経節（10）】

[1216] *samyakprati√pad.

[1217] 世親は省略して経文を引いているので、この後に「～と詳細に出て（zhes bya ba rgyas par 'byung ba nas）」と述べて中略を示しているが、本訳註では VyYT と Sūśa によって全文を引いているので、この句は省く。

[1218] 'Dzam bu'i grib ma can：『赤沼辞典』238b. s.v., Jambukhādaka；漢：閻浮車。

[1219] 【対応阿含】
『雑阿含』490 経（大正 2.126.22-27）, SN, 38.3. *Dhammavādī* (IV.252-253)
なお、『雑阿含』562 経では、瞿師羅長者から、アーナンダに対して、同じような質問が投げかけられる（大正 2.147b14ff.）。

[1220] nges par legs pa, Mvy, 1729: niḥśreyasa. 出世間の幸福のこと。来世での善き生まれである「繁栄（abhyudaya）」との対で頻出する概念。【経節（21）】を参照。

[1221] gnyis: 徳慧は 2 人の有情、2 種類のあり方、という。

[1222] 徳慧が言うように、「問われた」とは、遊行者（*parivrājaka）ジャンブクシャダカによってであり、「答えられた」とは、長老（*sthavira）シャーラドヴァティープトラ（＝舎利弗）によってである。

種類である。すなわち、(II-i）修行者たちであり、よく（正しく）修行する者たちである。そして、(II-ii）解脱者たちであり、〔修行を〕究竟（完成）した者たちである。

貪欲と瞋恚と愚痴だけ[1223]を述べたのは、それらによって、順に、3〔種類〕の感受に束縛されるからである。すなわち、世尊によって[1224]、

「楽受においては貪欲が増大し、苦〔受〕においては憤怒（pratigha≒dveṣa）が〔増大し〕、不苦不楽受においては無明（avidyā≒moha）が〔増大する〕[1225]」

と説かれている[1226]。

「調御するため」とは、離れるためである。なぜなら、残りなく断ずるためであるから。「誰であれ、貪欲を残りなく断じた」とは、(i) 地（*bhūmi）の点から、(ii) 種子（*bīja）の点から、(iii) 類別（*prakāra、品）の点から、残りなく断じたことであると、知られるべきである。(i') 地の点からはどのようにかというと、有頂〔天〕（*bhavāgra）に至るまで、適宜、断じているから[1227]。(ii') 種子の点からはどのようにかというと、得（*prāpti）[1228]を特質とする随眠を断ずるので。(iii') 類別の点からはどのようにかというと、見〔道〕と修〔道〕により断ぜられるべき諸のもの[1229]を断じているから、そして、下下[1230]などの類別を

1223 徳慧によれば、見・慢・疑が説かれていないということ。これら 6 つで「根本煩悩」。

1224 VyYT はこの後に、「認識対象と相応に基づき（dmigs pa dang/ mthungs par ldan pa las (D dang))」と補う。本書巻末の補註 3（p.238）を参照。

1225 AKBh, 39.19 (ad.,『倶舎論』「根品」ad., 3 偈) : sukhāyāṃ vedanāyāṃ rāgo 'nuśete duḥkhāyāṃ pratigho 'duḥkhāsukhāyām avidyety uktaṃ sūtre/
本庄［2014:［2007］［1005］］。『中阿含』210 経「法楽比丘尼経」（大正 1.789c）。

1226 補えば、ゆえに、貪瞋痴の調御を説くだけで事足りるということ。

1227 「地」は*bhūmi で、欲界・四禅・四無色の九地（領域）のこと。徳慧は、欲界においては貪欲と瞋恚と愚痴を断じているから。そして、それより上の〔界＝色界・無色界〕においては貪欲と無明の 2 つを断じているから、という。なお、色界・無色界にはそもそも瞋恚はない。『倶舎論』「随眠品」5bc 偈参照（小谷・本庄［2007: 19］）。

1228 thob pa: 下記の Muroji［1993］が想定するように、prāpti（得〈とく〉）のこと。徳慧は「その同じ煩悩の種子が抜き出されていなく、害されていないのが、得である。随眠（anuśaya）とはその同じもの（＝得）である」という。有部と異なり、得という心不相応行法を実有とは認めないのである。

1229 見〔道〕所断、修〔道〕所断のこと。

1230 chung ngu'i chung ngu, *mṛdumṛdu: 徳慧は「上上の類別（品）から始めて、下下の類別に至るまでを断ずるから」という。「下下など」とは、九品のこと。有頂（無色界の最高領域）に至るまでの三界九地のそれぞれの地（段階）に、九品の過失（煩悩）がある。つまり、上・中・下のそれぞれに上・中・下があり、3×3 で 9 種類である。徳慧が「上上から始めて」というのは、上上、つまり、最も粗大な煩悩から断じられるからである。Cf. AKBh, 355.12（ad.,「賢聖品」33 偈、櫻部・小谷［1999: 200ff.］)、本書の図表 2（p.221）参照。

断じているので[1231]。「遍知する」といわれたが、どのように「遍知する」のかというと、“私は貪欲から愚痴に至るまでを断じた”というようにである。「断じた」によって解脱[1232]が説かれ、「遍知する」によって解脱知見[1233]が〔説かれた〕。そのようであれば、「残りなく断じた」とは、各自で知るべきもの（pratyātmavedya、自内証）であることが説かれたのである。なぜなら、他人に依存している者〔たち〕と疑いを具えている者たち[1234]を除外しているから。

「この者が、世間において、『よく行ける者（*sugata）たち』と言われる」というなかの、「よく（bde bar, *su-)」というこの〔語〕は[1235]、(i)「残りなく（niḥśeṣa)」の意味でも見られる。たとえば、「食事をよく食べた（完食した)」「瓶がよく満ちた（supūrṇo ghaṭaḥ)」というように。(ii)「称賛される（praśasta)」の意味でも見られる。たとえば、「美形（surūpa)」「衣装[1236]はよい」というように。(iii)「再び繰り返されない（apunarāvṛtti)」の意味でも見られる、たとえば、「尿漏れ[1237]からよく（完全に）解放された」「憑きもの[1238]からよく（完全に）

1231 「誰であれ」以降、ここまでが、『縁起経釈論』「識の分別章」での議論に関連して、Muroji［1993: 185.n.318］で言及されている。

1232 徳慧によれば、解脱（vimukti）とは、真実（≒諦）を知ることによって貪欲などを取り除いた者にとって心に垢がないこと。これは『倶舎論』で勝解＝解脱ではないという文脈で、apare（他の者たち）の説として提示される見解であり、称友が世親説と特定している（AKVy, 607.27)。衆賢も同様（Kritzer［2005: 370-371］)。AKBh, 388.13-14（ad.,『倶舎論』「賢聖品」76c 偈、櫻部・小谷［1999: 453ff.］): tasmān nādhimokṣa eva vimuktiḥ/ kiṃ tarhi/ tattvajñānāpanīteṣu rāgādiṣu cetaso vaimalyaṃ vimuktir ity apare/

1233 徳慧によれば、知（jñāna）こそが見（darśana）であり、解脱〔したこと〕を知り、見ることが、解脱知見（vimuktijñānadarśana）であるという。

1234 徳慧のいうように、「煩悩を断じたことに関して」ということ。敷衍すれば、煩悩を断じたことに関して他人の証言に依存したり、“自分は本当に断じたのだろうか”という疑いを持っている者たちのことという意味であろう。

1235 如来の十号に関しては周知のごとく AAA に『釈軌論』(【経節（1)】）と類似の解釈が見られる。ただ、その中の sugata に対する AAA の解釈は【経節（1)】ではなく本経節に関連する。項目は śobhana, apunarāvṛtti, niḥśeṣa で、順番も異なる（AAA, 184.5ff.）が、順に、surūpa, sunaṣṭajvara, suparipūrṇaghaṭa の用例が見られる。他方、*Sāratamā*, 32.3-5 は sugata iti/ gataḥ punarbhavāt muktaḥ/ suśabdaḥ (ii)prasa(/śa)sta-(iii)apunarāvṛtti-(i)niḥśeṣārthaḥ, surūpavat sunaṣṭajvaravat supūrṇaghaṭavac ca/という。他に、カマラシーラの『金剛般若経註』(Samdhong Rinpoche ed., Sarnath: 1994, 106-107）にもみられる。
その他、中御門［2010: 120.n.53］が【経節（1)】に関連して木村［1987: 121-122］を引いて指摘するように、*Pramāṇasamuccaya* の自註ならびにその関連文献にも見られる。

1236 cha lugs: Mvy, 9300: nepathyam (BHSD, nepattha).

1237 gcin nad, pramehaḥ, Mvy, 9539.

1238 'byung po'i gdon, *bhūtagraha: Pāli (PTSD): bhūtagāha. この2つは上記関連文献では sunayo jvara/ sunaṣṭajvara（熱悩が完治した)。

解放された」というように[1239]。

この 3 種類の意味により、「よく行ける者たち」である。すなわち、(i') 世間的な等至者（修定者）とは逆に、行くべき限りまで行ったから[1240]。(ii') 善き趣に行くから。そして、(iii') 不退転に行くからである。つまり、涅槃に行った者たちが、そのように（＝よく）行った者たちである。そのようであれば、順に、涅槃が (i'') 無上であること[1241]、(ii'') 善いものであること、(iii') 常なものである[1242]ことが説かれた。

【経節 (95)】　輪廻での生まれの原因と補助原因

「＜｛比丘たちよ、種子もあり、壊れておらず、腐っておらず、風や太陽[1243]によって害されておらず、新鮮で、芯があり、快適に置かれ、地界[1244]と水〔界〕もあるならば、そのようなそれらの種子は、増大し、成長し、広がる[1245]であろう。

比丘たちよ、同様に、**業もあり、諸の煩悩と渇愛と見と慢と無明もまたあるならば、そのようなものは、後世（来世）において、諸行を生ずるであろう**[1246]｝＞」

とは、経典の一節である。

[1239] 徳慧は、その 2 つは静まっても別の時にまた引き起こるから、という。

[1240] *yāvad gantavyaṃ tāvad gataḥ. 徳慧によれば、世間的な静慮者たちは、有頂〔天〕までは行くが涅槃には行かない。

[1241] 徳慧は、涅槃より他には行かないからだという。

[1242] 徳慧は、涅槃から退かないから、という。

[1243] nyi ma: AKVy では tapa（熱）。

[1244] sa'i smag (=VyYT(D); snag=VyYT(P), Sūśa), Cf. AKVy: pṛthivīdhātu, 『雑阿含』: 地界。

[1245] Mvy, 7435, Mvy(N), 7395: vṛddhiṃ virūḍhiṃ vipulatām āpadyate, 'phel zhing rgyas pa 'am (/dang) yangs par 'gyur; Cf. SN, III.53.18: virūḷiṃ vuddhiṃ vepullam āpajjeyya. 下記の AKVy も参照。

[1246] 【対応阿含】

『雑阿含』893 経（大正 2.224c18-24）（パーリ対応なし）

【関連文献】

種子については『釈軌論』第 1 章にも出る。本箇所の対応阿含とは別ではあるが本箇所と類似の経句を有する『雑阿含』39 経（大正 2.9a）、SN, 22.54. *Bīja* は『倶舎論』「賢聖品」での「5 種類の種子」への言及（AKBh, 333.6）に関連し、AKUp に前後も引用されており、本庄［2014:［6019］］では対応資料として AVSN, AKVy 等が挙げられている。AKVy により梵本が得られる（櫻部・小谷［1999: 54］）。また、『釈軌論』の解釈は『倶舎論』「随眠品」を踏襲したものであり、それに対する称友の註釈も参考になる。

AKVy, 522.20-23: (punaś coktam anyatra sūtre.) yataś ca bhikṣavaḥ paṃca bīja-jātāny akhaṇḍāni acchidrāṇi apūtīni a-vāt'ātapa-hatāni navāni sārāṇi sukha-śayitāni. pṛthivī-dhātuś ca bhavaty abdhātuś ca. evaṃ tāni bījāni vṛddhiṃ virūḍhiṃ vipulatām āpadyaṃte.

［解釈 I］

こ〔の経節〕では、〔輪廻での〕生まれの原因が、補助原因[1247]と共に説かれた。

業に対して諸の「煩悩」が補助原因となって、〔輪廻での〕生まれを生ずるのである。なぜなら、煩悩が尽きれば[1248]生まれないので。そして、煩悩が尽きなければ業に従って生まれるので[1249]。それらの「煩悩」とはまた、「渇愛」など[1250]である。

「渇愛」は、〔生〕起因[1251]である。他の経典にも、

「業は生因であり、渇愛は〔生〕起因である[1252]」

と説かれているので。

【問い】どうして渇愛が〔生〕起因であるのか。

【答え】一切の身体の共通の原因となっていることによって〔生〕起因であるからである。

「見と慢と無明」は、それ（＝渇愛）を牽引するものである。なぜならば、我見〔によって、そして〕我慢によって無我であることに愚昧（≒無明）であれば、それ（＝渇愛）が現起（現行、*samudā√car）し、〔渇愛を〕断じないからである。それゆえ[1253]、これら[1254]のみが〔本経節で〕述べられ、憤怒（*pratigha）と疑いの2つ[1255]は〔述べられてい〕ないのである。

［解釈 II］

さらにまた、欲界にとっては業の補助原因は一切の「煩悩」である[1256]。他方、色〔界〕と無色界にとっては、「渇愛」などが、〔業の〕補助原因である[1257]。な

1247 grogs.

1248 徳慧のいうように、煩悩が尽きた者とは、阿羅漢のこと。

1249 徳慧は、阿羅漢は煩悩が尽きているから〔もはや〕生まれない。他方、業にも能力がある。煩悩が尽きていなければ業に従って生まれるからである。なぜなら、地獄を〔報い〕として感じる（*narakavedanīya）などの業によって地獄などに生まれるから（取意）、という。

1250 徳慧によれば、渇愛・見・慢・無明をさす。

1251 mngon par 'grub pa'i rgyu, *abhinirvṛttihetu, AKBh, 333.8,15.（「賢聖品」）

1252 『倶舎論』にも引かれる経節。前註に指摘した箇所の直前である。AKBh, 333.10: karma hetur upapattaye tṛṣṇā hetur abhinirvṛttaya iti sūtre vacanāt. 本庄［2014:［6020］］、松田［1984b］で内容や関連文献が検討されている。本庄訳にあるように、ここでの「生」とは「特定の生存場所に生まれること」、「〔生〕起」とは、「生存場所を問わず、ともかく来世に生まれること」。

1253 「それゆえ」とは、徳慧によれば、渇愛のみが起因であり、見・慢・無明はそれを牽引するものであるからということ。

1254 〔生〕起因たる渇愛と、見と慢と無明の4つのこと。

1255 六大煩悩の残りの2つ。

1256 徳慧は、これは「業もあり、諸の煩悩もある」という経句によって示されているという。

1257 徳慧は、これは残りの経句、つまり、「渇愛と見と我〜」によって示されているという。

ぜなら、〔その両界では〕渇愛と見と慢と疑が盛んな静慮者[1258]にとっての随眠が存在するから。疑は、無明によって顕される[1259]ものであるからである[1260]。なぜなら、愚痴（*moha）が盛んな者には確定知[1261]は生じないから。

【経節（96）】　利得と尊敬に専らである新参比丘にある 3 種類の過患

「＜｛**比丘たちよ、これら新参の（*navaka）比丘たちは、(1) 沙門の災厄[1262]によって災厄させられ[1263]、(2) 梵行にとっての泥沼[1264]に圧倒され、(3) 悪・不善の法と (4) 雑染を持ち、(5)〔輪廻での〕再生〔をもたらし〕、(6) 熱悩を持ち、(7) 苦の異熟を持ち、(8) 後世（来世）での生・老・死によって圧倒される、と言われる**[1265]｝＞」

とは、経典の一節である。

(I)「(1) 沙門の災厄」とは、利得や尊敬（*lābhasatkāra）であって、それによって圧倒される (*abhi√bhū) ならば, 沙門たること (*śrāmaṇya) から退失 (*√hā ≒還俗) するところのものである。すなわち、世尊によって、

「比丘たちよ、ここ（この世）で、ある人が、学（*śikṣā）を捨て、退失して住する（＝還俗する）こと、これが、聖者の法と律（*dharmavinaya）における退失である[1266]」

1258　4 種類の静慮者については、【経節 (89)】末尾の解釈を参照。Cf. AKBh, 292.7: tṛṣṇādṛṣṭimānottaradhyāyinaḥ/

1259　rab tu phye ba, *prabhāvita. ここからすれば、特徴づけられる、くらいの意か。徳慧は、「ここここでは、無明と述べることによって疑が示されたのである。補助原因である疑もあり（grogs the tshom yang yod pa）、そして、業を生ずるための原因となっていると知られるべきである」という。

1260　世親はここで、経句の「無明」に対応するところに、「疑」を当てはめている。このことへの解釈の 1 つは前註の通りであるが、徳慧は、「さらにまた」と述べ、第 4 の静慮者を「無明が盛んな修定者」ではなく「疑が盛んな修定者」と誦している者たちがいることを指摘し、そうであれば論難も回答も〔必要〕ない、と述べる。

1261　*niścaya-jñāna. niścaya は疑い（saṃśaya）の反対語。

1262　gnod pa, *upadrava.

1263　gtses pa, *upadruta.

1264　'dam, *paṅka. ただし、対応パーリは upaddava (*upadrava)。

1265　【対応阿含】

『中阿含』191 経「大空経」(大正 1.740b9-10, Cf. 【経節（36）】) には、(3) ～ (8) 句の対応はある。他方、(1) (2) 句が 1 つになったような形が対応パーリ（MN, 122 経 *Mahāsuññatasutta* (III.117.9-13)）に見られる。upadduto brahmacārī brahmacārūpaddavena. 【経節（35）】も参照。

【関連文献】

SWTF, s.v., paunarbhavika ではいくつかの文献が指示されている。DbSū (2) 7: (3) pāpakair akuśalair dharmaiḥ (4) sāṃkleśyaiḥ (5) paunarbhavikaiḥ (6) sajvarair (7) duḥkhavipākair (8) āyatyāṃ jātijarāmaraṇīyair.

1266　出典は不明だが、以下が近いか。『雑阿含』1083 経（大正 2.284b12-13）：所

と説かれているので。

(II)「(2) 梵行(清らかさへの行い)にとっての泥沼」とは、利得や尊敬であって、それを貪れば、聖者にとっての涅槃への八支の道(八支聖道)を望まないところのものである。つまり、それが世尊によって、「梵行にとっての泥沼」と説かれた。

(III)「(3) 悪・不善の諸法」とは、「(4) 雑染を持つ」などである。すなわち、およそそれら(諸法)によって圧倒されるならば学を逸脱[1267]させるものであり、悪趣に赴かせるものであり、利得と尊敬の原因であるところの、貪愛(*abhidhyā)を持つことなど[1268]である。

こ〔の経節〕によって、利得と尊敬に専らである新参の比丘たちに、(I') この世(現法)において〔戒〕学を捨てることと、(II') 涅槃に行かないことと、(III') 後世(来世)において悪趣に赴くという3種類の過患があることが示された[1269]。

「(3a) 悪」とは、聖者によって呵責されるという意味によってである[1270]。「(3b) 不善」とは、非安楽(≒苦)の意味によってである。そのようであれば、それらは、他人によって〔呵責される〕、そして、自分自身による過失であると説かれたのである。どのように呵責され、非安楽であるのか、それが、「(4) 雑染を持ち」「(5) 再生をもたらす」という過患を持つことによって示された。この世(現法)で何度も雑染となすので、「(4) 雑染を持つ」である。かの世(後世)での再生を生み出すので、「(5) 再生をもたらす」である。「(4) 雑染を持つ」者たちにおいては、「(6) 熱悩を持ち」「(7) 苦の異熟を持つ」という過患があ

言死者。謂捨戒還俗失正法正律。また、一部は梵本が得られる。SWTF, s.vv., āvṛtta, hāna: Upasaṃ (Ch), Vin. Fol.7 a2: śikṣāṃ pratyākhyāya hānāya āvṛttaḥ.

1267 tshul khrims nyams pa: Mvy, 9145: śīlavipannaḥ.

1268 徳慧によれば、「悪・不善の諸法」=「雑染を持つ」で、その同義語が、「利得〔の原因〕と尊敬の原因」であり、それらはさらに、「貪欲を持つこと」などだということ。

また、「など」について、徳慧は以下を列挙する。すなわち、害心(*vyāpāda, brnab sems)を持ち、憤り(忿)を持ち(krodhana)、恨み(恨)を持ち(upanāhin)、隠蔽(覆)を持ち(mrakṣin)、悩(固執)を持ち(pradāśin)、ねたみ(嫉)を持ち(īrṣyaka)、けち(慳)を持ち(matsarin)、不正直(諂)を持ち(śaṭha)、欺瞞(誑)を持ち(māyāvin)、無慚(不遜、*āhrīkya)を持ち、無愧(厚顔無恥、*anapatrāpya)を持ち、悪を望む(*pāpa-icchā, sdig pa 'dod pa*)者で、邪見(mithyādṛṣṭi)を持つ、である。

Saṅg, VI.17 によりいくつか対応が得られる。それぞれの語の『倶舎論』での定義的用例は斎藤他[2011]を参照。また、*について、パーリでは pāpiccha(悪欲者)という形が見られる(水野[1964(1978: 507)])。

さて、徳慧は、「“利得や尊敬の原因は貪欲などである”と述べられるべきであるのに、“貪欲を持つ(-can)ことなどである”と〔世親によって〕説かれたのは、『貪欲を持ち、害心を持ち』、乃至、『邪見を持ち』というこの経節を考慮(dgod)したからである」という。それに合わせたから、ということ。

1269 徳慧によれば、(1) ~ (3) によって。

1270 【経節 (93)】での「罪」の解釈も参照。

る。この世で諸の煩悩・熱悩によって、身体と心が熱悩するので。そして、かの世（後世）で悪趣に赴くので。「(5) 再生をもたらす」ものとなった者には、「(8) 後世での生・老・死によって圧倒される」という過患がある。なぜならば、長期間にわたって生・老・死を引くので。

【経節（97）】　正行

「＜{比丘あるいは比丘尼で、僅かな時間、一瞬、乃至、指を弾く間ほど[1271]でさえも、一切の有情・生き物[1272]に慈しみの心（*maitrī-citta）を修習したところのこの比丘あるいは比丘尼、**この人は、(1) 教主（＝仏）の説示のとおりに行い、(2) 絶えず静慮（修定）し、(3) 観（観察、*vipaśyanā）を具えており、(4) 空屋を満たし、(5) 自己の目的への手段に従事しており、(6) 賢者たちに呵責されない梵行者（*brahmacārin）であり、(7) 国土の食事を無駄に食さない者である**[1273]} ＞」

とは、経典の一節である。

(I) 説示されたとおりに行ずるので、「(1) 教主（＝世尊）の説示のとおりに行い」である。

(II) 何度も修定するので「(2) 絶えず修定し」である。すなわち、「僅かな時間」と説かれている。聞いた通りに法を弁別する（*pravicaya）ので「(3) 観を具えている」。心を一意専心（心一境）するために諸の空家を喜ぶので、「(4) 空屋を満たし」である。涅槃は正しく出家している者[1274]の「(5) 自己の目的」である。なぜなら、そのために出家するので。それ「への手段」とは、方法[1275]である。すなわち、それを得るための道である。それ「に従事している」とは、それに従事すべきように、そのように従事を捨てないことによって従事するから。つまり、そのようであれば、「(5) 自己の目的への手段に従事している」。

(III) 願われたものであるので、「(6) 賢者たち[1276]に呵責されない梵行者」である。

[1271] se gol gtogs pa tsam: Mvy, 8226: acchaṭāsaṃghātamātram. パーリ対応経では、accharāsaṅghātamattam。

[1272] srog chags su gyur pa: Mvy, 4908: prāṇakajāta, 4917: prāṇibhūta.

[1273] 【対応阿含】

AN, 1.6.3. *Mettacitta* (1) (I.10.19-21)（漢訳対応なし）

【関連文献】

Mvyには7句のうち5句について対応がある。Mvy, 2435-2439, Mvy(N), 2446-2450: (1) śāstuḥ śāsanakaraḥ, (2) anirākṛto dhyāyī, (4) bṛṃhayitā śūnyāgārāṇām, (5) svakārthayogam anuyuktaḥ, (7) amogharāṣṭrapiṇḍam* paribhuṅkte.

*: amoghaṃ rā° と訂正しているMvy(W)がよい。

AKUpにも類似句がある（本庄［2014:［2019］］）。

[1274] legs par rab tu byung ba, Mvy, 1092: supravrajita.

[1275] thabs: *yogaを*upāya（thabs）と註釈する。

[1276] mkhas pa rnams: 徳慧は de kho na rtogs pa rnams（真実を理解した者たち）と註釈している。見道以上の聖者たちのこと。

（IV）その結果を具えたものとなす[1277]ので、「（7）国土の食事を無駄に食さない者」である。

要略すれば、これら 7 句によって、（I）教主、（II）説示、（III）梵行を行じている者たち、（IV）布施者たちに関して、正しい行（正行[1278]）が示された。

（I'）教主に関して〔正しい行が示されたの〕は、その説示の通りに行ずるから。

（II'）説示に関して〔正しい行が示されたの〕は、（i）常に殊勝な業を実践するので、（ii）不顛倒に実践するので、（iii）心散乱せずに（*a-vikṣipta）実践するので、（iv）満足せずに（*a-tṛpta）実践するので[1279]。比丘にとっての殊勝な業は静慮（修定、*dhyāna）であると知られるべきである。さらにまた[1280]、（i）常に修習するので、（ii）雑染なく修習するので、（iii）間断なく修習するので、（iv）満足せずに修習するので。

（III'）梵行を行じている者たちに関して〔正しい行が示されたの〕は、同じ行いを[1281]実践するので。

（IV'）布施者たちに関して〔正しい行が示されたの〕は、その布施が大いなる結果となるように行ずるから。

【経節（98）】　3 種類の邪行

「＜{“おお、ガウタマよ、今や人々は力が弱く、害が多く、威力が弱く、寿命が短い〔が、その〕原因は何ですか。”

そのように言われると、世尊はジャーティシュローナ[1282]バラモンに、以下のように言った。

“バラモンよ、**今や人々は（1）非法（正しくないこと）への貪欲を貪り[1283]、（2）不正による貪著に圧倒され、（3）邪法によって束縛されている**[1284]”}

[1277] de'i 'bras bu dang bcas pa nyid du byed: 結果をもたらす、結果を出す、ということ。徳慧は、布施者たちの食物（bsod snyoms, *piṇḍa. 施食）を〔結果を〕具えているようになすことだという。布施者からの布施を無駄にしないよう修行するということ。

[1278] yang dag par sgrub pa, samyakpratipatti.

[1279] （i）～（iv）は、（2）～（5）句に対応する。

[1280] 別の観点では、ということで、別釈。

[1281] don mthun pa, *samānārthatā. 四摂事のうちの「同事」。同じ行いをすること。

[1282] Gro bzhin skyes, *Jātiśroṇa. 生聞。

[1283] Mvy, 2463: adharmakāmaḥ.

[1284] 【対応阿含】

AN, 3.6.56. *Mahāsāla* (I.159.32-160.4): ko nu kho bho gotama hetu ko paccayo yen' etarahi manussānaṃ khayo hoti tanuttaṃ paññāyati gāmā pi agāmā honti nigamā pi anigamā honti nagarā pi anagarā honti janapadā pi ajanapadā hontīti? etarahi brāhmaṇa manussā (1) adhammarāgarattā (2) visamalobhābhibhūtā (3) micchādhammaparetā.（漢訳対応なし）

【関連文献】

AKBh, 188.1-2 (ad.,「世間品」99 偈、舟橋［1955: 495］): manuṣyāḥ (1) adharma-

＞」
とは、経典の一節である。

(I) 非法に対象境界を享受する（*pari√bhuj）ことを貪るのが、「(1) 非法（正しくないこと）への貪欲を貪る」である。たとえば、淫行[1285]、あるいは、狩猟[1286]のように。

(II) 不正によって貪著することが、「(2) 不正による貪著[1287]」である。すなわち、盗み（caurya）や暴力（bala）や詐欺など[1288]によって他人の財産を求めることである[1289]。

(III) 邪になされた法が、「(3) 邪法」である[1290]。すなわち、この法（仏法）ではなくなされた[1291]、他人を害することに関連したところの、王法あるいはバラモン法[1292]である。

---

rāgaraktā bhavanti (2) viṣamalobhābhibhūtā (3) mithyādharmaparītāḥ.
＊「中劫」の終わるころで、人間の寿命が10年になる際の記述。
AKUpには言及がないようである。他方、称友の註（AKVy, 339.23ff.）は『釈軌論』での解釈と関連しているので、適宜指示する。
Mvy, 2442-2443: viṣamalobhaḥ, mithyādharmaparītaḥ.

1285 kāmamithyācāra（欲邪行）. Cf. AKVy, 339.23: adharmarāgaraktā iti kāmamithyācā-rādhyavasitāḥ.

1286 lings 'debs pa, *mṛgayā. 『倶舎論索引』による。

1287 複合語の分解。viṣama-を*viṣamenaとする。

1288 徳慧は、「など」について、邪に教えること（log par lung 'bogs pa）と'jigs (P 'jig) par bstan pa（恐怖を示す/恐れて〔教法〕を説く？）などのことだという。

1289 Cf. AKVy, 339.24-25: viṣama-lobhaḥ parakīya-svīkaraṇecchā cauryād balād vā. tenābhibhūtāḥ.

1290 Cf. AKVy, 339.25-26: mithyā-dharma-parītā iti viparīta-dharma-paridīpakāḥ. a-mātṛjñā a-pitṛjñā iti vistaraḥ. 称友は、「邪」を「顛倒」と解釈する。

1291 'di chos ma yin par byas pa.

1292 王法について、徳慧は、「「足の半分を切れ（rkang pa'i phyed gcad (P ched bcad)）」というようなことで、バラモン法は、「牛供養をし、一年間、牛の禁戒（govrata）を行えば」と出ているように」という。
牛戒は、犬戒と共に、仏典（MN, 57経）に出る。YBh, 157.n.8-9にも。また、AKBh, 241.8（ad.,「業品」68偈、貪から生じた邪淫の文脈、舟橋［1987: 323-324］）: brāhmaṇo gosaveneṣṭyā saṃvatsaragovratī bhavati/（婆羅門は、牛祭りのときに、一年間、供犠をもって牛禁を行ずる者となる（舟橋訳））。さらに、Diwakar［2013］に詳しい。王法については、戦争で勇敢に戦った者が天界に行けるということか（『マヌ法典』第7章）。［以下、上野牧生氏によるご教示］『マヌ法典』8.325に、「ブラーフマナの牛〔を盗む〕場合、あるいは牛の鼻腔を破るとき、あるいは〔ブラーフマナのその他の〕家畜を盗むとき、即座に足半分とされるべし」（渡瀬訳）とある。［以上］。たしかに、最後部は梵本ではkāryo 'rdhapādikaḥとある。また、当該節の末尾（8.343）には、「以上の規則に従って泥棒を制圧するとき、王はこの世における名声と死後の最高の幸福を獲得する」ともあり（共に渡瀬［1991］訳）、この文脈にも一致する。

それによって、(I') 対象を楽しむこと、(II') 享受を追求すること、(III') 善趣を追求することに関して、人々において 3 種類の邪な行（邪行）があることが示された。

【経節（99）】　次第説法

「<{**諸仏・世尊にとっての先になされるべき話、すなわち、(1) 施論、**(2) 戒論、(3)〔生〕天論、(4) 諸の欲望の対象への味著と〔その〕過失、(5) 雑染と清浄、(6) 出離、(7) 遠離の利点、(8) 清浄品に属する諸法を、〔世尊は〕詳細に説き示す。

彼（教化対象）が (9) 歓喜心、(10) 健全心、(11) 喜悦心、(12) 無蓋心を持ち[1293]、(15) 卓越した法の説示を遍く知ることに (13) 能力があり (14) 力があると知った、その時、諸仏・世尊にとっての卓越した法話、すなわち、苦・集・滅・道を、〔つまり、〕世尊は彼に対して四聖諦を説示した[1294]} >」

「先になされるべき」とは、〔個体〕相続（≒教化対象）を、卓越した (sāmutkarṣika) 話〔を聞く〕器[1295]とするために。それは、要略するなら、(i) 完成した享受（享受円満）の原因、(ii) 完成した身体（身体円満）の原因、(iii)

[1293] この 4 句は【経節（34)】解釈中でも引かれる。パーリ註釈での解釈は DN, 5 経に対する片山［2003: 92］訳を参照。

[1294] 【対応阿含】
CPS, 16.12-13. (18.5-6, 22.11-12, 23.8-9): buddhānāṃ bhagavatāṃ pūrve kālakaraṇīyā dhārmī kathā tadyathā (1) dānakathā (2) śīlakathā (3) svargaka(thā (4) kāmānām āsvādādīnavaṃ (5) saṃkleśavyavadānaṃ (6) naiṣkramya(7)pravivekānuśaṃsaṃ* (9) vyavadānapakṣyāṃ dharmyāṃ kathāṃ) vistareṇa saṃprakāśayati|
yadainaṃ bhagavān adrākṣīd (9) dhṛṣṭacittaṃ (10) kalyacittaṃ (11) mudi(tacittaṃ (12) vinivaraṇacittaṃ (13) bhavyaṃ (14) pratibalaṃ (15) sāmutkarṣikīṃ dharmadeśanām ājñātuṃ tadā yā sā buddhā)nā(ṃ) bhagavatāṃ sāmutkarṣikī dharmadeśanā tadyathā duḥkhaṃ samudayo nirodho mārgaś catvāry āryasatyāni vistareṇa saṃprakāśayati|
*: CPS では 1 箇所だけがこうあり、他の 3 箇所は()内での句、すなわち想定形である。そのうちの 2 箇所は-viveka ānu-と、揺れている。チベット語訳も、-dben pa rjes su-や、-dben pa'i rjes su とあり、Dvandva コンパウンドと見て分離するか、あるいはつなげるかで、揺れている。『釈軌論』関連でも、VyY 本文では後者、VyYT と Sūśa では前者となっている。ひとまずは後者と見ておく。
【関連文献】
ŚrBh I, 222.9-12: pūrvakālakaraṇīyāṃ kathāṃ karoti, tadyathā (1) dānakathāṃ (2) śīlakathāṃ (3) svargakathām/ (4,5) kāmeṣv ādīnava*(6)niḥsaraṇ*ān* (5) vyavadānapakṣān dharmān vistareṇa saṃprakāśayati/ kālena kālaṃ sāmutkarṣikīṃ caturāryasatyapratisaṃ-yuktāṃ kathāṃ kathayati/
この直前には kathaṃ ca dharmadeśako bhavati/ kālena kālaṃ とある。
*同註 16)が指摘するようにチベット訳には ro myang (myong) ba'i nyes dmigs とある。*āsvādana が想定される。
「次第説法」については森［1995: 185ff.］に資料が詳しい。パーリ註釈における解釈は、片山［2003: 295］とそれに対する註 14 を参照。

[1295] 器：聞き手の器量、機根のこと。

その 2 つの完成（円満）の殊勝性、（iv）それから背を背ける起因[1296]、（v）それから出離する方法[1297]〔という 5 項目〕に関して知られるべきである[1298]。〔そのなか、〕（iv'）「それから背を背ける起因」とは、「（4）諸の欲望の対象は味わいが少なく・過失が多い」ことである。その 2 つによってもまた、「（5）雑染と清浄」にする[1299]。（v'）それから出離する方法は、出家者の特質である「（6）出離」と、出家してから身体と心が〔世俗から〕遠ざかっているという特質である「（7）遠離」と、遠離してからも、涅槃の集まりを特質とする「（8）清浄品（清らかさの側に属する事柄）に資益する[1300]」法念住（smṛtyupasthāna）など[1301]である。

布施などの話（「（1）施論」など）の順序は、人々の安楽は享受に依存しており、大いなる享受はまた、布施の結果である。それゆえ、彼らは施論こそを喜ぶので、まず最初に「（1）施論」である。その布施もまた、戒なしには悪趣という結果を成熟することになる。『ジャーティシュローナ（生聞、**Jātiśroṇa*）経』に、

「象となっても象の装飾を具えたものを得るであろう[1302]」

1296 ＝（4）（5）句。

1297 ＝（6）〜（8）句。

1298 （1）施論が（i）に関して、（2）戒論が（ii）に関して知られるべきである、などということ。

1299 徳慧によれば、諸の欲望の対象に味著することによって雑染となり、その過失を説くことによって清浄となるということ。（5）句に対応。つまり、（iv）が、（4）句と（5）句で説かれているということ。

1300 dang mthun pa, *-anukūla: VyYT と Sūśa にはこの句はない。

1301 身・受・心・法の四念住（四念処）（【経節（68)】参照）のこと。

1302 *Gro bzhin skyes kyi mdo*: 『雑阿含』1041 経（大正 2.272c6-7）, AN, 10.177. *Jāṇussoṇi*. ここで skyes が jāti に当たるのであろう。ただ、【経節（89)】も参照。
文脈は、一言で言えば、破戒者は布施を行ってもその異熟は悪趣であるが、そこでの境涯は、同種の他の者よりはましである、ということ。関連文献であるが、まず、『倶舎論』「業品」ad.46 偈では、欲界繋の業は異熟に対して変動がある。諸天において異熟すべき業が他の縁の力によって人間や畜生において異熟することもある、という議論がある。それについて称友の AKVy が本経を提示している。なお、梵本にはこの部分を欠き、荻原（AKVy, 390.n.2）が代わりにチベット語訳を提示していることは、舟橋［1987: 250］の指摘する通りである。
次に、世親の『縁起経釈論』「行の分別章」もこの経典を「*rNa rigs kyi mdo*, **Jātiśroṇasūtra*」という名で名指しで言及しており（Muroji［1993: 131.n.113］によって比定されている。rigs が jāti に当たる。）、徳慧の『縁起経釈論註』によって詳細が知られる（PSVyT, D107b2ff., P127b2ff.）ので、訳出しておく。
「『ジャーティシュローナ（生聞）経』でも、詳細に、『バラモンたちよ、ある者は、殺生者であり、乃至、邪見者である。〔その彼は〕沙門・バラモンに布施も施す』と詳細に説かれ、『彼の人は破戒者であり、その業の異熟によって象の分際（類、*sabhāga）に生まれるであろう。彼が布施を施すというその業の異熟は、象となっても、食事や飲料、乃至、象の装飾を得させるであろう』と詳細に説かれており…」。

と説かれているようであるので、その後に、「(2) 戒論」である。その後に、善趣（*sugati）の者[1303]となったとしても、

「人々にとっての欲望の対象（欲）は、(i) 不浄（*aśuci）で、(ii) 悪臭があり（*durgandha）、(iii) 臭気があり（*āmagandha）、(iv) 意に反する（*pratikūla）。一方、神々にとっての諸の欲望の対象は、はるかにすぐれ、はるかに卓越[1304]している[1305]」

と、(3)〔生〕天論である。

その後に、"それらには味わいが少なく過失が多い"と、「(4) 諸の欲望の対象への味著と過失」が説かれる。その後に、味著にもとづいてなるのが雑染であり、過失〔を説くこと〕にもとづいてなるのが清浄であると、「(5) 雑染と清浄」を説き示す。その後に、"過失を厭離（nir√vid）するならば、それから出離することに直面する"と、「(6) 出離と (7) 遠離の利点」などを説き示す。

「(9) 歓喜心、(10) 健全心となる時」とは、この話[1306]の利点を示す。「(11) 喜悦（mudita）心と (12) 無蓋心」とは、順に、「(9) 歓喜心と (10) 健全心」に対する解説である。なぜなら、〔順に、〕喜悦（prāmodya）を具えているので、そして、五蓋[1307]を具えていないので。なぜならば、

「健全とは健康（nirāmaya）である[1308]」

と言われるので。

「(15) 卓越した説法を遍く知ることに (13) 能力があり、(14) 力がある」とは、その心[1309]の利点を示している。そのなか、「(11) 喜悦心」によっては、「(13) 能力があること」〔が示されている〕。なぜなら、喜悦などという原因の順序によって[1310]。「(12) 無蓋心」によっては、「(14) 力〔があること〕」こそ〔が示されている〕。なぜなら、汚れた〔五〕蓋[1311]の対治である三昧（samādhi）を得るからである。さらにまた[1312]、「(13) 能力があり、(14) 力〔がある〕」という 2

1303 直後の文からすればここで「善趣」とは、人間界のこと。畜生界に比べれば善趣である。

1304 徳慧は、色（相貌、*varṇa）などの円満によって、という。

1305 ＝【経節 (17)】

1306 「先になされるべき話」のこと。

1307 【経節 (14)】を参照。

1308 skyon med par ni nyams bde ba : Amara, I.317: nirāmayaḥ kalya.

1309 徳慧によれば「(11) 喜悦心と (12) 無蓋心」のこと。

1310 徳慧が言うように、「喜悦すれば喜びが生ずる。意が喜べば軽快となる。身体が軽快となれば安楽を感受する。安楽となれば心が精神統一される。心が精神統一されれば如実に知る」という定型表現のこと。
AKVy, 54.6-8（ad.,『倶舎論』「界品」27 偈、荻原［1933: 86］）: pramuditasya prītir jāyate. prīta*-manasaḥ kāyaḥ praśrabhyate. praśrabdha-kāyaḥ sukhaṃ vedayate. sukhitasya cittaṃ samādhīyate. samāhitacitto yathābhūtaṃ prajānāti.
*: AKVy の脚註によれば prīti とする写本もあるという。下記 Mvy も同様。
Cf. Mvy, 1586-1590, Mvy(N), 1591-1595, AKUp（本庄［2014: 1030］）

1311 sgrib pa nyon mongs pa.

1312 別の観点では。

〔句〕によって、〔順に、〕種姓（*gotra）[1313]と異熟[1314]の円満を説き示したと知られるべきである。つまり、その時[1315]には、彼はその 2 つを円満しているのである。種姓とは、前から存在するものである[1316]。種姓を述べなければ[1317]、「諸仏にとっての卓越した説法」は両方[1318]に観待すると説かれたことにならなくなってしまうであろう。

〔四〕聖諦についての話が、「(15) 卓越した（sāmutkarṣikī）〔話〕」である。見〔道〕と修道の 2 つによって、〔順に、〕悪趣と輪廻から卓抜（*sam-ud√kṛṣ）させるからである。涅槃もまた、一切の法（要素）のうちで最も優れたものであるので、卓越である。それ（＝涅槃＝卓越）を結果として持つので、「卓越した（卓越を持つ）」である。「再生渇愛」〔という表現〕[1319]のように。

【経節（100）】　（無常—苦—無我—）厭離—離貪—解脱

「＜｛比丘たちよ、"色（いろかたち）は無常である。無常であるもの、それは苦である。苦であるもの、それは無我である。無我であるもの、その一切は私のもの（我所）ではない、それは我ではない、それは私の我（私の本体）ではない"と、そのように如実に正しい智慧によって観察すべきである。色に対してと同様に、識に至るまでも、正しい智慧によって観察すべきである。

聴聞を具えた聖者声聞は、以上のように[1320]見るならば、色を厭離し、受と想と行（意志）と識を厭離する。厭離したなら離貪（離染）する。離貪したなら解脱する[1321]｝＞」

とは、経典の一節である。

1313　徳慧は「声聞などの諸の種姓のいずれかである」という。

1314　徳慧は、「〔個体〕相続に結果を置くことである」という。

1315　徳慧によれば、前になされるべき話によって〔個体〕相続が〔卓越した説法を聞く〕器となった時には、ということ。

1316　snga nas yod pa: 徳慧は、「先になされるべき話の時から、種姓のみは円満している」という。種姓があることが前提とされているということか。

1317　「力がある」とだけ述べて、「能力がある」（＝種姓がある）と述べなければ、ということ。

1318　種姓と異熟という両方のこと。ゆえに、「能力があり、力がある」という似た 2 つの語句には、説かれる必要性があったということ。

1319　「再生（*paunarbhavika）渇愛（*tṛṣṇā）」とは、〔輪廻での〕再生（punarbhava）を結果としてもたらす渇愛のこと。同様に、「卓越した（sāmutkarṣika）」話とは、卓越（samutkarṣa）すなわち涅槃を結果としてもたらす話だということ。

1320　「以上のように」とは、無常－苦－無我。

1321　【対応阿含】

『雑阿含』11 経（大正 2.2a26-b1), SN, 22.15-17. *Yad aniccham* (III.22-23), SN, 35.182. *Yadanicca* (IV.154)等。堀内［2009: 328-329］参照。

【関連文献】

上野［2012b］が指摘するように Chung［2008: 43-44］に関連文献が挙げられている。後半部についてそのなかの以下によって梵本が得られる。

［解釈 I］

こ〔の経典〕では、厭離、離貪、解脱の原因となっているもの[1322]が、順に、説かれた。

厭離とは、意に反する[1323]ものとして捉えることである。「離貪した」とは、貪欲（≒煩悩）を離れたことである。その得（*prāpti）[1324]を断ずるのである。その得など、それを具えずして転依するのが、解脱である。

［解釈 II］

別の観点では、喜び[1325]を先とする貪欲（*rāga）と、色（いろかたち）など諸のもの[1326]への貪欲を先とするところの、心が自在とならないために働くものである束縛があるので、それゆえ、順に、そ〔れら〕の対治（治療）である厭離などが、別の時にあるものではないが、反対の立場のもの[1327]の順によって説明されたのである[1328]。たとえば、

「無明が滅することによって行が滅する[1329]」

と言われるように。

［解釈 III］

さらにまた、ある者たちは言う[1330]。

NidSa, 7.14: (evaṃ paśyan śru)tavān āryaśrāvako rūpād (*sic*. rūpad) api nirvidyate vedanāyāḥ saṃjñāyāḥ saṃskārebhyo vijñānād a(pi nirvi)dyate/ nirviṇṇo virajyate/ virakto vimucyate/

AKUp に全文〔と前後の文〕が提示されている（本庄［2014:［2071］］）。

1322 徳慧によれば、厭離は離貪の原因であり、離貪は解脱の原因であるということ。

1323 mi mthung ba.

1324 thob pa, *prāpti. 心不相応行法の 1 つ。

1325 dga' ba: 徳慧によれば快楽（yid bde ba, *saumanasya）。

1326 色声香味触法の六境であろう。

1327 異品、mi mthun pa'i phyogs.

1328 喜び・貪欲・束縛が、順に、厭離・離貪・解脱の反対物である。

1329 NidSa, 5.27: avidyānirodhāt saṃskāranirodhaḥ.

徳慧は、無明の滅などは〔行の滅などと〕時が異なっているのではないが、順に説かれたのだという。『縁起経釈論』「無明の分別章」でも引かれる（PSVy, D7b2, P8a3、楠本［2007: 212］）。

1330 以下で経文が 4 つ挙げられ、コメントが加えられる。以下、便宜的に（A）（D）と番号を振る。対応阿含は、『雑阿含』864-870 経（864、867 経には A～C、865、868 経には D の対応文が見られる。パーリ対応は AN, 9.36 (IV.422-423))。榎本［2002］が、そのチベット語テキストや、これにまつわる問題を論じており、本庄［2014:［3020］］に AKUp の和訳がある。AKVy により梵本が得られる。

AKVy, 273.15-22（ad.『倶舎論』「業品」12 偈）：

(A) sa tāṃ dharmān rogato manasikaroti. gaṇḍataḥ śalyato 'ghato 'nityato duḥkhataḥ śūnyato 'nātmato manasikaroti.

(B) sa tān dharmān rogato manasikṛtya yāvad anātmato manasikṛtya tebhyo dharmebhyaś cittam udvejayati uttrāsayati prativārayati.

(C) sa tebhyo dharmebhyaś cittam udvejyottrāsya prativārya amṛte dhātāv upasaṃharati.

“「(A) それらの法[1331]を、病気、腫れ物、矢、禍い、無常・苦・空・無我であると、作意する[1332]」

と説かれていること、これが如実知見である。

「(B) 彼がそれらの法を病気、乃至、無我であると作意して、それらの法に対して心を厭離させ、恐れさせ、抑制する」

と説かれている、これが厭離である。

「(C) それらの法を厭離し、恐れ、抑制してから、“これは寂静である。これは素晴らしい。すなわち、すべての取(≒五取蘊[1333])の放棄、渇愛の滅尽、離貪、滅、涅槃である”と、不死界に心をかける」

と説かれている、これが離貪である。

「(D) 彼はそのように知り、そのように見た時に、欲漏[1334]から心を解放(解脱)する。有漏と無明漏から心を解放する」

と説かれている、これが解脱である”

と。

こ〔の解釈〕では、“どのようにして[1335]、涅槃を作意することに基づいて離貪し、後に解脱するのか”という考えを、述べる必要がある[1336]。

---

etac chāṃtam etat praṇītaṃ. yad uta sarvopadhi-pratinisargas tṛṣṇā-kṣayo virāgo nirodho nirvāṇam iti. …

(D) tasyaivaṃ jānata evaṃ paśyataḥ kām'āsravāc cittaṃ vimucyate bhav'āsravād avidy'āsravāc cittaṃ vimucyate.

1331 対応経によれば、色受想行識の五蘊のこと。

1332 徳慧はこの前の部分も引用している。

「ここで、比丘は、あるあり方(ākāra)、ある徴表(liṅga)、ある特質(nimitta)によって、悪・不善の諸法から遠離し、有尋(大まかな考察を有する、savitarka)・有伺(細かな考察を有する、savicāra)、遠離(viveka)から生じた喜びと安楽を持った初禅(初静慮)を完成して住する。彼は、それらの形相、それらの徴表、それらの特質を、作意せず、しかし、存在する色に属するもの、乃至、識に属するものを認識し」

(Cf. Mvy, 1478. なお、「尋(vitarka)」であるが、本訳では、この場合は「伺」との対で「大まかな考察」と訳した。他方、「欲尋」「恚尋」等の「尋」は「思いめぐらし」と訳している)

1333 phung po: 対応は skandha ではなく upadhi。AKUp では nye bar len pa。

1334 'dod pa'i zag pa, kāmāsrava: 次の有漏、無明漏に、見漏を加えたものが、四漏。

1335 ji ltar na: 徳慧によれば、「どんなあり方で」。

1336 世親による評釈であろう。徳慧によれば以下の通り。「もし、“涅槃を作意することに基づいて貪欲の得(*prāpti)を断じる〔のだ(=C)”という〕ならば、そのようであれば、以前に離貪しそれを具えずに転依することが、後に解脱することであるという〔ことであるが〕、そのようであれば、前(=[解釈I])と同じであるので、違いは何ら存在しない。あるいは、〔もし、〕“涅槃を作意することのみによって離貪するのである”というならば、そのようであれば、得(*prāpti)があるにも関わらず、どうして離貪するのか、どうして後に解脱するのか、という考えを述べる必要がある。」

【経節（101)】　識を我と見ることは

「＜｛“心”であれ、“意”であれ、“識”であれ、このように言われるこのものは、**聴聞を具えていない愚かな凡夫が、長い間（1）世話し**[1337]、(2) 保護し、(3) 私のものとし、(4) “これは私のものである”、(5) “これは私である”、(6) “これは私の自己（我）である”と、(7) 承認し、**(8) 受け取る**[1338]｝＞」に至るまでは、経典の一節である。

［解釈 I］

「(1) 世話する」とは、益するものを提供することよって。「(2) 保護する」とは、害するものを捨てることによって。なぜ〔(1) (2) とするの〕かというと、「(3) 私のものとする」ことによって。どのように、「(3) 私のものとする」のかというと、「(4) “これは私のものである”、(5) “これは私である”、(6) “これは私の自己（我）である”と (7) 承認[1339]し、(8) 受け取る」のである。

(I)「(7) 承認」とは、見解（*dṛṣṭi）である。なぜなら、2 つのあり方[1340]で「承認」するので。(II)「(8) 受け取り」とは、我に対する渇愛である[1341]。なぜなら、それ（我見と我所見）に追随して愛着（≒渇望）するので。

(I')「(4) これは私のものである」という私のもの（我所）というあり方（＝我所見）と、「(5) これは私である」「(6) これは私の自己である」という自己（我）というあり方（＝我見）が、我見（ātmadṛṣṭi）の 2 つのあり方であり、(i) 倶生（生まれつきのもの＝(5)）と (ii) 構想分別されたもの（＝(6)）である[1342]。

1337 VyY では zhes bya ba nas（乃至）とあってそれ以下が省略され、(8) 句が続く。

1338 【対応阿含】
『雑阿含』289 経（大正 2.81c7-10）, SN, 12.61. (II.94.13ff.), 12.62. (II.96.3ff.)
NidSa, 7.3-4: yat punar idam ucyate (citta)m i(ti vā) mana iti (v)ā vij(ñānam i)t(i) vā ... dīrgha(rāt)r(a)m eta(d) bālenāśrutavatā pṛthagja(ne)na (1) kelāyitaṃ (2) go(p)āyitaṃ (3) mamāyitam (7) upagatam (8) upādattam (4) etan (ma)ma/ (5) e(ṣ)o ('ham asmi/ (6) eṣa me ātmeti/)
【関連文献】
Cf. Chung［2008: 102］, AKUp（本庄［2014:［2016］]）

1339 khas blangs, upagata: 徳慧は執着（zhen pa）のことであるという。

1340 徳慧は、2 つのあり方は、「(4) 私のものである」以下の 3 句に結びつくのだという。

1341 P bzung ba ni nga sred pa ste/; D bzung ba dang srid pa ste/

1342 徳慧は、「(i) 倶生の（生まれもってある）我見は、「(5) これは私である」と言われている。すなわち、獣や鳥たちにも存在するものである。(ii) 構想分別された〔我見〕は、「(6) これは私の自己である」と言われている。すなわち、諸の外教徒（外道）において存在するところのものである。「承認」とは執着（zhen pa）という意味である」という。Cf.『倶舎論』「随眠品」AKBh, 290.19: sahajā satkāyadṛṣṭir avyākṛtā/ yā mṛgapakṣiṇām api vartate/ vikalpitā tv akuśaleti pūrvācāryāḥ/（先軌範師たちは、獣や鳥たちにも存在するところの倶生の我見は無記である。しかし、構想分別された〔我見〕は不善である、という。）, Krizer［2005: 292-293］

さらにまた、〔我見の 2 つのあり方とは、〕順に、(a) 分けられていない起因[1343]〔に対する我見〕[1344]と (b) 分けられた起因〔に対する我見〕[1345]である。そして、(II') それに資益する 2 つの渇愛によって〔「受け取る」のである〕[1346]。

［解釈 II］

別の観点では、“われあり”という思い（我慢、*asmimāna＝（5））と我見（＝（4）（6）[1347]）という 2 つによって、そして、それに追随した 2 つの渇愛である。このすべては、(I) それの（＝“私のもの”という）あり方と、(II) それの原因であることによって、「（3）私のものとする」と言われる[1348]。

［解釈 I, II のまとめ］

要略するなら、こ〔の経節〕によって、(［解釈 I］の要義) 諸の凡夫が識（＝心＝意）に対して、我見という〔誤った考え (*vipratipatti) をし (＝ (3) ～ (7))〕、渇愛という誤った考え[1349]をすること（＝（8））と、その業（働き）（＝（1）（2））〔が説かれた〕。

あるいは、(［解釈 II］の要義) 我見（＝（3）（4）（6）（7））・慢見[1350]（＝（5））・渇愛という誤った考え（＝（8））が、〔その〔それぞれの〕働き（＝（1）（2））と共に〕説かれた。

【経節（102）】　思い、求め、作意する

1343 徳慧によれば、この「起因」とは五取蘊のこと。

1344 徳慧は、五取蘊の特質を区別なく（≒総じて、*abhinna）〔自己として〕把捉することという。

1345 徳慧は、色などといったそれら（＝五取蘊）のうちのいずれかを〔分けて〕把握して、“これが私の自己（我）である”と思うことであるという。

1346 この箇所は複雑であるが、以下の通り。

(I)「（7）承認」とは、我所見（＝（4））と我見（＝（5）（6））であり、そのなかの「我見」は（i）倶生と（ii）構想分別されたものに分けられる。さらにまた、この我見は、(a) 分けられていない起因に対する我見と (b) 分けられた起因に対する我見の 2 つに分けられる。

他方、(II)「（8）受け取り」とは、以上の我見と我所見に資益する渇愛のこと。

1347 徳慧による対応づけ。徳慧は、(4) は［解釈 I］では我所見と説かれていたが、ここでは我見に対応するのだという。

1348 徳慧 :「(4) これは私のものである」、乃至、「（7）承認し」「（8）受け取る」が、「（3）私のものとする」と言われる。なぜかというと、(I) そのあり方によって、そして、(II) その原因によってである。「(I') そのあり方によって」とは、“私のもの”というあり方であり、(4) 句によって示されている。他方、「(II') その原因によって」とは、“私のもの”というあり方の原因によってであり、それは（5）（6）句によって示されている。どうしてこの 2 つ（＝（5）（6））によって私のものとなすのかというと、“私の”というあり方があれば、“私のもの”というあり方も必ず生じるから（取意）。

1349 sred pa log par bsgrub pa: VyYT によれば sred pa nyid log par bsgrub pa。

1350 nga rgyal gyi lta ba, *mānadṛṣṭi.　［解釈 II］との対応では我慢（われありという思い）のこと。

炭〔火で満ちた〕谷[1351]を譬喩として説いて、＜｛世尊によって、
「譬えば、村もしくは都城からそれほど遠くないところに、炭〔火〕(*aṅgāra)－炎がなく煙もない炭〔火〕－で満たされた谷があったとする。さて、愚かさを本性とせず、愚昧さを本性とせず、智慧を本性とし[1352]、安楽を欲し、苦を喜ばず、生きることを欲し、死ぬことを欲さず、死ぬことを喜ばない者がやって来ると、彼は、"炎がなく煙もない炭〔火〕で満たされたこの谷に堕ちたらば、私は死ぬか、あるいは死ぬほどの苦しみとなるであろう"と考える。＞
彼はそこから〔身体を〕遠ざけることを（1）思い、遠ざかることを（2）求め、**遠ざかることを（3）作意する[1353]。**
炭〔火で満ちた〕谷と同様に、諸の欲についても同様である[1354]」
とは、経典の一節である。
「遠ざかる」とは、遠く離れること[1355]である。美徳あるものとして心を形成する（*abhisaṃs√kṛ）することが、「(1) 思い」である。欲求が、本性的な「(2) 求め」である。考察してから[1356]心を確立するのが、「(3) 作意」である。
美徳あるものと（1）思ったもの、それを本性的に（2）求める、もしくは、考察してからそれに対して（3）心を確立する。たとえば、〔順に、〕(2') 甘い味の薬、もしくは、(3') 苦い〔味の薬〕に対してするように。

【経節（103）】　十二分教
「＜｛**比丘たちよ、比丘は法を知る者でもある。どのようにかというと、ここで、比丘が法を知るとは、以下のようである。(1) 経**・(2) 重頌・(3) 記

1351 mdag ma'i klung: Cf. CPD, aṅgārakāsūpamā.
1352 以上 3 句は【経節（29）】の句の逆。
1353 yid la byed: VyYT ではここは so sor brtags nas sems 'jog par byed とある。本来の経文には前者（yid la byed）があったと見ておく。まず、経句であるので、(1) と（2）の句の並び（*√cint, *√arth）からいって、簡潔な前者（*manas(i)√kṛ）がよい。また、VyYT のその句の由来は VyY の so sor brtags nas sems 'jog pa ni yid la byed pa'o と思われるが、その前者の方が間違って組み入れられたのであろう。ただ、AKUp（D nyu 34b5）では thag ring du byed cing don du gnyer ba dang/ smon pa dag thag ring du byed do、下記『雑阿含』（大正 2.314a18）では「生遠、思遠、欲遠」（印順［1983］（上, 336）よる区切り）とある。
1354 【対応阿含】
『雑阿含』1173 経（大正 2.314a14-18）, SN, 35.203. *Dukkhadhammā* (IV.188.21ff.)
【関連文献】
上野［2012b］はさらに『倶舎論』「賢聖品」(AKBh, 376.20f.) に引用された *Aṅgārakarṣūpamaṃ sūtram* と同一と指摘する。AKUp（本庄［2014:［6066］］) Chung［2008: 81-82］。ほか、一部類似するものとして、SN, 12.63. *Puttamaṃsa* (II.99.27ff.)、『雑阿含』373 経（大正 2.102c14ff.）がある。
1355 thag bsring ba, *dūrī√kṛ. 経句の bsring ba への註釈。
1356 so sor brtags nas, *pratisaṃkhyāya: 徳慧は、智慧によって考察して、という。先の「本性的な」との対比。

別・(4) 偈・(5) 自説・(6) 因縁・(7) 譬喩・(8) 如是語・(9) 本生・(10) 方広・(11) 未曾有・(12) 論議である[1357]} >」

とは、経典の一節である。

[(1) sūtra(経・修多羅・契経)] 仏によって、あるいは仏によって許可されてから声聞によって説明された〔教説〕、そ〔れら〕の意味を略説する[1358]という意味によって、経である[1359]。

[(2) geya(重頌・祇夜・応頌)] その同じもの(経)を、頌(*gāthā)でもって後に歌(*√gai)った(頌した)[1360]もの[1361]と、未了義(*neyārtha)の〔教説〕

[1357] 【対応阿含】
『中阿含』1経「善法経」(大正 1.421a17-19), 『増一』巻33.1(大正 2.728c2-5)
【関連文献】
仏語の分類形式である十二分教(dvādaśāṅga-dharmapravacana)を列挙する経典。梵本の関連文献はChung・Fukita [2011: 43]。Mvy, 1267-1278, Mvy(N), 1272-1283. 前田 [1964] が、詳細を極めた研究である。『釈軌論』とその関連文献については堀内 [2009: 33ff.] が検討を加えた。特に方広(vaipulya)解釈でのチベット語の読解に関して不明な箇所が残るものの、多少簡略化してほぼそのまま掲載する。また、この経文は『倶舎論』安慧疏にも引かれる(小谷他 [2007: 25])。アヴァダーナに関しては河崎 [2000]、また、大乗の七種大性については古坂 [1998] に、MSA と BBh における七種大性の比較検討がなされている。なお、「方広」と「大乗」の問題については、Skilling [2013], Karashima [2015]。

[1358] don mdor gleng ba, *arthasūcana. Cf. ŚrBh I, 228.2: arthānāṃ sūcanāyai. 早島 [1984: 48(n.16)]

[1359] 徳慧は、意味を開示して(don rnam par phye)であれ、意味を開示せずにであれ、共相(共通の特質、一般相、*sāmānyalakṣaṇa)として略説することだという。

[1360] thigs su bcas pas phyis dbyangs su bsnyad pa: Cf. ŚrBh I, 228.5: gāthābhigītā.

[1361] 徳慧は『善生経』(*Sujātasūtra*, *Legs skyes kyi mdo*)(『雑阿含』1062経(大正 2.276a12-20), SN, 21.5. *Sujāto* (II.278-279)を、経名を出して例として引く。長くなるが geya の特質を示すものであるので訳しておく。なお、本経の経名(梵本)は ASBh, 143.4 によって得られる。

「おお、比丘たちよ、この*善男子が、(1) 髪やひげを(*keśaśmaśrūṇi)を剃り、袈裟を着て、正しい信をもって〔在〕家(*agāra)から家なきところへ出家した者であり、(2) 現法(この世)において漏尽して無漏に心解脱し、慧解脱を自らの通慧(*abhijñā)によって現証して完成して住し、"私の生は尽きた。梵行は完成した。なされるべきことはなされた。これとは別の(これ以降の輪廻での)生存を知らない(≒受けない)"*と述べたことは、その2つ(=(1)(2))に関して輝く。**世尊はそのように言い、そのように説いた。それから、教主(=世尊)はさらに、以下のように〔頌を〕述べた**。

おお、寂静となり、無漏にして貪欲を離れて具えず、
無取涅槃***し、魔の軍を打ち破り、
最後の身体を保つところのこの比丘は、輝く」

と。

[1362]が、重頌である。

［(3) vyākaraṇa（記別・授記）］記別とは、そこ（＝経）において世尊が、過去と未来の声聞など[1363]の者たちに記別する[1364]ものと、了義の〔教説〕[1365]である。

～: Cf. SBhV II, 143.33-144.5 etc.: kulaputrāḥ keśaśmaśrūṇy avatārya, kāṣāyāṇi vastrāṇy ācchādya samyag eva śraddhayā agārād anagārikāṃ pravrajanti … dṛṣṭa eva dharme svayam abhijñayā sākṣātkṛtvā, upasaṃpadya pravedayate: kṣīṇā me jātiḥ; uṣitam brahmacaryam, kṛtam karaṇīyam, nāparam asmād bhavam prajānāmi iti.（なお、最後の4句は、漏尽の阿羅漢の感慨を述べた定型句で、漢訳では「我生已尽。梵行已立。所作已作。自知不受後有」。）

～: geyya（geya）の原意を網羅的に考察した前田［1964: 274-275, 280.n.17］が、（IX）<geyya>型として、「分教 geyya たることを示す特徴的形式と思われるもの」と指摘する句。そこでは別の典籍からパーリが挙げられているが、サンスクリット（同じく別文献からであるが）が、Allon［2001: 182］により、以下のように得られる。idam avocad bhagavān idam uktvā sugato hy athāparam etad uvāca śāstā. ただ、VyYT は sugata に当たる句を欠く。また、対応の『雑阿含』は「爾時世尊即説偈言」のみ。

***: Cf. 【経節（52）】

[1362] bkri ba'i don, *neyārtha. 言葉通りの意味のものではないもの。徳慧は、「それもまた、歌（頌）によって歌われる（頌せられる）べきものであるから」といい、以下を例示する。「舎衛城（*śrāvastī）が因縁（*nidāna）〔の地〕である。比丘たちよ、これら3つが感受である。3つとは何かというと、楽、苦、不苦不楽である。世尊はそのようにおっしゃって」と。（『雑阿含』ではいくつかの経で三受が説かれるが、偈頌の有無、因縁の場所、対告衆でぴったりするものはないようである。AKUp の引く阿含が近いか（本庄［2014:［6012］］）。
ところで、なぜ本経が未了義の教説として引かれているのかというと、「楽受を苦受と見よ」と説かれているからであろう。『釈軌論』第4章でも一受説（苦受のみという説）が未了義で、三受説が了義とされている（本庄［1992］、堀内［2009: 287ff.］）。なお、世親による感受についての議論は『縁起経釈論』「受の分別章」（本庄［2001b］）を参照。

[1363] 「など」について、徳慧は優婆塞（男性の在家仏教信者）・優婆夷（女性の在家仏教信者）、異教徒の遊行者（*anyatīrthika-parivrājaka）などという。

[1364] veyyākaraṇa（記別）の語義については前田［1964: 297ff.］が「(一) 問いに対する「解答」　(二)「記別」」の2つに大別して検討している。徳慧は、釈尊が仏弟子の死後の運命について記別（授記）する経典を、以下のように引いている。
「“某氏は某処に生まれた。某氏は般涅槃した”と、彼を記別するのである。たとえば、
　『【問い手】尊者・居士（gṛhapati）“巧説者”（sMra mkhas）と呼ばれる彼は』と詳細に出て、『彼が死んだ時、諸根（感覚器官）が清らかで、顔色がよく、肌の色が白くなっていれば、尊者よ、彼の〔来世での〕趣（生存領域、gati）は何でしょうか、生まれ（*upapatti）は何でしょうか、後〔世〕での生存（*abhisaṃparāya）は何でしょうか。

［(4) gāthā（偈・伽陀・諷頌)］偈とは、2、3、4、5、6句として、韻文[1366]で説かれたものである。

［(5) udāna（自説)］ウダーナとは、人を指し示して説かれたのではなく、説示をとどまらせるためだけに〔説かれたものである〕。すなわち、ある〔典籍で、〕

「世尊によってウダーナが発せられた[1367]」

という〔ようなものである〕。

［(6) nidāna（因縁)］ニダーナとは、律（*vinaya）に関する（*pratisaṃyukta）ものである。律は出来事によって開示されたもの[1368]だからである。すなわち、ある〔典籍で、〕

【釈尊】比丘たちよ、彼の善男子は能力ある種姓の者であり、私の法に適って法を知る者であって、法に関することで私を煩わすこともなかった。比丘たちよ、彼の善男子は般涅槃したのであり、彼の遺体を供養すべきである』と。『それから、世尊によって居士"巧説者"に対して記別した』に至るまで〔説かれている〕、そのようなものである」。

・上野［2012b］が、これは『縁起経釈論』「識の分別章」（Muroji［1993: 104.12-13］, KS, 48）で引かれる *sMra ba po'i mdo* と同一出典だと指摘している。

・Acelakāśyapa（阿支羅迦葉）という人に対してであるが、類似文が得られる。NidSa, 20.20-24（『雑阿含』302経（パーリ対応経には欠く箇所））:
tasya maraṇasamaye vi(pra)sannānīndriyāṇi pariśuddho mukhavarṇaḥ paryavadātas tvagvarṇaḥ/ ... tasya bhadanta kā gatiḥ kopapattiḥ ko 'bhisaṃparāyaḥ/ dravyajātīyaḥ sa bhikṣavaḥ kulaputraḥ/ pratyabhijñāsīc ca me dharmeṣv anudharmam/ na ca m(e) viheṭhitavān dharmādhikārikī(m kathāṃ v)y(āk)ṛtā(ṃ) sa kulaputraḥ/ kuruta tasya śarīre śarīrapūjām iti/ tatra bhagavān acelakāśyapaṃ pa(ramaṃ vyākaraṇam) akārṣīt//

[1365] 徳慧は、『人経』(*Mi'i mdo, Mānuṣyakasūtra*)などのようなものであるという。『倶舎論』「破我品」（本庄［2014:［9009］］）や『釈軌論』第4章（本庄［1992］、堀内［2009: 289ff.］）でも言及される。これがなぜ了義の経典として言及されたのかというと、我（ātman）説に対して無我説を説くものであるから。

[1366] tshigs su sbyar ba, *padya.

[1367] 徳慧は以下を引用する（『雑阿含』64経（大正2.16c5-10), SN, 22.55. *Uddānaṃ* (III.55.30-56.2))。

「さて、世尊は夕方に、静思から起って（*atha bhagavān sāyāhne pratisaṃlayanād vyutthāya)、比丘のサンガ（僧団）の前にある用意された座に入った。入ってから、

『*"〔私は〕存在したくない"、"私のものはなくなれ"、"〔未来＝来世に〕私は〔存在し〕ないであろう"、"〔未来に〕私のものが存在しないであろう"*と、そのように勝解した時には、

比丘にとって下位の部分に属する〔5つの〕束縛（五下分結）は断たれる』

と、世尊によってウダーナが発せられた」

~: 【経節 (52)】を参照。

[1368] byung bas rab tu phye ba. 随犯随制を指す。

「世尊によって、この因縁、この話題、この機会にちなんで[1369]、世尊によってこのように説かれたのは、以下のようなことである」

と出ているものである。

［(7) avadāna（譬喩）］譬喩とは、『長寿〔王〕アヴァダーナ[1370]』などである。すなわち、そこにおいて、〔教えを〕理解させるために他の譬喩（喩例）が詳細に説かれ出ている（～を取る）[1371]ものである。

［(8) itivṛttaka（如是語）］如是語（イティヴリッタカ）とは、以前（前世）の〔個体〕相続に関する〔教説〕である[1372]。

［(9) jātaka（本生）］ジャータカとは、そこにおいて、世尊が以前（前世）〔に〕菩薩〔であった時の〕本生譚（過去世物語）が出ている（説かれている）ものである[1373]。

［(10) vaipulya（方広）］方広とは、大乗である。すなわち、その教示[1374]によ

1369 松田［2014: 172］により、Mv, III.91.17-18 に以下の対応梵語があることを知り得た。bhagavān etasmiṃ vastusmiṃ etasmiṃ nidāne etasmiṃ prakaraṇe tāye velāye ...

1370 *Ring po len gyi rtogs pa brjod pa*: **Dīrghila-avadāna.*
この文献は、avadāna の実例として、『婆沙論』巻 126（長譬喩）、『大智度論』巻 33（長阿波陀那経）、『順正理論』巻 44（長譬喩）でも紹介されている。平川［1960: 384-389］によって関連文献が詳しく考察されているが、それによると、この文献は『中阿含』72 経「長寿王本起経」（大正 1.532cff.）に相当する（パーリ対応の MN, 128 経には存しない）。なお、この王の梵名であるが、筆者はかつて違った想定をしたのだが、Chung・Fukita［2011: 88-89］によれば、Dīrghila のようである。
さて、徳慧は、「比丘たちよ、かつて（bhūtapūrvam）、コーサラ（Kosala）国のディールギラ王とカーシー（Kāśī）国のブラフマダッタ（Brahmadatta）王が」と詳細に出て、と述べた上で、王・クシャトリヤであるムールダアビシェーカ（sPyi bo nas dbang bskur ba, *Mūrdhābhiṣeka、頂生）は正しい信をもって〔在〕家から家なき所に出家せずとも忍耐（忍辱）を行じ忍耐を称賛しているのだから、比丘たちもそのように学びなさい、と釈尊が述べている箇所（大正 1.535b14-19）を引用している。要するに、ある王の譬喩（喩例）を引いて、比丘たちに忍耐について教えるというのが、この「譬喩」である。

1371 brjod pa 'byung ba: ただ、これは『二巻本』対応箇所（石川［1993: 52-53］）の ādāna に対応するであろうから、それとの対応では、「取る」「引用する」とも訳しうる。

1372 徳慧は、「「以前の相続」とは律（*vinaya）の部分である。それはまた、持律者（*vinayadhara）たちが誦しているものである」という。ただ、「如是語」については、律に限らない過去世の物語とする文献が多いようである（前田前掲書）。

1373 徳慧は「gong ma sreg の本生譚など」だという。対応梵本は*kapiñjala あたりか。*Jātaka*, VI.538.10 に出る語で、鳥の種類。『ジャータカ全集』10（中村元監修・補註，東京：春秋社，1988）、292.n.454 によれば、「灰色のシャコ」。

1374 lung phog pa.

って諸菩薩が十波羅蜜[1375]により十地[1376]において成就する時には、十力の所依である仏たること（*buddhatva）を得る。

［(11) adbhutadharma（未曾有法）］未曾有法とは、そこにおいて、諸仏、諸菩薩、諸声聞の卓越したことが説かれたものである。

［(12) upadeśa（論義）］ウパデーシャとは、そこにおいて、真理（*tattva）を見た者たちと、〔その〕他の者たち[1377]によって、経典の意味が、法に従って（*anudharma[1378]）、確定的に説かれたものである。まさにそれ（＝upadeśa）こそが、そ（＝経典）の意味を解釈[1379]するので，論母（要項・論の母胎、*mātṛkā）と言われる。なぜなら、〔*upadeśa=*mātṛkā は、〕それ以外の経典の意味を解説する拠り処であるから。〔*upadeśa は、〕アビダルマ（*abhidharma）とも言われる。なぜなら、〔法〕相を不顛倒（*aviparīta）に説示するものであることにより、法相（存在の特質、*dharmalakṣaṇa）に向かわせる（対向、*abhimukha）からである。

［十二分教＝三蔵］

かくして、この十二支分の仏語（十二分教）は、三蔵に摂せられる[1380]。

［とくに方広について］

【問い】なぜ、大乗を「方広（*vaipulya）」と言うのか。

【答え】(i) 語の意味（*padārtha）によって。また、(ii) 名称の成立[1381]によって。

(I) どのようにして、「(i) 語の意味によって」か。語源解釈の方法（やり方）により（*nairuktena vidhinā/ nayena）、広乗（*vipula/vistara-yāna[1382]）が方広

[1375] 徳慧がいうように、布施波羅蜜などの6つ（＝施・戒・忍・精進・禅定・智慧）と、方便、願、力、智で十波羅蜜である。

[1376] 徳慧がいうように、歓喜・離垢・明・焔・難勝・現前・遠行・不動・善慧・法雲の十地である。

[1377] 徳慧によれば凡夫たちのこと。

[1378] 徳慧によれば、経典にそぐう形で。

[1379] rnam par 'chad pa, *vyākhyāna. Cf. ŚrBh I, 232.8-9: upadeśāḥ katame/ sarvamātṛkābhidharmaḥ sūtrāntaniṣkarṣaḥ sūtrāntavyākhyānam upadeśa ity ucyate//; ŚrBh(t), D56b 5-6, P67a2: gtan la phab par bstan pa'i sde rnams gang zhe na/ mdo sde 'dren (D dran) par byed cing/ mdo sde rnam par 'chad par byed pa ma lta bu'i chos mngon pa thams cad ni gtan la phab par bstan pa'i sde zhes bya'o//

この場合、upadeśa=mātṛkā は、経典を解釈するもの、あるいはそのための拠り処という意味であり、世親は mātṛkā を「論母」と解釈しているに他ならない（「論母」については荻原［1938: 869-873］（「摩底迦」論文を参照)。なお、この箇所に関しては、李［2001: 69, 70.n.129］、大竹［2003］、袴谷［2008: 189f.］。

[1380] 徳慧は十二分教と経・律・論の三蔵の対応づけに関して、2つの解釈を出している。第1は、「論議」が論蔵で、「因縁」と「如是語」が律蔵で、残りが経蔵とする解釈。第2は、他の者たち（gzhan dag）の説で、「因縁」が律蔵で、「論義」が論蔵で、残りが経蔵という解釈である。

[1381] ming du chags pa, *saṃjñotpanna/ saṃjñotpāda/ saṃjñodaya.

[1382] theg pa rgyas pa: ここで世親は「語源解釈の方法」を用いて、「theg pa rgyas pa が*vaipulya であり、theg pa rgyas pa はまた、*mahāyāna である」と述べている。

（*vaipulya）である。広乗（*vipula-yāna）はまた、大乗（*mahā-yāna）である。なぜなら、〔大乗は〕七種大性（7種類の偉大性、*saptavidha-mahattva）を具えている（*yoga）から。七種大性のうち、

（1）法（教法）大性とは、『十万頌〔般若〕』などの無量の経典を具えているので。

（2）発心大性とは、一切の有情の利益をなすために、一切の美徳（guṇa）が生じ一切の瑕疵（doṣa）が消滅する究極の拠り処[1383]である無上正等覚に発心するので。

（3）勝解大性とは、極めて甚深で（*gambhīra[1384]）広大な（*udāra/ audārika）教法を勝解するので。

（4）意楽（意向、āśaya）大性とは、清浄意楽地[1385]（＝初地）において、一切の有情に対して自己と他者が平等であるという意楽を得るので[1386]。

（5）資糧（悟りへのかて）大性とは、〔初〕地（*bhūmi）に入った時に、刹那ごとに、無量な福徳と智慧の資糧（*puṇyajñānasaṃbhāra）を集めるので。

（6）時大性とは、三阿僧祇劫のあいだ、繰り返し努力するので。

（7）証得（成就、*samudāgama）大性とは、一切の有情と等しくない仏身を成就（*samudā√gam）する[1387]ので。

（II）どのようにして、「（ii）名称の成立によって」か。その同じ大乗にこそ、「方広（*vaipulya）」というこの名称が成立する。〔大乗＝方広は〕「無比

筆者はかつて（堀内［2009］）、rgyas pa には vipula が原語として想定される、あるいは，vistara も可能か、と考え、その想定を採る場合、世親の vaipulya という語句に対する「語源解釈」の眼目は vaipulya の後半部の ya を yāna と解釈したことにあると言えるのであり、その場合、世親は「vaipulya」→「*vipula-yāna」→「mahā-yāna」と解釈していることになる、と考えた。

1383 類似表現が安慧の『中辺分別論釈』に見出される。
MAVT, 189.22: sarvaguṇadoṣaprakarṣāpakarṣaniṣṭhādhiṣṭhānatvād ...; MAVT(t), D282a2, P128b4-5: yon tan dang nyes pa thams cad phul du phyin pa dang brtsal ba'i mthar phyin pas na ...

1384 徳慧は、理解しがたいから、という。
Cf. de Jong［1979: 592］, MAVT(t): D224a3, P61b2 (MAVT, 73.21): sangs rgyas dkon mchog la yon tan dang nyes pa thams cad phul du phyin pa dang/ bsal ba'i mthar thug pa'i gnas su yongs su shes pa'o//（仏という宝を、一切の功徳が生じ〔一切〕の瑕疵が消滅する究極の拠り処であると遍知する）

1385 lhag pa'i bsam pa dag pa'i sa: BBh, 367.4. 368.10; MSABh, 127.19 等により、*śuddhādhyāśayabhūmi と推定される。また、以下によれば、これは「初地」を指す。
VyYT, D247b4, P125a6: lhag pa'i bsam pa dag pa'i sa ni sa dang po yin no//
BBh, 367.8-9: pramudito vihāraḥ śuddhādhyāśayabhūmiḥ.（歓喜住（＝初地）が清浄意楽地である）

1386 徳慧は、自分が、安楽もしくは一切の苦が静まることを欲しているように、他の者たちに対しても同様なのであるという。また、意楽（āśaya）とは思い（*cetanā）もしくは意欲（*icchā）であるという。

1387 徳慧は「獲得する（thob pa）」ことという。

（*vaitulya）」とも言われる、なぜなら、比肩するものを欠くから。他の部派の者（*nikāyāntarīyaka）たちによれば、〔（大乗＝）方広は〕rnam par 'joms pa'i gtsug phud kyi sde と、rnam par 'joms pa chen po'i sde[1388]〔である〕。なぜなら、それは習気（潜在印象、*vāsanā）とともに煩悩を破壊する（*vi√dal）から。

さらに、これについて〔頌を述べる〕。

「〔大乗は〕(1) 広い（rgyas pa）ので*vaipulya（方広）である。(2) 比肩するものを欠くので*vaitulya（無比）でもある。

(3) 一切の見解（*dṛṣṭi）を破壊するので*vaidalya（広破）であるとも知られるべきである」

と。

［『釈軌論』第2章の総括］

以上のように100の経節[1389]の諸の語句の意味を解説したのは、語句の意味（句義、語義）を解説する〔上での〕ある立場を示すためである。この立場によって、智ある者たちは、他の諸の語句の意味も考察しなさい。

（『釈軌論』第2章おわり）

1388 詳細な議論は堀内［2009: 41-42］を参照。

1389 mdo sde'i dum bu brgya（百経節）

付録

参考文献

青原令知

［2003］　「徳慧『随相論』の集諦行相解釈：テキスト上の特質とその問題点」『印仏研』51- 2, 186-191.

［2012］　「『業施設』和訳研究（1）第 1 章第 1 節（付：『故思経』諸本対照テキスト）」『龍谷大学論集』479, 9-33.

石川美恵（Ishikawa Mie）

［1993］　『Sgra sbyor bam po gnyis pa 二巻本訳語釈－和訳と注解－』東京：東洋文庫.

宇井伯壽

［1939］　「小乗仏教の実践的意義」『宗教研究』第一年第一輯, 1-29.

［1958］　『瑜伽論研究』東京：岩波書店.

［1971］　『訳経史研究』東京：岩波書店.

上野牧生

［2009］　「『釈軌論』の経典註釈法とその典拠」『佛教学セミナー』89, 1-23.

［2010］　「『釈軌論』における阿含経典の語義解釈法（1）」『印度哲学仏教学』25, (71)-(84).

［2012a］　「『釈軌論』における阿含経典の語義解釈法（2）」『佛教學セミナー』95, 1-35.

［2012b］　「ヴァスバンドゥの経典解釈法（2）－要義（piṇḍārtha）－」『佛教學セミナー』96, 1-50.

［2013a］　「『釈軌論』における阿含経典の語義解釈法（3）」『佛教學セミナー』97, 1-49.

［2013b］　「ヴァスバンドゥの経典解釈法（3）－語義（padārtha）」『佛教學セミナー』98,1-66.

［2014］　「佛教徒にとって satya はいくつあるか－『釈軌論』と『順正理論』の観点から－」『佛教學セミナー』99, 1-30.

榎本文雄

［1985］　「『雑阿含経』関係の梵文写本断片―『Turfan 出土梵文写本目録』第 5 巻をめぐって―」『仏教研究』15, 81-93.

［2001］　「『雑阿含経』の訳出と原典の由来」『仏教文化の基調と展開　石上善應教授古稀記念論文集』東京：山喜房佛書林, 31-41.

［2002］　「ヘルンレ写本中の『雑阿含』断片をめぐって―『雑阿含経』, 世親,『倶舎論』真諦訳の位置―」『初期仏教からアビダルマへ　櫻部建博士喜寿記念論集』京都：平楽寺書店, 139-153.

榎本文雄（代表）・河崎豊・名和隆乾・畑昌利・古川洋平

［2014］　『ブッダゴーサの著作に至るパーリ文献の対応語―仏教用語の現代基準訳語集および定義的用例集―バウッダコーシャ III』東京：山喜房佛書林.

大竹晋
［2003］　「ヴァスバンドゥ『勝思惟梵天所問経論』『妙法蓮華経憂波提舎』『無量寿経優波提舎』について」『仏教史学研究』46-2, (17)-(44).
［2005］　『十地経論 上』（新国訳大蔵経）東京：大蔵出版.

荻原雲来
［1933］　『和訳　称友倶舎論疏（一）』東京：梵文倶舎論疏刊行会.
［1937］　『南伝大蔵経　増支部経典　四』東京：大蔵出版.
［1938］　『荻原雲来文集』東京：荻原博士記念會編.

荻原雲来・山口益
［1934］　『和訳　称友倶舎論疏（二）』東京：梵文倶舎論疏刊行会.
［1939］　『和訳　称友倶舎論疏（三）』東京：梵文倶舎論疏刊行会.

小谷信千代
［2000］　『法と行の思想としての仏教』京都：文栄堂.

小谷信千代・本庄良文
［2004］　「『倶舎論世品』本論・満増疏訳注（二）」『神子上恵生教授頌寿記念論集・インド哲学仏教学思想論集』京都：永田文昌堂，549-600.
［2007］　『倶舎論の原典研究 随眠品』東京：大蔵出版.

小谷信千代，秋本勝，福田琢，本庄良文，松田和信，箕浦暁雄
［2007］　「新出梵本 倶舎論安慧疏（界品）試訳」『真宗総合研究所研究紀要』26, 21-28.

片山一良
［1997］　『パーリ仏典　第一期　1　中部（マッジマニカーヤ）根本五十経篇 I』東京：大蔵出版.
［1998］　『パーリ仏典　第一期　2　中部（マッジマニカーヤ）根本五十経篇 II』東京：大蔵出版.
［2002］　『パーリ仏典　第一期　6　中部（マッジマニカーヤ）後分五十経篇 II』東京：大蔵出版.
［2003］　『パーリ仏典　第二期　1　長部（ディーガニカーヤ）戒蘊篇 I』東京：大蔵出版.
［2011］　『パーリ仏典　第三期　1　相応部（サンユッタニカーヤ）有偈篇 I』東京：大蔵出版.

河崎豊
［2000］　「apadāna/ avadāna について」『待兼山論叢』34, (29)-(42).

河村孝照（橘川智昭校訂）
［2004］　『倶舎概説』東京：山喜房佛書林.

木村俊彦
［1987］　『ダルマキールティ宗教哲学の研究』東京：木耳社［増補版］.

木村泰賢

［1969］　『小乗仏教思想論』（木村泰賢全集　第五巻，東京：大法輪閣）［原本：1935］.

楠本信道

［2007］　『『倶舎論』における世親の縁起観』京都：平楽寺書店.

斎藤明（代表）・高橋晃一・堀内俊郎・松田訓典・一色大悟・岸清香

［2011］　『『倶舎論』を中心とした五位七十五法の定義的用例集－仏教用語の用例集（バウッダコーシャ）および現代基準訳語集－』東京：山喜房佛書林.

斎藤明（代表）・一色大悟・高橋晃一・加藤弘二郎・堀内俊郎・石田尚敬・松田訓典

［2014］　『瑜伽行派の五位百法－仏教用語の現代基準訳語集および定義的用例集－バウッダコーシャ II』東京：山喜房佛書林.

阪本（後藤）純子

［2006］　「Pāli *thīna-middha-*「涽沈・睡眠」, Amg. *thīṇagiddhi-/thīṇaddhi-*と Vedic *mardh/mṛdh*」『印仏研』54-2, (901)-(895).

櫻部建

［1979］　『倶舎論の研究 界・根品』京都：法蔵館［第三刷. 初版：1969］.

［1981］　『倶舎論』（仏典講座）東京：大蔵出版.

［1996］　『存在の分析＜アビダルマ＞』東京：角川書店［原本：1969］.

［1997］　『増補　佛教語の研究』京都：文栄堂.

［2002］　『阿含の仏教』京都：文栄堂.

櫻部建・小谷信千代

［1999］　『倶舎論の原典解明　賢聖品』京都：法蔵館.

櫻部建・小谷信千代・本庄良文

［2004］　『倶舎論の原典研究 智品・定品』東京：大蔵出版.

佐々木現順

［1958］　『阿毘達磨思想研究　仏教実在論の歴史的批判的研究』東京：弘文堂.

佐々木閑

［1999］　『出家とは何か』東京：大蔵出版.

佐藤密雄

［1963］　『原始仏教教団の研究』東京：山喜房佛書林.

椎尾辨匡

［1935］　「国訳一切経解題」『国訳一切経　阿含部一』1-61，東京：大東出版［改訂版：1969］.

声聞地研究会
［2009］　「梵文声聞地（二十三）—第三瑜伽処（2）和訳・科文」『大正大学綜合佛教研究所年報』31, (1)-(69).

鈴木健太
［2009］　「『現観荘厳論光明』における「如来十号」の解釈について」『印度哲学仏教学』24, (120)-(135).

高崎直道（Takasaki Jikido）
［1982］　「瑜伽行派の形成」『講座・大乗仏教　第9巻　唯識思想』東京：春秋社, 1-42［『高崎直道著作集　第三巻　大乗仏教思想論 II』東京：春秋社, 2009に再録］.
［1989］　『宝性論』（インド古典叢書）東京：講談社.

高崎直道・堀内俊郎
［2015］　『楞伽経』（新国訳大蔵経）東京：大蔵出版.

高田仁覚
［1958］　「縁起の初分（pratītya-samutpādādi 縁起初義）に関する世親と徳慧の解釈」『印仏研』7-1, 67-76.

高橋晃一
［2005］　『『菩薩地』真実義品から「摂決択分菩薩地」への思想展開－vastu概念を中心として－』東京：山喜房佛書林［BBh(T)を見よ］.

長尾雅人
［1982］　『摂大乗論　和訳と注解　上』東京：講談社［MSを見よ］.
［1987］　『摂大乗論　和訳と注解　下』東京：講談社［MSを見よ］.
［2007a］　『大乗荘厳経論　和訳と注解－長尾雅人研究ノート－（1）』長尾文庫.
［2007b］　『大乗荘厳経論　和訳と注解－長尾雅人研究ノート－（2）』長尾文庫.

中御門敬教
［2008］　「世親作『仏随念広註』和訳研究：前半部分・仏十号に基づく三乗共通の念仏観」『佛教大学総合研究所紀要』15, 105-130.
［2010］　「無着作『仏随念註』と『法随念註』和訳研究」『佛教大学総合研究所紀要』17, 67-92.

中村元
［1975］　『慈悲』（サーラ叢書）京都：平楽寺書店.
［1980］　『ブッダ最後の旅－大パリニッバーナ経－』東京：岩波書店.
［1984］　『遊行経　上』（仏典講座）東京：大蔵出版.
［1986a］　『ブッダ　神々との対話—サンユッタ・ニカーヤ I—』東京：岩波文庫.
［1986b］　『ブッダ　悪魔との対話—サンユッタ・ニカーヤ II—』東京：岩波文庫［両書は『原始仏典 II』相応部経典第一巻, 東京：春秋社, 2011に再録］.
［1991］　『中村元選集［決定版］　仏弟子の生涯』東京：春秋社.

［1992a］　『中村元選集［決定版］　ゴータマブッダ I』東京：春秋社.
［1992b］　『中村元選集［決定版］　ゴータマブッダ II』東京：春秋社.

西尾京雄
［1982a］　*The Buddhabhūmi-sūtra and its Vyāhyā*. 東京：国書刊行会.
［1982b］　『仏地経論の研究』東京：国書刊行会［両書は再刊。原本：1940］.

能仁正顕（編）
［2009］　『『大乗荘厳経論』第 I 章の和訳と注解－大乗の確立－』編集　能仁正顕，執筆　荒牧典俊，桂紹隆，早島理，芳村博実，内藤昭文，能仁正顕，藤田祥道，乗山悟，那須良彦，長尾重輝，龍谷叢書 XX，京都：自照社出版.

野澤静証
［1955］　「般若灯論釈の二態論者」『印仏研』3-2, 94-101.

袴谷憲昭
［2001］　『唯識思想論考』東京：大蔵出版.
［2008］　『唯識文献研究』東京：大蔵出版.

早島理
［1984］　「経律論－*MAHĀYĀNA SŪTRĀLAṂKĀRA* 第 1～4 偈－」『長崎大学教育学部社会科学論叢』33, 31-51.
［1988］　「無常と刹那―瑜伽行唯識学派を中心に」『南都仏教』59, (1)-(48).

平井俊栄・池田道浩・荒井裕明
［2000］　『成実論　II』（新国訳大蔵経）東京：大蔵出版.

平岡聡
［2007］　『ブッダが謎解く三世の物語『ディヴィヤ・アヴァダーナ』全訳　上』東京：大蔵出版.

平川彰
［1960］　『律蔵の研究』東京：山喜房佛書林.
［1964］　『原始仏教の研究－教団組織の原型』東京：春秋社.
［1966］　「有刹那と刹那滅」［『平川彰著作集　第 2 巻』（東京：春秋社，1991）に再録］.
［1995］　『二百五十戒の研究 IV』東京：春秋社.

広沢隆之
［1982］　「尽所有性と如所有性―『瑜伽師地論』を中心として―」『密教学研究』14, 79-97.
［1983］　「『瑜伽師地論』にみられる真如観」『印仏研』31-2, (902)-(899).

兵藤一夫
［1980］　「『倶舎論』に見える説一切有部と経量部の異熟説」『仏教思想史』3, 京都：平楽寺書店，57-88.

［2002］　「経量部師としてのヤショーミトラ」『櫻部建博士喜寿記念論集　初期仏教からアビダルマへ』京都：平楽寺書店, 315-336.

福田琢
［1999］　「加藤清遺稿　蔵文和訳『世間施設』(2)」『同朋仏教』35, 27-43.

藤仲孝司
［2008］　「世親作『仏随念広註』和訳研究：後半部分・大乗特有の念仏観」『佛教大学総合研究所紀要』15, 131-152.

舟橋一哉
［1987］　『倶舎論の原典解明　業品』京都：法蔵館.

古川洋平
［2008］　「初期仏教における修行道の発展」『創価大学文系大学院　人文学専攻紀要』385-413.

古坂紘一
［1998］　「大乗と摂大乗の語義に関する瑜伽論と荘厳経論等の所説」『日本西蔵学会々報』43, 13-22.

細田典明
［1989］　「梵文『雑阿含経』仏所説品外道相応（I）」『藤田宏達博士還暦記念論集：インド哲学と仏教』京都：平楽寺書店，185-206.
［1991］　「梵文『雑阿含経』仏所説品外道相応（III）」『印度哲学仏教学』6, 172-191.
［1993］　「『雑阿含経』の伝える仙尼外道」『印度哲学仏教学』8, 63-83.

堀内俊郎　(Horiuchi Toshio)
［2004a］　「『釈軌論』における三三昧－『声聞地』との比較を通して－」『インド哲学仏教学』11, 57-70.
［2004b］　「世親の飲酒観－性罪と遮罪－」『佛教学』46, (159)-(177).
［2005］　「「世親作」の論書について－『頌義集(**Gāthārthasaṃgraha*)』研究－」『日本西蔵学会々報』51, 15-23.
［2009］　『世親の大乗仏説論－『釈軌論』第四章を中心に』東京：山喜房佛書林.
［2013］　「『釈軌論』第 2 章経節（62）—（63）訳注—多文化共生の基盤の構築に向けての「法を説き聞き・法を聞く説く」こと—」『国際哲学研究』2, 153-164.
［2014］　「『釈軌論』第二章所引用の阿含と世親・徳慧による解釈の特色」『宗教研究』87, 別冊　第 72 回学術大会紀要号, 333-334.
［2015］　「梵行・勝義・欲－『釈軌論』第二章の解釈にもとづく語義解釈・現代語訳例と経節 9, 14, 17-22, 30 訳注－」『国際哲学研究』4, 159-176.
［2016a］　「「はいはい」の哲学」『宗教の壁を乗り越える—多文化共生社会への思想的基盤』東京：ノンブル社, 181-198.
［2016b］　「『縁起経釈論』の「生」「老死」解釈訳註」『国際哲学研究』5, 203-210.

本庄良文
［1989］　『梵文和譯　決定義経・註』（私家版）.
［1990］　「『釈軌論』第四章－世親の大乗仏説論（上）－」『神戸女子大学紀要文学部篇』23-1, 57-70.
［1992］　「『釈軌論』第四章－世親の大乗仏説論（下）－」『神戸女子大学紀要文学部篇』25-1, 103-118.
［1995］　「玄奘訳『倶舎論』における順の意味」『仏教論叢』39, 3-8.
［2001a］　「『釈軌論』第一章（上）　世親の経典解釈法」『香川孝雄博士古稀記念論集：仏教学浄土学研究』京都：永田文昌堂, 107-120.
［2001b］　「世親の縁起解釈—受支」『仏教文化の基調と展開：石上善応教授古稀記念論文集』東京：山喜房佛書林, 259-272.
［2014］　『倶舎論註ウパーイカーの研究　訳註篇』（上・下）東京：大蔵出版.

前田惠學
［1964］　『原始仏教聖典の成立史研究』東京：山喜房佛書林［第 7 版：1998］.

松田和信
［1984a］　「Vasubandhu における三帰依の規定とその応用」『佛教學セミナー』40, (1)-(16).
［1984b］　「縁起にかんする『雑阿含』の三経典」『仏教研究』14, 89-99.
［1985］　「*Vyākhyāyukti* の二諦説－Vasubandhu 研究ノート(2)－」『印仏研』33-2, (114)-(120).
［2014］　「長老サングラーマジットの物語」『インド論理学研究』7, 165-176.

松田慎也
［1981］　「随念の種々相」『仏教研究』10, (149)-(163).

水野弘元
［1938］　『南伝大蔵経』62（清浄道論 1）東京：大蔵出版.
［1964］　『パーリ佛教を中心とした佛教の心識論』東京：山喜房佛書林［東京：ピタカ，1978 再版］.
［1997］　『仏教教理研究　水野弘元著作選集　第二巻』東京：春秋社.

満久崇麿
［2013］　『仏典の植物事典』東京：八坂書房.

三友健容
［2007］　『アビダルマディーパの研究』京都：平楽寺書店.

宮坂宥勝
［1983］　「Urubilvā-Pratihārga の偈頌の伝承形態」『インド古典論　上』東京：筑摩書房［初出：1979］.

向井亮
［1985］　「『瑜伽師地論』摂事分と『雑阿含経』—『論』所説の＜相応アーガマ＞の大綱から『雑阿含経』の組織復原案まで—附『論』摂事分—『経』

対応関係一覧表」『北海道大学文学部紀要』32-2, 1-41.
［1989］ 「法の聴聞と思惟―『瑜伽師地論』における＜聞・思・修＞の三慧について―」『インド哲学と仏教　藤田宏達博士還暦記念論集』京都：平楽寺書店，497-516.

村上真完・及川真介
［1986］ 『仏のことば註（2）―パラマッタ・ジョーティカー』東京：春秋社.

室寺義仁（Muroji Yoshihito）
［1995］ 「死の定型表現を巡る仏教徒の諸伝承」『密教文化』190, 1-28.

森章司
［1974］ 「原始仏教における『無常・苦・無我』説について」『大倉山論集』11［森［1995］参照］
［1995］ 『原始仏教から阿毘達磨への仏教教理の研究』東京：東京堂出版.

山口益
［1951］ 『世親の成業論』京都：法蔵館.
［1959］ 「世親の釈軌論について」『日本仏教学会年報』25.
［1962］ 「大乗非仏説論に対する世親の論破－釈軌論第四章に対する一解題－」『東方學論集　東方学会創立十五周年記念』［山口［1959］と共に山口［1973］に再録。ページ数の指示は山口［1973］に依る］
［1973］ 『山口益仏教学文集・下』東京：春秋社.

山口益・舟橋一哉
［1955］ 『『倶舎論』の原典解明　世間品』京都：法蔵館.

李鍾徹（Lee, Jong Choel）
［2001］ 『世親思想の研究―『釈軌論』を中心として―』Bibliotheca Indologica et Buddhologica 9, 東京：山喜房佛書林.

渡瀬信之
［1991］ 『サンスクリット原典全訳　マヌ法典』東京：中公文庫［東京：平凡社（東洋文庫），2013］.

印順
［1983］ 『雑阿含経論会編』（上・中・下）台北：正聞出版社.

Ahn, Sung-Doo
［2003］ *Die Lehre von den Kleśas in der Yogācārabhūmi*. Stuttgart: Franz Steiner Verlag.

Allon, Mark
［2001］ *Three Gāndhārī Ekottarikāgama-Type Sūtras*, British Library Kharoṣṭhī Fragments 12 and 14, Seattle and London: University of Washington Press.

Anālayo
［2011］ *A Comparative Study of the Majjhima-nikāya,* 2 Vols, Taipei: Dharma Drum Publishing Corporation.

Braarvig, Jens Erland
［1993］ *Akṣayamatinirdeśasūtra*, 2 Vols, Oslo: Solum Forlag.

Chung, Jin-il
［2008］ *A Survey of the Sanskrit Fragments Corresponding to the Chinese Saṃyuktāgama* （雑阿含経相当梵文断片一覧）, Tokyo: The Sankibo Press.
［2009］ "Ein drittes und ein viertes *Daśabala-Sūtra*" 『三康文化研究所年報』 40, (1)-(32).

Chung, Jin-il & Fukita Takamichi
［2011］ *A Survey of the Sanskrit Fragments Corresponding to the Chinese Madhyamāgama: Including References to Sanskrit Parallels, Citations, Numerical Categories of Doctrinal Concepts, and Stock Phrases*, Tokyo: The Sankibo Press.

de Jong, J.W.
［1979］ *Buddhist Studies by J.W. de Jong*, ed., by Gregory Schopen, California: Asian Humanities Press.

Deleanu, Florin
［2006ab］ *The Chapter on the Mundane Path (Laukikamārga) in the Śrāvakabhūmi: A Trilingual Edition (Sanskrit, Tibetan, Chinese), Annotated Translation, and Introductory Study,* 2 vols. Tokyo: The International Institute of Buddhist Studies.

Dietz, Siglinde
［1984］ *Fragmente des Dharmaskandha: ein Abhidharma-Text in Sanskrit aus Gilgit.* Göttingen: Vandenhoeck & Ruprecht.

Diwakar Acharya
［2013］ "How to behave like a Bull? New Insight into the Origin and Religious Practices of Pāśupatas", *Indo-Iranian Journal,* 56-2, 101-131.

Gokhale, V.V.
［1947］ "Fragments from the *Abhidharma-samuccaya* of Asaṅga", *Journal of Royal Asiatic Society*, New Series 23, Bombay Branch, 1947, 13-38.

Harrison, Paul
［2007］ "A Fragment of the **Saṃbādhāvakāśasūtra* from a Newly Identified *Ekottarikāgama* Manuscript in the Schøyen Collection", *Annual Report of the International Research Institute for Advanced Buddhology at Soka University,* 10, 201-211.

Hartman, Jens-Uwe
［2004］ "Contents and Structure of the of the Dīrghāgama of the (Mūla-)Sarvāstivādins", *Annual Report of The International Research Institute for Advanced Buddhology at Soka University,* 7, 119-137.

Hinüber, Oskar von
［2015］ "An Inscribed Avalokiteśvara from the Hemis Monastery, Ladakh", *Annual Report of The International Research Institute Advanced Buddhology at Soka University*, 18, 3-9.

Horiuchi Toshio
［2013］ "An Annotated Translation of Sūtra Passages 62 & 63 in Chapter 2 of the *Vyākhyā-yukti*: "Speaking and Listening" as Means towards the Construction of a Basis for Multicultural Coexistence", *Journal of International Philosophy*, 4, 281-288. [English version of 堀内［2013］]
［2015a］ "The Influence of the *Vyākhyāyukti* Chapter 2 on the Later Buddhist Treatises", *Proceedings of International Congress of Asian and North African Studies (ICANAS 38), ULUSLARARASI ASYA VE KUZEY AFRİKA ÇALIŞMALARI KONGRESİ (10-15 EYLÜL 2007: ANKARA)*, 195-216.
［2015b］ "*Brahmacarya*, *Paramārtha*, and *Kāma*: Interpretations and Modern Equivalents Based on the Interpretations in Chapter 2 of the *Vyākhyāyukti* with Annotated Translations of Sūtra Passages 9, 14, 17–22 & 30", *Journal of International Philosophy*, 5, 341-360. [English version of 堀内［2015］]

Ishikawa Mie
［1990］ *A Critical Edition of the Sgra sbyor bam po gnyis pa: An Old and Basic Commentary on the Mahāvyutpatti*. Tokyo: The Toyo Bunko.

Karashima Seishi
［2015］ "Who Composed the Mahāyāna Scriptures?— The Mahāsāṃghikas and *Vaitulya* Scriptures", *Annual Report of The International Research Institute Advanced Buddhology at Soka University*, 18, 113-162.

Krizer, Robert
［2005］ *Vasubandhu and the Yogācārabhūmi: Yogācāra Elements in the Abhidharmakośa-bhāṣya*. Studia Philologica Buddhica Monograph Series XVIII. Tokyo: International Institute for Buddhist Studies.

Nolot, Édith
［1999］ "Studies in Vinaya Technical Terms IV-X", *Journal of the Pali Text Society*, 25, 1-109.

Muroji Yoshihito
［1993］ *Vasubandhu's Interpretation des Pratītyasamutpāda: Eine kritische Bearbeitung der Pratītyasamutpādavyākhyā (Saṃskāra- und Vijñānavibhaṅga),* Stuttgart: Franz Steiner Verlag.
［1997］ "Guṇamati's Version of the PSAVN", Tibetan Studies（Proceedings of the 7th Seminar of the International Association for Tibetan Studies, Graz: 1995）Vol. II. 647-656.

Nance, Richard
［2012］ *Speaking for Buddhas: Scriptural Commentary in Indian Buddhism*. New York: Columbia University Press.

Obermiller, E.
［1931］［1932］ *History of Buddhism (Chos-hbyung) by Bu-ston. The Jewelry of Scripture*, 2 Vols., Heidelberg.

Skilling, Peter
［2000］ "Vasubandhu and the *Vyākhyāyukti* Literature", *Journal of the International Association of Buddhist Studies,* 23-2, 297-350.
［2013］ "Vaidalya, Mahāyāna, and Bodhisatva in India: An Essay towards Historical Understanding", *The Bodhisattva Ideal Essays on the Emergence of Mahāyāna*, Sri Lanka: Buddhist Publication Society, 69-164.

Takasaki, Jikido
［1965］ "Remarks on the Sanskrit Fragments of the *Abhidharmadharmaskandhapādaśāstra*" [See Takasaki ［2014: 165-174］]
［2014］ *Collected Papers on the Thatāgatagarbha Doctrine*, Delhi: Motilal Banarasidass.

Thurman et al.
［2004］ *Universal Vehicle Discourse Literature (Mahāyanasūtrālaṁkāra): Translated from the Sanskrit, Tibetan, and Chinese by Lozang Jamspal; editor-in-chief Robert A.F. Thurman*. New York: Columbia University Press.

Tucci, Giuseppe
［1930］ "Fragment from the *Pratītyasamutpāda-vyākhyā* of Vasubandhu", *Journal of Royal Asiatic Society*, 611-630 [= *Opera Minora*. 2 Vols. Roma: G. Bardi. 1971: 239-248]

Verhagen, Peter
［2005］ "Studies in Indo-Tibetan Buddhist Hermeneutics (4): The *Vyākhyāyukti* by Vasubandhu", *Journal Asiatique*, 293.2, 559-602.
［2008］ "Studies in Indo-Tibetan Buddhist Hermeneutics (6): Validity and Valid Interpretation of Scripture according to Vasubandhu's *Vyākhyāyukti*", *Buddhist Studies: Papers of the 12th World Sanskrit Conference*, ed., by Richard Gombrich, Cristina Scherrer-Schaub, Delhi: 233-258.

Yamabe Nobuyoshi
［1990］ "*Bīja* Theory in *Viniścayasaṃgrahaṇī*", IBK, 38-2, (13)-(15).
［2013］ "Parallel Passages between the *Manobhūmi* and the **Yogācārabhūmi* of Saṃgharakṣa", *The Foundation for Yoga Practitioners: The Buddhist Yogācārabhūmi Treatise and Its Adaptation in India, East Asia, and Tibet*, ed., By Ulrich Timme Kragh, Harvard Oriental Series, 596-737.

諸本対照表

経節番号	対応阿含	VyY	VyYT	Sūśa	Mvy
1	SA 931経等	D 40a7-; P 45b3-	D 155a6-; P 19b7-	D 17b3-; P 19a6-	2-11
2	CPS, 12.12-13	D 41b1-; P 47a1-	D 157b7-; P 22b5-	D 17b5-; P 19a7-	
3	SA 1212経等	D 42a7-; P 48a3-	D 159a1-; P 23b7-	D 17b6-; P 19b1-	
4	SA 1212経等	D 42b7-; P 48b5-	D 160b6-; P 26a3-	D 17b7-; P 19b3-	440-443, 439
5	SA 931経等	D 43a7-; P 49a5-	D 161b5-; P 27a5-	D 18a1-; P 19b3-	1291-1297
6	Saṅg	D 44a2-; P 50a3-	D 162b1-; P 28a2-	D 18a2-; P 19b5-	1298-1302
7	MA 200経等	D 44a7-; P 50b2-	D 164a3-; P 30a2-	D 18a3-; P 19b6-	1303-1307
8	SA 931経等	D 44b4-; P 50b8-	D 164b3-; P 30b3-	D 18a4-; P 19b7-	1119-1123
9	MA 65経	D 45a4-; P 51b2-	D 165a3-; P 31a4-	D 18a5-; P 19b8-	9136-9144
9'	SA 828経	D 45a7; P 51b5-	D 165a5-b1; P	D 18a6-; P 20a1-	
10	SA 1121経	D 45b3-; P 52a2-	D 166a3-; P 32a7-	D 18b1-; P 20a4-	
11	SA 243経	D 46a2-; P 52b2-	D 166b4-; P 33a1-	D 18b2-; P 20a5-	
12	SA 108経	D 46a7-; P 53a2-	D 167a6-; P 33b5-	D 18b3-; P 20a7-	
13	SA 1048経	D 46b3-; P 53a6-	D 167b4-; P 34a4-	D 18b5-; P 20a8-	2320-2322
14	SA 707経	D 47a4-; P 53b8-	D 168b6-; P 35a8-	D 18b5-; P 20b1-	
15	MA 16経	D 47b1-; P 54a7-	D 170a7-; P 36a3-	D 18b6-; P 20b2-	4746-4749
16	MA 169経	D 48a1-; P 54b8-	D 170b6-; P 37b5-	D 19a1-; P 20b4-	
17	MA 153経	D 48a3-; P 55a3-	D 171a1-; P 38a1-	D 19a1-; P 20b4-	
17'	CPS, 27c.20	D 48b4; P 55b6	-	D 19a2-; P 20b5-	
18	MA 99経	D 48b5-; P 55b8-	D 171b7-; P 39a1-	D 19a3-; P 20b6-	
19	AN, 5.55	D 48b7-; P 56a3-	D 172a5-; P 39b1-	D 19a4-; P 20b7-	2191-2197
20	SA 546経	D 49a3-; P 56a6-	D 172b4-; P 39b8-	D 19a4-; P 20b8-	2198-2201
21	MA 160経	D 49a7-; P 56b4-	D 173b5-; P 41a3-	D 19a6-; P 21a2-	
22	SA 216経	D 49b3-; P 57a1-	D 174a3-; P 41b2-	D 19a6-; P 21a3-	4163-4164
23	SA 984経	D 49b5-; P 57a4-	D 174a6-; P 41b6-	D 19a7-; P 21a3-	5390-5393
24	SA 469経	D 50a1-; P 57b1-	D 175a2-; P 42b3-	D 19b1-; P 21a5-	6964
24'	不明	D 50a4; P 57b4	D 175a7-b1; P	D 19b2-; P 21a5-	
25	SN, 38.14	D 50a5-; P 57b6-	D 175b4-; P 43a8-	D 19b2-; P 21a6-	2229-2231
25'	SA 473経	D 50a6; P 57b8-58a1	-	D 19b3-; P 21a7-	
26	MA 170経	D 50b1-; P 58a3-	D 176a4-; P 44a1-	D 19b4-; P 21a8-	
27	SA 241経	D 50b5-; P 58b1-	D 176b5-; P 44b4-	D 19b5-; P 21b1-	
28	SA 616経	D 51a2-; P 58b7-	D 177a3-; P 45a2-	D 19b5-; P 21b2-	
29	不明（SNS, I.4）	D 51a4-; P 59a3-	D 177a7-; P 45a7-	D 19b6-; P 21b2-	
30	SA 30経	D 51a6-; P 59a6-	D 177b1-; P 45b3-	D 19b6-; P 21b3-	
31	SA 264経	D 51b5-; P 59b6-	D 178b2-; P 46b5-	D 20a1-; P 21b5-	7284-7287
32	SA 834経	D 52a1-; P 60a2-	D 179a5-; P 47b2-	D 20a2-; P 21b6-	
33	SA 1246経	D 52a3-; P 60a5-	D 179b3-; P 48a1-	D 20a2-; P 21b7-	
34	MA 146経	D 52b1-; P 60b4-	D 180b7-; P 49a7-	D 20a3-; P 21b8-	
34'	（SA 883経）	D 53a6; P 61b4	D 182b3; P 51a6-7	D 20a4-; P 22a2-	
35	MA 210経	D 53b1-; P 61b8-	D 183a1-; P 51b5-	D 20a5-; P 22a3-	
36	MA 208経等	D 53b5-; P 62a6-	D 183a6-; P 52a5-	D 20a6-; P 22a4-	
37	SA 1244経	D 54a5-; P 62b7-	D 184a7-; P 53a8-	D 20a7-; P 22a5-	
38	MA 84経	D 54a7-; P 63a2-	D 184b5-; P 53b7-	D 20b1-; P 22a6-	
39	MA 195経	D 54b4-; P 63a7-	D 185a2-; P 54a4-	D 20b1-; P 22a6-	
40	AN, 4.51	D 55a3-; P 64a1-	D 185a7-; P 55a3-	D 20b2-; P 22a8-	

経節番号	対応阿含	VyY	VyYT	Sūśa	Mvy
41	MA 143経等	D 55b1-; P 64a8-	D 186a7-; P 55b4-	D 20b3-; P 22b1-	215-223, 227-228
42	SA 492経	D 55b4-; P 64b4-	D 187a6-; P 56b5-	D 20b6-; P 22b5-	
43	SA 879経	D 56a4-; P 65a6-	D 188a3-; P 57b2-	D 20b7-; P 22b6-	
44	SA 279経	D 56a7-; P 65b2-	D 188a7-; P 57b8-	D 21a1-; P 22b6-	
45	SA 916経等	D 56b4-; P 65b8-	D 189a2-; P 58b2-	D 21a1-; P 22b7-	1508-1509
46	SA 212経	D 57a3-; P 66a8-	D 189b5-; P 59a7-	D 21a4-; P 23a2-	
47	SA 379経等	D 57b2-; P 66b7-	D 191a3-; P 60b8-	D 21a5-; P 23a3-	
48	MA 163経	D 58a1-; P 67a8-	D 192b5-; P 62b4-	D 21a6-; P 23a4-	
49	MPS, 34.4	D 58a5-; P 67b6-	D 193b3-; P 63b3-	D 21a6-; P 23a5-	7048-7049
50	SA 93経	D 58b2-; P 68a3-	(D 194a2-; P 64a2-	D 21a7-; P 23a6-	7054-7055
51	SA 93経	D 58b5-; P 68a8-	D 194a4-; P 64b3-	D 21a7-; P 23a7-	
52	MA 6経	D 58b7-; P 68b4-	D 194a3-; P 64b4-	D 21b1-; P 23a8-	
53	SA 703経	D 59b2-; P 69a8-	D 196a1-; P 66a4-	D 21b3-; P 23b2-	
54	SA 295経	D 59b7-; P 69b7-	D 197b5-; P 67b2-	D 21b4-; P 23b3-	
55	Saṅg, IV.2	D 60a2-; P 70a2-	D 197b1-; P 67b6-	D 21b5-; P 23b4-	
56	SN, 44.9等	D 60a5-; P 70a7-	D 198b1-; P 68b8-	D 21b5-; P 23b5-	
57	SA 105経	D 60b1-; P 70b3-	D 198b5-; P 69a5-	D 21b6-; P 23b6-	2913-2920
58	『増一』42.1	D 61a1-; P 71a5-	D 200a2-; P 70b2-	D 21b7-; P 23b7-	8347-8356
59	SA 104経	D 61b3-; P 72a3-	D 201a6-; P 73a4-	D 22a4-; P 24a3-	
60	SA 1071経	D 62a2-; P 72b3-	D 202b7-; P 73b5-	D 22a4-; P 24a4-	
61	SA 270経	D 62b5-; P 73b1-	D 205a2-; P 76a2-	D 22a5-; P 24a5-	2320-2322, 2418-2420, 2413-2414
62	Arthvi	D 63a5-; P 74a2-	D 207a3-; P 78a5-	D 23a3-; P 25a5-	
63	Arthvi	D 64a6-; P 75a8-	D 210a7-; P 81b5-	D 23a6-; P 25a8-	
64	SA 1069経	D 65a3-; P 76a8-	D 212b3-; P 84a4-	D 23b2-; P 25b4-	
65	SA 1069経	D 64b2-; P 76b8-	D 214a2-; P 85b4	D 23b3-; P 25b5-	
66	SA 917経	D 64b4-; P 77a4-	D 214a5-; P 86a1	D 23b6-; P 25b8-	7016-7023
67	MA 119経	D 66a7-; P 78a3-	D 217a2-; P 89a1	D 23b7-; P 26a2-	7024-7026
68	SA 639/36経	D 68a1-; P 80a3-	D 219b6-; P 92a6-	D 24a3-; P 26a5-	
69	SA 770経	D 68b6-; P 81a4-	D 221b5-; P 94a8-	D 24a4-; P 26a7-	7027
70	SA 991/1063経	D 69a5-; P 81b4-	D 223a1-; P 95b7-	D 24a7-; P 26b2-	7029, 7028
71	MA 199経	D 69a6-; P 81b6-	D 223a5-; P 96a4-	D 24b1-; P 26b4-	
72	SA 241経	D 69b4-; P 82a5-	D 223b5-; P 96b5-	D 24b4-; P 26b7-	
73	MA 130経	D 69b5-; P 82a7-	D 224a1-; P 97a1-	D 24b6-; P 27a2-	8709-8712
74	SA 931経	D 69b7-; P 82b1-	D 224a3-; P 97a3-	D 24b7-; P 27a3-	1621,1619, 1622-1627
75	SA 109経	D 70a5-; P 82b7-	D 225a2-; P 98a4-	D 25a1-; P 27a5-	
76	Iti, 88	D 70a7-; P 83a3-	D 225a6-; P 98b2-	D 25a2-; P 27a6-	
77	SA 217経	D 70b3-; P 83a7-	D 225b2-; P 98b6-	D 25a4-; P 27a8-	7035-7038
78	SA 1306等	D 70b6-; P 83b3-	D 226a1-; P 99a5-	D 25a5-; P 27b2-	1102-1111
79	SA 931経	D 71b6-; P 84b5-	D 227b3-; P 101a4-	D 25a6-; P 27b3-	2844-2848
80	SA 275経	D 72a4-; P 85a3-	D 228a4-; P 101b6-	D 25b1-; P 27b6-	
81	SA 275経	D 73a4-; P 86a5-	D 230a1-; P 103b7-	D 25b7-; P 28a5-	
82	MPS, 34.23	D 73b2-; P 85b5-	D 231a1-; P 105a2-	D 26a3-; P 28b2-	
83	SA 1070経	D 74a2-; P 87a7-	D 231a7-; P 105b3-	D 26a4-; P 28b3-	2431-2433
84	不明	D 74a5-; P 87b2-	D 232a1-; P 106a6-	D 26a5-; P 28b5-	

諸本対照表

経節番号	対応阿含	VyY	VyYT	Sūśa	Mvy
85	MA 102経	D 74a7-; P 87b5-	D 232a7-; P 106b6-	D 26b4-; P 29a4-	
86	MA 170経	D 74b4-; P 88a2-	D 233a1-; P 107b1-	D 26b5-; P 29a5-	2313-2316
87	MA 21経	D 75a2-; P 88b1-	D 233b1-; P 108a4-	D 26b6-; P 29a7-	
88	AN, 2.4.5	D 75a6-; P 88b6-	(D 234a4-; P 108b-)	D 26b7-; P 29a8-	
89	SA 254経	D 75b3-; P 89a3-	D 234a7-; P 109a6-	D 27a1-; P 29b1-	
90	MA 5経	D 75b6-; P 89a7-	D 234a4-; P 110a6-	D 27a2-; P 29b3-	5249-5250, 5252-5253
91	SA 104経	D 75b7-; P 89b1-	D 235a5-; P 110a7-	D 27a2-; P 29b3-	
92	(DA 47)	D 76a5-; P 89b8-	D 235b4-; P 110b7-	D 27a3-; P 29b5-	2493-2497
93	SA 1117経	D 76b4-; P 90a8-	D 236a5-; P 111b3-	D 27a4-; P 29b5-	
94	SA 490経	D 77b3-; P 91a8-	D 237a2-; P 112b3-	D 27a6-; P 29b8-	
95	SA 893経	D 78a6-; P 92a5-	D 238b2-; P 114a8-	D 27b2-; P 30a4-	
96	(MA 191経)	D 78b5-; P 92b5-	D 239b1-; P 115a8-	D 27b4-; P 30a7-	
97	AN, 1.6.3	D 79a7-; P 93a8-	D 240a7-; P 116b2-	D 27b5-; P 30b1-	2435-2439
98	AN, 3.6.56	D 80a1-; P 94a3-	D 241a3-; P 117a8-	D 28a1-; P 30b4-	2442-2443
99	CPS, 16.12ff.	D 80a4-; P 94a8-	D 241b2-; P 117b7-	D 28a2-; P 30b6-	
100	SA 11経	D 81a5-; P 95b3-	D 243a1-; P 119b3-	D 28a6-; P 31a2-	
101	SA 289経	D 81b7-; P 96a6-	D 244a1-; P 120b6-	D 28b1-; P 31a6-	
102	SA 1173経	D 82a6-; P 96b5-	D 245a4-; P 122a5-	D 28b3-; P 31a8-	
103	MA 1経	D 82b1-83b4; P 96b8-98a7	D 245b2-247b6; P 122b3-125a8	D 28b6-29a1; P 31b4-6	1267-1278

＊阿含の詳細は各経節の訳註を見られたい。
『増一』は、巻数、経番号で示している。
表のレイアウトの都合上、ここでは以下の略号を用いている。
SA:『雑阿含』
MA:『中阿含』

図表1：修行の階梯

```
三賢                        ― 順解脱分
四善根（煖・頂・忍・世第一法） ― 順決択分
見道 ― 預流向        ┐
       預流果        │
       一来向        │
       一来果        ├ 有学
修道   不還向        │
       不還果        │
       阿羅漢向      ┘
無学道 ― 阿羅漢果    ―   無学
```

図表2：三界九地

```
       ┌ 欲界 ― 散地                       ┐
       │         初静慮（初禅）┌ 未至定¹   │
       │                       └ 根本定    │
三界 ─ ┤ 四静慮  第二静慮（二禅）           ├ 九地
       │         第三静慮（三禅）           │
       │         第四静慮（四禅）           │
       │         ┌ 空無辺処                │
       └ 四無色定 ┤ 識無辺処                │
                 │ 無所有処                │
                 └ 非想非非想処（有頂天）  ┘
```

図表3：三界九地と五受

```
       ┌ 欲界 ―       苦・楽・憂・喜・捨
       │        ┌ 初禅 ― 喜・楽・捨
三界 ─ ┤ 色界   │ 二禅 ― 喜・捨
       │ (四禅) ┤ 三禅 ― 楽・捨
       │        └ 四禅 ― 捨
       └ 無色界 ―     捨
```

---

1 初静慮の近分定のこと。なお、第二静慮以下には近分定と根本定がある。

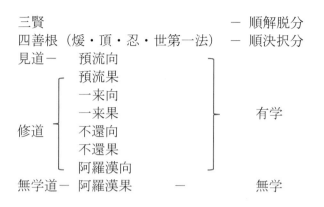

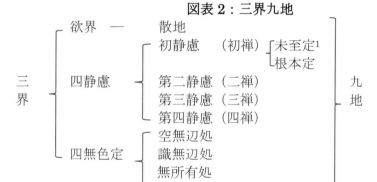

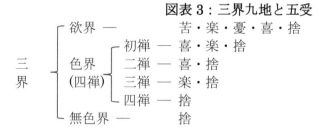

経句索引

和梵

あ

愛着した sakta 42
明らかでない avyakta 53
悪 pāpa 142
悪臭 durgandha 38
悪の性質を持つ pāpadharma 24
悪・不善の法 pāpakā akuśalā dharmāḥ 184
悪魔の束縛 *mārabandhana 28
悪魔の縄*mārapāśa 28
悪しき智慧を持つ*duṣprajña 54
汗と垢によって得られた svedamalāvakṣipta 91
新しい〔感受〕を生じさせなくしよう navāṃ notpādayiṣyāmi 157
遍く満足する*pari√tuṣ 130
荒々しい言葉*pāruṣya 130
粗い kaṭuka 47
阿羅漢 arhat 1, 16
あら探しをせず anupārambhaprekṣin 120
哀れみがない*adayāpanna 50
安息*ā√śvas 9
安定していない anāśvāsika 54
安寧 hita 88
安寧と安楽 hitasukha 88
安穏 kṣema 174
安楽 sukha 88, 157
安楽の異熟となる sukhavipāka 93
安楽の引き起こし sukhāsvādadhāra 74

怒り*dveṣa 129
維持 yāpanā 157
いそしむ pradadhāti 99
依存しない aniśrita 123, 125
一意専心*ekāgra 82; ekāgracitta 120, 125
一丸となって燃える ekajvālībhūto dhyāyati 174
慈しみを伴った心 maitrīsahagata citta 80
糸が断たれた chinnaplotika 19
意に反する pratikūla 38
意に反することがない apratikūla 123, 125
意のままに行う*yathākāmakaraṇīya 28
意欲を生ずる chandaṃ janayati 99
意を傾けて samāvarjitamānasa 120
因縁 nidāna 198
隠蔽（覆）*mrakṣa 129

有 sat 96
飢えを止める jighatsoparati 157
受け入れない adhivāsayati, na 166
受け取った upādatta 195
有上 sottara 96
渦 āvarta 151
疑いがない*niṣkāṅkṣa 109
打たれた tāḍita 145
内側が腐っている antaḥ(/r)pūti 24
内なる垢*antara mala 149
内なる怨敵 *antara pratyamitra 149
内なる対立者 *antara sapatna 149
内なる敵対者 *antara prativādin 149
海*samudra 45
有を有であると、無も無であると 52
蘊を尽きさせる *skandhakṣaya 170

永久 śāśvata 56
鋭敏な智慧〔を持つ〕tīkṣṇaprajña 152
穢（≒煩悩）がない anaṅgaṇa 62
益心 hitacitta 115
益をなす arthakara 177
壊苦性 vipariṇāmaduḥkhatā 49
厭離 nirvid169
厭離する nirvidyate 192
遠離の利点 pravivekānuśaṃsa 189

大いなる享受 mahābhoga 59
大きな智慧〔を持つ〕mahāprajña 152
多くの財 mahādhana 59
多くの集団の筆頭に立っている mahatā gaṇena saṃpuraskṛta 101
多くの人に崇敬される sādhurūpasaṃmato bahujanasya 101
起き上がることと努力によって獲得された utthānavīryādhigata 50
傲る mada 157
推し量れない atarkya 102
汚染されている kaśaṃbakajāta 24
恐れによって恐怖する者に救護をなさない者 akṛtabhayabhīrutrāṇa 142
恐ろしい*luddha 142
衰える*viśīrṇa 165
思う*√cint 197
愚か bāla 53, 54

か

我 ātman 174
害意がない avyābādha 80
快適な住 sparśavihāratā 157
戒論 śīlakathā 189
戒を受持して住する śīlaṃ samādāya vartate 177
害をもたらす anarthopasaṃhita 38
覚 buddhi 84
確実に心に入らせる 130
獲得*√labh 27
獲得によって〔さらなる〕獲得を貪求する lābhena lābhaniṣpādanā 175
欠くところがない akhaṇḍa 146
確立した sthita 62
飾る maṇḍana 157
呵責しないで anavasādayat 115
我所（我がもの）ātmīya 174
家長を尊崇する kulajyeṣṭhāpacāyaka 177

渇愛（渇望）*tṛṣṇā 109,182
渇愛（渇望）を尽きさせる *tṛṣṇākṣaya 170
確固 dhruva 56, 91
確固としていない adhruva 54
過度に語らない ati√jalp, na 130
枯れる*śoṣita 165
変わらない性質のもの avipariṇāmadharman 56
観*vipaśyanā 186
考える*cintayati 72
歓喜させ harṣayat 115
歓喜心 hṛṣṭacitta 189
監守する*ā√rakṣ 78
間然するところがない acchidra 146
完全に知りたいという心を持つ ājñācitta 120
甘美 valgu 123, 125
関連して anusaṃdhi 115

起因*nidāna 35
喜悦心 muditacitta 189
疑〔蓋〕vicikitsā 33
聞きたいと願って śuśrūṣamāṇa 120
義行 arthacaryā 44
聞く*√śru 72
聞くに値する śravaṇīya 123, 125
起源*samudaya 35
喜捨して vyavasargarata 155
来たれ見よというもの aihipaśyika 14
記別 vyākaraṇa 197
気前よく mukatyāga 155
窮乏せずに生活する 59
経 sūtra 197
浄らか paryavadāta 62
行苦性 saṃskāraduḥkhatā 49
教主の説示のとおりに行う śāstuḥ śāsanakara 186
教団を持つ saṃghin 101
行（意志）によって持せられる saṃskārābhinigṛhīta59
凶暴 raudra 50
虚言 lapanā 175
巨大 mahadgata 45
規律正しく anuvidhīyamāna 120

苦*duḥkha 27, 38, 139
空屋を満たす者 bṛṃhayitṛ śūnyāgārāṇām 186
空虚*tuccha 52
苦苦性 duḥkhaduḥkhatā 49
苦の異熟を持つ duḥkhavipāka 184
愚昧 mūḍha 53, 54
愚昧でない*asaṃmūḍha 82
苦しい duḥkha 47
苦しんで住する 30
苦を尽きさせる *duḥkhakṣaya 170
苦を伴う*sa-duḥkha 30

偈 gāthā 198
軽快*praśrabdha 82
敬重する*citrī√kṛ 125
傾聴 avahitaśrotra 120, 125
毛糸玉のよう guḍaguñjikabhūta 46
激怒された roṣita 145
解脱する vimucyate 192
解脱した mukta 6
結果*phala148
結果がない*aphala 52
見*dṛṣṭi 182
眼 cakṣus 84
見解という病気*dṛṣṭiroga 130
現観*abhisamaya 148
堅固 dṛḍha90
賢者たちに呵責されない梵行者（*brahmacārin） 186
賢者と識者によって知られる paṇḍitavijñavedanīya 102
現証する*sākṣāt√kṛ 72
健全心 kalyacitta 189
現に見られる sāṃdṛṣṭika 14
顕了 vivṛta19
堅牢 sāravat 90

業*karma 182
後悔 vipratisāra 142
後悔がない*niṣkaukṛtya 109
恒久 sthira 90
考察する者 mīmāṃsaka 67
考察に従う mīmāṃsānucarita 67

広大 vipula 80
業の相続者 karmadāyāda 168
広博な智慧〔を持つ〕pṛthuprajña 152
口論 bhaṇḍana 144
口論された bhaṇḍita 145
業を準拠とする karmapratisaraṇa 168
業を母胎とする karmayonīya 168
業を我がものとする karmasvaka 168
超えない ati√sṛ, na 130
五蓋 pañca nivaraṇāni 33
心が精神統一された samāhita citta 61
心が一つとなることを証得していない cetasa ekotībhāvādhigata, na 59
心のかたくなさと隠蔽の基盤 cetaḥkhilamrakṣavastu 129
心を策励する cittaṃ pragṛhṇāti 99
国土の食事を無駄に食さない amoghaṃ rāṣṭrapiṇḍam paribhuṅkte 186
固執していない aparāmṛṣṭa 146
後世（来世）abhisaṃparāya 70, 142
後世（来世）での生・老・死 āyatyāṃ jātijarāmaraṇa 184
後世（来世）での諸の漏を防護する sāṃparāyikāṇāṃ setusamudghāta 104
固着 vinibandha 43
固著 adhyavasāna 43
固著した adhyavasita 43
固著してしまっている adhyavasānam āpanna 42
この身体をとどめる asya kāyasya sthiti 157
好ましくない amanāpa 47
この世（現法）での諸の漏を防護する dṛṣṭadhārmikāṇām āsravāṇāṃ saṃvara 104
この世とかの世における罪に恐れを見る ihaloke paraloke 'vadye bhayadarśin 177
これは私である eṣo 'ham asmi 195
これは私のものである etan

mana 195
これは私の自己（我）である eṣa me ātmā 195
殺し・一々殺すことに固守する hataprahataniviṣṭa 50
根基が深い*gambhīranemi 49
昏絶した mūrcchita 42
惛沈睡眠〔蓋〕styāna-middha 33
困難なしに得る人 akṛcchra-lābhin 164

さ
罪悪感のない人々を折伏する durmaṅkūnāṃ pudgalānāṃ nigraha 104
斎戒を持する upavāsam upavasati 177
罪垢*kilbiṣa 142
作意（傾注）する*manasi√kṛ 125,197
〔輪廻での〕再生〔をもたらす〕paunarbhavika 184
災厄を伴う*upadrava, sa- 30
詐取 kuhanā 175
詐佯 naiṣpeṣikatva 175
悟りがたい duravabodha 102

死 maraṇa 142
死*cyuti 70
弛緩しない*asaṃlīna 82
刺激のある khara 47
自己の目的への手段に従事している svakārthayogam anuyukta 186
自己を軽んじず ātmānam aparibhavat 120
自己を帰依処とする ātmaśaraṇa 135
自己を洲（島）とする ātmadvīpa 135
仕事をなす kṛtyakara 177
自賛しない ātmānam utkarṣayati, na 115
四正勤（四正断） catvāri samyak-prahāṇāni/pradhānāni 99
慈心 maitracitta 115
静まりが得られた道ではない pratiprasrabdha(/i)labdhamārga, na 59
自説 udāna198
親しんだ āsevita 31
四証浄 catvāra avetyaprasādāḥ 59
しっかり掘られた sunikhāta 90
しっかり知る*ā√jñā 130
支配された*vaśagata 28
支配下に少しく置かれた*āvaśagata 28
自分の弁舌を持っている svayaṃpratibhānika 66
しぼむ*cūrṇībhūta 165
寂静*√śam9
寂静ではない śānta, na 59
寂静となった vyupaśānta108
寂滅 upaśama 66
捨施を完成する tyāgasaṃpanna 155
邪法によって束縛されている mithyādharmaparīta 187
沙門ではないのに沙門であると自称する aśramaṇaḥ śramaṇapratijña 24
沙門の災厄*śramaṇopadrava 184
沙門を尊敬する śrāmaṇya 177
重頌 geya 197
熟考する*tulayati 72
臭気 āmagandha 38
自由自在 bhujiṣya 146
集団の師 gaṇācārya 101
集団を持つ gaṇin 101
熟慮する*upaparīkṣate 72
熟練 nipuṇa 102
熟練していない*akuśala 53
修した bhāvita 31
手中に入った*hastagata 28
出離 naiṣkramya 189
出離した ni[ḥ]sṛta 6
出離の智慧〔を持つ〕 niḥsaraṇaprajña 152
出離をもたらすもの nairyāṇika 16
準拠すべきものがある pratiśaraṇa, sa- 16
順に anupūrva 115
順応する ānulomika 126
上〔位の生存領域〕へ赴かせる ūrdhvagāmin 92
掉挙悪作〔蓋〕 auddhatya-kaukṛtya 33
賞賛しないで utsāhayat, na 115
聖者たちの語りはこのようである evam āryānāṃ mantraṇā 130
聖者たちはこのように語る 130
清浄 pariśuddha 62
清浄品に属する vyavadānapakṣya 189
常精進者の支分の集まり nipakasyāṅgasaṃbhāra 126
常住 nitya 56, 174
聖ではない anārya 38
〔生〕天論 svargakathā 189
正等覚 samyaksaṃbuddha 1, 16
正等菩提に赴くもの saṃbodhigāmin 16
承認した upagata 195
勝妙ではない praṇīta, na 59
正理を行じている nyāyapratipanna 21
諍論 vigraha 144
除却する vinodayati 166
除去 vyantībhāva 66
除去する vyantīkaroti 166
尽 kṣaya 66
瞋恚〔蓋〕pratigha 33
深遠 gambhīra 102
深遠に顕れている gambhīrāvabhāsa 102
信仰していない者たちを信仰させる anabhiprasannānām abhiprasāda 104
信仰している者たち〔の信仰〕を増進させる abhiprasannānāṃ bhūyobhāva 104
信じる 130
甚深な智慧〔を持つ〕 gambhīraprajña 152
迅速な智慧〔を持つ〕āśuprajña 152
身体が滅して後、悪しき生存領域（悪趣）に赴く 30
神通の境界 ṛddhiviṣaya 75
信頼する prasīdati 76
信を生じさせる 130

随順して anusahita 115
随煩悩を離れた vigatopa-kleśa 62
鋭い tīvra 47

正常で消化力のある胃袋を持った samayā pācanyā (/ samavipacanayā) grahaṇyā samanvāgata 163
精神統一された*samāhita 82
清涼となった śītībhūta 108
精励する vyāyacchate 99
世間解 lokavid 1
施主 dānapati 74
世尊 bhagavat 1
殺生者 prāṇātipātika 50
説法者に対する尊敬を確立して dharmabhāṇake pudgale gauravam upasthāpya 120
説法者を軽んじず dharma-bhāṇakaṃ pudgalam apari-bhavat 120
施物における分配を喜ぶ dāne saṃvibhāgarata 155
施論 dānakathā 189
世話した kelāyita 195
善 kuśala 142
善行 kuśalacaryā 44
染著 saṃrāga 43
全神経を集中させる sarva-cetasā samanvā√hṛ 120, 125, 161
善逝 sugata 1
善の流入 kuśalābhiṣyanda 74

装飾 vibhūṣaṇa 157
雑染と清浄 saṃkleśavyava-dāna 189
雑染を持つ sāṃkleśya 184
僧団の快適な住 saṃghasya sparśavihāra 104
僧団の品位 saṃghasuṣṭhutā 104
僧団を摂益する saṃghasaṃ-graha 104
争論 kalaha 144
尊敬する*sat√kṛ 125
尊敬して satkṛtya115, 120
尊重する*guru√kṛ 125

た

諦*satya 75
怠惰（放逸）pramāda 172
絶えず献げる yāyajūka 79
絶えず修定する者 anirākṛto dhyāyin 186
宝のような智慧を持つ pra-jñāratnasamanvāgata 78
卓越した法の説示 sāmut-karṣika-dharmadeśanā 189
巧みな pradakṣiṇa 126
正しく愛好した sujuṣṭa 98
正しく行じている suprati-panna 21
正しく作意（傾注）した su-manasikṛta 98
正しく知った suvidita 98
正しく説明された suprave-dita 98
正しく通達した suprativid-dha 98
正しく説かれた svākhyāta 14, 16, 19
正しく見た sudṛṣṭa 98
正しく楽に消化する samyak sukhena paripākaṃ √gam 163
正しく・よく示された samyak suprakāśita 19
断つ prajahāti 166
他人をけなさない parān paṃsayati, na 115
食べ、飲み、咀嚼し、味わったもの aśitapītakhāditāsvā-dita 163
他を帰依処としない an-anyaśaraṇa 135
他を州としない ananyadvīpa 135
団結している saṃstūpa 16

智 jñāna 84
智慧によって洞察する*pra-jñayā pratividhyati 72
近づけるもの aupanāyika 14
力 bala 157; pratibala 91
智者たちに称賛された vi-jñapraśastāni 146
智者たちに非難されない agarhitāni vijñais 146
智者によって自内証されるべきもの pratyātmavedanīyo vijñaiḥ 14
父を尊敬する pitṛjña 177
致命的な prāṇahārin 47
調御する*√dam 78
聴衆に合わせて yathāparṣad 115
調御*√dam 9

冷たすぎず熱すぎず随時快適で害がない nātyuṣṇa-nāti-śīta-avyābādha-ṛtusukha 163

定立する santiṣṭhate 76
手が血まみれ rudhirapāṇi 50
敵意がない avaira 80
敵がない asapatna 80
適した karmaṇya 62
適切な ānucchavika 126
適切な時に 115, 120 kālena
手を差し延べて pratatapāṇi 155
天〔界〕へと導く svargasaṃ-vartana 93
天人師 śāstā devamanu-ṣyāṇām 1

統一がとれている abhinna 16
洞察する智慧〔を持つ〕 nairvedhikaprajña 152
道標 iṣikā 90
動揺しない asaṃpravedhin90
都雅で paurī 明瞭 123
解き放たれていない*apari-mukta 28
解き放つ vimucyate 76
特徴を捉える nimittam ud√grah 172
刺*kaṇṭaka71
度脱した visaṃyukta 6
飛び込ませる praskandati 76
富む āḍhya59
努力に励む vīryam ārabhate 99
貪著*lobha 109
貪著を尽きさせる *lobha-kṣaya 170
貪欲 rāga 20; ～〔蓋〕33
貪欲した rakta 42

な
直く行じている ṛjupratipanna 21
直くなった ṛjubhūta 62
波 ūrmi 151
難儀せずに得る人 akisaralābhin 164

如是語 itivṛttaka 198
如法 dhārmika 91,115
如来 tathāgata 1, 16
忍耐がない*akṣama 129

熱悩がない nirjvara 14
熱悩を伴う*sa-paridāha 30
熱悩を持つ sajvara 184
念住している *upasthitā smṛtir 82
燃焼した pradīpta 174

能力 bhavya 189
残りなき断捨 aśeṣaprahāṇa 66
望んだとおりに得る人 nikāmalābhin 164
罵られた ākruṣṭa 145

は
破戒者 duḥśīla 24
恥がない alajjātman 50
恥じらいある者たちの快適な住 lajjināṃ sparśavihāra104
はっきりとしている vispaṣṭa 123, 125
般涅槃*parinir√vā 9
果てない aparyanta 123, 125
母を尊敬する mātṛjña177
バラモンを尊敬する brāhmaṇya 177

非安寧*ahita 139
微細 sūkṣma 102
非時間的なもの ākālika 14
悲（哀れみの）心 anukampācitta 115
悲嘆*śoka 27
人において判断（判断基準）を保持してはならない pudgale pramāṇam udgṛhṇātu, mā 141
人を判断（評価）してはならない pudgalaṃ pramiṇotu, mā 141
非難されないこと anavadyatā 157
非法（正しくないこと）への貪欲を貪っている adharmarāgarakta 187
譬喩 avadāna 198
貧困ではない 59
敏速な智慧〔を持つ〕javanaprajña 152
貧乏ではない 59

不正による貪著に圧倒されている viṣamalobhābhibhūta 187
福行 puṇyacaryā 44
福徳 puṇya 142
福徳の流入 puṇyābhiṣyanda 74
福徳をなす puṇyāni karoti 177
ふさわしい pratirūpa 126
不浄 aśuci 38
布施者 dāyaka 74
布施の強要 naimittikatva 175
布施を施す dānāni dadāti 177
不善*akuśala 38
仏・世尊 buddho bgagavat 1
不顛倒心 viparyāsāpagata cetas 6
不動 acala 90
不動〔な状態〕に到達した āniñjyaprāpta 62
不平を言わず asūyat, na 120
不利益（害）*anartha 27, 139
古い感受を取り除こう paurāṇāṃ vedanāṃ prahāsyāmi 157
憤怒*āghāta 129

平衡を学ぶ samatāṃ prati√pad 172
変化する性質を持っている vipariṇāmadharman 30

妨害を伴う*sa-vighāta 30
放棄 pratiniḥsarga 66
法行 dharmacaryā 44
方広 vaipulya 198
放縦 darpa 157
法と律 dharmavinaya 6
法に適って行じている anudharmapraticārin 21
法に対する尊敬を確立して dharme gauravam upasthāpya 120
法によって獲得された dharmalabdha 91
法を軽んじず dharmam aparibhavat 120
法を帰依処とする dharmaśaraṇa 135
法を聞く dharmaṃ śṛṇoti 125
法を洲とする dharmadvīpa 135
法を説く者 179
保護した gopāyita 195
保護する*√gup 78
法性によって持せられる dharmatābhinigṛhīta 59
没頭した bahulīkṛta 31
螺を吹く śaṅkhasvarasamācāra 24
梵行者ではないのに梵行者であると自称する abrahmacārī brahmacārīpratijña 24
梵行にとっての泥沼 184
梵行を資助する brahmacaryānugraha 104, 157
梵行を長くとどまらせる 104
本生 jātaka198
煩悩*kleśa27, 182
凡夫に属する pārthagjanika 66

ま
混ざらない avyavakīrṇa 115
混ざり物がない aśavala 146
まだらでない akalmāṣa 146
慢（慢心）*māna 129, 182
慢心する*√man 172
満足させ toṣayat 115
満足する*√tuṣ 130

見がたい durdarśa(/durdṛśa) 102
水のように持せられる vārivad dhṛta 59
未曾有法 adbhutadharma 198
乱れた糸（糸の網）のよう tantrajālajāta 46
道の指導者 mārgapariṇāyaka

4
道を示す者 mārgadeśika 12
道を知る者 mārgajña 12
道を説明する者 mārgākhyāyin 12
道を理解する者 mārgavid 12
明 vidyā 84
妙行 kalyāṇacaryā 44
明行足 vidyācaraṇasaṃpanna 1
命終*kālakriyā 70, 142

無 asat 96
無蓋心 vinivaraṇacitta 189
貪る 43
無上 anuttara 96
無常 anitya 54
無上正等覚 anuttarā samyaksaṃbodhi 6
無常想*anityasaṃjñā 112
無上調御丈夫 anuttaraḥ puruṣadamyasārathi 1
結ばれた granthita 42
空しい*rikta 52
無比な智慧〔を持つ〕asamaprajña 152
無病 ārogya 174
無病の本性を持つ者 arogajātīya 163
無明*avidyā 182
無量 apramāṇa 80
ムンジャ草とバルバジャ草のよう muñjabalbajajāta 46

明瞭 uttāna 19; 125
滅（抑止）nirodha 66,169
滅した（抑止された） niruddha 108
滅没 astaṃgama 66
滅没した astaṃgata 108

燃え盛った saṃprajvalita 174
燃えた ādīpta 174
目的に適った aupayika 126
求める*√arth 197
漏れている avasruta 24

や
養うこと yātrā 157
病が少ない alpābādha163
憂悩*upāyāsa 27

善く獲得する*su√labh 27
よき境遇となる saubhāgyakarin 93
よく完成された susamāpta 146
よく行じている者 *supratipanna 179
よく知る*saṃ√jñā 130
よく守護された sugupta 79
よく修習された subhāvita 79, 80
よく調御された sudānta 79
よく励まれた susamārabdha 146
欲張った gṛddha 42
欲張る parigredha 43
欲望の対象への味著と〔その〕過失 kāmānām āsvādādīnava 189
欲望の対象を主題として kāmādhikaraṇa 41
欲望を起因として kāmanidāna 41
欲望を原因として kāmahetu 41
よく保護された surakṣita 79
よく防護された susaṃvṛta 79
よく満足する*saṃ√tuṣ 130
欲求*chanda 129
悦ばせ rocayat 115

ら
羅刹 rākṣasa 151

離脱した vipramukta 6
利点がない 52
利得や尊敬や名声に依存しない aniśrito lābhasatkāraśloke 115
離貪する virajyate 192
離貪（離染）virāga 66, 169
理に適う yukta 115, 126

冷静*asaṃrambha 82
連関した sahita 115, 126

論議 upadeśa 198
論争 vivāda 144
論理家 tārkika 66
論理に属する段階にとどまっている者 tarkaparyāpannāyāṃ bhūmau sthita 66
論理の領域でない atarkāvacara 102

わ
わかりやすい vijñeya 123, 125
和敬して行じている sāmīcīpratipanna 21
私の梵行は長くとどまるであろう brahmacaryaṃ ca me cirasthitikaṃ bhaviṣyati 104
私のものが存在しないであろう na me bhaviṣyati 93
私のものとした mamāyita 195
私のものはなくなれ no ca me syāt 93
私は存在したくない no ca syām 93
私は〔存在し〕ないであろう na bhaviṣyāmi 93
ワニ grāha 151
腕力によって取得された bāhubalopārjita 91

経句索引
梵和

A

akalmāṣa まだらでない 146
akisaralābhin 難儀せずに得る人 164
*akuśala 不善 38; 熟練していない 53
akṛcchralābhin 困難なしに得る人 164
akṛtabhayabhīrutrāṇa 恐れによって恐怖する者に救護をなさない者 142
*akṣama 忍耐がない 129
akhaṇḍa 欠くところがない 146
acala 不動 90
acchidra 間然するところがない 146
agarhitāni vijñais 智者たちに非難されない 146
atarkāvacara 論理の領域でない 102
atarkya 推し量れない 102
ati√jalp, na 過度に語らない 130
ati√sṛ, na 超えない 130
*adayāpanna 哀れみがない 26
adbhutadharma 未曽有法 198
adharmarāgarakta 非法（正しくないこと）への貪欲を貪っている 187
adhivāsayati, na 受け入れない 166
adhruva 確固としていない 54
adhyavasāna 固著 43
adhyavasānam āpanna 固著してしまっている 42
adhyavasita 固著した 42
anaṅgaṇa 穢（≒煩悩）がない 62
ananyadvīpa 他を州としない 68
ananyaśaraṇa 他を帰依処としない 135
anabhiprasannānām abhiprasāda 信仰していない者たちを信仰させる 104
*anartha 不利益（害）139
anarthopasaṃhita 害をもたらす 38
anavadyatā 非難されないこと 157
anavasādayat 呵責しないで 115
anārya 聖ではない 38
anāśvāsika 安定していない 54
anitya 無常 54
*anityasaṃjñā 無常想 112
anirākṛto dhyāyin 絶えず修定する者 186
aniśrita 依存しない 123, 125
aniśrito lābhasatkāraśloke 利得や尊敬や名声に依存しない 115
anukampācitta 悲（哀れみの）心 115
anuttara 無上 96
anuttaraḥ puruṣadamyasārathi 無上調御丈夫 1
anuttarā samyaksaṃbodhi 無上正等覚 6
anudharmapraticārin 法に適って行じている 21
anupārambhaprekṣin あら探しをせず 120
anupūrva 順に 115
anuvidhīyamāna 規律正しく 120
anusaṃdhi 関連して 115
anusahita 随順して 115
antaḥ(/r)pūti 内側が腐っている 24
*antara sapatna 内なる対立者 149
*antara mala 内なる垢 149
*antara pratyamitra 内なる怨敵 149
*antara prativādin 内なる敵対者 149
aparāmṛṣṭa 固執していない 146
*aparimukta 解き放たれていない 28
aparyanta 果てない 123,125
apratikūla〔聴衆の〕意に反することがない 123, 125
apramāṇa 無量 80
*aphala 結果がない 52
abrahmacārī brahmacārīpratijña 梵行者ではないのに梵行者であると自称する 24
abhinna 統一がとれている 16
abhiprasannānāṃ bhūyobhāva 信仰している者たち〔の信仰〕を増進させる 104
abhisaṃparāya 後世 70, 142
*abhisamaya 現観 148
amanāpa 好ましくない 47
amoghaṃ rāṣṭrapiṇḍam paribhuṅkte 国土の食事を無駄に食さない 186
arogajātīya 無病の本性を持つ者 163
*√arth 求める 197
arthakara 益をなす 177
arthacaryā 義行 44
arhat 阿羅漢 1, 16
alajjātman 恥がない 26
alpābādha 病が少ない163
avadāna 譬喩 198
avasruta 漏れている 24
avahitaśrotra 傾聴 120, 125
*avidyā 無明 182
avipariṇāmadharman 変わらない性質のもの 56
avaira 敵意がない 80
avyakta 明らかでない 53
avyavakīrṇa 混ざらない 115
avyābādha 害意がない 80
aśavala 混ざり物がない 146
aśitapītakhāditāsvādita 食べ、飲み、咀嚼し、味わったもの 163
aśuci 不浄 38
aśeṣaprahāṇa 残りなき断捨 66
aśramaṇaḥ śramaṇapratijña 沙門ではないのに沙門であると自称する 24
*asaṃrambha 冷静 82
*asaṃlīna 弛緩しない82
無 asat 96
asapatna 敵がない 80

asaṃpravedhin 動揺しない 90
*asaṃmūḍha 愚昧でない 82
asamaprajña 無比な智慧〔を持つ〕 152
asūyat, na 不平を言わず 120
astaṃgata 滅没した 108
astaṃgama 滅没 66
asya kāyasya sthiti この身体をとどめる 157
*ahita 非安寧 139

Ā
ākālika 非時間的なもの 14
ākruṣṭa 罵られた 145
*āghāta 憤怒 129
*ā√jñā しっかり知る 130
ājñācitta 完全に知りたいという心を持つ 120
āḍhya 富む59
ātman 我（われ） 174
ātmadvīpa 自己を洲（島）とする 135
ātmaśaraṇa 自己を帰依処とする 135
ātmānam aparibhavat 自己を軽んじず 120
ātmānam utkarṣayati, na 自賛しない 115
ātmīya 我がもの（我所） 174
ādīpta 燃える 174
āniñjyaprāpta 不動〔な状態〕に到達した 62
ānucchavika 適切な 126
ānulomika 順応する 126
āmagandha 臭気 38
āyatyāṃ jātijarāmaraṇa 後世（あの世）での生・老・死 184
*ā√rakṣ 監守する 78
ārogya 無病 174
āvarta 渦 151
*āvaśagata 支配下に少しく置かれた 28
āśuprajña 迅速な智慧〔を持つ〕 152
*ā√śvas 安息 9
āsevita 親しんだ 31

I
itivṛttaka 如是語 198
iṣikā 道標 90
ihaloke paraloke 'vadye bhayadarśin この世とかの世における罪に恐れを見る 177

U
uttāna 明瞭 19
utsāhayat, na 賞賛しないで 115
utthānavīryādhigata 起き上がることと努力によって獲得された 91
udāna 自説198
upagata 承認した 195
upadeśa 論議 198
*upadrava, sa- 災厄を伴う 30
*upaparīkṣate 熟慮する 72
upavāsam upavasati 斎戒を持する 177
upaśama 寂滅 66
*upasthitā smṛti 念住している 82
upādatta 受け取った 195
*upāyāsa 憂悩 27

Ū
ūrdhvagāmin 上〔位の生存領域〕へ赴かせる 92
ūrmi 波 151

Ṛ
ṛjupratipanna 直く行じている 21
ṛjubhūta 直くなった 62
ṛddhiviṣaya 神通の境界 75

E
ekajvālībhūto dhyāyati 一丸となって燃える 174
*ekāgra 一意専心 82
ekāgracitta 一意専心 120, 125
etan mama これは私のものである 195
evam āryānāṃ mantraṇā 聖者たちの語りはこのようである 130

eṣa me ātmā これは私の自己である 195
eṣo 'ham asmi これは私である 195

AI
aihipaśyika 来たれ見よというもの 14

AU
auddhatya-kaukṛtya 掉挙悪作〔蓋〕 33
aupanāyika 近づけるもの 14
aupayika 目的に適った 126

K
kaṭuka 粗い 47
*kaṇṭaka 刺 71
*karma 業 182
karmaṇya 適した 62
karmadāyāda 業の相続者 168
karmapratisaraṇa 業を準拠とする 168
karmayonīya(/-yoni)業を母胎とする 168
karmasvaka 業を我がものとする 168
kalaha 争論 144
kalyacitta 健全心 189
kalyāṇacaryā 妙行 44
kaśaṃbakajāta 汚染されている 24
kāmanidāna 欲望を起因として 41
kāmahetu 欲望を原因として 41
kāmādhikaraṇa 欲望の対象を主題として 41
kāmānām āsvādādīnava 諸の欲望の対象への味著と〔その〕過失 189
*kālakriyā 命終 70, 142
kālena 適切な時に 115,120
*kilbiṣa 罪垢 142
kulajyeṣṭhāpacāyaka 家長を尊崇する 177
kuśala 善 142
kuśalacaryā 善行 44
kuśalābhiṣyanda 善の流入 74
kuhanā 詐取 175

kṛtyakara 仕事をなす 177
kelāyita 世話した 195
*kleśa 煩悩 27, 182
kṣaya 尽 66
kṣema 安穏 174

KH
khara 刺激のある 47

C
cakṣus 眼 84
catvāra avetyaprasādāḥ 四証浄 59
catvāri samyak-prahāṇāni/pradhānāni 四正勤（四正断） 99
cittaṃ pragṛhṇāti 心を策励する 99
*citrī√kṛ 敬重する 125
*√cint 思う 197
*cintayati 考える 72
*cūrṇībhūta しぼむ 165
cetasa ekotībhāvādhigata, na 心が一つとなることを証得していない 59
cetaḥkhilamrakṣavastu 心のかたくなさと隠蔽の基盤 129
*cyuti 死 70

CH
*chanda 欲求 129
chandaṃ janayati 意欲を生ずる 99
chinnaplotika 糸が断たれた 19

G
gaṇācārya 集団の師 101
gaṇin 集団を持つ 101
gambhīra 深遠 102
gambhīraprajña 甚深な智慧〔を持つ〕 152
gambhīrāvabhāsa 深遠に顕れている 102
*gambhīra-nemi 根基が深い 90
gāthā 偈 198
guḍaguñjikabhūta 毛糸玉のよう 46
*√gup 保護する 78
*guru√kṛ 尊重する 125
gṛddha 欲張った 42
geya 重頌 197
gopāyita 保護した 195
granthita 結ばれた 42
grāha ワニ 151

J
javanaprajña 敏速な智慧〔を持つ〕 152
jātaka 本生198
jighatsoparati 飢えを止める 157
jñāna 智 84

T
tathāgata 如来 1, 16
tantrajālajāta 乱れた糸（糸の網）のよう 46
tarkaparyāpannāyāṃ bhūmau sthita 論理に属する段階にとどまっている者 66
tāḍita 打たれた 145
tārkika 論理家 66
tīkṣṇaprajña 鋭敏な智慧〔を持つ〕 152
tīvra 鋭い 47
*tuccha 空虚 52
*tulayati 熟考する 72
*√tuṣ 満足する 130
*tṛṣṇā 渇愛（渇望） 109, 182
*tṛṣṇākṣaya 渇愛（渇望）を尽きさせる 170
toṣayat 満足させ 115
tyāgasaṃpanna 捨施を完成する 155

D
*√dam 調御する 9,78
darpa 放縦 157
dānakathā 施論 189
dānapati 施主 74
dānāni dadāti 布施を施す 177
dāne saṃvibhāgarata 施物における分配を喜ぶ 155
dāyaka 布施者 74
*duḥkha 苦 27, 38, 47, 139
*duḥkha, sa-苦を伴う 30
*duḥkhakṣaya 苦を尽きさせる 170
duḥkhaduḥkhatā 苦苦性 49
duḥkhavipāka 苦の異熟を持つ 184
duḥśīla 破戒者 24
duravabodha 悟りがたい 102
durgandha 悪臭 38
durdarśa(/durdṛśa) 見がたい 102
durmaṅkūnāṃ pudgalānāṃ nigraha 罪悪感のない人々を折伏する 104
*duṣprajña 悪しき智慧を持つ 54
dṛḍha 堅固 90
dṛṣṭadhārmikāṇām āsravāṇāṃ saṃvara この世（現法）での諸の漏を防護する 104
*dṛṣṭi 見 182
*dṛṣṭiroga 見解という病気 130
*dveṣa 怒り 129

DH
dharmacaryā 法行 44
dharmatābhinigṛhīta 法性によって持せられる 59
dharmadvīpa 法を洲とする 135
dharmabhāṇakaṃ pudgalam aparibhavat 説法者を軽んじず 120
dharmabhāṇake pudgale gauravam upasthāpya 説法者に対する尊敬を確立して 120
dharmalabdha 法によって獲得された 91
dharmam aparibhavat 教法を軽んじず 120
dharmavinaya 法と律 6
dharmaṃ śṛṇoti〔教〕法を聞く 125
dharmaśaraṇa 法を帰依処とする 135
dharme gauravam upasthāpya〔教〕法に対する尊敬を確立して 120
dhārmika 如法 91, 115
dhruva 確固 56,174

N
na bhaviṣyāmi 私は〔存在し〕ないであろう 93
na me bhaviṣyati 私のものが

存在しないであろう 93
navāṃ notpādayiṣyāmi 新しい〔感受〕を生じさせなくしよう 157
nātyuṣṇa-nātiśīta-avyābādha-ṛtusukha 冷たすぎず熱すぎず随時快適で害がない 163
niḥsaraṇaprajña 出離の智慧〔を持つ〕 152
nikāmalābhin 望んだとおりに得る人 164
*nidāna 起因 35
nitya 常住 56, 174
nidāna 因縁 198
nipakasyāṅgasaṃbhāra 常精進者の支分の集まり 126
nipuṇa 熟練 102
nimittam ud√grah 特徴を捉える 172
niruddha 抑止された 108
nirodha 抑止（滅） 66,169
nirjvara 熱悩がない 14
nirvid 厭離169
nirvidyate 厭離する 192
*niṣkāṅkṣa 疑いがない 109
*niṣkaukṛtya 後悔がない 109
ni[ḥ]sṛta 出離した 6
naimittikatva 布施の強要 175
nairyāṇika 出離をもたらすもの 16
nairvedhikaprajña 洞察する智慧〔を持つ〕 152
naiṣkramya 出離 189
naiṣpeṣikatva 詐佯 175
no ca me syāt 私のものはなくなれ 93
no ca syām 私は存在したくない 93
nyāyapratipanna 正理を行じている 21

P
pañca nivaraṇāni 五蓋 33
paṇḍitavijñavedanīya 賢者と識者によって知られる 102
parān paṃsayati, na 他人をけなさない 115
parigredha 欲張る 43
*pari√tuṣ 遍く満足する 130
*paridāha, sa-熱悩を伴う 30
*parinir√vā 般涅槃 9
pariśuddha 清浄 62
paryavadāta 浄らか 62
pāpa 悪 142
pāpakā akuśalā dharmāḥ 悪・不善の法 184
pāpadharma 悪の性質を持つ 24
*pāruṣya 荒々しい言葉 130
pārthagjanika 凡夫に属する 66
pitṛjña 父を尊敬する 177
pudgalaṃ pramiṇotu, mā 人を判断（評価）してはならない 141
pudgale pramāṇam udgṛhṇātu, mā 人において判断（判断基準）を保持してはならない 141
puṇya 福徳 142
puṇyacaryā 福行 44
puṇyāni karoti 福徳をなす 177
puṇyābhiṣyanda 福徳の流入 74
pṛthuprajña 広博な智慧〔を持つ〕 152
paunarbhavika〔輪廻での〕再生〔をもたらす〕 184
paurāṇāṃ vedanāṃ prahāsyāmi 古い感受を取り除こう 157
paurī 都雅 123
prajahāti 断つ 166
*prajñayā pratividhyati 智慧によって洞察する 72
prajñāratnasamanvāgata 宝のような智慧を持つ 152
praṇīta, na 勝妙ではない 59
pratatapāṇi 手を差し延べて 155
pratikūla 意に反する 38
pratigha 瞋恚〔蓋〕 33
pratiniḥsarga 放棄 66
pratiprasrabdha(/i)labdha-mārga, na 静まりが得られた道ではない 59
pratibala 力 189
pratirūpa ふさわしい 126
pratiśaraṇa, sa- 準拠すべきものがある 16
pratyātmavedanīyo vijñaiḥ 智者によって自内証されるべきもの 14
pradakṣiṇa 巧みな 126
pradadhāti いそしむ 99
pradīpta 燃焼した 174
pramāda 怠惰（放逸） 172
pravivekānuśaṃsa 遠離の利点 189
*praśrabdha 軽快 82
prasīdati 信頼する 76
praskandati 飛び込ませる 76
prāṇahārin 致命的な 47
prāṇātipātika 殺生者 50

PH
*phala 結果 148

B
bala 力 157
bahulīkṛta 没頭した 31
bāla 愚か 53, 54
bāhubalopārjita 腕力によって取得された 91
buddhi 覚 84
buddho bgagavat 仏・世尊
bṛṃhayitṛ śūnyāgārāṇām 空屋を満たす者 186
brahmacaryaṃ ca me cirasthitikaṃ bhaviṣyati 私の梵行は長くとどまるであろう 104
brahmacaryānugraha 梵行を資助する 157
brāhmaṇya バラモンを尊敬する 177

BH
bhagavat 世尊 1
bhaṇḍana 口論 144
bhaṇḍita 口論された 145
bhavya 能力 189
bhāvita 修した 31
bhujiṣya 自由自在 146

M
maṇḍana 飾る 157
mada 傲る 157
*√man 慢心する 172
*manasi√kṛ 作意（傾注）す

る　125, 197
mamāyita 私のものとした　195
maraṇa 死 142
mahatā gaṇena saṃpuraskṛta 多くの集団の筆頭に立っている　101
mahadgata 巨大　80
mahādhana 多くの財　59
mahāprajña 大きな智慧〔を持つ〕　152
mahābhoga 大いなる享受　59
mātṛjña 母を尊敬する 177
*māna 慢（慢心）　129,182
*mārapāśa 悪魔の縄　28
*mārabandha 悪魔の束縛　28
mārgajña 道を知る者　12
mārgadeśika 道を示す者　12
mārgapariṇāyaka 道の指導者　12
mārgavid 道を理解する者 12
mārgākhyāyin 道を説明する者　4
mithyādharmaparīta 邪法によって束縛されている 187
mīmāṃsaka 考察する者　66
mīmāṃsānucarita 考察に従う　66
muñjabalbajajāta ムンジャ草とバルバジャ草のよう　46
mukta 解脱した　6
mukatyāga 気前よく　155
muditacitta 喜悦心　189
mūḍha 愚昧　53, 54
mūrcchita 昏絶した　42
maitracitta 慈心　115
maitrīsahagata citta 慈しみを伴った心　80
*mrakṣa 隠蔽（覆）　129

Y
*yathākāmakaraṇīya 意のままに行う　28
yathāparṣad〔聴〕衆に合わせて　115
yātrā 養うこと　157
yāpanā 維持　157
yāyajūka 絶えず献げる　155
yukta 理に適う　115,126

R
rakta 貪欲した　42
rākṣasa 羅刹　151
rāga 貪欲　20; ～〔蓋〕33
*rikta 空しい　52
rudhirapāṇi 手が血まみれ　26
rocayat 悦ばせ　115
roṣita 激怒された　145
raudra 凶暴　50

L
lajjināṃ sparśavihāra 恥じらいある者たちの快適な住　104
lapanā 虚言　175
*√labh 獲得　27
lābhena lābhaniṣpādanā 獲得によって〔さらなる〕獲得を貪求する　175
*luddha 恐ろしい　142
lokavid 世間解　1
*lobha 貪著　109
*lobhakṣaya 貪著を尽きさせる　170

V
valgu 甘美 123, 125
*vaśagata 支配された 28
vārivad dhṛta 水のように持せられる　59
vigatopakleśa 随煩悩を離れた　62
vigraha 諍論　144
*vighāta, sa- 妨害を伴う　30
vicikitsā 疑〔蓋〕　33
vijñapraśastāni 智者たちに称賛された　146
vijñeya わかりやすい 123, 125
vidyā 明　84
vidyācaraṇasaṃpanna 明行足　1
vinibandha 固着　43
vinivaraṇacitta 無蓋心 189
vinodayati 除却する　166
vipariṇāmaduḥkhatā 壊苦性　49
vipariṇāmadharman 変化する性質を持っている　54
viparyāsāpagata cetas 不顛倒心　6
*vipaśyanā 観　186
vipula 広大　80
vipratisāra 後悔　142
vipramukta 離脱した　6
vibhūṣaṇa 装飾　157
vimucyate 解き放つ　76; 解脱する　192
virajyate 離貪する　192
virāga 離貪（離染）　66,169
vivāda 論争　144
vivṛta 顕了　19
*viśīrṇa 衰える　165
viṣamalobhābhibhūta 不正による貪著に圧倒されている　187
visaṃyukta 度脱した　6
vispaṣṭa はっきりとしている　123, 125
vīryam ārabhate 努力に励む　99
vaipulya 方広　198
vyantīkaroti 除去する 166
vyantībhāva 除去　66
vyavadānapakṣya 清浄品に属する　189
vyavasargarata 喜捨して　155
vyākaraṇa 記別　197
vyāyacchate 精励する 99
vyupaśānta 寂静となった 108

Ś
śaṅkhasvarasamācāra 螺を吹く　24
*√śam 寂静　9
śānta, na 寂静ではない　59
śāśvata 永久　56
śāstā devamanuṣyāṇām 天人師　1
śāstuḥ śāsanakara 教主（＝仏）の説示のとおりに行う　186
śītībhūta 清涼となった　108
śīlakathā 戒論　189
śīlaṃ samādāya vartate 戒を受持して住する　177
śuśrūṣamāṇa 聞きたいと願って　120
*śoka 悲嘆　27
*śoṣita 枯れる　165
*śramaṇopadrava 沙門の災厄

184
śravaṇīya 聞くに値する 123, 125
śrāmaṇya 沙門を尊敬する 177
*√śru 聞く 72

S
saṃkleśavyavadāna 雑染と清浄 189
saṃghasaṃgraha 僧団（サンガ）を摂益する 104
saṃghasuṣṭhutā 僧団の品位 104
saṃghasya sparśavihāra 僧団の快適な住 104
saṃghin 教団を持つ 101
saṃrāga 染著 43
saṃskāraduḥkhatā 行苦性 49
saṃskārābhinigṛhīta 行（意志）によって持せられる 59
saṃstūpa 団結している 16
*saṃ√jñā よく知る 130
*saṃ√tuṣ よく満足する 130
saṃprajvalita 燃え盛る 174
saṃbodhigāmin 正等菩提に赴くもの 16
sakta 愛着した 42
sajvara 熱悩を持つ 184
*sat√kṛ 尊敬する 125
satkṛtya 尊敬して 115, 120
*satya 諦 148
santiṣṭhate 定立する 76
samatām prati√pad 平衡を学ぶ 172
samayā pācanyā (/sama-vipacanayā) grahaṇyā samanvāgata 正常で消化力のある胃袋 163
samāvarjitamānasa 意を傾けて 120
*samāhita 精神統一された 82
samāhita citta 心が精神統一された 61
*samudaya 起源 35
*samudra 海 45
samyak sukhena paripākaṃ √gam 正しく楽に消化する 163
samyak suprakāśita 正しく・よく示された 19
samyaksaṃbuddha 正等覚 1, 16
sarvacetasā samanvā√hṛ 全神経を集中させる 120, 125, 161
sahita 連関した 115,126
*sākṣāt√kṛ 現証する 72
sāṃkleśya 雑染を持つ 184
sādhurūpasaṃmato bahujanasya 多くの人に崇敬される 101
sāṃdṛṣṭika 現に見られる 14
sāmīcīpratipanna 和敬して行じている 21
sāmutkarṣika-dharmadeśanā 卓越した法の説示 189
sāṃparāyikāṇāṃ setuasamudghāta あの世（後世）での諸の漏を防護する 104
sāravat 堅牢 90
sukha 安楽88, 157
sukhavipāka 安楽の異熟となる 93
sukhāsvādadhāra 安楽の引き起こし 74
sugata 善逝 1
sujuṣṭa 正しく愛好した 98
sudānta よく調御された 79
sudṛṣṭa 正しく見た 98
sunikhāta しっかり掘られた 90
supratipanna 正しく行じている 21; よく行じている者 179
supratividdha 正しく通達した 98
supravedita 正しく説明された 16
subhāvita よく修習された 79, 80
sumanasikṛta 正しく作意（傾注）した 98
surakṣita よく保護された 79
*su√labh 善く獲得する 27
suvidita 正しく知った 98
susaṃvṛta よく防護された 79
susamāpta よく完成された 146
susamārabdha よく励まれた 146
sūkṣma 微細 102
sūtra 経 197
saubhāgyakarin よき境遇となる 93
*skandhakṣaya 蘊を尽きさせる 170
styāna-middha 惛沈睡眠〔蓋〕 33
sthita 確立した 62
sthira 恒久 90
sparśavihāratā 快適な住 157
svargakathā〔生〕天論 189
svakārthayogam anuyukta 自己の目的への手段に従事している 186
svayaṃpratibhānika 自分の弁舌を持っている 66
svargasaṃvartana 天〔界〕へと導く 93
svākhyāta 正しく説かれた 14, 16, 19
svedamalāvakṣipta 汗と垢によって得られた 91

H
hataprahataniviṣṭa 殺し・一々殺すことに固守する 50
harṣayat 喜ばせ 115
*hastagata 手中に入った 28
hita 安寧 88
hitacitta 益心 115
hitasukha 安寧と安楽 88
hṛṣṭacitta 歓喜心 189

事項索引

()内は脚註部分のページ番号であることを示す。その他は凡例参照。

法数

二諦　(103)
二辺（苦行主義と快楽主義）　88,136,138,160
（三苦：苦苦・行苦・壊苦）　49
三学　4,12
三帰依　(1)
三結（有身見・戒禁取見・疑）　8,(11)
（三三昧：空三昧・無相三昧・無願三昧）　96,114
三相，有為の～(55),(174)
三蔵　202
三通　4
（三転〔十二行相〕）　84
三衣　(105)
三福業事 (45),(178)
三法印　78
三明　4
三量（3つの正しい認識根拠（pramāna））(67),(72)
四依　18
四向記　(116)
四向四果 (71)(94)
四識住 vijñānasthiti 162
四種類の静慮者 dhyāyin (173)
四正勤（四正断）　99,140
四摂事　18,(187)
四証浄　59,(110)
（四聖）諦 85,(86),(110),(116),(170),189,192
（四）静慮（/四禅）(5),(9),11,162,164
四善根　(13)
四相，有為の～(55),(174)
四諦十六行相　(114)
四大　166
（四）念住（/処）(136)
四暴流　137
（四）無色定 (9),162
五蓋 nivaraṇa 33,191
五見　131
五取蘊 upādānaskandha (12),(110),171,174,196
五神通　152
五怖畏　(59)
五妙欲 kāmaguṇa(83),(170)
六神通　(5)
六随念　(1)
六境　46,(161)
六根　79
七種大性 saptavidha-mahattva 203
七聖財　59
七善士趣 93
八解脱　(154)
八災患 aṣṭāpakṣāla (63)
八断行　(83)
八斎戒　(26)
八（支）聖道 4,16,(25),159,185
八等至　(9),(64),(90)
十号，如来の～　(1)
十地　202
十波羅蜜 202
十不善業道 (30),(40)
十力　202
十二分教 198
十八静慮支　(89)
（三十七菩提分法）(38),45,(136)
三阿僧祇劫　203

人名等

飲光部 Kāśyapīya, 大徳～ 37
四天王　177
波旬 pāpīyas　(2)
毘婆沙師 Vaibhāṣika (87)
文法学派 Vaiyākaraṇa (31)
アシュヴァジット（馬勝、Aśvajit）153
アーナンダ（阿難、Ānanda）(101)
アヌルッダ（Anuruddha）長老　(111)
アングリマーラ　5
ヴァイシェーシカ（勝論、Vaiśeṣika）　(18)
ヴァールカリ　(71)
ヴィシャーカ　(123),125
ヴェーヌカーティヤーヤナサゴートリー Veṇu-kātyāyanasagotrī 116
ウダーイン長老　(116)
カーティヤーヤニープトラ　43
サーンキヤ（数論）(18)
ジャーティシュローナ Jātiśroṇa 54: ～バラモン 187
シャーラドヴァティープトラ Śāradvatīputra (153)
シャーリプトラ（舎利弗）153,179
ジャンブクシャダカ 179
シュレーニカ（仙尼、Śreṇika）102
シュローナ Śroṇa　172
チャンダ Chanda　77
チュンダ Cunda　40
ナディーカーシュヤパ 5
ナンダ（難陀）　5,157
プラセーナジット(9),(159)
プーラナ・カーシュヤパ 101
ブラフマダッタ（Brahma-datta）王 (201)
マハースダルシャナ（大善見、Mahāsudarśana）163
ムールダアビシェーカ（頂生、Mūrdhābhiṣeka）(201)

ラーフラ長老　(138)
bDe ldan（具楽）48
sMra mkhas（巧説者），居士～　(199)

経論名等

縁起法頌 (153)
『苦蘊（*Duḥkhaskandha*）経』　170
『五性質を具えた言葉の解説』　128
『十万頌〔般若〕』 203
『善生（*Sujāta*）経』(198)
『天経』 112
『如来随念』　(6)
『人（*Mānuṣyaka*）経』　200
『比丘尼（*Bhikṣuṇī*）経』　100
『長寿（*Dīrghila*〔王〕）アヴァダーナ』　201
法身偈　(153)
『無諍（*Nyon mongs pa med pa*）経』　117
『六句義遍知（*Tshig gi don drug yongs su shes pa*）』(18)
『驢馬（*Gardabha*）経』　25
『ジャーティシュローナ（生聞、*Jātiśroṇa*）経』　190
『ニャグローダ経』 10
『ビンビサーラ（*Bimbisāra*）経』41
『ヨーガ知（*rNal 'byor shes pa, *Yogajñāna*）』(17)
『ラーフラ（*Rāhula*）経』　105
『*rGyan can gyi bu* 経』　140
Yogācārabhūmi　(86)
Śrāvakabhūmi　(35)
『*Svāti* 経』　14

ウッダーナ頌 65,(113)
聖教 lung, āgama 11,16,23,35,40,46,50,61,69,80,98,119,122,124,129,132,139,141
信頼すべき〔言葉〕yid ches pa　149
信頼すべき聖教 yid ches pa'i lung　165
まとめの頌 saṃgrahaśloka　20,137,138

術語

あ

悪 pāpa　143
悪行 duścarita　143
アビダルマ abhidharma　202
阿羅漢 arhat　(3),(11),(12),71,95,108
安立諦　(86)
易行道　89
異熟果　75
恚尋　(26)
一来　94
一向記　(116)
有身（集・滅）　12
有身滅の涅槃　76
有頂 bhavāgra 180,(182)
有余涅槃 sopadhiśeṣa-nirvāṇa　96
縁起　111
王法　188

か

戒 śīla　(107),(147)
戒支 śīlāṅga　(146)
害尋　26
解説 nirdeśa→概略
概略 uddeśa・解説 nirdeśa　6
学 śikṣā 105,146,184
学処 śikṣāpada　105
我見　195
我執　98
我慢 asmimāna 78,183,196
観 vipaśyanā 186; →止
喜悦（*prāmodya）106,(107),134,(191)
空性　111
倶生 sahaja 54,(195)
熏習　(32),69
解脱知見 vimuktijñānadarśana　(11),73,181
結集者 saṃgītikāra124,174
現観 abhisamaya 72,(110),148
現行 samudācāra 24,28,30,44,183
見所断　71
見道・修道　71,64
見道・修道・無学道 66,87
現法楽住 89,140,164
考察力・修習力 pratisaṃkhyānabala・bhāvanābala 71,79,167
広乗　202
語源解釈 (3),(21),31,85,(128),202
恨 upanāha 81,130,(185)
惛沈 styāna (101),122
近分定　(82),(90)
根本罪　24
根本定　82,(90)

さ

作意　33
慚・愧　24
懺悔　105
三昧 samādhi 33,100
止・観　34,135
止・挙・捨 śamatha, pragraha, upekṣā　35,83
至善 niḥśreyasa　179; →繁栄
次第説法 (116),(189)
七生　94
嫉 īrṣyā　81,(185)
習気 vāsanā74,204
師の握りこぶし ācārya-muṣṭi　15,16,20,133
遮罪　(105)
邪行　23,189
邪見　139,(185)

捨置記　(116)
邪命 59,92,156,176,178
沙門四法 145
沙門性　21,25,(52)
修習力→考察力
種子 bīja (7),(8),(110),180
種子の状態　66
修所断　72
受持 (45),105,106,177
種姓 gotra　192
出世間後得世間智 72
衆同分　56,(190)
順決択分 (13)
勝義 25,56,99,103,107,109
正行　187
勝解 25,80,87,(181),203
勝解作意 81,(87)
掉挙 auddhatya 83,100,112,158,172
掉挙悪作蓋　33
性罪 prakṛtisāvadya (105)
清浄→雑染
清浄意楽地 śuddhādhyā-śayabhūmi　203
常精進者 nipaka　126
正知→念
正命　92
小欲・知足　(153)
正理 nyāya　21
上流　94
静慮者　(65),(81),(173),184
静慮中間→中間静慮
事欲→煩悩欲
所知障　7,9
資糧　4,73,203
尋 vitarka144,146,161,167,(194)
真実作意 (81)
尽所有性・如所有性 86,103
神足月（/神変月）26
尽智　(18)
神通　64,75
真如 tathatā　73
随転因→転因
随煩悩 upakleśa 62,65,81,83,100,111
睡眠（すいみん）52,92,144
睡眠（すいめん）122
随眠 anuśaya7,15,66,(71),79,108,113,180
数力→考察力
誓戒 vrata　(147)
世俗　103
殺生　31,50,(105)
善行　143
善士 satpuruṣa　(94)
造作業 kṛta-karma　(31)
増上戒学・増上心学・増上慧学　(12),25
増上心 adhicitta 89,164
増上慢 87,111; abhimāna 8
雑染 24,38,80,109,162,185,191
僧団（サンガ）21,104
増長業 upacita-karma (31)
増益・損減 samāropa, apavāda 73
麁重 dauṣṭhulya (9),(73)
損減→増益

た
諦 10,72,104,148,173
大乗 mahāyāna　203
対治 pratipakṣa　15,81
第四静慮 62
断行　83
断道 prahāṇamārga (89)
中間静慮（静慮中間）(88)
中道　88,160
中般　94
通慧 abhijñā 154,(198)
纏 paryavasthāna 7,43,66,71,79,113
転因・随転因　36
転依　72,193
等至*samāpatti(60),(65),112
道理極成真実 yuktipra-siddha-tattva　(67)
等流果 niṣyanda-phala 74,75
得 prāpti 180,193

な
難行道　89
如所有性→尽所有性
如来　(3),(102)
如理作意 137
忍 kṣānti 87,132
人無我　(73)
涅槃　76,95,192
念・正知 79,(106),111,136,162

は
破戒　24,35,146
発露　105
バラモン法　188
繁栄・至善 abhyudaya・niḥśreyasa　45
反詰記　(116)
非安立諦 (86)
不可思議処　134
福業事　178
福徳　143,178
福徳業　74,168
福徳と智慧の資糧 puṇya-jñānasaṃbhāra　203
不死（甘露）の門 22
不浄 (19),114; ～（観）32,(87),(115)
布施 45,74,116,156,175,177,190
不善根　171
不退転　4,182
不動　(61),63
不動業　45
不放逸　60,(74),173
分別記　(116)
別解脱律儀　(10)
弁別 pravicaya　186

ほ
方広 vaipulya　201
法無我　(73),102

法性 dharmatā 60,(122),
127
法相 dharmalakṣaṇa 202
梵行 brahmacarya 35,107,
159,185
煩悩障　7,9
煩悩欲・事欲　kleśakāma,
vastukāma　42

ま
未至〔定〕　(89)
味等至　(60)
命根 jīvitendriya　48
未了義 neyārtha　198
無我　103,(134),183,194
無学 aśaikṣa 4,89,111,115
無垢の道 (25),(52)
無取涅槃 93,95,(198)
無常　54,(56),95,175
無常想　112
無生智　(18)
無貪　37
無余涅槃 (3),71,95,108;
～界　(3)
無漏の道 (25)
滅諦，～の四行相 (109)
聞・思・修所成慧 53,73,
77,99

や
ヨーガ行者 yogācāra 33
欲尋　(26),166

ら
律儀　(111)
律儀断　(78)
利得と尊敬（と名声）
lābhasatkāra(śloka)　63,
131,151,184
離貪（離染）7,77,108,
192,(193)
量 pramāṇa　70
了義 nītārtha　199
論母 mātṛkā　202
論理家 tārkika　67

補註

1) p.17.n.120: Cf. AKVy, 487.15-16: Sāṃkhya-Yoga-jñān'ādibhir mokṣa-prāpti-darśanān mārga-pratidvaṃdva-bhūtaṃ śīlavratopādānaṃ.
これは『倶舎論』「随眠品」の戒禁取の議論への称友の註釈である。小谷・本庄［2007: 180］は「サーンキャやヨーガ〔学派〕の智」と訳し、同 182.n.13 では、「チベット訳は「サーンキャのヨーガと智」」と指摘がなされている。たしかに、AKVy のチベット語訳では D Ngu 129a7: grangs can pa'i rnal 'byor dang shes pa la sogs pas thar pa thob par lta ba'i phyir ...とある。他方、*Lakṣaṇānusāriṇī* には D Chu 128b3, P Nyu 161a4: grangs can gyi rnal 'byor shes pa la sogs pa dag gis (D gi) thar pa thob par lta ba'i phyir ro//とある。また、『五蘊論』も戒禁取を論じるが、その徳光註（D No.4067）は、D Si 18a1-2: brtul zhugs ni ... grangs can gyi rnal 'byor shes pa la sogs pa ni/ thar pa'i lam gyi rgyu ma yin/という。後二者は少なくとも「サーンキヤのヨーガ知」と読んでいることは確かであろう。

2) p.89: 【経節（48）】［解釈 III］について、一色大悟氏によるご教示である。この解釈は、三昧を、煩悩を尽きさせる道（＝無漏道、出世間道、断道）か、あるいはそうではない（有漏道、世間道）か、という区別と、現法楽住（＝色界の四根本静慮）か、あるいはそうではない（それ以外の静慮）か、という区別で四句分別している。『倶舎論』「賢聖品」27d, 44d によれば、見道の現観と金剛喩定は、未至定、静慮中間、四静慮という六地いずれかである。また、「智品」14cd によれば、法智は上と同じ六地においてある。類智はその六地に、非想非非想処を除く三無色定を加えた 9 つの地においてある（有頂にはむろん無漏道はない）。すなわち、無漏の観法を行っている時にも、色界であることもあればそうではないこともある。有漏の観法の場合も色界の静慮であることもそうでないこともある。

　これを踏まえて、三昧が、色界であるか無漏であるかという観点で整理すると、
（1）は、色界ではない無漏の三昧
（2）は、色界だが無漏ではない三昧
（3）は、色界でありかつ無漏の三昧
となる。なお、いずれでもない場合（色界でもなく無漏でもない場合）は省略されている（経節にないから）。

3) p.180.n.1224: 『倶舎論』「随眠品」17-18 偈に説かれる所縁随増と相応随増を参照（一色大悟氏ご教示）。
さらにいえば、同「随眠品」45d とその註釈では、煩悩の同義語として「縛（bandhana）」が説明されるが、AKBh, 311.16-312.2: vidvaśād bandhanatrayam//45d// trivedanāvaśāt trīṇi bandhanāni/ sukhāyāṃ hi vedanāyāṃ rago 'nuśete ālambanasaṃprayogābhyām/ duḥkhāyāṃ dveṣaḥ/ aduḥkhāsukhāyāṃ moho na tathā rāgadveṣau/（「受によって 3 つの縛がある」3 つの感受によって、3 つの縛がある。楽受においては、所縁と相応によって、貪が随増する。苦〔受〕においては瞋恚が。不苦不楽〔受〕においては痴が。〔しかし、〕貪と瞋恚はそうではない）とある（小谷・本庄［2007: 204-205］）。

著者略歴
ほりうち　としお
1977年　大阪生まれ
東京大学大学院博士課程修了、博士（文学）
東洋大学国際哲学研究センター研究助手を経て
現在、東洋大学東洋学研究所客員研究員
著書等:『世親の大乗仏説論－『釈軌論』第四章を中心に－』
山喜房佛書林、2009年
『楞伽経』（新国訳大蔵経）大蔵出版
（高崎直道との共著）、2015年

世親の阿含経解釈―『釈軌論』第2章訳註―〔インド学仏教学叢書18〕
2016年5月23日　初版第一刷発行
著　者　堀内俊郎
発行者　インド学仏教学叢書編集委員会
代表　蓑輪顕量
〒113-0033東京都文京区本郷7-3-1
東京大学文学部インド哲学仏教学研究室内
発売所　山喜房佛書林
〒113-0033東京都文京区本郷5-28-5
電話03-3811-5361

ISBN 978-4-7963-0271-5